내가 뽑은 원픽!

2025

SNS 광고마케터

초단기완성

방미영, 이건웅 공저

KB200260

1급

예문에듀
EDU

방미영

• 추계예술대학교 문화예술학 박사
• 서경대학교 광고홍보콘텐츠학과 교수
• 청년문화콘텐츠기획단 운영위원장

이건웅

• 한국외국어대학교 문화콘텐츠 박사
• 서일대학교 미디어출판학과 교수
• 사)한국전자출판학회 회장

소셜미디어의 등장으로 인해 마케팅 환경은 급변해오고 있습니다. 이미 광고 업계에서 디지털 광고비의 비중이 TV 광고의 비중을 넘어섰고, 소셜미디어의 활용은 마케팅 전략에서 빠질 수 없는 필수적인 것이 되었습니다. 이에 대다수의 광고 대행사 역시 전통 매체 중심에서 벗어나 디지털 매체로 전환하고, SNS 전담팀을 구성하거나 연계 마케팅팀을 구성하고 있습니다.

SNS 초창기와 달리 메타, 유튜브 등의 광고 운영 프로그램이 고도화되었고, 광고 상품, 타겟팅, 광고 소재의 활용 방법 등도 점차 복잡해지고 다양해지고 있어 전문적 지식과 운영 역량을 갖춘 전문가가 필요한 상황입니다. 이러한 변화로 광고 대행사뿐만 아니라 SNS 광고 마케팅을 통한 매출 증대 등이 필요한 기업 등에서 〈SNS광고마케터〉의 실무 자격 검증을 요구하고 있습니다.

본서는 이러한 실무 자격 검증에 요구되는 〈SNS광고마케터 1급〉 자격증 취득을 위한 것입니다. 디지털 광고 시장에서 전문성 및 실무적인 역량을 갖춘 인력을 양성하고 온라인광고대행사, 기업 홍보부서 등에서 실제로 역할을 해낼 수 있는 SNS광고마케팅 및 SNS광고 전문 인력으로서의 직무 자격 검증을 목적으로 〈SNS광고마케터 1급〉 자격시험에 대비하기 위한 내용을 담았습니다.

소셜미디어에 대한 기본적인 이해와 발전사, 유형 등에 대한 기본적인 이해도를 높일 수 있는 내용을 기술하고, 실무에서 활용도가 높은 글로벌 SNS인 페이스북 및 인스타그램 등 메타(Meta), 유튜브(YouTube), 그리고 국내에서 간과할 수 없는 SNS인 카카오와 네이버 밴드 등에 대한 플랫폼별 특징과 함께 실제적인 비즈니스 목표와 연결한 SNS광고 실제 운영 및 집행 방법을 중심으로 다루었습니다.

마케팅에 관심이 있는 사람이라면 〈SNS광고마케터 1급〉은 도전할 만한 자격입니다. 본서는 이러한 도전에 도움이 되기 위한 내용을 담았습니다. 자격증 하나만으로 당장 광고 전문가가 될 수는 없지만, 전문가로 발돋움하기 위한 초석을 마련할 수는 있습니다. 그 도전에 이 책이 함께하길 바랍니다.

SNS광고마케터 1급 자격을 준비하시는 모든 분의 합격을 응원합니다.

저자 **방미영, 이건웅**

SNS광고마케터

- 디지털 광고 시장의 고성장을 통한 SNS광고 마케팅 분야 산업 활동 영역 증가로 전문성 및 실무적인 역량을 갖춘 인력 양성을 위한 자격
- SNS광고의 기본지식을 보유하고, SNS광고 기획, 전략, 등록, 운영, 효과분석 등 실무적인 지식 및 역량을 평가하는 자격
- 온라인광고대행사, 기업 홍보부서 등에서 SNS광고 마케팅 및 SNS광고 전문인력을 통한 효율적 마케팅 분석, 전략수립 등의 자격을 갖춘 직무자격조건으로 활용할 수 있는 자격

시험 안내

- 시험일정

회차	접수일자	시험일자	합격자 발표
2501회	01.06.~01.17.	02.22.	03.14.
2502회	04.07.~04.18.	05.24.	06.13.
2503회	07.07.~07.18.	08.23.	09.12.
2504회	10.06.~10.17.	11.22.	12.12.

※ SNS광고마케터는 비대면 검정으로 진행

- 시험과목

등급	검정과목	검정방법	문항수	시험시간	합격기준
1급	• SNS의 이해 • SNS광고 마케팅	객관식 (4지택일)	80문항	100분	100점 만점에 70점 이상

- 응시자격 : 학력, 연령, 경력 제한 없음
- 응시료 및 환불 규정
  - 검정 응시료 : 50,000원
  - 자격증 발급 수수료 : 5,800원(배송료 포함)
    ※ 정보 이용료 별도
  - 연기 및 환불 규정

접수기간~시험 당일 10일 전	신청서 제출 시 연기 또는 응시비용 전액 환불
시험일 9일 전~시험 당일	신청서 및 규정된 사유의 증빙서류 제출 시 연기 및 응시비용 전액 환불
시험일 이후	환불 불가

출제 기준

과목	검정항목	검정내용	상세 검정내용
SNS의 이해	SNS의 이해	소셜미디어의 이해	매스미디어와 소셜미디어의 차이점
		소셜미디어의 종류	소셜미디어의 발전 과정 및 역사
		소셜마케팅의 주요 전략	SMM/SMO 등 용어와 종류
		소셜미디어 콘텐츠 유형	비즈니스에 적합한 소셜미디어 유형을 선택
SNS 광고마케팅	SNS 광고 실무	Meta for Business (Facebook for Business)	Meta for Business 마케팅 플랫폼의 이해
			앱 패밀리를 활용한 비즈니스의 시작
			Meta for Business 광고의 목표와 타겟팅
			Meta for Business의 광고형식과 자산 최적화
			성과 측정 도구와 광고 보고서
		유튜브	유튜브 광고 입문
			유튜브 광고 시작하기
			유튜브 타겟팅 전략
			유튜브 광고 성과측정
		카카오톡	카카오톡 광고상품의 이해
			카카오광고 시작하기
		네이버밴드	네이버밴드 광고상품의 이해
			네이버밴드 광고상품 시작하기
		기타 SNS매체	기타 SNS매체의 광고상품

※ 시험 안내 및 출제기준은 변경될 수 있으므로 시험 전 홈페이지를 확인하세요.

구성과 특징 ≫ FEATURE

과목별 핵심이론 →

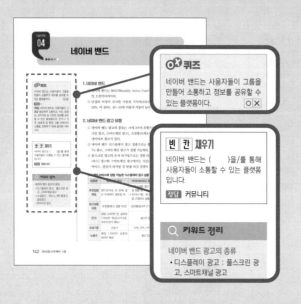

- 현직 광고 전공 교수진이 직접 콕 집어 정리한 과목별 핵심이론으로 시험을 완벽하게 준비하세요.

- 효율적으로 배치된 다양한 학습요소들을 통해 더 빠르고 확실하게 합격할 수 있습니다.
  - 핵심이론의 이해를 도와줄 '한 번 더 클릭'
  - 반드시 암기해야 할 부분을 정리한 '키워드 정리'
  - 중요 개념을 익힐 수 있는 '○×퀴즈'와 '빈칸 채우기'

출제예상문제 →

- 핵심이론 학습 후 출제 가능성이 높은 예상문제를 수록하여 중요 개념을 확실히 이해할 수 있도록 하였습니다.

- 문제 아래 해설을 수록함으로써 빠르게 학습할 수 있도록 구성하였고, 오답 해설도 함께 수록하여 명확한 개념 정리가 이루어지도록 하였습니다.

2025년 제1회 포함, 기출복원문제 5회분 →

- 2025년 제1회 포함, 최신 기출문제를 완벽히 복원하여 수록하였습니다.

- 기출복원문제를 시험 전 미리 풀어봄으로써 문제의 유형과 난이도를 확인할 수 있고, 놓치거나 헷갈렸던 개념을 한 번 더 확인할 수 있습니다.

※ 공식 샘플문제 A, B형은 예문에듀 홈페이지 자료실에서 무료 제공합니다.

시험 직전까지 확인하는 핵심 키워드 →

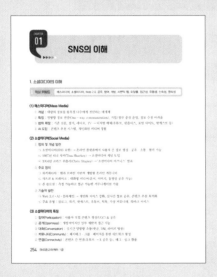

- '시험 직전까지 확인하는 핵심 키워드'를 특별부록으로 제공합니다.

- 샘플문제와 2025년 시험을 바탕으로 시험에 꼭 나오는 과목별 핵심 키워드만을 선별해 수록하여 구성하였습니다.

CBT 모의고사 이용 가이드 ⬇

다음 단계에 따라 시리얼 번호를 등록하면 무료 CBT 모의고사를 이용할 수 있습니다.

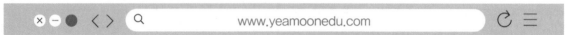

STEP 01   로그인 후 메인 화면 상단의 [CBT 모의고사]를 누른 다음 시험 과목을 선택합니다.

STEP 02   시리얼 번호 등록 안내 팝업창이 뜨면 [확인]을 누른 뒤 시리얼 번호를 입력합니다.

시리얼번호			
XXXX	XXXX	XXXX	XXXX

STEP 03   [마이페이지]를 클릭하면 등록된 CBT 모의고사를 [모의고사]에서 확인할 수 있습니다.

시리얼 번호

S002 - 1CX5 - 444U - 230E

차 례 CONTENTS

PART

01

SOCIAL NETWORK #

SNS의 이해

소셜미디어의 이해

1. 매스미디어(Mass Media)

① 개념 정의 : 매스미디어는 'Mass(대중 또는 대량)'와 'Media(정보 전달 매체)'의 합성어이다. "Mass"는 대규모 또는 대중을 의미하고, "Media"는 정보나 콘텐츠를 특정한 장소(A)에서 다른 장소(B)로 전달하는 통로를 뜻한다. 따라서 매스미디어는 대량의 정보를 대중에게 전달하는 매개체를 의미한다.

② 특징과 범위 : 매스미디어는 불특정 다수에게 대규모 정보를 전달하는 매개체로, 현대에는 디지털 기술과 융합하여 그 범위가 더욱 확장된다. 기존의 신문, 잡지, 라디오, 텔레비전뿐만 아니라 소셜미디어 플랫폼, 스트리밍 서비스(예 유튜브, 넷플릭스), 포털 사이트, 팟캐스트, 디지털 옥외 광고 등이 포함된다. 특히 AI 기반 콘텐츠 추천 시스템과 개인화된 미디어 경험 제공이 주요 특징으로 자리 잡고 있다.

2. 소셜미디어(Social Media)

(1) 소셜미디어의 정의

소셜미디어(Social Media)는 SNS(소셜 네트워크 서비스)를 포함하는 더 큰 개념으로, 온라인 플랫폼을 통해 사용자들이 정보를 생성, 공유, 소통 및 협력할 수 있는 디지털 커뮤니케이션 도구이다.

(2) 소셜미디어 개념의 발전

① 개념 도입 : 소셜미디어라는 용어는 1997년 티나 샤키(Tina Sharkey)에 의해 처음 사용되었으며, 사람들 간의 관계를 연결해 주는 온라인 커뮤니티의 총칭으로 시작되었다. 이후 크리스 쉬플리(Chris Shipley)는 2004년 '소셜미디어 비즈니스' 발표에서 참여형 미디어로서 블로그, 위키, 소셜 네트워크 서비스(SNS) 등의 기술적 결합을 강조한다.

② 주요 정의 : 위키피디아는 소셜미디어는 웹과 모바일 기반의 가상 커뮤니티 및 네트워크를 통해 사용자들이 생각, 의견, 경험, 관점을 공유하고 상호작용할 수 있는 개방적인 온라인 플랫폼으로 정의한다. 샤프코

(Safko) & 브레이크(Brake)는 사용자가 문서, 이미지, 동영상, 음원 등을 생성 및 전송할 수 있는 대화형 미디어로 정의한다. 존 블로섬(John Blossom)은 누구나 다른 사람들에게 쉽게 영향을 미칠 수 있는 측정 가능하고 접근 가능한 커뮤니케이션 기술로 소셜미디어를 규정한다.

③ **기술적 발전과 특징** : 소셜미디어는 블로그, 위키, 팟캐스트, 비디오 스트리밍(예 유튜브, 틱톡), 가상 커뮤니티, 북마크 서비스 등을 포함하며, 웹 3.0 기술과 AI 기반 알고리즘을 통해 더욱 개인화되고 실시간 정보 공유가 강화되고 있다. 인공지능(AI) 및 데이터 분석 기술의 도입으로 콘텐츠 추천 및 참여 전략이 정교해졌으며, 실시간 소통과 정보 커뮤니케이션이 더욱 활발해지고 있다.

④ **현대적 의미** : 종합적으로 소셜미디어는 사람들이 정보, 경험, 생각 및 의견을 공유하고 사회적 상호작용을 가능하게 하는 디지털 플랫폼으로, 웹과 모바일을 통해 누구나 콘텐츠를 쉽게 제작, 배포, 확산할 수 있도록 설계된 확장 가능한 미디어 기술이다.

(3) 소셜미디어의 특징

① 웹 기술과 소셜미디어

ㄱ 월드와이드웹(WWW)과 웹의 진화 : 월드와이드웹(World Wide Web, WWW)은 1989년 팀 버너스 리(Tim Berners-Lee)에 의해 개발이 되어 1990년 상용화되었다. 인터넷 연결을 통해 컴퓨터 간 정보 공유가 가능하며, 거미줄처럼 연결된 네트워크 공간이 월드와이드웹이다. 기술의 발전에 따라 Web 1.0, Web 2.0, Web 3.0으로 진화되었다.

ㄴ Web 1.0(정적 웹) : 정적 페이지, HTML 기반의 단방향 정보 제공, 제한된 사용자 참여가 특징이었다. 주로 포털 사이트(예 초기 다음, 네이버, 구글)와 같은 정보 검색 중심의 구조로 이루어졌다.

ㄷ Web 2.0(참여형 웹) : 2004년 팀 오라일리(Tim O'Reilly)가 제시한 개념으로, 사용자 참여와 정보 공유를 강조한다. 집단지성을 활용하여 정보를 생산하고 소비하는 환경으로, 소셜미디어의 기반이 되었다. 대표 서비스로는 블로그, 위키, SNS(페이스북, X) 등이 있다.

ㄹ Web 3.0(지능형 웹) : AI(인공지능) 및 시맨틱 웹 기술을 이용하여 정보를 이해하고 개인 맞춤형 서비스를 제공하는 지능화된 웹이다. 블록체인 기술과 결합되어 분산화, 개인정보 보호 강화, 개인 맞춤형 정보 제공이 주요 특징이다. NFT, 메타버스 플랫폼 등 새로운 디지털 생태계와 밀접하게 연관되어 있다.

🔍 키워드 정리

소셜미디어 특징
참여(UGC), 개방성, 대화(댓글·DM), 커뮤니티(네트워크), 연결(공유 기능)

(4) 소셜미디어의 특성

① **콘텐츠의 생산, 공유, 소비가 쉬운 플랫폼 기능** : 누구나 콘텐츠(텍스트, 이미지, 동영상)를 쉽게 생성하고 다양한 플랫폼(유튜브, 틱톡, 인스타그램)에서 공유 및 소비할 수 있다.

② **개방적이고 빠른 정보 유통** : 사용자 간 콘텐츠의 공유가 실시간으로 이루어지며 정보의 확산 속도가 빠르다.

③ **커뮤니케이션과 사회적 관계 강화** : 개인 간 소통이 활발하며, 온라인 커뮤니티를 통해 사회적 관계가 확장된다.

④ **집단지성과 실시간 참여** : 이용자들의 참여를 통해 정보의 가치가 증대되며, 집단적 의견 형성이 가능하다.

⑤ **개인화와 맞춤형 서비스 제공** : AI 기반의 추천 알고리즘으로 사용자의 관심사에 맞는 콘텐츠와 광고가 제공된다. 소셜미디어는 기존 미디어에서 진화하여 정보의 실시간 공유, 사회적 상호작용, 사용자 주도 콘텐츠 제작을 중심으로 현대 디지털 사회의 중요한 동력으로 자리 잡고 있다.

〈표〉 소셜미디어의 특성

※ 소셜미디어는 단순한 정보 전달을 넘어서 사용자 간 상호작용과 네트워크 형성이 핵심인 미디어임

특성	설명
참여 (Participation)	사용자들이 콘텐츠를 단순 소비하는 것이 아니라 직접 생성(UGC), 공유, 댓글, 좋아요 등의 방식으로 적극적으로 개입한다.
공개 (Openness)	누구나 자유롭게 콘텐츠를 만들고 접근할 수 있으며, 피드백과 의견 개진이 가능하다. 일부 플랫폼은 제한적인 접근도 가능하지만 기본적으로 개방성이 높다.
대화 (Conversation)	일방향적인 정보 전달이 아니라 양방향 또는 다방향 소통이 가능하며, 실시간으로 의견을 교환할 수 있다. 예 댓글, DM, 라이브 방송
커뮤니티 (Community)	공통의 관심사를 가진 사용자들이 그룹, 페이지, 해시태그 등을 통해 모이고, 상호작용하면서 커뮤니티를 형성한다.
연결 (Connectivity)	해시태그, 태그, 링크 등을 통해 콘텐츠와 사용자가 서로 연결되며, 플랫폼 간 공유와 확산이 쉽다. 예 유튜브 영상이 X나 인스타그램에서 공유됨

3. 매스미디어와 소셜미디어의 차이점

① **정보 전달 방식과 운영 주체** : 매스미디어는 기업, 정부 등 소수의 운영 주체가 대량의 정보를 불특정 다수에게 전달하는 중앙 집중형 매체이다. 소셜미디어는 누구나 정보 생성 및 유통에 참여할 수 있는 개방형 플랫폼으로, 사용자 주도적인 콘텐츠 생산이 특징이다.

② **정보 수정 가능성** : 매스미디어는 정보가 일단 전달되면 수정이 어렵고 제한적인 반면, 소셜미디어는 게시물의 편집과 수정이 용이하며 실시간 업데이트가 가능하다.

③ **커뮤니케이션 방식** : 매스미디어는 일방향적 정보 전달(one-way communication)이 주된 방식이다. 소셜미디어는 쌍방향 및 다자간 커뮤니케이션(two-way/multi-way communication)을 통해 사용자 간의 실시간 소통과 피드백이 가능하다.

④ **참여와 확산 속도** : 매스미디어는 정보 전달 속도가 상대적으로 느리고, 주요 매체(신문, TV)를 통한 제한된 채널을 활용한다. 소셜미디어는 실시간 정보 확산이 가능하며, 댓글, 좋아요, 공유 기능 등을 통해 사용자의 참여가 폭넓게 이루어진다.

⑤ **정보의 신뢰성과 다양성** : 매스미디어는 검증된 정보를 제공하는 경향이 있지만, 정보 생산 과정이 느리고 통제적이다. 소셜미디어는 다양한 개인 및 집단이 정보 생산에 참여해 정보의 다양성이 크지만, 정보의 진위 여부가 불확실할 수 있다.

〈표〉 매스미디어와 소셜미디어를 구별하는 특징

※ 매스미디어는 공신력과 신뢰성을 기반으로 한 대중적 영향력이며, 소셜미디어는 즉각적인 정보 공유와 상호작용이 강점이 핵심 차별점임

구분	매스미디어(Mass Media)	소셜미디어(Social Media)
도달률 (Reach)	광범위한 대중에게 정보 전달 가능하지만, 일방향적 전달 방식이 일반적임	특정 타깃 그룹을 대상으로 세분화된 도달 가능하며, 공유를 통해 확산 가능
접근성 (Accessibility)	방송국, 신문사 등 대규모 자본과 인프라가 필요하여 일반인이 접근하기 어려움	누구나 쉽게 콘텐츠를 제작, 공유 가능하며 스마트폰과 인터넷만 있으면 접근 가능
유용성 (Usefulness)	뉴스, 공익광고, 공식 발표 등에 강점이 있지만, 쌍방향 소통은 제한적임	즉각적인 피드백과 상호작용이 가능하여 기업 마케팅, 개인 브랜딩, 커뮤니티 구축에 유용함
신속성 (Speed)	정보 전달 속도가 상대적으로 느림(편집, 승인, 방송 시간 필요)	실시간 업데이트 및 즉각적인 정보 공유 가능
영속성 (Permanence)	방송 후에는 다시 보기 어렵거나 물리적 형태(신문, 잡지 등)로만 보관 가능	온라인 공간에 영구 저장되며 검색을 통해 언제든 접근 가능

PART 01
PART 02
PART 03
PART 04

🔍 **키워드 정리**

매스미디어vs소셜미디어 차이점
정보 수정 가능성, 커뮤니케이션 방식, 참여와 확산 속도 차이

출제예상문제

01 매스미디어와 소셜미디어의 차이점에 대한 설명이 아닌 것은?

① 매스미디어는 사용자 참여가 자유롭고, 소셜미디어는 정보 전달 속도가 느리다.

② 매스미디어는 일방향적인 정보 전달 방식이며, 소셜미디어는 상호작용이 가능한 다방향적 소통이 가능하다.

③ 매스미디어는 콘텐츠를 수정하기 쉬우며, 소셜미디어는 정보가 일방적으로 전달된다.

④ 매스미디어는 실시간 정보 공유가 가능하며, 소셜미디어는 정보 전달이 느리다.

해설 | 매스미디어는 콘텐츠 수정이 어려운 반면, 소셜미디어에서는 사용자들이 실시간으로 콘텐츠를 수정하고 상호작용한다. 또한, 매스미디어는 일방향적 정보 전달 방식을, 소셜미디어는 쌍방향 및 다방향 소통이 특징이다.

02 다음 중 웹 3.0의 주요 특징으로 옳은 것은?

① 개방　　　　　② 지능화

③ 공유　　　　　④ 참여

해설 | 웹 3.0은 지능화, 분산형 웹 등이 특징이며, 웹 2.0은 개방과 참여, 공유 등이 특징이다.

03 소셜미디어에서 "AI 기반의 추천 알고리즘으로 사용자의 관심사에 맞는 콘텐츠와 광고가 제공된다."는 특성을 가장 잘 설명하는 것은 무엇인가?

① 집단지성과 실시간 참여

② 개인화와 맞춤형 서비스 제공

③ 콘텐츠의 생산, 공유, 소비가 쉬운 플랫폼 기능

④ 커뮤니케이션과 사회적 관계 강화

해설 | 소셜미디어에서 AI 알고리즘은 사용자의 활동, 검색 기록, 선호도, 상호작용 등을 분석하여 개인화된 콘텐츠나 광고를 추천한다.

04 매스미디어의 특징에 대한 설명이 아닌 것은?

① 누구나 콘텐츠를 쉽게 생성하고 공유할 수 있다.

② 정보 전달 속도가 빠르며, 실시간 소통이 가능하다.

③ 대량의 정보를 불특정 다수에게 전달하는 매개체이다.

④ 사용자가 직접 참여하여 정보를 수정할 수 있다.

해설 | 매스미디어는 대량의 정보를 대중에게 전달하는 역할을 하며, 그 특징은 대중을 대상으로 한 일방향적인 정보 전달한다. 사용자가 직접 콘텐츠를 생성하거나 공유하는 것은 소셜미디어의 특징이다.

05 매스미디어와 소셜미디어를 구별하는 특성 중 올바르지 않은 것은?

① 접근성

② 유용성

③ 신속성

④ 비영속성

해설 | 매스미디어와 소셜미디어를 구별하는 특성 중 "비영속성"은 정확한 구별 요소가 아니다. 매스미디어 콘텐츠는 영속적인 특성을 가질 수 있으며, 소셜미디어의 콘텐츠는 수정 가능하고 유동적인 특성을 지닌다.

정답 01 ③ 02 ② 03 ② 04 ① 05 ④

소셜미디어의 발전 과정과 역사

1. 소셜미디어의 시작과 초기 형태

키워드 정리

소셜미디어 등장 배경
디지털 기술+네트워크 확장 → 상호작용 커뮤니케이션

① **소셜미디어의 등장 배경** : 소셜미디어는 인터넷 시대의 발전과 디지털 멀티미디어 기술의 융합으로 탄생한 새로운 사회 · 문화적 패러다임이다. 정보통신 기술의 고도화와 네트워크 확장으로 사람들이 연결되면서 상호작용 중심의 디지털 커뮤니케이션 방식이 형성된다.

② **기술적 기반과 확산** : 컴퓨터, 스마트폰, 편리한 콘텐츠 제작 소프트웨어, 고속 인터넷 서비스(예 5G) 등 기술 환경의 발전이 소셜미디어의 확산을 촉진한다. 사용자는 손쉽게 콘텐츠를 생성하고 실시간으로 공유할 수 있게 되었다.

③ **정의와 개념 확립** : 소셜미디어는 디지털 환경에서 사람들이 의견, 생각, 경험, 관점 등을 공유하기 위해 사용하는 다양한 온라인 도구와 플랫폼을 지칭하는 개념으로 자리 잡았다.

키워드 정리

초기 소셜미디어 플랫폼
블로그, SNS, 메시지 보드, 팟캐스트, 위키, 비디오 블로그

④ **콘텐츠 형태와 주요 플랫폼** : 소셜미디어는 텍스트, 이미지, 오디오, 비디오 등의 다양한 형태로 콘텐츠를 전달한다. 초기 주요 플랫폼은 다음과 같다.

ㄱ 블로그(Blogs) : 개인의 일기 형식 또는 정보 제공 플랫폼(예 워드프레스)

ㄴ 소셜 네트워크(Social Networks) : 사용자 간 관계 형성을 중심으로 한 플랫폼(예 페이스북, 마이스페이스)

ㄷ 메시지 보드(Message Boards) : 특정 주제에 대한 토론 공간(예 레딧)

ㄹ 팟캐스트(Podcasts) : 오디오 기반의 콘텐츠 전달 미디어

ㅁ 위키(Wikis) : 집단 지성을 통한 정보 구축 플랫폼(예 위키피디아)

ㅂ 비디오 블로그(Vlog) : 비디오 중심 콘텐츠 플랫폼(예 유튜브)

⑤ **현재의 발전 방향** : 최근에는 스트리밍 서비스, 숏폼 콘텐츠(예 틱톡, 릴스), 메타버스 환경, AI 생성 콘텐츠 등으로 소셜미디어가 계속 진화하고 있다.

OX 퀴즈

소셜미디어는 처음부터 AI 기반 추천 시스템과 스트리밍 서비스를 중심으로 발전해 왔다. O X

정답 ×

해설 소셜미디어는 초기 블로그, 메시지 보드, 팟캐스트, 위키, 비디오 블로그(Vlog) 등을 기반으로 발전했다. AI 기반 추천 시스템과 스트리밍 서비스는 최근 들어 발전한 기술이다.

2. 소셜미디어의 유형 구분

(1) 소셜미디어 생태계(Social Media Ecosystem)

소셜미디어는 블로그(Blogs), 위키(Wikis), 팟캐스트(Podcasts), 비디오캐스트(Videocasts), 모바일 블로그(Moblogs), 인터넷 통화 서비스(Internet Telephony) 등 다양한 형태로 구성된다. 이러한 도구들은 커뮤니케이션, 참여(Engagement), 투명성, 신뢰를 촉진하며 조직들이 전통적인 커뮤니케이션을 보완하는 데 효과적이다.

(2) 소셜미디어의 일반적 범주

소셜미디어는 사람과 사람, 사람과 정보 간 상호작용을 가능하게 하는 웹 기반 플랫폼이다. 일반적으로 다음의 유형으로 구분된다.

① 블로그(Blogs) : 개인 또는 그룹의 의견과 정보 공유
② 소셜 네트워크 서비스(SNS) : 사용자 간 네트워크 형성(예 페이스북, 링크드인)
③ 위키(Wikis) : 집단 협업을 통한 정보 구축(예 위키피디아)
④ UCC(User-Created Content) : 사용자가 직접 제작한 콘텐츠(예 유튜브)
⑤ 마이크로블로그(Microblogs) : 짧은 글 형식의 콘텐츠(예 X)

(3) 소셜미디어 플랫폼 유형(Web 2.0 기반)

① 소셜 네트워킹(Social Networking) : 사용자 프로필 기반 연결(예 인스타그램)
② 소셜 협업(Collaboration) : 협업 도구(예 슬랙, 트렐로)
③ 소셜 퍼블리싱(Publishing) : 콘텐츠 발행(예 미디엄)
④ 소셜 공유(Sharing) : 콘텐츠 공유 중심(예 핀터레스트)
⑤ 소셜 토론(Discussion) : 토론 및 정보 교환(예 레딧)
⑥ 소셜 대화(Messaging) : 실시간 커뮤니케이션(예 왓츠앱, 디스코드)

(4) 유형 구분 기준

① 목적/서비스별 유형
    ㉠ 커뮤니케이션 모델 : 메시징, 댓글 기능(예 카카오톡)
    ㉡ 협업 모델 : 프로젝트 관리 및 협업 툴(예 구글 드라이브)
    ㉢ 콘텐츠 공유 모델 : 이미지, 영상 공유(예 틱톡)
    ㉣ 엔터테인먼트 모델 : 스트리밍 및 게임 콘텐츠(예 트위치)
② 내용별 유형
    ㉠ 소셜 네트워킹 : 연결과 관계 형성(예 링크드인)
    ㉡ 게시/정보 제공 : 블로그 및 정보 위키(예 위키피디아)
    ㉢ 사진/비디오 공유 : 인스타그램, 유튜브

빈 칸 채우기
소셜미디어는 디지털 기술 발전과 네트워크 확장으로 인해 등장했으며, 초기에는 (　　　), 메시지 보드, 팟캐스트, 위키, 비디오 블로그 등 다양한 형태로 발전했다.
정답 블로그

OX 퀴즈
페이스북(Facebook)은 2004년에 출시되어 글로벌 네트워크 형성의 기반이 되었다. O X
정답 O
해설 페이스북은 2004년 출시되었으며, 이후 전 세계적으로 가장 영향력 있는 소셜미디어 플랫폼 중 하나로 성장했다.

키워드 정리
Web 2.0 기반 소셜미디어 유형
소셜 네트워킹, 협업, 퍼블리싱, 공유, 토론, 대화

ⓔ 라이브 방송 : 트위치, 유튜브 라이브

ⓜ 게임 : 로블록스, 메타버스 플랫폼

③ **기능별 유형**

ⓖ 프로필 기반 : SNS 플랫폼(ⓔ 페이스북)

ⓛ 비즈니스 기반 : 전문가 네트워크(ⓔ 링크드인)

ⓒ 블로그 기반 : 개인 정보 발행(ⓔ 티스토리)

ⓔ 버티컬 기반(관심 주제) : 특정 관심사 기반 플랫폼(ⓔ 핀터레스트)

ⓜ 협업 기반 : 구글 워크스페이스, 마이크로소프트 팀즈

ⓗ 커뮤니케이션 기반 : 실시간 대화(ⓔ 디스코드)

ⓢ 마이크로블로깅 : X

④ **서비스 개방 수준별 유형**

ⓖ 개방형(Open) : 누구나 참여 가능한 플랫폼(ⓔ 유튜브)

ⓛ 준폐쇄형(Semi-Closed) : 회원 인증 후 일부 콘텐츠 접근 가능(ⓔ 페이스북 그룹)

ⓒ 폐쇄형(Closed) : 초대 및 인증 사용자 전용(ⓔ 기업 내부 소셜 플랫폼)

3. SNS(Social Network Service)의 발전

(1) SNS의 정의와 발전

① SNS의 중요성 : SNS는 소셜미디어 중에서 가장 큰 영역을 차지하고 있으며, 강력한 영향력을 가진 플랫폼이다. 개인과 브랜드 간의 소통, 정보 확산, 사회적 연결망 형성에 있어 핵심적인 역할을 한다.

② SNS의 정의

ⓖ 보이드와 엘리슨(Boyd & Ellison, 2007) : SNS는 사용자가 개인 프로필을 생성하고, 관계 형성을 위해 사람들과 연결하며, 그들의 리스트를 관찰할 수 있는 웹 기반 서비스라고 정의한다.

ⓛ 트로티에와 훅스(Trottier & Fuchs, 2014) : SNS는 다른 미디어와 정보, 커뮤니케이션 기술을 통합하여 사용자의 정보를 공개하고 사용자 간의 관계 형성을 가능하게 하며, 그들 간의 소통을 돕는 웹 기반 플랫폼으로 정의한다.

ⓒ 공통된 특징 : SNS는 개인 프로필과 관계 형성을 기반으로 한 소셜미디어 플랫폼이다.

③ SNS의 발전 과정

ⓖ 1995년 : 클래스메이트(Classmates.com)가 SNS의 시초로, 이를 바탕으로 여러 플랫폼들이 발전한다. 국내에서는 아이러브스쿨이 벤치마킹하여 영향을 받았다.

ⓛ 2003년 : 마이스페이스(myspace.com)가 설립되며 SNS의 본격적인 확산이 시작되었다.

ⓒ 2004년 : 페이스북이 출시되며, SNS는 글로벌 사회적 네트워크로 자리잡았다.

ⓔ 2006년 : X(현재 엑스, X로 명칭 변경)가 등장하며 SNS 트렌드는 지속적으로 확장되었다.

④ SNS의 변화와 서비스 종료 : 한때 500만 명 이상의 회원을 보유했던 아이러브스쿨은 2017년 사업을 종료했고, 프리챌은 2013년 서비스가 종료되었다. 싸이월드는 2019년 사업 종료 후, 2022년 4월에 재오픈하였다.

🔍 **키워드 정리**

SNS 발전 과정
1995(Classmates) → 2003
(MySpace) → 2004(Facebook)
→ 2006(Twitter/X)

PART 01

PART 02

PART 03

PART 04

출제예상문제

Chapter 2

01 소셜미디어가 등장한 주요 배경으로 적절하지 않은 것은?

① 인터넷 기술의 발전과 네트워크 확장
② 디지털 멀티미디어 기술과 정보통신 기술의 융합
③ 사용자의 정보 독점과 일방향 소통 증가
④ 상호작용 중심의 디지털 커뮤니케이션 방식 형성

해설 | 소셜미디어는 상호작용 중심의 커뮤니케이션 방식이 특징이다. 하지만 정보 독점과 일방향 소통은 기존 전통 미디어(신문, TV 등)의 특성이다.

02 소셜미디어의 개념에 대한 설명으로 가장 적절한 것은?

① 디지털 환경에서 사람들이 의견, 경험, 관점을 공유하는 온라인 도구와 플랫폼을 의미한다.
② 인터넷을 기반으로 정보를 일방적으로 제공하는 전통 미디어 형태를 말한다.
③ 디지털 시대 이전부터 존재한 인쇄 매체와 동일한 개념이다.
④ 기업이 마케팅을 위해 독점적으로 사용하는 미디어 플랫폼을 뜻한다.

해설 | 소셜미디어는 디지털 환경에서 사람들이 의견과 정보를 자유롭게 공유하는 온라인 플랫폼을 의미한다. 전통 미디어나 인쇄 매체와는 다르다.

03 다음 중 소셜미디어 초기 주요 플랫폼에 해당하지 않는 것은?

① 블로그(Blogs)
② 소셜 네트워크(Social Networks)
③ 메시지 보드(Message Boards)
④ OTT(Over-the-Top) 서비스

해설 | 블로그, 소셜 네트워크, 메시지 보드는 초기 소셜미디어의 주요 형태이다. 하지만 OTT(예 넷플릭스)는 영상 스트리밍 서비스로 소셜미디어 범주에 포함되지 않는다.

04 SNS가 현대 사회에서 중요한 이유로 가장 적절한 것은?

① 전통적인 신문과 방송을 대체할 유일한 정보 제공 매체이기 때문이다.
② 개인과 브랜드 간의 소통, 정보 확산, 사회적 연결망 형성에 핵심적인 역할을 하기 때문이다.
③ 인터넷 이전 시대부터 존재했던 커뮤니케이션 수단이기 때문이다.
④ 사용자의 익명성이 철저히 보장되어 개인 정보 보호가 가장 뛰어나기 때문이다.

해설 | SNS는 정보 제공, 개인과 브랜드 간 소통, 네트워크 형성 등에서 핵심적인 역할을 한다. 하지만 전통 미디어를 완전히 대체하는 것은 아니며, 익명성보다는 오히려 프로필을 기반으로 한 관계 형성이 주요 특징이다.

05 다음 중 SNS와 관련된 설명으로 틀린 것은?

① 페이스북은 2004년에 출시되어 글로벌 네트워크 서비스로 자리 잡았다.

② X는 2006년에 등장했으며, 현재 X(엑스)로 명칭이 변경되었다.

③ 마이스페이스는 2003년에 설립되었으며 SNS의 본격적인 확산을 촉진했다.

④ 싸이월드는 2019년에 완전히 폐쇄되어 재오픈된 적이 없다.

해설 | 싸이월드는 2019년에 사업이 종료되었으나, 2022년 4월에 재오픈되었다. 따라서 "완전히 폐쇄되어 재오픈된 적이 없다."는 틀린 설명이다.

소셜미디어 마케팅과 소셜미디어 최적화

1. 소셜미디어 마케팅(SMM ; Social Media Marketing)

(1) 소셜미디어 마케팅의 정의

① 소셜미디어 마케팅(SMM) : SMM은 소셜미디어 플랫폼과 웹사이트를 통해 제품이나 서비스를 홍보하고, 브랜드 인지도를 높이며, 고객과의 상호작용을 통해 시장에 영향을 미치는 마케팅 전략이다. 이 가운데 SNS 마케팅은 소셜네트워크서비스(Social Network Service)를 활용해 사용자 간의 관계 형성과 고객 소통을 중심으로 진행되는 마케팅 기법이다.

② 소셜미디어 마케팅의 주요 효과 : 소셜미디어 마케팅의 가장 큰 효과는 소비자 관심을 유도하는 것이다. 기업은 이를 통해 마케팅 비용을 효율적으로 관리할 수 있으며, 고객과의 소통을 강화하여 실질적인 매출 증대로 이어질 수 있다.

〈표〉 소셜미디어 마케팅 유형 비교

※ 소셜미디어 마케팅에서는 SMM(유기적 운영)과 Paid Ads(유료 광고)를 병행하여 브랜드 인지도, 고객 관계, 매출 증가 등의 목표를 효과적으로 달성할 수 있음

구분	소셜미디어 관리 마케팅 (SMM ; Social Media Management)	유료 광고 (Paid Ads)
정의	브랜드의 소셜미디어 채널을 직접 운영하며, 유기적(Organic) 성장과 고객과의 관계 구축을 목표로 하는 마케팅 방식	소셜미디어 플랫폼에서 비용을 지불하여 광고를 노출시키고 특정 타깃에게 빠르게 도달하는 마케팅 방식
비용	비교적 적은 비용이 들며, 운영 인력 및 콘텐츠 제작 비용이 주요 요소	광고비용(클릭당 비용, 노출당 비용 등)이 지속적으로 발생
도달 방식	팔로워 기반의 자연스러운 도달(유기적 도달)	타기팅을 통해 특정 사용자층에게 인위적으로 도달(유료 도달)
콘텐츠 유형	브랜드 계정의 게시물, 스토리, 릴스, 유저 생성 콘텐츠(UGC), 인플루언서 협업	배너 광고, 프로모션 게시물, 동영상 광고, 리타기팅 광고 등
장점	브랜드 신뢰도 및 커뮤니티 형성	

(2) 소셜미디어 중심의 구매 행동

① **전통적인 소비자 구매 행동 모델** : 소비자의 구매 행동은 로렌드 홀 (Rolland Hall)의 AIDMA 모델(주의, 흥미, 욕구, 기억, 행동)로 설명되어 왔다. 이는 전통적인 소비자 구매 여정을 나타내는 모델이다.

② **소셜미디어의 확대로 인한 새로운 소비자 행동** : 소셜미디어의 확장에 따라 새로운 소비자 행동 모델들이 등장한다. 그 중 대표적인 것이 일본 광고회사 덴츠(Dentsu)가 2005년에 제시한 AISAS 모델이다. 이를 바탕으로 ASRAUV, AISCEAS 모델 등이 제안되어 다양한 소비자 행동 패턴을 설명하고 있다.

③ **소셜미디어 및 디지털 미디어의 영향** : 디지털 미디어의 확장으로 소비자의 구매 행동 과정은 검색(Search), 참조(Reference), 비교(Compare), 구매(Purchase)를 거쳐 구매 후 의견 공유(Share)나 입소문 전파(Viral) 등으로 이어진다. 즉, 소비자는 구매 후에도 브랜드와의 관계를 계속 유지하며 영향을 미친다.

④ **개인정보 보호와 마케팅 데이터 수집의 어려움** : 크롬을 비롯한 브라우저들이 쿠키(Cookie) 지원을 중단할 예정이며, 이는 데이터 수집에 어려움을 초래할 수 있다. 이로 인해 기업들은 새로운 방식의 데이터 수집 대안을 마련할 필요성이 커지고 있다.

⑤ **새로운 마케팅 방안의 필요성** : 이러한 변화는 전통적인 마케팅 방법을 넘어서 새로운 마케팅 전략을 요구하며, 소비자의 디지털 환경과 행동 변화를 반영한 혁신적인 방법이 필요하다.

〈표〉 소비자 구매 행동 모델 비교표

※ AIDMA 모델 : 기존 광고 중심의 구매 행동, 소비자가 수동적
　AISAS 모델 : 디지털 환경을 반영, 검색(Search)과 공유(Share) 강조
　ASRAUV 모델 : 팬덤과 브랜드 충성도를 기반으로 한 관계 형성 중심
　AISCEAS 모델 : 비교(Search)와 검토(Examination) 과정을 거친 합리적 구매

구분	AIDMA 모델 (전통적 구매 행동)	AISAS 모델 (디지털 중심)	ASRAUV 모델 (소셜미디어 & 팬덤 중심)	AISCEAS 모델 (비교·평가 중심)
핵심 개념	기존 광고 중심의 구매 프로세스	디지털 및 SNS 공유를 반영한 모델	소비자 충성도와 관계 형성을 강조	비교 검색과 정보 평가를 중시하는 모델
A (Attention, 주목)	광고·미디어를 통해 제품 인식	광고·SNS·바이럴 콘텐츠로 인식	SNS, 인플루언서, 팬 커뮤니티를 통해 인식	SNS, 광고, 블로그를 통해 인식
I (Interest, 관심)	제품에 대한 관심 증가	콘텐츠 및 리뷰를 통해 관심 증가	제품 및 브랜드 팬층 형성	리뷰·제품 상세 정보를 통해 관심 증가

구분	AIDMA 모델 (전통적 구매 행동)	AISAS 모델 (디지털 중심)	ASRAUV 모델 (소셜미디어 & 팬덤 중심)	AISCEAS 모델 (비교 · 평가 중심)
D (Desire, 욕구)	제품을 사고 싶은 욕구 발생	(생략됨)	브랜드와 정서적 유대감 형성	(생략됨)
M (Memory, 기억)	브랜드를 기억하고 저장	(생략됨)	브랜드 및 커뮤니티 내에서 브랜드 충성도 상승	(생략됨)
A (Action, 행동)	실제 구매 행동	SNS 숍, 이커머스에서 구매	팬 기반의 자발적 구매 활동	제품 구매(객관적 정보 분석 후)
S (Search, 검색)	(생략됨)	구매 전 정보 검색	브랜드 및 팬 커뮤니티에서 정보 검색	네이버, SNS, 구글, 리뷰 사이트에서 검색
S (Share, 공유)	(생략됨)	구매 후 SNS, 커뮤니티에서 공유	적극적인 제품 추천 & 팬 커뮤니티 활동	구매 후 리뷰 · 블로그 · SNS 공유
R(Relationship, 관계 형성)	(생략됨)	(생략됨)	브랜드와의 장기적인 관계 형성	(생략됨)
U(User, 사용자 경험 공유)	(생략됨)	(생략됨)	사용자 경험을 지속적으로 공유	(생략됨)
V(Viral, 확산)	(생략됨)	(생략됨)	팬덤 중심으로 브랜드 바이럴 확산	(생략됨)
C(Comparison, 비교)	(생략됨)	(생략됨)	(생략됨)	다른 브랜드와 비교하며 평가
E(Examination, 검토)	(생략됨)	(생략됨)	(생략됨)	구매 전 상세한 검토 후 구매 결정
A(Action, 행동)	구매	구매	구매	구매
S(Share, 공유)	(생략됨)	공유	공유	리뷰 및 평가 후 공유

(3) 소셜미디어 마케팅의 대표적 유형

① 콘텐츠 마케팅(Contents Marketing)

㉠ 콘텐츠 마케팅의 정의 : 콘텐츠 마케팅은 다양한 유형의 콘텐츠를 활용하여 브랜드나 상품, 서비스에 대한 고객의 관심과 행동 변화를 유도하는 전략적 활동이다.

㉡ 목표 고객을 위한 가치 있는 콘텐츠 제작 : 특정 고객층을 대상으로 가치 있고 일관성 있으며 연관성 높은 콘텐츠를 제작하여, 비슷한 관심사나 공감대를 가진 잠재고객층에 콘텐츠를 지속적으로 확산시키는 마케팅 기법이다.

㉢ 타깃 고객을 위한 전략적 콘텐츠 배포 : 목표는 고객이 수익을 창출하는 행동을 하도록 유도하는 것이다. 이를 위해 타깃 고객을 명확히

정의하고, 이들을 유치하고 참여시키는 콘텐츠를 만들어 배포하는 마케팅 및 영업 프로세스이다. 즉, 전략적으로 콘텐츠를 창출하고 이를 공유하여 비즈니스 목표를 달성하는 것을 의미한다.

② 해시태그 마케팅

   ⊙ 해시태그의 정의 및 사용 : 해시태그는 소셜 네트워크 서비스(SNS)에서 메타데이터 태그로 사용되며, # 기호 뒤에 특정 단어를 붙여 해당 단어와 관련된 글을 분류하고 모아볼 수 있게 해 준다.

   ⓛ 해시태그의 기원 : # 기호는 원래 1978년에 C 프로그래밍 언어에서 처리해야 할 키워드를 표시하기 위해 사용되었다.

   ⓒ 해시태그의 SNS 확산 : 2007년, 엑스(X)에서 많은 정보가 흩어지는 문제를 해결하고자 크리스 메시나(Chris Messina)가 해시태그를 사용해 정보를 그룹화할 것을 제안하였고, 이를 엑스(X) 측에서 채택하면서 본격적으로 사용되기 시작하였다.

   ⓔ SNS에서의 해시태그 활용 : 이후 엑스(X)뿐만 아니라 페이스북, 인스타그램, 틱톡 등 다양한 SNS 플랫폼에서 사용되기 시작하였다. 특히 인스타그램에서는 리그램(Regram) 시 해시태그 사용이 필수적이다. 해시태그를 활용한 리그램은 콘텐츠를 더 많은 사람들에게 도달시키고, 고객의 게시글을 리그램하여 충성고객을 유도하거나 콘텐츠의 확산을 촉진할 수 있는 효과적인 방법으로 활용된다.

③ 챌린지 마케팅

   ⊙ 챌린지 마케팅은 SNS의 참여와 공유 특성을 활용한 마케팅 방식으로, 사용자들이 특정 태그나 주제를 중심으로 콘텐츠를 생성하고 공유하는 활동을 촉진한다.

   ⓛ 가수 지코는 2019년 신곡 '아무 노래'에 맞춰 춤추는 영상을 #anysongchallenge 해시태그와 함께 공유하면서 챌린지 마케팅의 선도적인 사례를 만들었고, 이후 다양한 챌린지가 SNS에서 인기를 끌며 열풍을 일으켰다.

   ⓒ 이후 틱톡(TikTok)의 다운로드가 급증하며 숏폼 콘텐츠의 소비가 두드러지게 증가하였다.

   ⓔ 챌린지 마케팅의 확산은 밈(Meme)을 부각시키며, 특정 콘텐츠나 아이디어가 빠르게 전파되는 문화적 현상을 만들어냈다.

④ 인플루언서 마케팅

   ⊙ 인플루언서는 영향력 있는 개인을 의미하며, 다양한 사용자 간의 관계를 중심으로 타인에게 영향력을 미치는 사람이다. 이들은 주로 플랫폼을 통해 잘 소비되는 콘텐츠와 메시지를 전달한다.

🔍 키워드 정리

소셜미디어 마케팅 유형
콘텐츠, 해시태그, 챌린지, 인플루언서 마케팅

🔍 키워드 정리

리그램(Regram)
- 인스타그램에서 다른 사용자의 게시물을 공유하는 행위
- 해시태그(#Regram) 또는 공유 도구를 활용하여 확산
- 브랜드, 인플루언서, 사용자 생성 콘텐츠(UGC) 마케팅에 활용

OⓧX 퀴즈

챌린지 마케팅(Challenge Marketing)은 X에서 가장 많이 활용되며, 길고 복잡한 콘텐츠를 중심으로 확산된다.   O X

정답 ✕
해설 챌린지 마케팅은 틱톡에서 숏폼 콘텐츠 중심으로 확산된다.

🔍 키워드 정리

밈(Meme)
리처드 도킨스(Richard Dawkins)가 1976년 《이기적 유전자(The Selfish Gene)》에서 '밈' 개념을 처음 제안. 문화적 유전자로서, 아이디어, 행동, 스타일 등이 모방을 통해 인터넷에서 유행하는 '짧고 강렬한 콘텐츠'로, 재미와 공유성을 기반으로 빠르게 확산되는 현상임

ⓛ 인플루언서 마케팅은 소셜미디어에서 영향력을 가진 인플루언서를 통해 브랜드나 상품을 소비자에게 소개하고, 이를 공유하며 마케팅 효과를 극대화하는 방식이다.

2. 소셜미디어 최적화(SMO ; Social Media Optimization)

(1) 소셜미디어 최적화(SMO)

① 소셜미디어 최적화(SMO)는 소셜미디어 플랫폼과 웹사이트를 통해 제품이나 서비스의 인지도를 높이고, 소셜미디어에서 유기적인 트래픽을 최적화하는 마케팅 전략이다. 이 과정은 소셜미디어 채널과 온라인 커뮤니티에서 채널의 도달 범위와 영향력을 극대화하려는 노력을 포함한다.

② 소셜미디어의 공유와 사회적 관계 맺기 기능을 잘 활용하여 커뮤니티에 기여하고, 사용자 간 정보 공유를 촉진하여 자신이 제공하는 정보를 더 많은 사람에게 전달하려는 전략이다.

③ SMO의 주요 원칙
　ㄱ 링크와 태깅, 북마크를 쉽게 할 수 있도록 하여 사용자 참여를 유도한다.
　ㄴ 링크를 제공하는 사람도 가치를 얻을 수 있도록 하며, 사이트 외부에서도 활용 가능한 콘텐츠를 제작해야 한다.
　ㄷ 콘텐츠는 공개적이어야 하며, 유용한 정보를 제공하는 귀중한 사용자에게 보답하는 방식으로 공유해야 한다.
　ㄹ 소통을 중심으로 타깃 사용자를 정확히 파악하고 참여를 유도한다.
　ㅁ 반응이 좋은 콘텐츠를 제작하고, 정직하고 겸손한 자세를 유지한다.
　ㅂ 새로운 시도로 신선함을 유지하고, 성과를 명확히 정의하여 목표를 달성한다.
　ㅅ 콘텐츠로 얻고자 하는 결과를 고려하여 SMO를 사이트 운영의 중요한 부분으로 통합하고, 새로운 참가자들을 격려하여 SMO를 지속적으로 발전시킨다.

(2) 랜딩페이지 최적화(LPO ; Landing Page Optimization)

① 랜딩페이지란 소셜미디어, 검색엔진, 광고 등 외부 채널을 통해 방문한 사용자가 첫 번째로 접속하는 웹페이지를 의미한다.

② 사용자가 원하는 정보를 찾는 과정에서 메뉴, 사이트 검색 기능, UI(사용자 인터페이스) 및 UX(사용자 경험)가 제대로 설계되지 않으면 사용자는 쉽게 사이트를 이탈할 수 있다. 따라서 랜딩페이지 최적화가 중요한 이유는 사용자가 이탈하지 않도록 유도하는 데 있다.

③ 랜딩페이지 최적화의 목표는 사용자가 목적을 달성하기 위해 다른 페이지로 이동하지 않고 간편하게 원하는 정보를 목표 페이지로 이동할 수 있도록 만드는 것이다.

④ 랜딩페이지 최적화의 핵심은 사용자가 방문 목적을 쉽고 빠르게 달성할 수 있도록 명확하게 안내하는 것이다.

한번더클릭 ♥

랜딩페이지를 최적화하는 9가지 핵심 방법
1. 명확한 목표 설정(Clear Objective)
2. 강력한 헤드라인과 서브헤드라인(Compelling Headline & Subheadline)
3. 간결한 콘텐츠와 핵심 정보 제공(Concise & Relevant Content)
4. 눈길을 끄는 CTA(Call-To-Action) 버튼 최적화
5. 빠른 로딩 속도 최적화(Fast Loading Speed)
6. 모바일 최적화(Mobile Optimization)
7. 신뢰 요소 강화(Trust Signals & Social Proof)
8. A/B 테스트 실행(A/B Testing & Performance Optimization)
9. 분석 및 지속적인 최적화(Analytics & Continuous Optimization)

〈표〉 소셜미디어 마케팅 성과 관련 용어 정리

용어(Korean)	용어(English)	설명(Definition)
도달률	Reach	콘텐츠가 유저들에게 노출된 총 수치
노출수	Impressions	콘텐츠가 화면에 표시된 총 횟수(중복 포함)
참여율	Engagement Rate	좋아요, 댓글, 공유, 클릭 등의 총합을 도달한 사용자 수로 나눈 비율
클릭률	Click-Through Rate(CTR)	링크 클릭 수를 노출 수로 나눈 비율(%)
전환율	Conversion Rate	클릭한 사용자 중 실제로 목표 행동(구매, 가입 등)을 한 비율
이탈률	Bounce Rate	특정 페이지 방문 후 바로 이탈한 사용자의 비율
유지율	Retention Rate	특정 기간 후에도 브랜드와 상호작용하는 사용자 비율
공유수	Shares	콘텐츠가 공유된 횟수
댓글수	Comments	콘텐츠에 달린 댓글 수
좋아요수	Likes	콘텐츠에 대한 좋아요 수
브랜드 언급량	Brand Mentions	특정 브랜드가 태그되거나 언급된 횟수
사용자 생성 콘텐츠	User-Generated Content(UGC)	유저가 직접 제작하여 올린 콘텐츠(리뷰, 해시태그 포함)
해시태그 성과	Hashtag Performance	특정 해시태그를 포함한 콘텐츠의 도달률과 참여도

키워드 정리

소셜미디어 성과 지표
도달률, 노출수, 참여율, 클릭률(CTR), 전환율, 유지율, 바이럴 효과

퀴즈

클릭률(CTR)은 특정 콘텐츠를 본 사용자 중에서 클릭을 한 사람의 비율을 의미한다. O X
정답 O

빈칸 채우기

랜딩페이지 최적화(LPO)의 목표는 이탈률을 줄이고, (   )(을)를 높이는 것이다.
정답 전환율

PART 01
PART 02
PART 03
PART 04

용어(Korean)	용어(English)	설명(Definition)
고객 획득 비용	Customer Acquisition Cost(CAC)	한 명의 고객을 획득하는 데 드는 평균 비용
고객 생애 가치	Customer Lifetime Value(CLV)	한 명의 고객이 브랜드에서 소비하는 총 예상 가치
광고 비용 대비 성과	Return on Ad Spend(ROAS)	광고비 대비 매출액(광고 성과 측정)
바이럴 효과	Virality	콘텐츠가 빠르게 확산되는 정도(공유, 조회수 상승 등)
인플루언서 마케팅 효과	Influencer Marketing Effectiveness	인플루언서를 활용한 마케팅 캠페인의 성과 분석

출제예상문제

01 소셜미디어 마케팅(SMM)의 주요 목표로 적절하지 않은 것은?

① 브랜드 인지도 상승
② 고객과의 상호작용 증대
③ 마케팅 비용 절감
④ 오프라인 매장 운영 비용 절감

해설 | SMM은 브랜드 인지도 상승, 고객과의 소통 증대, 효율적인 마케팅 비용 활용 등을 목표로 한다. 그러나 오프라인 매장 운영 비용 절감은 직접적인 SMM의 목표가 아니다.

02 소셜미디어 마케팅에서 유료 광고(Paid Ads)의 주요 특징으로 가장 적절한 것은?

① 브랜드 계정의 유기적 성장 중심
② 광고비가 지속적으로 발생
③ 팔로워 기반의 자연스러운 도달
④ 고객과의 관계 형성이 주된 목적

해설 | 유료 광고(Paid Ads)는 광고비를 지불하여 특정 타깃에게 빠르게 도달하는 방식이다. 반면, 브랜드 계정의 유기적 성장(①)과 관계 형성(④)은 소셜미디어 관리 마케팅(SMM)에 더 가깝다.

03 소셜미디어 마케팅에서 해시태그(#)의 주요 기능이 아닌 것은?

① 특정 주제의 콘텐츠를 그룹화
② 검색 기능을 강화하여 노출 증가
③ 해시태그를 통해 직접 광고비를 절감
④ 사용자가 관련된 콘텐츠를 쉽게 찾을 수 있도록 함

해설 | 해시태그는 콘텐츠를 그룹화하고 검색 기능을 강화하지만, 직접적인 광고비 절감 효과는 없다.

04 소셜미디어 최적화(SMO)의 핵심 전략으로 적절하지 않은 것은?

① 링크와 태깅을 쉽게 할 수 있도록 유도
② 가치 있는 콘텐츠 제공을 통해 사용자 참여 유도
③ 타깃 사용자를 정확히 분석하고 소통 강화
④ 검색엔진 최적화(SEO)만을 집중적으로 강화

해설 | SMO는 검색엔진 최적화(SEO)와도 연관이 있지만, 핵심은 소셜미디어상에서의 트래픽 최적화와 사용자 간의 관계 형성에 집중하는 것이다.

PART 01
PART 02
PART 03
PART 04

정답 01 ④ 02 ② 03 ③ 04 ④

05 소셜미디어 마케팅에서 랜딩페이지 최적화(LPO)의 가장 중요한 목적은?

① 사용자가 랜딩페이지에 머무르는 시간을 늘리는 것
② 사용자가 원하는 정보를 빠르고 쉽게 찾을 수 있도록 하는 것
③ 검색엔진에서 노출 순위를 높이는 것
④ 랜딩페이지에 광고를 많이 삽입하여 수익을 극대화하는 것

해설 | 랜딩페이지 최적화(LPO)는 방문자가 원하는 정보를 빠르게 찾고, 목적을 쉽게 달성할 수 있도록 설계하는 것이 가장 중요하다.

06 소셜미디어를 중심으로 한 소비자 구매 행동 변화와 가장 관련이 깊은 설명은?

① 소비자가 단순히 광고만 보고 구매하는 방식이 일반적이다.
② 구매 후에도 브랜드와 관계를 유지하고 공유하는 경향이 증가하고 있다.
③ 소비자들은 오프라인 구매를 선호하며 온라인 검색은 거의 하지 않는다.
④ 소셜미디어는 소비자의 구매 행동에 거의 영향을 미치지 않는다.

해설 | 소셜미디어의 확산으로 소비자는 검색, 참조, 비교를 거쳐 구매하며, 구매 후에도 브랜드와의 관계를 유지하고 공유하는 경향이 강해졌다.

07 SNS 광고 마케팅에서 콘텐츠 마케팅(Contents Marketing)의 핵심 목표로 가장 적절한 것은?

① 단기간에 제품을 판매하는 것이 유일한 목표이다.
② 사용자의 관심을 끌고 행동 변화를 유도하는 것이 핵심이다.
③ 광고를 최대한 많이 노출하여 무조건적인 브랜드 홍보를 강화한다.
④ 콘텐츠 마케팅은 특별한 전략 없이 단순히 게시물을 많이 올리는 것이다.

해설 | 콘텐츠 마케팅은 단순한 노출이 아니라 사용자와의 관계 형성을 통해 관심을 끌고 행동 변화를 유도하는 것이 핵심이다.

08 소셜미디어 마케팅에서 UGC(User-Generated Content, 사용자 생성 콘텐츠)의 특징으로 가장 적절한 것은?

① 브랜드가 직접 제작한 콘텐츠만 포함된다.
② 사용자가 자발적으로 제작하여 공유하는 콘텐츠이다.
③ 기업이 모든 콘텐츠를 통제할 수 있다.
④ 유료 광고와 동일한 방식으로 배포된다.

해설 | UGC(사용자 생성 콘텐츠)는 사용자가 자발적으로 제작하고 공유하는 콘텐츠이다.

09 소셜미디어 광고에서 리타기팅 광고(Retargeting Ads)의 주요 목표는?

① 기존 방문자를 다시 유입시켜 구매를 유도하는 것
② 새로운 고객을 발굴하여 브랜드를 처음 알리는 것
③ 오프라인 매장의 고객을 대상으로만 광고하는 것
④ 브랜드 이미지를 구축하는 장기적인 목표를 달성하는 것

해설 | 리타기팅 광고는 기존에 웹사이트를 방문했던 사용자에게 다시 광고를 노출하여 구매를 유도하는 방식이다. 새로운 고객 발굴(②)과는 차이가 있다.

10 소셜미디어 최적화(SMO) 전략을 실행할 때 가장 중요한 요소는?

① 특정 소셜미디어 플랫폼에서만 집중적으로 활동하는 것
② 사용자 참여를 유도하고 콘텐츠를 공유할 수 있도록 최적화하는 것
③ 광고 예산을 최대로 확보하는 것
④ 해시태그를 무작위로 많이 사용하는 것

해설 | SMO(소셜미디어 최적화)는 사용자 간의 참여와 공유를 촉진하여 자연스럽게 콘텐츠가 확산되도록 하는 것이 핵심이다.

정답 05 ② 06 ② 07 ② 08 ② 09 ① 10 ②

소셜미디어 사용 현황과 유형

1. 소셜미디어 현황

① 2023년 소셜미디어 시장 및 현황 분석 보고서(DMC미디어)에 따르면 전 세계 약 44억 명의 사람들이 소셜미디어를 이용하고 있으며, 이는 전 세계 인구의 55% 이상에 해당한다.

② **국가별 소셜미디어 이용 비율** : 각국별 소셜미디어 이용자 수와 비율은 급격히 증가하고 있으며, 특히 아시아와 아프리카 지역에서 이용률이 크게 성장하고 있다.

③ **플랫폼별 사용 현황** : 페이스북, 유튜브, 왓츠앱, 페이스북 메신저, 인스타그램, 위챗은 월간 활성 사용자(MAU)가 10억 명 이상에 달하며, 이 중 메타(Meta)가 소유한 플랫폼이 4개로 소셜미디어 시장을 사실상 장악하고 있다.

④ Datareportal에 의한 2023년 소셜미디어 사용자 통계에 따르면 전 세계 소셜미디어 사용자는 약 44억 명에 달하며, 인터넷 사용자의 90%가 매달 소셜미디어를 사용하고 있다.

⑤ Hootsuite에 따르면 2023년 기준, 최소 20개의 소셜미디어 플랫폼에서 월간 활성 사용자 수가 3억 명 이상을 기록하고 있다.

⑥ 2023년 2월 기준, Statista 조사에 따르면 페이스북이 여전히 가장 많은 사용자를 보유한 소셜미디어 플랫폼으로, 그 뒤를 유튜브, 왓츠앱, 인스타그램, 위챗, 틱톡, 페이스북 메신저가 따르고 있다. 메시지 서비스 부문에서는 왓츠앱이 1위이며, 그 뒤를 위챗(중국), 페이스북 메신저가 차지하고 있다.

〈표〉 국가별 소셜미디어 이용 비율

순위	국가	소셜미디어 이용률
1	아랍에미리트	99%
2	대한민국	89%
3	대만	88%
4	네덜란드	88%
5	말레이시아	86%
6	홍콩	85%

※ 출처 : DMC미디어의 '2021 소셜미디어 시장 및 현황 분석' 보고서

키워드 정리

메타(Meta) 보유 플랫폼
페이스북, 인스타그램, 왓츠앱, 페이스북 메신저

키워드 정리

• DAU(Daily Active Users) : 일일 활성 사용자 수
• MAU(Monthly Active Users) : 월간 활성 사용자 수

〈표〉 전 세계 소셜미디어 플랫폼의 월간 활성 사용자 수(MAU)

순위	플랫폼	월간 활성 사용자 수
1	페이스북	30.7억 명
2	유튜브	25.3억 명
3	인스타그램	20억 명
4	왓츠앱	20억 명
5	틱톡	16.9억 명
6	위챗	13.7억 명

※ 출처 : Shopify 2024년 7월 보고서

〈표〉 전 세계 소셜미디어 플랫폼별 MAU

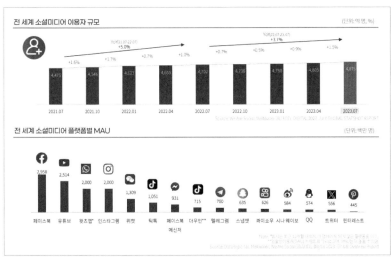

※ 출처 : DMC리포트의 2023 소셜미디어 시장 동향 보고서

〈표〉 소셜 네트워크 월간 활성 사용자 수 순위 : 2024년 4월 기준

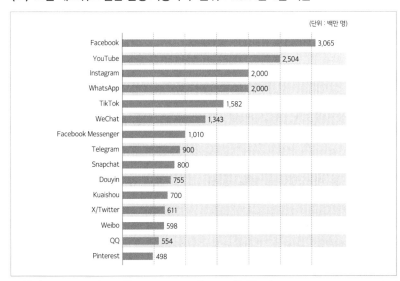

※ 출처 : Statista.com(https://www.statista.com/statistics/272014/global-social-networks-ranked-by-number-of-users/)

2. 소셜미디어의 활용

① **기업 활용** : 기업은 소셜미디어를 자사의 브랜드 홍보 및 정체성 구축을 위한 중요한 창구로 사용하며, 소비자와의 커뮤니케이션을 통해 고객과의 관계를 강화하는 도구로 활용한다.

② **다양한 조직의 활용** : 개인, 기업, 정부 기관 등 다양한 조직들이 소셜미디어를 커뮤니케이션 채널로 적극 활용하고 있으며, 특히 정부는 공공 서비스 정보 제공 및 시민과의 소통을 위해 활용하는 경우가 많다.

③ **플랫폼 특성에 맞는 마케팅** : 각 소셜미디어 플랫폼은 고유한 특성과 기능을 가지고 있기 때문에, 이를 적절히 활용한 맞춤형 마케팅 전략이 필요하다. 예를 들어, 인스타그램은 이미지 및 비주얼 콘텐츠 중심으로, X는 실시간 소통과 빠른 반응을 중요시하는 특징이 있다.

④ **소셜미디어의 부정적 영향** : 소셜미디어의 급속한 확장에 따라, 잘못된 정보나 부정적 피드백의 확산이 우려되고 있다. 이로 인해 기업이나 개인의 명성에 심각한 영향을 미칠 수 있어, 신속하고 정확한 대응이 필요하다.

⑤ **소셜미디어 대응 프로세스(감정－평가－대응)**

ㄱ 감정(Assessment) : 소셜미디어에서 자사와 관련된 언급이 발견되면 먼저 그 내용이 긍정적인지 부정적인지 판단한다.

ㄴ 평가(Evaluation) : 긍정적인 피드백에는 추가적인 스토리나 정보를 공유하거나 응답하지 않으며, 부정적인 피드백은 네 가지 유형(낚시질, 분노, 정보오류, 고객 불만)으로 구분하여 처리한다.

ㄷ 대응(Response) : 평가 후 투명한 사실 공개, 정보 제공, 신속한 대응 등 가장 적합한 방식으로 대응하며, 때로는 주요 인플루언서를 활용해 긍정적인 반응을 유도한다.

🔍 키워드 정리

소셜미디어 대응 프로세스
- 감정(Assessment) : 긍정/부정 언급 판단
- 평가(Evaluation) : 정보 오류, 고객 불만 등 유형 구분
- 대응(Response) : 신속한 사실 공개, 대응 전략

3. 글로벌 주요 소셜미디어 플랫폼

(1) 페이스북(Facebook)

① **설립과 창업** : 페이스북은 2004년 2월 4일, 하버드대학교 학생이었던 마크 저커버그(Mark Zuckerberg)와 에두아르도 세버린(Eduardo Saverin)이 기숙사에서 시작한 소셜미디어이다.

② **이름의 유래** : 페이스북이라는 이름은 하버드대학교에서 학생들끼리 서로를 알아가도록 돕는 '페이스북(Facebook)'이라는 책자에서 유래하였다.

③ **가입 자격과 한국어 서비스** : 현재 만 13세 이상이라면 누구나 가입할 수 있으며, 한국어 서비스는 2009년 1월에 시작되었다.

④ **주요 인수 및 사업 확장** : 2012년에 인스타그램(Instagram)을, 2014년에는 왓츠앱(WhatsApp)을 인수하고, 오큘러스(Oculus)를 통해 VR 기기 개발 및 제조에도 진출하며 사업 영역을 확장하였다.

⑤ **메타버스와 브랜드 변경** : 급변하는 소셜미디어 트렌드에 맞춰 메타버스를 인터넷의 미래로 설정하고, 2021년에 페이스북이라는 이름을 메타(Meta)로 변경하였다.

(2) 인스타그램(Instagram)

① **설립과 창업** : 케빈 시스트롬(Kevin Systrom)과 마이크 크리거(Mike Krieger)가 2010년에 공동으로 설립한 온라인 사진 공유 및 소셜 네트워크 서비스이다.

② **이름의 유래** : 인스타그램은 즉석에서 사진을 촬영하는 '인스턴트 카메라(Instant Camera)'와 정보를 전송하는 '텔레그램(Telegram)'을 결합하여 만든 이름으로, 이용자는 사진 촬영과 동시에 디지털 효과를 적용하고 다양한 소셜 네트워크 서비스에 이를 공유할 수 있다.

③ **페이스북의 인수** : 2012년 페이스북(Facebook)이 인스타그램을 인수하며, 두 플랫폼은 연결되어 더 큰 소셜미디어 생태계를 형성하게 되었다.

(3) 유튜브(Youtube)

① **설립과 창립** : 2005년 2월 페이팔(PayPal)에서 일했던 채드 헐리(Chad Hurley), 스티브 천(Steve Chen), 자베드 카림(Jawed Karim)이 공동으로 유튜브를 창립하였고, 2005년 4월 최초의 영상인 "Me at the zoo"가 업로드되며 본격적으로 서비스가 시작되었다.

② **구글 인수** : 2006년 구글(Google)이 유튜브를 인수하면서 세계 최대 규모의 비디오 플랫폼으로 자리매김하게 되었으며, 동영상 공유 및 콘텐츠 호스팅의 중심이 되었다.

③ **이름과 슬로건** : 유튜브라는 이름은 'You'(당신)와 'Tube'(텔레비전, 브라운관)을 결합한 것으로, 슬로건인 "Broadcast Yourself!(당신 자신을 방송하세요!)"는 사용자들이 자신만의 콘텐츠를 자유롭게 업로드하고 공유할 수 있음을 강조하는 메시지이다.

(4) 왓츠앱(WhatsApp)

① **사용자 수와 인기도** : 2023년 기준, 월간 활성 사용자(MAU)는 약 20억 명으로, 인스턴트 메시징 서비스에서 가장 많은 사용자 수를 기록하고 있다.

② **기능** : 스마트폰과 웹 기반의 메시징 앱으로, 텍스트 메시지, 사진, 비디오, 음성 메시지를 통해 사용자 간의 원활한 정보 교환이 가능하다.

③ 글로벌 대중화 : 전 세계적으로 널리 사용되는 메신저 프로그램으로, 사용자는 어떤 장소에서든 실시간으로 텍스트, 비디오, 음성 채팅을 자유롭게 이용할 수 있다.

(5) 페이스북 메신저(Facebook Messenger)

① 개요 : 페이스북 메신저는 페이스북에서 제공하는 메시징 서비스로, 2011년에 독립적인 앱으로 런칭되었다.

② 버전 출시 : 타이젠 운영 체제 버전의 페이스북 메신저는 2015년 7월 13일에 출시되었다.

③ 기능 및 사용 : 텍스트 및 음성 통신을 지원하는 인스턴트 메시징 서비스로, 사용자들 사이에서 '펨' 또는 '페메'라는 약칭으로 불리기도 한다.

(6) 스레드(Threads)

① 개요 : 메타(Meta)는 탈중앙화 소셜미디어를 목표로 2023년 7월에 스레드(Threads)를 출시한 SNS 및 마이크로블로그 서비스이다.

② 기능 및 사용자 상호작용 : 사용자는 '스레드' 형식의 메시지를 통해 상호작용할 수 있으며, 이 방식은 X와 매우 유사하다.

③ X와의 유사성 : X와 비슷한 기능을 제공하기 때문에 종종 '메타의 버전 X'라고도 불린다.

④ 인스타그램 계정 연동 : 스레드는 인스타그램 계정과 연동되어 작동하며, 이를 사용하기 위해서는 인스타그램 가입이 필수다.

⑤ 출시 반응 : 출시 7시간 만에 1천만 명의 이용자가 몰렸고, 하루 만에 1억 명을 넘어서며 큰 인기를 끌었다.

(7) 위챗(WeChat)

① 개요 : 위챗(WeChat)은 텐센트(Tencent)가 개발한 중국의 인터넷 기반 메시징 서비스다.

② 기능 및 사용 방법 : 사용자는 위챗을 다운로드하고 핸드폰 통신기록부, 사용자 ID 검색, QR 코드 공유 등을 통해 빠르게 등록하고, 소량의 데이터로 문자, 음성, 사진, 동영상, 단체 및 개인 채팅 등을 이용할 수 있다.

③ 주요 기능 : 인스턴트 메시징 기능을 지원하며, 문자, 음성, 사진 등을 즉시 편집하고 전송할 수 있다. 또한, SNS 기능과 LBS(Location – Based Service) 기능도 포함되어 있어 다양한 상호작용을 가능하게 한다.

(8) 틱톡(TikTok)

① **개요** : 틱톡(TikTok)은 바이트댄스(ByteDance)가 2016년 9월 중국에서 더우인(抖音)이라는 이름으로 출시된 짧은 영상 제작 및 소셜 공유 서비스다. 국제 시장에 출시되기 전에 중국 내에서 먼저 인기를 끌었다.

② **영상 길이 및 제작 기능** : 처음에는 15초 길이의 짧은 영상만 제작할 수 있었으나 이용자 수가 급증함에 따라 60초까지 늘어났다. 사용자는 음악을 선택하고, 다양한 필터 효과를 적용해 자신만의 짧은 동영상을 제작하고 공유할 수 있다.

③ **콘텐츠 다양성** : 코미디, 음악, 댄스 등 다양한 주제의 사용자들이 영상 콘텐츠를 업로드하여 다른 사용자들과 소셜로 공유한다.

④ **주요 기능 및 특징** : 배경음악 선택이 가능하고, 영상이 끝난 후 자동으로 다음 영상이 재생된다. AI를 활용해 이용자의 선호에 맞는 영상 추천을 제공하며, 알리바바와의 협업을 통해 쇼핑 기능도 함께 제공한다.

(9) 엑스(X) [구 트위터]

① **개요** : 엑스(X)는 2006년 3월에 미국에서 개설된 소셜미디어 플랫폼으로, 140자 이내의 짧은 텍스트를 통해 빠른 정보 전달이 가능한 것이 특징이다.

② **트윗(Tweet)** : 사용자가 업로드하는 140자 이내의 메시지를 트윗(Tweet)이라고 하며, 이를 통해 다른 사람과 소통하는 구조이다.

③ **메시지 용량 제한** : 140자로 제한된 이유는 핸드폰 문자메시지(SMS) 서비스와의 호환을 고려했기 때문이다.

④ **창시자의 철학** : 엑스(X)의 공동 창시자인 비즈 스톤(Biz Stone)은 "창조는 제한에서 온다"라는 철학을 바탕으로, 문자 수 제한 원칙을 고수한다.

⑤ **글자 수 확장** : 2017년부터 일부 국가에서 트윗 글자 수가 280자로 확장되었으나, 한글은 여전히 140자로 유지되고 있다.

⑥ **일론 머스크 인수** : 2022년 일론 머스크(Elon Musk)가 엑스(X)를 인수한 이후 여러 논란이 일었으나, 여전히 세계적인 영향력을 가진 소셜미디어 플랫폼으로 자리 잡고 있다.

⑦ **브랜드 명칭 변경** : 2023년 7월, 트위터는 엑스(X)로 명칭 변경이 이루어졌다.

4. 국내 주요 소셜미디어 플랫폼

(1) 카카오톡

① 개요 : 카카오톡은 2010년부터 서비스된 카카오의 대표적인 소셜미디어로, 현재 사용자 수는 약 5,000만 명이며, 1억 회 이상의 다운로드를 기록한 앱이다.

② 국민 메신저 : 카카오톡은 사실상 전국민이 사용하는 국민 메신저로 자리 잡았으며, 스마트폰 문화 확산의 상징적인 역할을 하고 있다.

③ 카카오톡의 영향 : 카카오톡의 보급은 단순히 카톡이나 단톡 같은 신조어를 만든 데 그치지 않고, SNS, 콜택시, 지도, 내비게이션, 대리운전, 간편 결제, 인터넷 전문 은행 등 다양한 분야로 확산되어 사회적 영향을 미친다.

(2) 네이버 밴드

① 개요 : 네이버 밴드는 국내 포털 사이트 네이버에서 개발한 지인 간의 모임을 위한 SNS로, 사용자가 다양한 모임을 쉽게 만들고 관리할 수 있도록 도와준다.

② 초대형 SNS에서 공개형으로 확장 : 초대받은 멤버만 참여하는 폐쇄형 SNS로 시작했으나, 2015년에는 공개형 밴드를 통해 관심사 기반 모임으로 확장하며 새로운 이용자를 끌어들인다.

③ 소모임 밴드 출시 : 2021년 말, 동네 기반의 관심사를 공유하는 '소모임 밴드'를 출시하여 지역 사회와 소통하는 기능을 강화한다.

④ 다운로드 및 기능 : 2012년 8월 출시 후 2년 만에 3,500만 다운로드를 기록하며 급속히 성장했고, 게시판, 채팅, 사진첩, 캘린더, 투표, 동창찾기 등 다양한 기능을 제공하여 이용자의 편의성을 높인다.

⑤ 접근성과 편리함 : PC 버전과 모바일 앱 버전 모두 제공되며, 휴대폰, 이메일, 페이스북, 네이버 계정을 통해 간편하게 밴드 계정을 만들고 로그인할 수 있어 사용이 매우 편리하다.

01 다음 중 2023년 기준, 월간 활성 사용자(MAU)가 10억 명 이상인 소셜미디어 플랫폼이 아닌 것은?

① 페이스북　　　　② 왓츠앱
③ X(X)　　　　　④ 유튜브

해설 | 페이스북, 유튜브, 왓츠앱, 페이스북 메신저, 인스타그램, 위챗은 월간 활성 사용자(MAU)가 10억 명 이상이다. 반면, X(X)는 상대적으로 낮은 이용자를 보유하고 있다.

02 다음 중 중국 기업이 운영하는 매체가 아닌 것은?

① 왓츠앱　　　　② 틱톡
③ 시나 웨이보　　④ 바이트댄스

해설 | 왓츠앱은 미국 기업인 메타(Meta)에서 운영하고 있다.

03 다음 중 소셜미디어 대응 프로세스(감정–평가–대응)의 올바른 순서는?

① 감정 → 대응 → 평가
② 평가 → 감정 → 대응
③ 감정 → 평가 → 대응
④ 대응 → 감정 → 평가

해설 | 소셜미디어 대응 프로세스는 감정(Assessment) → 평가 (Evaluation) → 대응(Response)의 순서로 진행된다.

04 다음 중 소셜미디어의 부정적 영향과 가장 관련이 깊은 것은?

① 사용자 간 실시간 소통 활성화
② 브랜드 충성도 증가
③ 가짜 뉴스 및 잘못된 정보 확산
④ 소비자 참여율 증가

해설 | 소셜미디어의 부정적 영향 중 하나는 잘못된 정보와 가짜 뉴스의 빠른 확산이다.

05 페이스북이 2012년에 인수한 소셜미디어 플랫폼은?

① 유튜브　　　　② 인스타그램
③ 왓츠앱　　　　④ 스냅챗

해설 | 페이스북은 2012년 인스타그램(Instagram)을 인수하여 더 큰 소셜미디어 생태계를 구축했다.

06 다음 중 틱톡(TikTok)에 대한 설명으로 틀린 것은?

① 2016년 중국 바이트댄스(ByteDance)에서 개발한 숏폼 영상 플랫폼이다.
② AI 추천 알고리즘을 활용해 맞춤형 영상을 제공한다.
③ 초기에 '더우인(抖音)'이라는 이름으로 중국에서 먼저 출시되었다.
④ 10분 이상의 긴 형식의 동영상만 게시할 수 있다.

해설 | 틱톡은 짧은 형식의 숏폼 콘텐츠(15~60초)가 핵심이며, 긴 영상(10분 이상)만 게시할 수 있는 플랫폼은 아니다. 최근 긴 영상도 지원하지만, 기본적인 특징은 숏폼 콘텐츠이다.

정답 01 ③　02 ①　03 ③　04 ③　05 ②　06 ④

PART 01
PART 02
PART 03
PART 04

07 스레드(Threads)는 어떤 소셜미디어 플랫폼과 연동되는가?

① 트위터(X)　　　　② 인스타그램
③ 유튜브　　　　　④ 페이스북

해설 | 스레드(Threads)는 인스타그램과 연동되며, 인스타그램 계정이 있어야 가입할 수 있다.

08 다음 중 인스타그램을 활용한 소셜마케팅 전략에 대한 설명으로 잘못된 것은?

① 해시태그를 적절히 활용하여 검색 노출을 증가시킬 수 있다.
② 인스타그램은 고객에게 지속적으로 DM을 보내 참여를 유도한다.
③ 스토리, 릴스, IGTV 등 다양한 포맷을 활용하여 사용자와의 접점을 늘릴 수 있다.
④ 유저 생성 콘텐츠(UGC)를 적극 활용하면 신뢰도와 브랜드 충성도를 높이는 데 도움이 된다.

해설 | 인스타그램에서는 이미지와 동영상에 제품 테그를 삽입할 수 있으며, 비주얼 콘텐츠 중심의 플랫폼으로 사용자들은 시각적으로 매력적인 이미지, 동영상, 릴스, 스토리 등을 선호하며, 이러한 요소를 활용하는 것이 효과적인 소셜마케팅 전략이다.

09 네이버 밴드(BAND)의 가장 큰 특징은?

① 오픈된 공개 게시판 형태의 SNS
② 폐쇄형 SNS로 초대받은 멤버만 참여 가능
③ 짧은 동영상을 중심으로 한 플랫폼
④ 라이브 방송 기능이 핵심

해설 | 네이버 밴드(BAND)는 원래 폐쇄형 SNS로 시작되었으며, 초대받은 멤버만 참여 가능한 것이 특징이다.

10 다음 중 용어 설명으로 옳지 않은 것은?

① MCU는 순간 동시 접속자를 의미한다.
② MAU는 월간 활동 이용자를 뜻한다.
③ DAU는 일별 활동 이용자를 의미한다.
④ UGC는 검색 노출을 증가시키는 데 효과적이다.

해설 | UGC는 브랜드 신뢰도와 충성도를 높이는 데 효과적이며, 검색 노출 증가시키는데 효과적인 것은 해시태그이다.

정답　07 ②　08 ②　09 ②　10 ④

내가 뽑은 원픽!

PART

02

SOCIAL NETWORK #

SNS 광고 마케팅

메타(Meta)

▶▶▶▶▶

1. 메타

(1) 개요

① '메타(Meta)'는 페이스북이 2021년 10월에 회사 이름을 변경하면서 사용하게 된 새로운 브랜드 이름이고 CEO는 마크 저커버그이다. 이름의 기원은 메타버스(Metaverse)라는 개념을 강조하기 위해 선택되었다. 메타라는 그리스어에서 유래된 것으로 '초월' 또는 '변화'라는 의미를 가지고 있다.

② 페이스북이 이 메타로 이름을 바꾼 이유는 메타버스(Metaverse)의 개념을 강조하기 위함이다. 메타는 소셜미디어 플랫폼인 페이스북, 인스타그램, 왓츠앱 등 다양한 서비스를 운영하고 있으며, 메타버스 구축을 위한 기술 개발과 투자에 집중하고 있다.

③ 페이스북(Facebook)은 2004년 2월 4일에 마크 저커버그(Mark Zuckerberg)와 그의 대학 친구들인 에두아르도 사베린(Eduardo Saverin), 앤드류 맥콜럼(Andrew McCollum), 다스틴 모스코비츠(Dustin Moskovitz), 크리스 휴즈(Chris Hughes)에 의해 하버드대학교에서 설립되었다. 처음에는 하버드 대학교 학생들만을 위한 소셜 네트워크로 시작했으나 이후 다른 대학으로 확장되었고, 2006년에는 일반 대중에게 개방되었다.

④ 페이스북은 사용자가 프로필을 만들고 친구를 추가하며, 사진과 동영상을 공유하고 메시지를 주고받을 수 있는 플랫폼으로 빠르게 성장했다. 또한 뉴스피드, 페이지, 좋아요, 댓글, 공유하기 등을 통해 소셜미디어의 중요한 축으로서 역할을 한다.

⑤ 메타는 2024년까지 AI 전략에 모든 자원을 집중하며, 이를 위해 향후 100억 달러의 지출을 계획이다. 또한, 메타는 광고주를 위한 새로운 제너레이티브 AI 기능을 지속적으로 출시해 온라인 광고 플랫폼의 효율성을 개선하고 있다.

(2) 메타의 새로운 정책(2025)

① 메타의 표현의 자유 강화 정책

　㉠ 정책 발표 : 마크 저커버그 CEO는 2025년 1월 7일, 표현의 자유를 강화하기 위한 새로운 콘텐츠 관리 정책을 발표했다. 이 정책은 "더 많은 표현, 더 적은 오류"라는 슬로건 아래 진행된다.

　㉡ 사용자 반응 : 이 정책 발표 이후, 페이스북 탈퇴 방법을 검색하는 사용자가 급증했다. 이는 사용자들이 새로운 정책에 대한 우려를 나타내는 것으로 해석된다.

② 광고 전략의 변화

　㉠ AI 기반 광고 혁신 : 메타는 AI 기술을 활용하여 광고의 효율성을 극대화하고, 사용자 참여를 높이는 방향으로 나아가고 있다.

　㉡ 디지털 광고 시장의 변화 : 메타는 디지털 광고 지출이 증가하는 가운데 소셜미디어 경쟁에서의 위치를 강화하고 있다.

③ 서비스 약관 업데이트

　㉠ 서비스 약관 변경 : 2025년부터 메타의 서비스 약관이 업데이트했다. 이는 사용자들이 플랫폼을 어떻게 활용할 수 있는지를 명확히 하고, 개인정보 보호 정책을 강화하는 방향으로 진행된다.

　㉡ 2025년 메타는 표현의 자유를 강화하고, AI 기반 광고 혁신을 통해 디지털 광고 시장에서의 입지를 더욱 확고히 할 계획이다. 이러한 변화는 사용자 경험을 개선하고, 메타의 장기적인 성장 전략에 기여할 것으로 기대된다. 메타의 정책 변화는 앞으로의 디지털 환경에 큰 영향을 미칠 것이다.

④ 메타의 정책 변화와 기업에 미치는 영향

　㉠ AI 기술의 발전 : 메타는 오픈 소스 AI 모델인 라마(Llama)를 통해 기업들이 자체 데이터를 활용하여 AI 모델을 훈련할 수 있도록 지원하고 있다. 이는 기업들이 AI 기술을 적용하여 맞춤형 서비스와 제품을 제공할 수 있는 기회를 확대한다.

　㉡ 디지털 경제의 변화 : 디지털 경제의 부상은 기업들이 새로운 비즈니스 모델을 개발하고, 기존의 운영 방식을 혁신하고 있다. AI 에이전트의 도입이 가속화되면서 기업들은 효율성을 높이고 비용을 절감하고 있다.

⑤ 기업의 전략적 전환 필요성

　㉠ 기술 투자 : 기업들은 AI 및 첨단 기술에 대한 투자를 통해 경쟁력을 강화하고 있다. 특히, 제조업체들은 스마트팩토리와 품질 관리 자동화를 위한 AI 기술 투자를 늘리고 있다.

ⓛ 글로벌 시장 진출 : 저부가가치 제품에서 고부가가치 제품으로의 포트폴리오 확대가 필요하며, 이를 위해 R & D 투자와 글로벌 시장 진출 전략을 펼치고 있다.

2. 페이스북

〈그림〉 페이스북 페이지 만들기

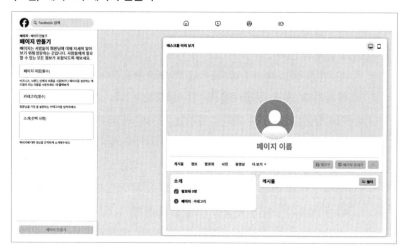

(1) 페이스북 페이지를 설정하는 데 필요한 사항

① 페이지 이름 : 페이지는 브랜드, 비즈니스 또는 커뮤니티의 이름이 필요하다. 이 이름은 페이지의 정체성을 나타낸다.

② 카테고리 : 페이지의 유형을 정의하는 카테고리를 선택해야 한다. 예를 들어 비즈니스, 공공 인물, 커뮤니티, 예술가 등 다양한 옵션이 있다.

③ 설명 : 페이지에 대한 간단한 설명을 작성한다. 이 설명은 방문자에게 페이지의 목적과 내용을 전달하는 데 도움이 된다.

④ 프로필 사진 : 페이지의 프로필 사진을 업로드해야 한다. 일반적으로 브랜드 로고나 대표 이미지를 사용하는 것이 좋다.

⑤ 커버 사진 : 페이지의 커버 사진을 추가한다. 이 이미지는 페이지의 첫인상을 결정짓는 중요한 요소이다.

⑥ 연락처 정보 : 비즈니스 페이지의 경우 전화번호, 이메일 주소, 웹사이트 링크 등을 추가하여 방문자가 쉽게 연락할 수 있다.

⑦ 주소 : 오프라인 비즈니스의 경우 실제 주소를 입력하여 방문자가 위치를 알 수 있다.

⑧ 페이지 설정 : 페이지의 기본 설정을 조정한다. 여기에는 알림 설정, 역할 관리, 게시물 공개 범위 등이 포함한다.

⑨ 첫 게시물 작성 : 페이지를 만든 후, 첫 게시물을 작성하여 방문자와 소통을 시작한다.

(2) 페이스북 페이지 관리

비즈니스, 브랜드, 커뮤니티 또는 개인 프로젝트를 홍보하고 소통하기 위해 페이스북 페이지를 운영하고 유지하는 과정을 의미한다. 페이스북 페이지 관리는 단순히 콘텐츠를 게시하는 것을 넘어 팔로워와의 관계를 구축하고 브랜드의 목표를 달성하기 위한 전략적 접근이 필요하다.

① 콘텐츠 게시 : 정기적으로 게시물을 작성하고 공유하여 팔로워와 소통한다. 이는 텍스트, 이미지, 비디오, 링크 등 다양한 형식의 콘텐츠를 포함할 수 있다.

② 댓글 및 메시지 관리 : 팔로워의 댓글과 메시지에 응답하여 소통을 유지하고 고객의 질문이나 피드백에 신속하게 대응한다.

③ 페이지 분석 : 페이스북의 인사이트 도구를 사용하여 페이지의 성과를 분석한다. 방문자 수, 게시물 도달률, 참여도 등을 확인하여 전략을 조정할 수 있다.

④ 광고 캠페인 운영 : 페이스북 광고를 활용하여 페이지의 가시성을 높이고 더 많은 잠재 고객에게 도달한다. 타깃 오디언스를 설정하고 광고 예산을 관리하는 것이 포함한다.

⑤ 커뮤니티 관리 : 페이지의 팔로워와 커뮤니티를 관리하고, 긍정적인 환경을 조성하기 위해 부정적인 댓글이나 스팸을 모니터링한다.

⑥ 이벤트 및 프로모션 관리 : 특별 이벤트나 프로모션을 계획하고 홍보하여 팔로워의 참여를 유도한다.

⑦ 브랜드 이미지 유지 : 일관된 브랜드 메시지와 이미지를 유지하여 팔로워에게 신뢰를 구축한다.

⑧ 트렌드 및 피드백 반영 : 시장의 트렌드와 팔로워의 피드백을 반영하여 콘텐츠와 전략을 지속적으로 개선한다.

(3) 페이스북 관리자 역할별 페이지 액세스 권한

역할 구분	권한 유형
페이지 관리자 (Admin)	• 모든 권한을 가진다. • 페이지 설정 변경, 역할 관리, 콘텐츠 게시, 댓글 및 메시지 관리, 광고 생성 및 분석 등 모든 작업을 수행한다.
편집자 (Editor)	• 콘텐츠 게시, 댓글 및 메시지 관리, 페이지 분석, 광고 생성 등의 권한을 가진다. • 페이지 설정 변경이나 역할 관리 권한은 없다.
모더레이터 (Moderator)	• 댓글 및 메시지 관리, 페이지 분석 권한을 기진다. • 콘텐츠 게시 권한, 광고 생성 권한이 없다.
광고주 (Advertiser)	• 광고 생성 및 관리 권한을 가진다. • 페이지 콘텐츠 게시나 댓글 관리 권한은 없다.
분석가 (Analyst)	• 페이지의 인사이트 및 분석 데이터에 접근할 수 있다. • 콘텐츠 게시, 댓글 관리, 광고 생성 권한은 없다.

O⊗ 퀴즈

페이스북 오디언스 네트워크를 통해 광고를 게재하면, 광고는 페이스북 외부의 앱과 웹사이트에서도 노출될 수 있다. O X

정답 O

해설 페이스북 오디언스 네트워크는 광고주가 페이스북 외부의 다양한 앱과 웹사이트에 광고를 게재할 수 있도록 하는 플랫폼이다.

O⊗ 퀴즈

페이스북 페이지에서 '편집자' 역할을 가진 사용자는 페이지의 모든 게시물을 삭제할 수 있다. O X

정답 X

해설 페이스북 페이지에서 '편집자' 역할을 가진 사용자는 게시물을 작성하고 수정할 수 있지만, 게시물을 삭제할 수 있는 권한은 없다.

(4) 비즈니스 성장을 위한 팬 및 참여 늘리기

① 비즈니스 페이지 최적화 : 비즈니스 페이지를 만들고, 브랜드 이미지와 일치하는 프로필 사진 및 커버 사진을 설정한다. 비즈니스에 대한 정보를 명확하게 기재하고, 연락처 및 웹사이트 링크를 추가하여 고객이 쉽게 접근할 수 있다.

② 콘텐츠 전략 : 유용하고 흥미로운 콘텐츠를 정기적으로 게시하여 팬들의 관심을 끌어야 한다. 동영상 콘텐츠는 참여를 유도하는 데 효과적이다. 인스트림 광고가 포함된 동영상을 제작하거나 라이브 방송을 통해 실시간 소통한다.

③ 팬과의 소통(댓글 및 메시지 응답) : 팬들이 남긴 댓글이나 메시지에 신속하게 응답하여 소통을 강화할 수 있다. 이는 고객의 신뢰를 높이는 데 도움이 된다.

④ 이벤트 및 프로모션 : 팬들을 위한 특별 할인 이벤트나 온라인 유료 이벤트를 진행하여 참여를 유도한다.

⑤ 광고 활용 : 페이스북의 유료 광고를 활용하여 더 많은 사람들에게 도달하고, 페이지의 '좋아요' 수를 늘릴 수 있다. 타깃 오디언스를 설정하여 광고의 효과를 극대화한다.

⑥ 협업 및 파트너십 : 다른 브랜드와 협업하여 공동 프로모션을 진행하면 서로의 팬층을 공유할 수 있다. 이는 새로운 고객을 유치하는 데 효과적이다.

(5) 페이지 공개 및 팔로워 참여 늘리기는 방법

① 페이지 설정 조정 : 페이지의 공개 설정을 확인하고, 모든 사용자가 페이지를 볼 수 있도록 설정한다. 페이지의 '정보' 섹션에서 공개 범위를 조정할 수 있다.

② 콘텐츠 최적화 : 페이지에 게시하는 콘텐츠는 사용자에게 유용하고 흥미로운 정보여야 한다. 정기적으로 업데이트하고, 다양한 형식(사진, 비디오, 글 등)을 활용하여 관심을 끌어야 한다.

③ 상호작용 유도 : 팔로워들이 댓글을 달거나 공유하도록 유도하는 질문이나 투표를 게시한다. 이는 참여도를 높이는 데 효과적이다.

④ 이벤트 및 프로모션 : 특별 이벤트나 프로모션을 통해 팔로워의 참여를 유도할 수 있다. 예를 들어 경품 이벤트를 개최하여 참여를 유도하는 방법이 있다.

⑤ 콘텐츠 다양화 : 다양한 콘텐츠를 제공하여 팔로워의 관심을 끌어야 한다. 예를 들어 교육적인 콘텐츠, 재미있는 퀴즈, 사용자 생성 콘텐츠 등을 활용할 수 있다.

⑥ **타깃 광고** : 페이스북 광고를 통해 특정 타깃 그룹에게 페이지를 홍보할 수 있다. 이를 통해 더 많은 사용자에게 도달하고, 페이지 방문자를 늘릴 수 있다.

⑦ **분석 도구 사용** : 페이스북의 분석 도구를 활용하여 어떤 콘텐츠가 가장 많은 반응을 얻는지 분석하고, 이를 바탕으로 전략을 조정한다.

(6) 페이스북 비즈니스 페이지 게시를 위한 아이디어

① **신제품 런칭** : 새로운 제품이나 서비스를 소개하는 게시물은 고객의 관심을 끌 수 있다. 제품의 특징과 장점을 강조한다.

② **비하인드 스토리** : 제품이 어떻게 만들어지는지 또는 서비스가 제공되는 과정을 보여주는 게시물은 고객의 신뢰를 높일 수 있다.

③ **퀴즈 및 설문조사** : 고객의 의견을 묻는 퀴즈나 설문조사를 통해 참여를 유도하고, 고객의 선호도를 파악할 수 있다.

④ **사용자 생성 콘텐츠** : 고객이 자신의 경험을 공유하도록 유도하는 게시물은 브랜드에 대한 충성도를 높일 수 있다.

⑤ **팁과 트릭** : 제품이나 서비스와 관련된 유용한 팁을 제공하여 고객에게 가치를 높일 수 있다. 예를 들어, 사용 방법이나 관리 방법에 대한 정보를 공유할 수 있다.

⑥ **업계 뉴스** : 관련 업계의 최신 동향이나 뉴스를 공유하여 전문성을 강조할 수 있다.

⑦ **특별 할인 및 프로모션** : 한정된 시간 동안 제공되는 할인이나 프로모션을 게시하여 고객의 구매를 유도한다.

⑧ **이벤트 초대** : 오프라인 또는 온라인 이벤트에 대한 초대장을 게시하여 고객의 참여를 유도할 수 있다.

⑨ **고객 후기 공유** : 만족한 고객의 후기를 게시하여 신뢰성을 높이고, 새로운 고객을 유치할 수 있다.

⑩ **사례 연구** : 특정 고객이 제품이나 서비스를 사용하여 얻은 성과를 공유하는 게시물은 다른 고객에게 영감을 줄 수 있다.

⑪ **비디오 콘텐츠** : 제품 사용법, 고객 후기 또는 비하인드 스토리를 담은 비디오를 게시하여 시청자의 관심을 끌 수 있다.

⑫ **인포그래픽** : 복잡한 정보를 시각적으로 쉽게 전달할 수 있는 인포그래픽을 활용한다.

(7) 페이스북 커뮤니티 규정

① **목적** : 사용자들이 안전하고 존중받는 환경에서 소통할 수 있도록 하기 위함이다.

② **주요 내용** : 허용되는 콘텐츠와 금지되는 행동에 대한 명확한 지침을 제공한다.

🔍 **키워드 정리**

행동 유도(CTA ; Call To Action) 버튼은 사용자가 특정 행동을 취하도록 유도하는 버튼이나 링크를 의미한다. 웹사이트, 이메일, 광고 등 다양한 디지털 마케팅 채널에서 사용되며, 사용자가 원하는 행동을 쉽게 수행할 수 있도록 돕는 역할이다.

③ 주요 규정 내용

  ㉠ 폭력 및 위협 : 폭력적인 행동이나 위협적인 콘텐츠는 금지한다.

  ㉡ 혐오 발언 : 인종, 민족, 종교, 성적 지향 등을 기반으로 한 혐오 발언은 엄격히 금지한다.

  ㉢ 성적 콘텐츠 : 아동 학대 및 성적 콘텐츠는 금지되며, 이러한 콘텐츠는 즉시 삭제된다.

  ㉣ 스팸 및 사기 : 인위적으로 좋아요, 팔로워, 공유를 수집하는 행위는 금지한다.

  ㉤ 사용자 책임 : 모든 사용자는 커뮤니티 규정을 준수해야 하며, 위반 시 계정이 정지된다.

  ㉥ 신고 시스템 : 사용자는 규정을 위반하는 콘텐츠를 신고하고 조치를 취한다.

④ 페이스북 페이지 품질 관리의 주요 요소

  ㉠ 품질 검사 : 페이스북은 페이지의 상태를 점검하고, 통과 여부를 나타내는 지표를 제공한다. 이를 통해 페이지의 품질을 지속적으로 모니터링 가능하다.

  ㉡ 광고 품질 : 광고의 품질은 광고 관련성 진단을 통해 측정한다. 이는 동일한 타깃을 두고 경쟁하는 다른 광고와 비교하여 비즈니스의 광고 품질을 평가한다. 낮은 품질 속성은 광고 성과에 부정적인 영향을 미칠 수 있다.

  ㉢ 페이지 관리 : 페이지에 대한 액세스 권한을 관리하고, 페이지에 게시한 사람을 확인하여 페이지 관리를 개선할 수 있다. 이는 페이지의 신뢰성을 높이는 데 중요한 역할을 한다.

(8) 페이스북 콘텐츠 수익화 방법

페이스북에서 콘텐츠를 수익화하는 방법은 다양하고, 각 방법은 크리에이터의 콘텐츠 유형과 팬층에 따라 다르게 적용될 수 있다. 이러한 방법들을 통해 크리에이터들은 자신의 콘텐츠로부터 수익을 창출할 수 있는 기회를 가질 수 있다.

① 인스트림 광고 : 동영상 콘텐츠에 광고를 포함하여 수익을 창출할 수 있다. 이 광고는 동영상 재생 중간에 삽입되며, 시청자가 광고를 시청할 때마다 수익이 발생한다.

② 구독 기능 : 팬들이 콘텐츠에 대한 구독료를 지불하도록 유도할 수 있다. 이를 통해 정기적인 수익을 확보할 수 있다.

③ 브랜드 협업 : 브랜드와 협력하여 스폰서 콘텐츠를 제작할 수 있다. 이는 브랜드의 제품이나 서비스를 홍보하는 방식으로, 협업에 따라 수익을 나눌 수 있다.

빈 칸 채우기

주로 콘텐츠 제작자, 유튜버, 블로거 등 다양한 크리에이터들이 자신의 콘텐츠를 관리하고 분석할 수 있도록 돕는 플랫폼이나 도구를 의미하는 것으로 (   )(이)라고 부른다. 이러한 스튜디오는 콘텐츠 제작, 편집, 게시, 그리고 성과 분석을 위한 다양한 기능을 제공한다.

정답 크리에이터 스튜디오 (Creator Studio)

빈 칸 채우기

(   )은/는 초대를 받은 사람만 이용 가능하며, 충성도가 높은 팬이 특별 혜택을 받기 위해 매달 일정 금액을 결제한다. 독점 콘텐츠, 친밀한 소통, 제품 할인 등의 서포터 혜택을 맞춤 설정할 수 있으며, 구독하는 팬에게는 서포터 배지 부여한다.

정답 팬 구독

인스트림 광고

- 인스트림 광고는 주로 온라인 비디오 콘텐츠에서 사용되는 광고 형식으로, 비디오 콘텐츠의 시작, 중간 또는 끝에 삽입되는 광고를 말한다. 이러한 광고는 사용자가 비디오를 시청하는 동안 자동으로 재생되며, 일반적으로 스킵할 수 있는 옵션을 제공한다. 인스트림 광고는 브랜드 인지도를 높이고, 제품이나 서비스를 홍보하는 데 효과적인 방법이다.
- 인스트림 광고의 주요 유형
  - 프리롤 광고 : 비디오 콘텐츠가 시작되기 전에 재생되는 광고
  - 미드롤 광고 : 비디오 콘텐츠 중간에 삽입되는 광고
  - 포스트롤 광고 : 비디오 콘텐츠가 끝난 후에 재생되는 광고

④ **라이브 방송** : 라이브 방송 중에 팬들로부터 직접 기부를 받을 수 있는 기능을 활용할 수 있다. 팬들이 실시간으로 반응하고 지원할 수 있는 기회를 제공한다.

페이스북에서 라이브 방송을 통한 수익 창출 조건

- 인스트림 광고 : 페이스북에 동영상 콘텐츠를 올리는 크리에이터는 인스트림 광고를 통해 수익을 올릴 수 있다. 이를 위해서는 일정 기준을 충족해야 한다.
- 팔로워 기준 : 라이브 방송을 통해 수익을 창출하기 위해서는 최소 10,000명의 팔로워가 필요하다. 이는 미국의 자격을 갖춘 페이지 및 프로페셔널 모드 크리에이터에게 해당한다.
- 스타 기능 : 팬들은 방송 중에 '스타'를 구매하여 크리에이터에게 보낼 수 있다. 이는 크리에이터가 직접적으로 수익을 얻는 방법 중 하나이다.
- 시청 시간 기준 : 라이브 방송에서 수익을 창출하기 위해서는 총 시청 시간 중 최소 60,000분이 라이브 동영상에서 시청해야 한다. 이는 광고 수익화의 조건 중 하나이다.
- 콘텐츠 가이드라인 준수 : 페이스북의 커뮤니티 가이드라인과 콘텐츠 정책을 준수해야 하며, 부적절한 콘텐츠는 수익 창출에 영향을 미칠 수 있다.

⑤ **릴스 광고 및 성과 보너스 프로그램** : 페이스북의 릴스 기능을 통해 짧은 동영상 콘텐츠를 제작하고, 이를 통해 광고 수익을 올릴 수 있다. 또한 성과 보너스 프로그램에 참여하여 추가적인 보너스를 받을 수 있다.

⑥ **콘텐츠 규칙 준수** : 페이스북에서 콘텐츠를 수익화하기 위해서는 특정 규칙을 준수해야 한다. 모든 콘텐츠는 페이스북의 커뮤니티 가이드라인을 따라야 하며, 이를 위반할 경우 수익화 기능이 제한될 수 있다.

⑦ **베타 프로그램 참여** : 페이스북은 새로운 수익화 도구를 베타 테스트 중이며, 이에 참여하여 최신 기능을 미리 경험할 수 있다.

🔍 **키워드 정리**

브랜디드 콘텐츠(Branded Content)는 브랜드의 메시지를 전달하기 위해 제작된 콘텐츠로 일반적인 광고와는 달리 소비자에게 가치를 제공하거나 흥미를 유도하는 방식으로 접근한다. 이 콘텐츠는 브랜드의 정체성을 반영하며, 소비자와의 관계를 강화한다.

3. 인스타그램

(1) 개요

인스타그램(Instagram)은 2010년 10월에 출시된 사진 및 동영상 공유 소셜미디어 플랫폼이다. 사용자는 사진과 동영상을 촬영하고 편집하여 자신의 프로필에 게시할 수 있으며, 다른 사용자와 소통할 수 있는 다양한 기능을 제공한다.

(2) 인스타그램의 주요 특징

① **사진 및 동영상 공유** : 사용자는 자신의 일상, 여행, 음식 등 다양한 주제의 사진과 동영상을 공유할 수 있다.

② **필터와 편집 도구** : 인스타그램은 다양한 필터와 편집 도구를 제공하여 사용자가 자신의 콘텐츠를 쉽게 꾸밀 수 있다.

③ **스토리 기능** : 사용자는 24시간 동안만 표시되는 스토리를 통해 일상적인 순간을 공유할 수 있다. 스토리는 사진이나 동영상으로 구성되며, 다양한 스티커와 텍스트를 추가할 수 있다.

④ **IGTV 및 릴스** : IGTV는 긴 형식의 동영상을 공유할 수 있고, 릴스는 짧은 동영상을 제작하고 공유할 수 있는 기능으로, 사용자들이 창의적인 콘텐츠를 제작할 수 있다.

⑤ **소셜 네트워킹** : 사용자는 다른 사용자와 팔로우, 좋아요, 댓글 등을 통해 소통할 수 있으며, 해시태그를 사용하여 관심 있는 주제의 콘텐츠를 쉽게 찾을 수 있다.

⑥ **비즈니스 기능** : 인스타그램은 비즈니스 계정을 통해 기업이 제품을 홍보하고, 고객과 소통할 수 있는 다양한 도구를 제공한다. 광고 기능도 있어 브랜드 마케팅에 효과적이다.

🔍 **키워드 정리**

인스타그램의 콘텐츠 유형
• 사진 : 고품질의 이미지, 제품 사진, 라이프스타일 사진
• 비디오 : 짧은 클립, IGTV, 리얼스
• 스토리 : 일상적인 순간, 투표, 질문 등
• 라이브 방송 : 실시간 소통 및 Q & A 세션
• 해시태그(Hashtag) : 소셜미디어 플랫폼에서 특정 주제나 키워드를 강조하기 위해 사용되는 단어 또는 구문 앞에 '#' 기호를 붙인 것

<그림> 인스타그램 비즈니스 계정을 만드는 과정

인스타그램 앱 다운로드 및 설치	설정으로 이동	비즈니스 계정으로 전환	연락처 정보 입력	연결된 페이스북 페이지 선택
프로필로 이동	계정으로 이동	카테고리 선택	프로필 설정	계정 전환 완료

(3) 인스타그램 비즈니스 계정의 장점

① 분석 도구 : 비즈니스 계정은 인스타그램 인사이트(Instagram Insights)라는 분석 도구에 접근할 수 있다. 이를 통해 게시물의 성과, 팔로워의 행동, 도달률 등을 분석하여 마케팅 전략을 개선할 수 있다.

② 광고 기능 : 비즈니스 계정은 인스타그램 광고를 쉽게 생성하고 관리할 수 있는 기능을 제공한다. 이를 통해 더 많은 사용자에게 도달하고 브랜드 인지도를 높일 수 있다.

③ 연락처 정보 추가 : 비즈니스 계정에서는 전화번호, 이메일, 주소 등의 연락처 정보를 프로필에 추가할 수 있어 고객이 쉽게 연락할 수 있다.

④ 쇼핑 기능 : 인스타그램 쇼핑 기능을 통해 제품을 태그하고, 사용자가 직접 앱 내에서 구매할 수 있도록 할 수 있다. 이는 전자상거래에 매우 유용하다.

⑤ 스토리 하이라이트 : 비즈니스 계정은 스토리 하이라이트를 사용하여 중요한 정보를 지속적으로 보여줄 수 있다. 이를 통해 브랜드의 주요 메시지나 프로모션을 강조할 수 있다.

⑥ 프로필 버튼 : 비즈니스 계정은 '예약하기', '구매하기', '길찾기' 등의 버튼을 추가할 수 있어 사용자에게 더 많은 행동을 유도할 수 있다.

⑦ 브랜드 신뢰성 : 비즈니스 계정은 일반 계정보다 더 전문적인 이미지를 제공하여 고객의 신뢰를 얻는 데 도움이 된다.

(4) 인스타그램 프로페셔널 대시보드

① 인사이트 : 프로페셔널 대시보드에서는 게시물, 스토리, IGTV 비디오 등 다양한 콘텐츠의 성과를 분석할 수 있는 인사이트를 제공한다. 여기에는 조회수, 좋아요 수, 댓글 수, 공유 수, 저장 수 등의 데이터가 포함한다.

② 팔로워 분석 : 팔로워의 성별, 연령대, 지역 등 다양한 통계 정보를 제공하여 타깃 오디언스를 이해하고 마케팅 전략을 조정하는 데 도움을 준다.

③ 콘텐츠 성과 : 각 게시물의 성과를 비교하고, 어떤 콘텐츠가 더 많은 참여를 유도하는지 분석할 수 있다.

④ 광고 관리 : 광고 캠페인을 생성하고 관리할 수 있는 기능이 포함되어 있어 광고 성과를 추적하고 최적화할 수 있다.

⑤ 비즈니스 도구 : 프로페셔널 대시보드에서는 예약 게시물, 쇼핑 기능, 메시지 관리 등 비즈니스 운영에 필요한 다양한 도구에 접근할 수 있다.

⑥ 트렌드 및 추천 : 계정의 성과를 기반으로 향후 콘텐츠 전략에 대한 추천을 제공하여 더 나은 결과를 얻을 수 있도록 돕는다.

(5) 인스타그램의 구성 요소

① 피드(Feed) : 사용자가 팔로우하는 계정의 게시물이 시간순으로 표시되는 공간이다. 사진, 비디오, 카루셀(여러 장의 사진이나 비디오를 슬라이드 형식으로 보여주는 기능) 등을 포함한다.

② 스토리(Stories) : 24시간 동안만 표시되는 짧은 사진이나 비디오로, 사용자가 일상적인 순간을 공유할 수 있는 기능이다. 스토리는 피드와는 별도로 표시되며, 상단에 원형 아이콘으로 나타난다.

③ 릴스(Reels) : 짧은 비디오 클립을 제작하고 공유할 수 있는 기능으로 음악, 효과, 텍스트 등을 추가하여 창의적인 콘텐츠를 만들 수 있다.

④ IGTV : 긴 형식의 비디오 콘텐츠를 업로드하고 공유할 수 있는 플랫폼이다. 일반적으로 1분 이상의 비디오를 지원하며, 크리에이터와 브랜드가 더 긴 콘텐츠를 제공한다.

⑤ 탐색(Explore) : 사용자가 관심을 가질 만한 콘텐츠를 추천받을 수 있는 공간이다. 알고리즘에 기반하여 개인화된 피드를 제공하며, 다양한 주제의 게시물을 탐색할 수 있다.

⑥ 프로필(Profile) : 사용자의 개인 정보, 게시물, 팔로워 및 팔로잉 목록을 보여주는 공간으로 프로필 사진, 바이오, 웹사이트 링크 등을 포함할 수 있다.

⑦ 메시지(DM) : 다른 사용자와 개인적으로 소통할 수 있는 기능으로, 텍스트 메시지, 사진, 비디오 등을 주고받을 수 있다.

⑧ 쇼핑(Shopping) : 브랜드와 비즈니스가 제품을 홍보하고 판매할 수 있는 기능으로, 게시물이나 스토리에서 직접 제품을 태그하여 구매할 수 있다.

(6) 인스타그램에 게시할 콘텐츠에 관한 아이디어

① 일상 브이로그 : 하루 동안의 일상을 짧은 비디오로 기록하여 스토리나 릴스로 공유한다.

② 테마별 사진 시리즈 : 특정 주제나 색상에 맞춘 사진 시리즈를 만들어 게시한다. 예 '파란색'을 주제로 한 사진 모음

③ DIY 프로젝트 : 직접 만든 물건이나 공예품을 소개하는 게시물로 과정과 결과를 함께 보여준다.

④ **레시피 공유** : 요리 과정을 사진이나 비디오로 기록하여 간단한 레시피를 공유한다.

⑤ **여행 사진** : 여행 중 찍은 아름다운 풍경이나 문화적인 순간을 공유한다.

⑥ **Q & A 세션** : 팔로워들에게 질문을 받고, 그에 대한 답변을 스토리나 게시물로 공유한다.

⑦ **도전 과제** : 특정 주제에 대한 도전 과제를 설정하고, 그 과정을 기록하여 공유한다. 예 '30일 운동 챌린지'

⑧ **추천 콘텐츠** : 좋아하는 책, 영화, 음악 등을 추천하는 게시물로 개인적인 의견을 담아 공유한다.

⑨ **인용구 및 영감** : 마음에 드는 인용구나 영감을 주는 메시지를 디자인하여 게시한다.

⑩ **비하인드 신** : 작업 중인 프로젝트나 일상적인 순간의 비하인드 신을 공유하여 팔로워들과의 친밀감을 높인다.

⑪ **팔로워 참여** : 팔로워들에게 특정 주제에 대한 의견을 묻거나 투표를 통해 콘텐츠 방향을 결정하도록 유도한다.

⑫ **전문가 인터뷰** : 특정 분야의 전문가와 인터뷰를 진행하고, 그 내용을 게시한다.

(7) 인스타그램의 해시태그

① **해시태그의 기본 역할**

㉠ 가시성 증가 : 해시태그는 사용자가 특정 주제나 관심사를 검색할 때 게시물이 노출될 수 있도록 도와준다. 이를 통해 더 많은 사용자에게 콘텐츠가 도달할 수 있다.

㉡ 상호작용 증대 : 해시태그를 사용하면 관련된 커뮤니티와 연결될 수 있어, 사용자와의 상호작용이 증가한다. 이는 댓글, 좋아요, 공유 등의 형태로 나타난다.

② **해시태그의 중요성**

㉠ 브랜드 인지도 향상 : 해시태그를 통해 브랜드 관련 콘텐츠가 더 많은 사용자에게 노출되며, 이는 브랜드 인지도를 높이는 데 기여한다.

㉡ 타깃 오디언스 도달 : 특정 해시태그를 사용함으로써 해당 주제에 관심 있는 사용자들에게 직접 도달할 수 있다. 이는 특히 커뮤니티 해시태그를 활용할 때 효과적이다.

㉢ 최근 인스타그램 알고리즘은 해시태그보다 콘텐츠의 질과 사용자 참여도를 더 중요시한다. 따라서 고품질의 콘텐츠를 제작하는 것이 필수적이다.

㉣ 좋아요, 댓글, 공유와 같은 사용자 간의 상호작용이 중요하다. 이러한 상호작용이 많을수록 알고리즘에서 더 높은 가시성을 부여한다.

OX 퀴즈

해시태그는 인스타그램에서 콘텐츠의 가시성을 높이기 위해 사용되며, 해시태그는 반드시 영어로만 작성해야 한다. ◯ ☒

정답 ×

해설 해시태그는 인스타그램에서 콘텐츠의 가시성을 높이고 관련된 주제를 쉽게 찾을 수 있도록 도와주는 중요한 도구이다.

OX 퀴즈

해시태그는 게시물에 여러 개 사용할 수 있으므로, 내용과 주제에 맞게 활용하는 것이 중요하다. ◯ ☒

정답 ◯

해설 해시태그는 게시물에 여러 개 사용할 수 있으며, 이를 통해 콘텐츠의 주제와 관련성을 높일 수 있다.

🔍 키워드 정리

타깃 오디언스
특정 제품, 서비스 또는 마케팅 캠페인이 겨냥하는 고객 집단을 식별하고 설명하는 과정이다. 타깃 오디언스를 명확히 정의하는 것은 효과적인 마케팅 전략을 수립하는 데 매우 중요하다.

③ 인스타그램 알고리즘의 진화 : 사용자 이력, 위치, 프로필, 기기, 트렌드, 관련성 등 여러 요소를 고려하여 콘텐츠의 노출을 결정한다. 따라서 알고리즘의 변화를 주의 깊게 살펴보고, 이에 맞춰 전략을 조정하는 것이 중요하다.

④ 인스타그램에서 효과적인 해시태그 전략은 관련성과 인기 해시태그의 조합, 고품질 콘텐츠 제작, 다양한 콘텐츠 형식 활용, 키워드와 해시태그의 조화, 알고리즘 변화에 대한 적응을 포함해야 한다. 이러한 전략을 통해 더 많은 사용자와의 상호작용을 유도하고, 콘텐츠의 가시성을 높일 수 있다. 인스타그램에서 성공적인 마케팅을 위해서는 지속적인 학습과 전략 조정이 필요하다.

〈그림〉 인스타그램에서 성공적인 마케팅을 위한 전략

목표 설정	콘텐츠 유형 결정	해시태그 및 키워드 전략
타깃 오디언스 정의	콘텐츠 캘린더 작성	협업 및 파트너십

(8) 인스타그램에서 콘텐츠를 공유하는 방법

① 피드 게시물 : 사용자는 사진이나 동영상을 선택하여 자신의 프로필 피드에 게시할 수 있다. 이 게시물은 다른 사용자들이 자신의 프로필을 방문하거나 피드를 스크롤할 때 볼 수 있다.

② 스토리 : 인스타그램 스토리는 24시간 동안만 표시되는 콘텐츠로, 사진이나 동영상을 업로드할 수 있다. 스토리는 사용자의 팔로워들이 상단의 스토리 아이콘을 클릭하여 볼 수 있으며, 일상적인 순간이나 짧은 업데이트를 공유하는 데 적합하다.

한 번 더 클릭 ♥

인스타그램 스토리가 24시간 후에 사라지는 이유

- 일상적인 순간 공유 : 스토리는 사용자가 일상적인 순간이나 즉흥적인 콘텐츠를 공유하는 데 적합하다. 24시간이라는 제한은 이러한 순간들이 일시적이고 자연스러운 느낌을 주도록 도와준다.
- 즉각적인 상호작용 유도 : 스토리는 사용자와 팔로워 간의 즉각적인 상호작용을 촉진한다. 24시간이라는 시간 제한은 사용자들이 스토리를 더 자주 확인하고, 반응하도록 유도한다.
- 콘텐츠의 신선함 유지 : 스토리가 짧은 시간 동안만 존재함으로써, 사용자들은 새로운 콘텐츠를 지속적으로 생성하고 공유하도록 장려한다. 이는 플랫폼의 활력을 유지하는 데 기여한다.
- 프라이버시와 선택 : 스토리는 일시적인 콘텐츠로, 사용자가 더 개인적이거나 비공식적인 내용을 공유할 수 있는 공간을 제공한다. 24시간 후에 사라짐으로써, 사용자는 더 자유롭게 자신의 생각이나 일상을 공유할 수 있다.

③ IGTV 및 릴스 : IGTV는 긴 형식의 동영상을 공유할 수 있는 기능으로 최대 60분까지의 동영상을 업로드할 수 있다. 릴스는 짧은 동영상을 제작하고 공유하는 기능으로, 음악과 다양한 효과를 추가하여 창의적인 콘텐츠를 만들 수 있다.

※ 피드 게시물은 인스타그램 피드에 표시되고 삭제하거나 보관하지 않는 한 프로필 그리드에 유지되지만, 인스타그램 스토리와 라이브 방송은 인스타그램 피드 상단에 표시되고 24시간이 지나면 사라짐

(9) 인스타그램 Shop

① 인스타그램 Shop은 인스타그램 플랫폼 내에서 사용자들이 상품을 탐색하고 구매할 수 있는 기능이다. 이 기능은 브랜드와 소상공인들이 자신의 제품을 홍보하고 판매할 수 있는 공간을 제공하며, 사용자들에게는 쇼핑 경험을 더욱 간편하게 만들어 준다.

② Shop은 페이스북과 인스타그램에서 고유한 쇼핑 경험을 만들 수 있도록 무료로 제공되는 도구이다. Shop을 만들면 고객이 페이스북 비즈니스 페이지나 인스타그램 비즈니스 계정의 온라인 매장을 통해 직접 상품을 찾아보고, 둘러보고 구매할 수 있다.

(10) 인스타그램 Shop의 특징

① 상품 탐색 : 사용자는 인스타그램 앱 내에서 다양한 브랜드와 제품을 탐색할 수 있다. 쇼핑 탭을 통해 관심 있는 카테고리의 상품을 쉽게 찾을 수 있다.

② 브랜드 스토어 : 각 브랜드는 자신의 인스타그램 프로필에 쇼핑 탭을 추가하여 제품 카탈로그를 구성하고, 사용자가 직접 제품을 클릭하여 상세 정보를 확인할 수 있다.

③ 태그된 상품 : 게시물이나 스토리에 상품을 태그할 수 있어 사용자가 해당 상품을 클릭하면 바로 구매 페이지로 이동할 수 있다. 이를 통해 브랜드는 자신의 콘텐츠와 상품을 효과적으로 연결할 수 있다.

④ 결제 기능 : 일부 지역에서는 인스타그램 내에서 직접 결제할 수 있는 기능도 제공되어, 사용자가 앱을 떠나지 않고도 쇼핑을 완료할 수 있다.

⑤ 개인화된 추천 : 인스타그램은 사용자의 관심사와 행동을 기반으로 개인화된 상품 추천을 제공하여 사용자들이 더 쉽게 원하는 상품을 찾을 수 있도록 돕는다.

빈 칸 채우기
( )은/는 긴 형식의 동영상을 공유할 수 있는 기능으로, 최대 60분까지의 동영상을 업로드할 수 있다.
정답 IGTV

빈 칸 채우기
( )은/는 인스타그램 플랫폼 내에서 사용자들이 상품을 탐색하고 구매할 수 있는 기능이다.
정답 인스타그램 Shop

퀴즈
인스타그램 Shop을 통해 사용자는 직접 상품을 구매할 수 있다. O X
정답 O
해설 인스타그램 Shop은 사용자가 다양한 브랜드와 판매자의 상품을 탐색하고 직접 구매할 수 있는 기능을 제공한다.

퀴즈
인스타그램 상거래 관리자에서 Shop을 설정하기 위해서는 반드시 페이스북 비즈니스 계정이 필요하다. O X
정답 O
해설 인스타그램은 페이스북의 소속 플랫폼이기 때문에 상거래 기능을 활용하기 위해서는 페이스북 비즈니스 계정을 통해 상품 카탈로그를 생성하고 관리해야 한다.

(11) 인스타그램 Shop과 일반 쇼핑몰의 차이점

구분	인스타그램 Shop	일반 쇼핑몰
플랫폼	소셜미디어 플랫폼인 인스타그램 내에서 운영되며, 사용자들이 콘텐츠를 소비하는 동시에 쇼핑을 할 수 있는 환경을 제공	독립적인 웹사이트나 앱으로 운영되며, 주로 상품 판매에 초점을 맞춤
사용자 경험	비주얼 중심의 콘텐츠와 사용자 생성 콘텐츠(UGC)를 통해 쇼핑 경험을 제공. 사용자는 친구나 인플루언서의 게시물을 통해 제품을 발견하고, 그 과정에서 소셜 상호작용이 이루어짐	주로 상품 목록, 카테고리, 검색 기능 등을 통해 사용자가 원하는 상품을 찾도록 도움. 사용자 경험은 일반적으로 더 전통적인 쇼핑 방식에 가까움
마케팅 및 홍보	인플루언서 마케팅, 사용자 생성 콘텐츠, 스토리 및 게시물에서의 태그 등을 통해 자연스럽게 제품을 홍보. 브랜드는 소셜미디어의 특성을 활용하여 소비자와의 관계를 강화할 수 있음	광고, 이메일 마케팅, SEO(검색 엔진 최적화) 등 다양한 디지털 마케팅 전략을 사용하여 트래픽을 유도
구매 과정	사용자가 게시물에서 직접 상품을 클릭하여 구매 페이지로 이동할 수 있으며, 일부 지역에서는 앱 내에서 직접 결제할 수 있는 기능도 제공	사용자는 웹사이트에 접속하여 상품을 검색하고, 장바구니에 담아 결제하는 전통적인 쇼핑 과정
커뮤니티와 상호작용	사용자들은 댓글, 좋아요, 공유 등을 통해 브랜드와 상호작용할 수 있으며, 이러한 상호작용이 구매 결정에 영향을 미칠 수 있음	상호작용이 상대적으로 제한적이며, 주로 고객 서비스나 리뷰 시스템을 통해 이루어짐

(12) 인스타그램 Shop에서 카탈로그 상품을 관리하는 방법

① 인스타그램 Shop에서 카탈로그 상품을 관리하는 것은 상품의 노출과 판매를 최적화하는 데 필수적이다. 커머스 관리자를 통해 상품을 숨기거나 표시하고, 판매 기간을 설정하며 상품 정보를 업데이트하는 방법을 통해 효과적으로 관리할 수 있다. 이러한 관리 방법을 통해 고객에게 더 나은 쇼핑 경험을 제공할 수 있다.

② 카탈로그 접근 : 인스타그램 Shop의 카탈로그에 접근하려면 커머스 관리자로 이동하여 카탈로그를 선택한다. 카탈로그 탭을 열고 '품목'으로 이동하여 관리할 상품을 확인한다.

③ 상품 숨기기 및 표시 : 특정 상품을 Shop에서 숨기고 싶다면, 해당 상품 옆의 확인란을 클릭하여 숨기기 또는 숨기기 취소를 선택할 수 있다. 최대 100개의 상품을 한 번에 관리할 수 있다.

④ 판매 기간 설정 : 상품의 판매 기간을 설정할 수 있다. 이는 특정 시간대에만 상품을 판매하고 싶을 때 유용하다. 판매 기간은 일 단위로 설정하거나 직접 시작일과 종료일을 지정할 수 있다.

⑤ **상품 정보 업데이트** : 카탈로그에 있는 상품의 정보를 업데이트하여 가격, 설명, 이미지 등을 변경할 수 있다. 이는 고객에게 최신 정보를 제공하는 데 중요하다.

⑥ **카탈로그 확인** : 모든 제품이 카탈로그에 포함되어 있는지 확인하는 것이 중요하다. 인스타그램 Shop은 카탈로그를 기반으로 운영되므로 모든 상품이 제대로 등록되어 있다.

4. 메타 메신저(Messenger)

(1) 개요

① 메타 메신저는 사용자들이 소통하고 정보를 공유하는 데 있어 매우 유용한 도구이다. 다양한 기능과 편리한 접근성 덕분에 많은 사람들이 일상적으로 사용하고 있다. 메타 메신저를 통해 소중한 사람들과의 연결을 더욱 강화할 수 있다.

② **기본 기능** : 메타 메신저는 사용자가 친구 및 가족과 소통할 수 있도록 돕는 플랫폼이다. 텍스트 메시지, 사진, 비디오, 음성 메시지 등을 전송할 수 있다.

③ **다양한 기기 지원** : 사용자는 스마트폰, 태블릿, 컴퓨터 등 다양한 기기에서 메타 메신저를 이용할 수 있으며, 언제 어디서나 소통할 수 있는 편리함을 제공한다.

④ **비즈니스 기능** : 메타 메신저는 비즈니스 사용자에게도 유용한 도구로, 고객과의 커뮤니케이션을 관리하고 신속하게 응답할 수 있는 기능을 제공한다.

한번더클릭 ♥

메타 메신저와 다른 메신저의 특징과 차이점

• **메타 메신저(Meta Messenger)** : 소셜미디어와의 통합, 다양한 기능, 비즈니스 도구 제공 등에서 차별화된 특징을 가지고 있다. 반면, 다른 메신저 앱들은 보안, 사용자 맞춤형 서비스, 특정 기능에 중점을 두고 있다. 각 메신저 앱은 사용자의 필요와 선호에 따라 선택할 수 있는 다양한 옵션을 제공한다. 메타 메신저는 페이스북 사용자에게 유용한 선택이 될 수 있다.

• **왓츠앱(WhatsApp)** : 메타 소속의 또 다른 메신저로, 종단간 암호화 기능을 제공하여 보안성이 높다. 사용자는 전화번호를 기반으로 친구를 추가하고, 그룹 채팅 기능도 지원한다.

• **카카오톡(KakaoTalk)** : 한국에서 매우 인기 있는 메신저로, 다양한 기능(예 카카오스토리, 카카오게임 등)과 함께 사용자 맞춤형 서비스가 강점이다. 그룹 채팅과 다양한 이모티콘을 지원한다.

• **텔레그램(Telegram)** : 보안과 프라이버시를 중시하는 사용자에게 인기가 있으며, 클라우드 기반으로 메시지를 저장하고 대규모 그룹 채팅을 지원한다.

(2) 메타 메신저의 주요 기능

① AI 배경 기능 : 영상통화 중 사용자가 자신의 개성을 드러낼 수 있는 AI 생성 배경 이미지를 설정할 수 있다. 이는 사용자 경험을 더욱 풍부하게 만들어 준다.

② 종단간 암호화 : 메타 메신저는 모든 메시지와 통화에 대해 종단간 암호화를 기본으로 적용하고 있다. 이는 사용자들의 프라이버시와 보안을 강화하는 중요한 기능이다.

③ 그룹 채팅 기능 : 메타 메신저는 제3자 채팅을 위한 그룹 기능을 제공하여, 여러 사용자가 동시에 소통할 수 있는 환경을 조성한다.

④ 음성 및 화상 통화 : 메타 메신저는 음성 및 화상 통화 기능을 통해 사용자들이 더욱 다양한 방식으로 소통할 수 있도록 지원한다.

⑤ 메시지 복원 기능 : 사용자가 기기를 분실하거나 변경할 경우, 기존 메시지를 복원할 수 있도록 PIN과 같은 복구 수단을 설정할 수 있는 기능이 제공된다.

⑥ 보안 및 개인정보 보호 : 메타는 보안 기술에 대한 투명성을 유지하며, 외부 전문가와 협력하여 사용자 메시지 기록을 안전하게 암호화하는 방법을 지속적으로 개선하고 있다.

(3) 메타 메신저의 특징

① 소셜미디어 통합 : 메타 메신저는 페이스북과 통합되어 있어 친구와의 소통이 용이하다. 사용자는 페이스북 친구 목록을 통해 쉽게 메시지를 주고받을 수 있다.

② 다양한 기능 : 메타 메신저는 텍스트 메시지 외에도 음성 및 영상 통화, 스티커, GIF, 그리고 다양한 미디어 파일 전송 기능을 제공한다.

③ 비즈니스 기능 : 비즈니스 계정을 통해 고객과의 소통을 지원하며, 자동 응답 기능과 같은 비즈니스 도구를 제공한다.

④ 메타 메신저는 광범위한 사용자 기반, 다국어 번역 기술, 강력한 보안 기능, 다양한 기능 통합, 그리고 소셜미디어와의 통합 등 여러 장점을 가지고 있다. 이러한 특징들은 메타 메신저를 다른 메신저 앱들과 비교했을 때 더욱 매력적으로 만들어 준다. 메타 메신저는 글로벌 커뮤니케이션을 지원하며, 사용자들에게 편리하고 안전한 소통 환경을 제공한다.

빈 칸 채우기

메타 마케팅 전략에 메신저를 사용하기에 앞서 비즈니스 (　　)와/과 타깃을 명확하게 정의해야 한다.

정답 목표

5. 왓츠앱(WhatsApp)

(1) 개요

2009년에 설립된 메시징 애플리케이션으로 사용자가 인터넷을 통해 텍스트 메시지, 음성 메시지, 사진, 비디오 및 문서를 주고 받을 수 있다. 왓츠앱은 2014년에 페이스북에 인수되었으며, 현재 전 세계적으로 수억 명의 사용자가 이용하고 있는 인기 있는 커뮤니케이션 플랫폼이다.

(2) 왓츠앱(WhatsApp)의 주요 기능

① **텍스트 메시징** : 개인 및 그룹 채팅을 통해 실시간으로 텍스트 메시지를 주고 받을 수 있다.

② **음성 및 영상 통화** : 인터넷을 통해 무료로 음성 통화와 영상 통화를 할 수 있다.

③ **미디어 공유** : 사진, 비디오, 문서, 연락처 등을 쉽게 공유할 수 있다.

④ **스테이터스** : 사용자는 24시간 동안 지속되는 상태 메시지를 설정하여 자신의 현재 상태를 친구들과 공유할 수 있다.

⑤ **그룹 채팅** : 최대 256명까지 참여할 수 있는 그룹을 만들어 친구나 가족과 소통할 수 있다.

⑥ **엔드 투 엔드 암호화** : 모든 메시지와 통화는 엔드 투 엔드 암호화되어 있어 사용자 개인정보 보호한다.

⑦ **음성 메시지** : 텍스트 대신 음성 메시지를 녹음하여 보낼 수 있다.

◯✕ 퀴즈

왓츠앱을 사용하면 SMS 비용이 발생하지 않는다. ◯ ✕
정답 ◯
해설 왓츠앱은 전통적인 SMS와는 달리 별도의 SMS 비용이 발생하지 않는다.

🔍 키워드정리

엔드 투 엔드 암호화(E2EE ; End-to-End Encryption)
송신자가 데이터를 수신자에게 전달하는 동안, 중간에 있는 제3자가 해당 데이터를 읽거나 접근할 수 없도록 보호하는 암호화 방식이다. 이러한 방식은 개인 정보 보호와 보안을 중시하는 사용자들에게 매우 중요한 기능이다.

⑧ **위치 공유** : 실시간으로 자신의 위치를 친구와 공유할 수 있는 기능이 있다.

⑨ **왓츠앱 웹** : 컴퓨터에서 왓츠앱을 사용할 수 있는 웹 버전이 제공되어 스마트폰과 동기화하여 메시지를 주고 받을 수 있다.

(3) 왓츠앱 비즈니스(WhatsApp Business)의 주요 기능

① 왓츠앱 비즈니스(WhatsApp Business)는 소규모 비즈니스와 기업이 고객과 소통할 수 있도록 설계된 무료 모바일 애플리케이션이다. 이 앱은 일반 왓츠앱과 유사하지만, 비즈니스에 특화된 여러 기능을 제공한다.

② **비즈니스 프로필** : 비즈니스 이름, 주소, 전화번호, 웹사이트, 운영 시간 등 비즈니스 정보를 포함한 프로필을 설정할 수 있다.

③ **자동 응답 메시지** : 고객이 메시지를 보낼 때 자동으로 응답할 수 있는 기능을 제공하여 비즈니스가 항상 고객의 질문에 빠르게 대응할 수 있다. 예를 들어 "안녕하세요! 저희는 현재 영업 중입니다."와 같은 자동 응답을 설정할 수 있다.

④ **빠른 답변** : 자주 묻는 질문에 대한 답변을 미리 저장해 두고, 고객의 질문에 빠르게 응답할 수 있다.

⑤ **라벨링** : 고객과의 대화를 라벨로 분류하여 관리할 수 있다. 이를 통해 고객의 상태나 대화의 중요도를 쉽게 파악할 수 있다.

⑥ **통계 및 분석** : 메시지 전송, 읽음, 응답률 등의 통계를 제공하여 비즈니스의 소통 효과를 분석할 수 있다.

⑦ **쇼핑 카탈로그** : 제품이나 서비스를 카탈로그 형식으로 보여줄 수 있어 고객이 쉽게 상품을 탐색하고 구매할 수 있도록 돕는다.

⑧ **WhatsApp Web** : 데스크톱에서도 왓츠앱 비즈니스를 사용할 수 있는 기능으로, 컴퓨터에서 메시지를 보내고 받을 수 있다.

⑨ 왓츠앱 비즈니스는 고객과의 소통을 원활하게 하고, 비즈니스의 신뢰성을 높이는 데 도움을 줄 수 있는 유용한 도구이다. 특히 고객과의 직접적인 소통을 통해 관계를 강화하고, 고객의 피드백을 즉각적으로 반영할 수 있는 장점이 있다.

왓츠앱 비즈니스 앱 (WhatsApp Business App)	소규모 비즈니스 운영자를 위해 제작되었으며, 메시지를 자동으로 처리하고 빠르게 답장하여 고객과 편리하게 소통 가능
왓츠앱 비즈니스 API	대규모 비즈니스와 브랜드에서 고객에게 대량의 메시지를 효과적으로 전달

6. 메타 오디언스 네트워크(Meta Audience Network)

(1) 개요

① 메타 오디언스 네트워크(Meta Audience Network)는 광고주가 페이스북 외부의 다양한 모바일 앱과 웹사이트에 광고를 게재할 수 있도록 지원하는 플랫폼이다. 이 네트워크는 광고주가 더 넓은 오디언스에 도달할 수 있게 하여 광고 캠페인의 효과를 극대화하는 데 도움을 준다.

② 광고 확장 : 메타 오디언스 네트워크를 통해 광고주는 페이스북 외부의 앱과 웹사이트에 광고를 게재하여 더 많은 사용자에게 도달할 수 있다. 이는 모바일 앱에서의 타깃 광고를 가능하게 한다.

③ 입찰 시스템 : 광고주는 입찰을 통해 광고를 게재할 수 있으며, 이는 앱 입찰과 미디에이션 통합을 통해 관리한다.

④ 타기팅 : 광고주는 특정 타깃 오디언스를 설정하여 그들에게 맞춤형 광고를 제공할 수 있다. 이는 광고의 효과를 높이는 데 중요한 요소이다.

한 번 더 클릭 ♥

메타 오디언스 네트워크의 광고 효과를 높이기 위한 팁

• 타깃 오디언스 : 정확한 타기팅, 광고를 통해 도달하고자 하는 고객의 특성을 명확히 개념화해야 한다. 연령, 성별, 관심사 등을 기반으로 세분화된 타깃 오디언스를 설정하는 것이 중요하다.

• 메타 픽셀 활용 : 메타 픽셀 설치, 웹사이트에 메타 픽셀을 설치하여 방문자의 행동을 추적하고, 이를 바탕으로 맞춤형 광고를 제공한다. 이를 통해 전환율을 높일 수 있다.

• 광고 크리에이티브 최적화 : 다양한 광고 형식 사용, 이미지, 동영상, 슬라이드쇼 등 다양한 형식의 광고를 실험하여 어떤 형식이 가장 효과적인지 분석한다.

• AI 도구 활용 사용 : AI 도구를 활용하여 광고 크리에이티브를 자동으로 생성하고, 최적화된 광고를 지속적으로 제공한다.

• 동영상 광고 최적화 : 동영상 광고 활용 : 동영상 광고를 통해 브랜드 인지도를 높이고, Thru Play 또는 동영상 연속 2초 이상 조회를 목표로 한다.

(2) 주요 기능

① 광고 캠페인 확장 : 메타 오디언스 네트워크를 통해 광고주는 페이스북 외부의 다양한 앱에 광고를 게재하여 더 넓은 고객층에 도달할 수 있다.

② 실시간 입찰 시스템 : 광고주는 여러 수요 소스에 동시에 광고 기회를 제공하여 광고 인벤토리의 경매를 공정하고 공개적으로 구성할 수 있다.

③ 타기팅 옵션 : 광고주는 다양한 타기팅 옵션을 활용하여 특정 고객층을 겨냥한 광고를 진행할 수 있다. 이를 통해 광고의 효과를 극대화할 수 있다.

④ 성과 분석 도구 : 메타 오디언스 네트워크는 광고 성과를 분석할 수 있는 도구를 제공하여 광고주가 캠페인의 효과를 평가하고 최적화할 수 있도록 지원한다.

⑤ 다양한 광고 형식 지원 : 배너 광고, 비디오 광고 등 다양한 형식의 광고를 지원하여 광고주가 원하는 방식으로 메시지를 전달할 수 있다.

⑥ 메타 오디언스 네트워크는 광고주가 페이스북 외부에서 더 넓은 오디언스에 도달할 수 있도록 돕는 강력한 도구이다. 이를 통해 광고주는 효과적인 캠페인을 운영하고, 타깃 오디언스와의 연결을 강화할 수 있다. 메타 오디언스 네트워크는 광고의 범위를 확장하고, 성과를 극대화하는 데 중요한 역할을 한다.

(3) 수익화를 위한 기초 정보 : 게재한 광고를 통해 올리는 수익 계산 방법

① 입찰 수익 계산 방법 : 오디언스 네트워크 광고를 통해 올리는 수익 계산 방법

    ㉠ 입찰가(Bid Price) : 광고주가 특정 광고에 대해 지불할 의사가 있는 금액이다. 이는 CPM(1,000회 노출당 비용) 또는 CPC(클릭당 비용)로 설정할 수 있다.

    ㉡ 광고 노출수(Impressions) : 광고가 사용자에게 노출된 총 횟수

    ㉢ 클릭수(Clicks) : 광고를 클릭한 사용자 수

    ㉣ 클릭률(CTR ; Click-Through Rate)

$$CTR = \frac{클릭\ 수}{광고\ 노출\ 수} \times 100$$

    ㉤ 총 수익 계산 : CPM 기반 수익 : 광고 노출 수에 따라 수익을 계산할 경우, 다음과 같이 계산한다.

$$총\ 수익 = \frac{광고\ 노출\ 수}{1,000} \times CPM$$

    ㉥ CPC 기반 수익 : 클릭 수에 따라 수익을 계산할 경우, 다음과 같이 계산한다.

$$총\ 수익 = 클릭\ 수 \times CPC$$

    ㉦ 입찰 수익 : 광고주가 설정한 입찰가에 따라 수익이 달라질 수 있다. 예를 들어 광고주가 설정한 CPM이 2.00이라면, 1,000회 노출당 2.00의 수익을 얻을 수 있다.

    ㉧ 경쟁 입찰 : 여러 광고주가 동일한 광고 공간에 대해 입찰할 경우, 가장 높은 입찰가를 제시한 광고주가 광고를 게재한다. 이 경우 수익은 해당 광고주가 제시한 입찰가에 따라 결정한다.

🔍 **키워드 정리**

자동노출 설정
• 광고를 게재할 수 있는 곳을 노출 위치라고 함
• 광고주가 광고를 게재할 위치를 자동으로 최적화하여 더 많은 사용자에게 도달할 수 있도록 돕는 기능
• 광고는 다양한 플랫폼과 앱에서 자동으로 노출되며, 광고의 성과를 극대화할 수 있음

7. 메타의 비즈니스 관리 도구와 광고 수익창출

(1) 메타 비즈니스 스위트(Meta Business Suite)

① 기능 : 페이스북과 인스타그램에서 진행하는 모든 마케팅 및 광고 활동을 통합하여 관리할 수 있는 플랫폼이다. 사용자는 게시물 작성, 광고 관리, 인사이트 분석 등을 한 곳에서 수행할 수 있다.

② 장점 : 여러 계정을 한 번에 관리할 수 있어 시간과 노력을 절약할 수 있다.

(2) 광고 관리자(Ads Manager)

① 기능 : 광고 캠페인을 생성하고 관리하는 도구로 광고 성과를 분석하고 최적화할 수 있는 다양한 기능을 제공한다.

② 장점 : 고급 광고 설정과 타기팅 옵션을 통해 광고의 효과를 극대화할 수 있다.

(3) 커머스 관리자(Commerce Manager) : 메타 샵스(Meta Shops)

① 기능 : 페이스북과 인스타그램에서 직접 제품을 판매할 수 있는 기능으로 사용자들이 쇼핑 경험을 개선할 수 있도록 돕는다.

② 장점 : 브랜드의 온라인 존재감을 강화하고, 고객과의 상호작용을 증대시킬 수 있다.

(4) 메타 블루프린트(Meta Blueprint)

① 기능 : 무료 온라인 교육 과정과 인증 프로그램을 제공하여 마케팅 기술을 향상시킬 수 있는 플랫폼이다.

② 장점 : 광고 및 마케팅에 대한 전문 지식을 쌓을 수 있어 비즈니스 성과를 높인다.

(5) 광고 성과 가이드북

① 기능 : 연말 시즌 판매를 극대화하기 위한 전략과 AI 활용 방법 등을 안내하는 자료다.

② 장점 : 시즌별 마케팅 전략을 수립하는 데 유용한 정보를 제공한다.

8. 메타 비즈니스 스위트

(1) 개요

메타 비즈니스 스위트는 비즈니스 운영을 위한 통합 플랫폼으로 여러 가지 유용한 기능을 제공한다. 메타 비즈니스 스위트의 주요 기능 다음 여섯 가지로 압축할 수 있다. 메타 비즈니스 스위트는 비즈니스 운영을 통합하고 효율적으로 관리할 수 있는 다양한 기능을 제공한다. 기업은 마케팅 전략을 최적화하고 고객과의 관계를 강화할 수 있으며, 이들 기능들은 비즈니스의 성장과 성공에 중요한 역할을 한다.

(2) 메타 비즈니스 스위트의 주요 기능

통합 관리, 게시 및 메시지 관리, 인사이트 제공, 광고 관리, 비즈니스 자산 관리, 고객 지원 등이 있다.

① **통합 관리** : 페이스북과 인스타그램에서 진행하는 모든 마케팅 및 광고 활동을 한 곳에서 관리할 수 있다. 이를 통해 여러 플랫폼에서의 작업을 간소화할 수 있다.

② **게시 및 메시지 관리** : 사용자는 게시물 작성, 댓글 관리, 메시지 응답 등을 쉽게 할 수 있으며, 이를 통해 고객과의 소통을 강화할 수 있다.

③ **인사이트 제공** : 비즈니스 성과를 분석할 수 있는 다양한 인사이트 도구를 제공하여, 마케팅 전략을 개선하고 효과적인 의사 결정을 지원한다.

④ **광고 관리** : 광고 캠페인을 설정하고 관리할 수 있는 기능이 포함되어 있어 타깃 오디언스를 설정하고 광고 성과를 추적할 수 있다.

⑤ **비즈니스 자산 관리** : 여러 메타 자산(페이지, 광고 계정 등)을 통합하여 관리할 수 있는 기능을 제공하여, 비즈니스 운영의 효율성을 높인다.

⑥ **고객 지원** : 고객의 질문이나 요청에 신속하게 대응할 수 있는 도구를 제공하여 고객 만족도를 높이는 데 기여한다.

(3) 메타 비즈니스 스위트의 장점

① **통합 관리** : 페이스북과 인스타그램 계정을 한 곳에서 관리할 수 있어 효율성이 높아진다.

② **광고 성과 추적** : 광고 활동의 성과를 쉽게 추적하고 분석할 수 있어 유료 광고와 일반 콘텐츠 전략을 조율하는 데 유리하다.

③ **분석도구** : 메타 비즈니스 스위트는 소셜미디어 관리와 광고 성과 분석을 통합하여 제공하는 강력한 도구다. 이를 통해 기업은 효율적으로 소셜미디어를 운영하고, 팀원들과 협업하며 데이터 기반의 의사 결정을 내릴 수 있다. 이러한 이유로 메타 비즈니스 스위트는 많은 기업들에게 필수적인 선택이 되고 있다.

9. 커머스 관리자 : 메타 Shops

(1) 개요

메타 상거래 관리자(커머스 관리자)는 메타 플랫폼에서 비즈니스가 온라인 상거래를 효율적으로 관리할 수 있도록 돕는 도구이다. 이 도구는 판매자들이 제품을 등록하고, 재고를 관리하며 주문을 처리하고, 고객과의 상호작용을 최적화할 수 있도록 다양한 기능을 제공한다.

(2) 주요 기능

① **제품 관리** : 제품 목록을 생성하고, 가격 및 설명을 업데이트할 수 있다.
② **주문 관리** : 고객의 주문을 추적하고, 배송 상태를 관리할 수 있다.
③ **재고 관리** : 재고 수준을 모니터링하고, 재주문 알림을 설정할 수 있다.
④ **고객 관리** : 고객의 구매 이력과 피드백을 분석하여 마케팅 전략을 개선할 수 있다.
⑤ **광고 및 프로모션** : 제품을 홍보하기 위한 광고 캠페인을 설정하고 관리할 수 있다.

(3) 메타 Shop

메타 플랫폼(예 페이스북, 인스타그램)에서 제공하는 온라인 상점 기능으로 비즈니스가 제품을 판매하고 고객과 소통할 수 있는 공간이다. 메타 Shop을 만드는 과정은 다음과 같은 단계로 진행된다 이 과정은 메타 플랫폼에서 상거래 기능을 활용하여 온라인 상점을 설정하는 방법이다.

〈그림〉 Meta Shop 만들기 과정

비즈니스 계정 생성	Meta Shop 활성화	결제 설정	정책 설정	상점 관리 및 분석
비즈니스 페이지 설정	제품 추가	배송 옵션 설정	프로모션 및 광고	

(4) 메타 Shop의 주요 기능

① **제품 카탈로그** : 비즈니스는 다양한 제품을 카탈로그 형태로 등록할 수 있으며, 고객은 이를 쉽게 탐색할 수 있다.
② **쇼핑 경험** : 고객은 Meta 플랫폼 내에서 직접 제품을 검색하고, 상세 정보를 확인하며 구매할 수 있는 원스톱 쇼핑 경험을 제공한다.
③ **결제 처리** : 메타 Shop은 안전한 결제 처리 기능을 제공하여 고객이 다양한 결제 방법을 통해 쉽게 결제할 수 있다.
④ **주문 관리** : 비즈니스는 주문을 관리하고, 배송 상태를 추적할 수 있는 기능을 제공한다. 이를 통해 고객에게 실시간으로 정보를 제공할 수 있다.
⑤ **프로모션 및 할인** : 비즈니스는 특별 할인이나 프로모션을 설정하여 고객의 구매를 유도할 수 있다.

⑥ **고객 피드백 및 리뷰** : 고객은 제품에 대한 리뷰를 남길 수 있으며, 이를 통해 다른 고객에게 유용한 정보를 제공하고 비즈니스는 피드백을 통해 제품 및 서비스 개선에 활용할 수 있다.

⑦ **소셜미디어 통합** : 메타 Shop은 페이스북, 인스타그램과 통합되어 있어 비즈니스는 소셜미디어를 통해 제품을 홍보하고 고객과 소통할 수 있다.

⑧ **분석 도구** : 비즈니스는 판매 데이터, 고객 행동, 광고 성과 등을 분석할 수 있는 도구를 제공받아 마케팅 전략을 조정하고 성과를 극대화할 수 있다.

(5) 카탈로그 개요

① 메타의 카탈로그는 광고하거나 판매하려는 모든 품목에 대한 정보를 포함하는 플랫폼이며, 커머스 관리자는 카탈로그를 통해 제품을 추가하고 관리할 수 있다.

② 카탈로그의 용도는 카탈로그에 품목을 추가하고 관리하는 방법에 대한 기본 사항을 제공하고, 카탈로그 품질을 유지하기 위한 방법도 포함하고 있다.

③ 카탈로그의 활용 예시로 최근 카탈로그에 추가된 작품으로는 '갓 오브 워 라그나로크', '용과 같이 7 외전' 등이 있다.

(6) 메타 카탈로그의 주요 기능

① **제품 관리** : 메타 카탈로그를 통해 다양한 유형의 제품(예 의류, 전자제품, 호텔, 항공편 등)을 관리할 수 있다. 사용자는 카탈로그를 생성하고 제품 정보를 추가하여 쉽게 관리할 수 있다.

② **맞춤형 광고 생성** : 카탈로그를 사용하면 페이스북 페이지에서 고객 맞춤형 광고를 만들 수 있다. 각 제품의 이미지를 직접 업로드하는 대신 카탈로그에 포함된 모든 제품을 활용하여 광고를 생성할 수 있다.

③ **상품 추가의 용이성** : 메타 카탈로그에 상품을 추가하는 과정이 간단하다. 예를 들어 상품 피드 파일 URL을 생성하여 카탈로그에 쉽게 추가할 수 있다.

④ **카탈로그 생성 과정** : 카탈로그를 생성하는 과정은 직관적이다. 사용자는 메타 커머스 관리자에 접속하여 카탈로그 추가를 선택하고, 전자상거래 옵션을 선택하여 카탈로그를 설정할 수 있다.

(7) 메타 카탈로그의 SEO 최적화 기능

① 메타 픽셀 : 광고 성과를 추적하고 최적화하는 데 도움을 주는 도구이다. 이를 통해 올바른 잠재 고객에게 광고를 표시하고, 전환을 추적하여 향후 광고를 위한 타기팅된 잠재 고객을 구축할 수 있다.

② 데이터 피드 최적화 : 카탈로그에 포함된 제품 정보를 정기적으로 업데이트하여 검색 엔진에서의 가시성을 높인다. 데이터 피드를 통해 제품 정보를 관리하고, 광고에 필요한 정보를 효율적으로 제공한다.

③ SEO 설정 : 메타 카탈로그의 환경설정에서 SEO 관련 옵션을 조정할 수 있다. 상품 정보에 요약 설명과 브랜드 정보를 추가하여 검색 엔진을 최적화한다.

④ 캠페인 예산 최적화 : 머신러닝을 통해 광고 성과에 따라 예산을 자동으로 조정하여 효율성을 높인다. 이는 광고의 가시성을 높이고, 더 많은 잠재 고객에게 도달한다.

⑤ 세트 및 컬렉션 생성 : 카탈로그 아이템 그룹을 생성하여 광고의 관련성을 높이고, 특정 타깃 오디언스에 맞춘 광고를 진행할 수 있다. 이는 검색 엔진에서의 가시성을 높인다.

(8) 메타 카탈로그의 장점

① 통합된 정보 제공 : 메타 카탈로그는 여러 데이터 소스를 통합하여 사용자에게 일관된 정보를 제공한다. 이를 통해 사용자는 다양한 출처에서 정보를 쉽게 찾을 수 있다.

② 효율적인 검색 : 사용자는 메타 카탈로그를 통해 필요한 정보를 빠르게 검색할 수 있으며, 이는 시간과 노력을 절약하는 데 도움이 된다.

③ 데이터 관리 용이 : 메타 카탈로그는 데이터의 관리와 업데이트를 용이하게 하여 데이터의 정확성과 신뢰성을 높인다.

④ 사용자 맞춤형 정보 제공 : 사용자의 검색 패턴과 선호도를 분석하여 개인화된 정보를 제공할 수 있다.

(9) 메타 카탈로그의 단점

① 데이터 품질 문제 : 통합된 데이터의 품질이 낮을 경우, 사용자에게 잘못된 정보가 제공할 수 있다. 이는 신뢰성에 부정적인 영향을 미칠 수 있다.

② 복잡한 관리 : 다양한 데이터 소스를 통합하는 과정에서 관리가 복잡해질 수 있으며, 이는 추가적인 비용과 시간을 요구할 수 있다.

③ 보안 문제 : 여러 데이터 소스를 통합하는 과정에서 보안 취약점이 발생할 수 있으며, 이는 데이터 유출의 위험이 증가할 수 있다.

빈 칸 채우기

메타 카탈로그의 SEO 최적화 기능은 메타 픽셀, 데이터 피드 최적화, SEO 설정, 캠페인 예산 최적화, 세트 및 컬렉션 생성 등을 포함하여 (   )을/를 높이고 검색 엔진에서의 가시성을 향상시키는 데 중요한 역할을 한다.

정답 광고의 효율성

10. 메타 블루프린트(Meta Blueprint)

(1) 개요

메타 블루프린트(Meta Blueprint)는 메타(구 Facebook)에서 제공하는 무료 온라인 교육 프로그램으로 광고주와 마케팅 전문가들이 메타의 다양한 플랫폼에서 효과적으로 광고를 운영하고 최적화할 수 있도록 돕기 위해 설계되었다. 메타 블루프린트는 광고주와 마케팅 전문가들이 메타의 광고 도구를 효과적으로 활용하고, 더 나은 광고 성과를 달성할 수 있도록 지원하는 중요한 자원이다.

(2) 주요 요소

① 교육 자료 : 메타 블루프린트는 다양한 주제를 다루는 교육 자료를 제공한다. 여기에는 광고 캠페인 설정, 타기팅 전략, 성과 분석, 콘텐츠 제작 등 광고 운영에 필요한 다양한 기술과 전략이 포함한다.

② 자격증 : 교육 과정을 이수한 후, 사용자는 메타에서 제공하는 자격증 시험에 응시할 수 있다. 이 자격증은 메타 플랫폼에서의 광고 운영 능력을 인증해 주며, 마케팅 전문가로서의 신뢰성을 높이는 데 도움이 된다.

③ 실습 기회 : 메타 블루프린트는 이론적인 지식뿐만 아니라 실제 사례와 실습 기회를 제공하여 학습자가 실제 광고 캠페인을 운영하는 데 필요한 경험을 쌓을 수 있다.

④ 업데이트된 정보 : 메타의 광고 플랫폼은 지속적으로 변화하고 발전하므로 블루프린트는 최신 정보와 트렌드를 반영하여 교육 내용을 업데이트한다.

(3) 메타 블루프린트를 통해 향상시킬 수 있는 실무 능력

① 광고 캠페인 관리 : 광고 캠페인을 설정하고 운영하는 방법을 배우며, 목표에 맞는 캠페인 구조를 설계할 수 있는 능력을 기를 수 있다.

② 타기팅 전략 : 다양한 타기팅 옵션을 이해하고, 특정 고객층을 효과적으로 겨냥하는 방법을 배워 광고의 효율성을 높일 수 있다.

한번더 클릭 ♥

메타 플랫폼에서의 타기팅 전략 개선을 위한 팁

- **효과적인 소재 선별** : 광고 시작 후 2~5개월 동안 픽셀에 충분한 구매 데이터가 쌓이면, CTR(클릭률)이 높은 소재, 구매 건수가 많은 소재 등을 분석하여 가장 효과적인 광고 소재를 선택한다.
- **생성형 AI의 활용** : 2024년에는 생성형 AI의 활용이 크게 확대하고, 기업들이 AI를 다양한 분야에 적용하여 자원을 보다 효율적으로 활용할 수 있다.
- **제품 사용 모습 공유** : 메타 플랫폼을 통해 제품의 실제 사용 모습을 영상으로 공유하면, 단순한 광고를 넘어 스토리텔링으로 신뢰를 형성할 수 있다.
- **가설 검증 및 리타기팅** : 광고 시작 후 3~6개월 동안, 메타와 GA(구글 애널리틱스) 데이터를 바탕으로 가장 효과적인 타깃과 소재를 확인하고 이를 검증한다. 리타기팅 광고를 활용하여 매출을 증대시키고, 데이터를 분석하여 새로운 기회를 찾거나 전략을 수립한다.

---

③ 콘텐츠 제작 : 효과적인 광고 콘텐츠를 제작하는 기술을 익히고, 브랜드 메시지를 효과적으로 전달하는 방법을 배울 수 있다.

④ 성과 분석 : 광고 캠페인의 성과를 분석하고, 데이터를 기반으로 인사이트를 도출하여 캠페인을 최적화하는 능력을 향상시킬 수 있다.

⑤ 비용 관리 : 광고 예산을 효율적으로 관리하고, ROI(투자 대비 수익)를 극대화하는 전략을 배우게 된다.

⑥ 최신 트렌드 이해 : 메타의 광고 플랫폼과 관련된 최신 트렌드와 기능을 이해하고, 이를 광고 전략에 반영할 수 있는 능력을 기를 수 있다.

⑦ 문제 해결 능력 : 광고 캠페인에서 발생할 수 있는 다양한 문제를 인식하고, 이를 해결하기 위한 전략을 개발하는 능력을 향상시킬 수 있다.

11. 광고 관리자(Ad Manager)

(1) 개요

메타 광고 관리자는 페이스북, 인스타그램 등 메타 플랫폼에서 광고 캠페인을 생성, 관리 및 분석할 수 있는 도구이다. 메타 광고 관리자는 광고주가 효과적으로 광고를 운영하고 성과를 극대화할 수 있도록 돕는 중요한 플랫폼이다.

🔍 **키워드 정리**

ROI(투자 대비 수익, Return on Investment)
투자에 대한 수익성을 평가하는 지표이다. ROI는 특정 투자로부터 얻은 이익을 그 투자에 소요된 비용으로 나누어 계산하고, 일반적으로 ROI는 백분율로 표현한다.

(2) 주요 기능

① **캠페인 생성** : 다양한 광고 목표(브랜드 인지도, 리드 생성 등)에 맞춰 캠페인을 설정한다.

② **타기팅** : 연령, 성별, 지역, 관심사 등을 기반으로 특정 오디언스를 타깃으로 설정한다.

③ **예산 관리** : 일일 예산 또는 총 예산을 설정하고 관리한다.

④ **성과 분석** : 캠페인의 성과를 실시간으로 분석하고 클릭률(CTR), 전환율 등의 데이터를 확인한다.

⑤ **광고 포맷** : 이미지, 비디오, 슬라이드쇼 등 다양한 형식으로 광고를 제작할 수 있다.

⑥ **어드밴티지 크리에이티브로 성과 개선** : 메타의 어드밴티지 크리에이티브(Advantage Creative)는 광고 성과를 개선하는 데 도움을 주는 도구이다.

  ㉠ 어드밴티지 크리에이티브는 머신러닝 알고리즘을 활용하여 광고의 여러 구성 요소를 실시간으로 분석하고 최적화한다.

  ㉡ 이미지, 동영상, 슬라이드쇼 등 여러 광고 형식을 동시에 사용하여 다양한 오디언스에 맞춤형 광고를 제공한다. 이를 통해 더 많은 사용자에게 도달할 수 있다.

  ㉢ 타깃 오디언스 최적화 : 데이터 분석을 통해 오디언스의 반응을 기반으로 광고를 더 정교하게 타기팅할 수 있다. 이로 인해 높은 전환율을 얻을 수 있다.

(3) 메타 광고 관리자 계정을 설정하는 방법

① 메타 비즈니스 계정 만들기

  ㉠ 비즈니스 스위트 접속 : 메타 비즈니스 스위트(Meta Business Suite)에 방문한다.

  ㉡ 계정 생성 : "비즈니스 만들기" 버튼을 클릭하고 비즈니스 이름, 이메일 주소 등을 입력하여 계정을 생성한다.

② 광고 계정 추가

  ㉠ 비즈니스 설정으로 이동 : 비즈니스 스위트 대시보드에서 왼쪽 메뉴의 "비즈니스 설정"을 클릭한다.

  ㉡ 광고 계정 생성 : "광고 계정" 섹션을 선택하고 "광고 계정 추가" 버튼을 클릭한다.

  ㉢ 새 광고 계정 만들기 : "새 광고 계정 만들기"를 선택하고 광고 계정의 이름, 시간대, 통화를 설정한다.

③ 결제 정보 설정
  ㉠ 결제 정보 추가 : 비즈니스 설정 메뉴에서 "결제 정보"를 클릭한다.
  ㉡ 결제 방법 입력 : 신용카드 또는 다른 결제 방법을 추가하고 필요한 정보를 입력한다.
④ 사용자 및 권한 관리
  ㉠ 사용자 추가 : "사용자" 섹션에서 팀원이나 다른 사용자에게 광고 계정에 대한 접근 권한을 부여할 수 있다.
  ㉡ 역할 설정 : 각 사용자에게 관리, 광고 제작 등의 역할을 설정한다.
⑤ 광고 관리자 접근 : 광고 관리자에 접속하여 캠페인을 생성하고 관리할 수 있다.

〈그림〉 메타 광고 관리자 시작과 캠페인 설정

12. 광고 만들기

① 광고 관리자 : 광고를 만들고 페이스북, 인스타그램, 메신저, 오디언스 네트워크(Audience Network)에 게시하는 데 사용할 수 있는 통합 광고 만들기 도구이다.
② 광고 생성 수준 : 캠페인 → 광고세트 → 광고
  ㉠ 캠페인 수준 : 캠페인의 목적인 광고 목표 선택
  ㉡ 광고세트 수준 : 도달하려는 타깃을 정의하고 광고 노출 위치를 선택하며 예산을 결정하고 일정을 설정한다.
  ㉢ 광고 수준
    • 고객과 타깃에게 표시되는 결과물(콘텐츠)을 말한다.
    • 광고 형식을 선택하고 이미지와 동영상을 업로드하며 텍스트, 링크 등을 추가할 수 있다.

13. 비즈니스 목표와 광고캠페인 목표 설정하기

(1) 메타 광고 비즈니스 목표 설정

① 비즈니스 목표의 중요성 : 메타 광고의 비즈니스 목표는 브랜드 인지도 향상, 고객 유치, 매출 증대 등 다양한 측면에서 설정될 수 있다. 이러한 목표는 광고 캠페인의 방향성을 결정짓는 중요한 요소이다.

② 목표 설정 방법 : 메타 광고에서는 SMART 기법(구체적, 측정 가능, 달성 가능, 관련성, 시간 제한)을 활용하여 목표를 설정하는 것이 좋다. 예를 들어 "3개월 내에 웹사이트 방문자를 20% 증가시키겠다."는 구체적이고 측정 가능한 목표이다.

한번더 클릭 ♥

SMART 기법

역할 구분	권한 유형
Specific (구체적)	목표는 명확하고 구체적이어야 한다. "더 많은 팔로워를 얻겠다"보다는 "3개월 안에 인스타그램 팔로워를 1,000명 늘리겠다"와 같이 구체적으로 설정한다.
Measurable (측정 가능)	목표의 진행 상황을 측정할 수 있어야 한다. 예를 들어, "매주 5개의 게시물을 올리겠다"와 같이 수치로 표현할 수 있어야 한다.
Achievable (달성 가능)	목표는 현실적이어야 하며, 도전적이지만 달성 가능한 수준이어야 한다. "한 달 안에 팔로워를 10만 명 늘리겠다."는 비현실적일 수 있다.
Relevant (관련성)	목표는 개인이나 조직의 전반적인 목표와 관련이 있어야 한다. 예를 들어, 브랜드 인지도를 높이는 것이 목표라면 인스타그램 활동이 그 목표와 어떻게 연결되는지를 고려해야 한다.
Time-bound (시간 제한)	목표는 특정한 기한을 가져야 한다. "6개월 안에 웹사이트 방문자를 50% 증가시키겠다"와 같이 시간적 제한을 두어야 한다.

(2) 광고 캠페인 목표 설정

① 캠페인 목표의 유형 : 광고 캠페인 목표는 주로 인지도, 고려, 전환의 세 가지 카테고리로 나눌 수 있다. 각 카테고리는 특정한 비즈니스 목표와 연결되어 있다.

② 인지도 : 브랜드나 제품에 대한 인지도를 높이는 것을 목표로 한다.

③ 고려 : 소비자가 제품을 고려하도록 유도하는 목표이다.

④ 전환 : 실제 구매나 행동으로 이어지도록 하는 목표이다.

⑤ 캠페인 목표 설정 방법 : 캠페인 목표를 설정할 때는 다음과 같은 요소를 고려해야 한다.

ㄱ 대상 고객 : 광고가 도달할 고객의 특성을 정의한다.

ㄴ 광고 형식 : 사용할 광고 형식(이미지, 비디오 등)을 결정한다.

ㄷ 성과 지표 : 캠페인의 성공을 측정할 수 있는 지표를 설정한다.

빈 칸 채우기

광고 만들기에서 캠페인 수준은 광고 (   )을/를 선택하는 것이다.

정답 목표

(3) 목표 달성을 위한 전략

① 데이터 분석 : 광고 성과를 분석하여 어떤 전략이 효과적인지 파악한다.

② A/B 테스트 : 다양한 광고 버전을 테스트하여 최적의 광고를 찾는다.

③ 지속적인 최적화 : 캠페인 진행 중에도 데이터를 기반으로 지속적으로 광고를 최적화한다.

〈표〉 Meta의 새로운 캠페인 목표 유형

광고 목표	비즈니스 목표	이전 광고 목표
인지도	비즈니스, 브랜드 또는 서비스에 대한 인지도 증대	• 브랜드 인지도 • 도달 • 동영상 조회 • 매장 방문
트래픽	온라인 랜딩페이지의 트래픽 증대	• 링크 • 랜딩페이지 조회
참여	게시물에 참여할 가능성이 큰 사람들에게 도달	• 게시물 참여 • 동영상 조회 • 메시지
잠재 고객	메시지, 전화 통화 또는 등록을 통해 비즈니스나 브랜드를 위한 잠재 고객 확보	• 잠재 고객 정보 수집(인스턴트 양식) • 메시지 • 전환(통화, 가입)
앱 홍보	모바일 기기를 이용하는 사람들이 앱을 설치하거나 앱 내에서 특정 행동을 취하도록 유도	• 앱 설치 • 앱 이벤트
판매	비즈니스의 상품이나 서비스를 구매할 가능성이 높은 사람들에게 도달	• 전환 • 카탈로그 판매 • 메시지

(4) 광고목표별 전환 위치와 전환 이벤트 설정

① 전환 위치 : 원하는 비즈니스 성과가 발생하는 위치이다.

② 전환 이벤트 : 타깃이 취하도록 유도하려는 행동이 무엇인지를 설정하는 것으로 선택한 전환 위치에 따라 전환 이벤트를 선택한다.

〈표〉 메타의 광고목표별 전환 위치와 전환 이벤트

목표	전환 위치	전환 이벤트
인지도	선택할 필요 없음	전환 이벤트 필요 없음
트래픽	웹사이트, 앱, 메신저, 왓츠앱 전화	전환 이벤트 필요 없음
참여	동영상 조회, 게시물 참여, 이벤트 응답 중에서 선택	전환 이벤트 필요 없음
	메시지 앱, 메신저, 왓츠앱, 인스타그램 디렉트 중에서 선택	

빈 칸 채우기

광고 반응 타깃은 이전까지 집행한 캠페인 중 클릭 및 (   )을/를 실시한 사용자들을 대상으로 실시한다.

정답 전환

목표	전환 위치	전환 이벤트
참여	웹사이트	위시리스트에 추가, 문의하기, 제품 맞춤 주문, 기부, 위치 찾기, 예약, 검색, 체험판 시작, 요청 제출, 구독, 콘텐츠 조회
	앱	레벨 달성, 앱 활성화, 위시리스트에 추가, 튜토리얼 완료, 문의하기, 제품 맞춤 주문, 기부, 위치 찾기, 앱 내 광고 클릭, 앱 내 광고 노출, 평가, 예약, 검색, 크레딧 지출, 체험판 시작, 요청 제출, 구독, 신기록 달성, 콘텐츠 조회
	페이스북 페이지	전환 이벤트 필요 없음
잠재 고객	웹사이트	등록 완료, 문의하기, 위치 찾기, 잠재 고객, 예약, 검색, 체험판 시작, 요청 제출, 구독, 콘텐츠 보기
	앱	등록 완료, 튜토리얼 완료, 문의하기, 위치 찾기, 예약, 검색, 체험판 시작, 요청 제출, 구독, 콘텐츠 보기
	인스턴트 양식 메신저 인스타그램 통화	전환 이벤트 필요 없음
앱 홍보	자동으로 앱 선택됨	표준 앱 이벤트와 맞춤 앱 이벤트를 포함하는 모든 앱 이벤트
판매	웹사이트	결제 정보 추가, 장바구니에 담기, 위시리스트에 추가, 등록 완료, 기부, 결제 시작, 구매, 검색, 체험판 시작, 구독, 콘텐츠 조회
	앱	결제 정보 추가, 장바구니에 담기, 위시리스트에 추가, 등록 완료, 기부, 앱 내 광고 클릭, 앱 내 광고 노출, 결제 시작, 구매, 검색, 크레딧 지출, 체험판 시작, 구독, 콘텐츠 조회
	웹사이트 및 앱	장바구니에 담기, 결제 정보 추가, 위시리스트에 추가, 등록 완료, 결제 시작, 잠재 고객, 구매, 체험판 시작, 검색, 구독, 콘텐츠 조회
	메신저	결제 정보 추가, 장바구니에 담기, 위시리스트에 추가, 등록 완료, 기부, 결제 시작, 구매, 검색, 체험판 시작, 구독, 콘텐츠 조회
	왓츠앱	결제 정보 추가, 장바구니에 담기, 위시리스트에 추가, 등록 완료, 기부, 결제 시작, 구매, 검색, 체험판 시작, 구독, 콘텐츠 조회

14. 타기팅

(1) 핵심 타기팅

연령, 관심사, 지역 등의 기준에 따라 타깃을 정의한다.

① **위치** : 비즈니스를 운영하려는 도시, 지역 사회, 국가에 광고 타기팅을 한다.

② **인구통계학적 특성** : 연령, 성별, 학력 등에 따라 타깃을 선택한다.

③ **상세 타기팅**

    ㉠ 일반적으로 관심사 타기팅으로 알려져 있다.

    ㉡ 유기농 식품에서 액션 영화에 이르기까지 광고를 통해 도달하려는 사람들의 관심사와 취미를 타기팅 기준으로 추가하여 광고의 관련성이 높다.

④ **행동** : 이전 구매 내역이나 기기 사용 등의 소비자 행동을 기반으로 광고 타기팅한다.

⑤ **연결 관계** : 페이스북 페이지 또는 이벤트에 연결된 사람들을 포함하거나 새로운 타깃을 찾기 위해 이들을 제외한다.

(2) 맞춤 타기팅

① **개요**

    ㉠ 메타 사용자 중에서 비즈니스의 기존 고객들을 찾을 수 있는 타기팅 옵션이다.

    ㉡ 고객 리스트, 사이트 방문자, 앱 활용 등과 같은 소스를 사용하여 이미 비즈니스를 알고 있는 사람들로 맞춤 타깃을 만들 수 있다.

    ㉢ 광고 계정당 최대 500개의 맞춤 타깃을 소스 타깃으로 활용하여 유사 타깃으로 확장하여 모수를 허용한다.

② **비즈니스가 보유한 소스**

    ㉠ 웹사이트 : 페이스북 픽셀을 사용하여 웹사이트를 방문하는 사람들과 페이스북 사용자를 매칭하는 타기팅 옵션이다. 페이스북 픽셀의 전환 이벤트들을 활용해서 웹에서 활동하는 고객들을 정교하게 타기팅 가능하다.

    ㉡ 고객 리스트(CRM Data) : 시스템이나 이메일 리스트 등의 비즈니스가 보유한 정보를 활용하여 메타 사용자 데이터와 매칭하여 광고 타기팅에 활용할 수 있다. 매칭하는데 제공되는 식별자가 많을수록 매칭률이 높아진다.

🔍 **키워드 정리**

맞춤 타기팅
이용자의 관심 분야 및 행동 데이터를 활용하여 광고를 노출하는 방법이다. 이는 소비자에게 더 관련성 높은 콘텐츠를 제공하여 광고 효과를 극대화한다.

빈 칸 채우기
메타 광고 계정당 최대 ( )개의 맞춤 타깃을 소스 타깃으로 활용하여 유사 타깃으로 확장하여 모수를 허용한다.

정답 500

OX 퀴즈
맞춤 타깃 소스는 기존 고객 데이터를 기반으로 새로운 고객을 찾는 데 사용된다. O X

정답 O

해설 맞춤 타깃 소스는 기존 고객 데이터를 기반으로 새로운 고객을 찾는 데 사용된다. 이를 통해 유사한 특성을 가진 잠재 고객을 타기팅할 수 있다.

식별자 유형	열 헤더	설명 및 형식 가이드라인
이메일	email	최대 3개의 개별 열에 이메일 주소를 입력할 수 있다. 각 셀에 하나의 이메일만 입력할 수 있으며, 미국 및 국제 형식을 사용할 수 있다.
전화번호	phone	전화번호는 국가 번호가 포함되어야 일치 작업에 사용할 수 있다.
모바일 광고주 ID	madid	Google이 Android 광고의 일부로 제공하는 Android 광고 ID(AAID)와 Apple이 광고 프레임워크의 일부로 제공하는 Apple 광고 ID(IDFA)이다.
페이스북 앱 사용자 ID	uid	페이스북 SDK를 통해 검색할 수 있는 앱을 사용하는 사람의 ID이다.
페이스북 페이지 사용자 ID	pageuid	페이스북 페이지에 반응한 사람의 ID이다.
이름	fn	이름과 이름의 첫 글자가 허용된다.
성	ln	전체성이 허용된다.

※ 추가 식별자로 도시, 국가, 생년월일, 출생연도, 연령, 우편번호, 성별 등을 제공한다.

ⓒ 앱 활동 : 앱을 사용 중이며, 앱 내에서 특정한 행동(앱 이벤트)을 취한 사람들을 대상으로 광고 타기팅할 수 있다. 메타 SDK를 사용하면 앱의 데이터를 메타에 전달하고 해당 데이터를 사용하여 맞춤 타깃에 포함할 모수를 생성할 수 있다.

ⓓ 오프라인 활동 : 오프라인 전환 이벤트를 사용하여 타깃을 구성하여 타기팅할 수 있다. 타깃으로 사용하기 위해서는 오프라인 전환 API 또는 파트너 통합을 통해서 오프라인 이벤트 셋가 미리 구성되어 있어야 한다.

③ 메타가 제공하는 소스 : 참여 맞춤 타깃

ⓐ 참여 맞춤 타깃은 페이스북 앱 및 서비스 패밀리 전반에서 비즈니스의 콘텐츠에 참여한 사람들로 구성된 맞춤 타깃이다.

ⓑ '참여'는 동영상을 조회하거나, 페이스북 페이지를 팔로우하거나 잠재 고객 확보 광고에서 양식을 여는 등 사람들이 페이스북에서 한 행동이고, 참여 맞춤 타깃을 사용하면 이러한 행동을 취한 사람들에게 광고를 노출할 수 있다.

④ 사용할 수 있는 참여 맞춤 타깃 유형

ⓐ 동영상 : 페이스북이나 인스타그램에서 동영상을 시청한 사람들을 기반으로 참여 맞춤 타기팅을 할 수 있다. 사람들이 조회한 동영상은 페이스북과 인스타그램 피드, 스토리 및 사용 가능한 다른 노출 위치에 게재된 동영상을 포함한다. 최근 365일까지 추가할 수 있으며, 동적으로 유지되고 다시 참여하지 않으면 365일 이전 타깃은 모수에서 제외한다.

O X 퀴즈

맞춤 타기팅은 오직 소셜미디어 플랫폼에서만 사용할 수 있다. O X

정답 ×

해설 맞춤 타기팅은 소셜미디어뿐만 아니라 웹사이트 트래픽, 고객 파일, 앱 활동 등 다양한 데이터 출처를 활용할 수 있다.

🔍 **키워드 정리**

SDK(Software Development Kit)
SDK는 특정 플랫폼에서 애플리케이션을 개발하는 데 필요한 도구와 라이브러리의 집합이다. 페이스북 SDK는 Android 및 iOS 애플리케이션에서 페이스북 기능을 통합하는 데 사용한다.

ⓛ 잠재 고객용 양식 : 최근 90일 이내 비즈니스 페이지의 잠재고객 양식에 이벤트를 발생한 사람을 기준으로 타깃을 만들 수 있다.

ⓒ 인스턴트 경험 : 페이스북 인스턴트 경험에 참여한 타깃을 모수로 생성할 수 있으며, 컬렉션 캠페인에서 인스턴트 경험을 사용할 수 있다.

ⓔ 쇼핑 : 페이스북 및 인스타그램의 쇼핑 경험에서 제품에 반응을 보이는 사람들의 맞춤 타깃을 생성할 수 있다. 제품을 조회한 사람, 제품을 조회하고 웹사이트로 이동한 사람, 제품을 저장한 사람, 샵(Shop) 페이지를 조회한 사람, 샵 컬렉션을 조회한 사람, 장바구니에 제품을 추가한 사람, 제품 결제를 시작한 사람, 제품을 구매한 사람들의 옵션을 선택해 타기팅을 할 수 있다.

ⓜ 인스타그램 계정 : 인스타그램 프로페셔널 계정에서 게시한 콘텐츠에 반응하는 사람들로 타깃을 생성할 수 있다. 인스타그램 비즈니스 계정 또는 인스타그램 크리에이터 계정을 사용해야 설정이 가능하며 개인용 계정은 사용할 수 없다.

ⓗ 이벤트 : 페이스북에 생성된 이벤트에 반응하거나 참여한 사람들을 타깃으로 구성할 수 있으며, 이벤트에 참여한 방식에 따라 구분한다.

ⓢ 페이스북 페이지 : 비즈니스 페이지를 좋아하거나 팔로우한 사람에게 도달할 수 있으며, 페이지를 좋아하거나 팔로우하는 사람, 페이지에 참여한 모든 사람, 페이지를 방문한 모든 사람, 게시물이나 광고에 참여한 사람, 행동 유도 버튼을 클릭한 사람, 페이지에 메시지를 보낸 사람, 페이지 또는 게시물을 저장한 사람 등의 옵션으로 타깃을 설정할 수 있다.

한번 더 클릭 ♥

맞춤 타깃 설정 방법 및 유형

광고 계정당 최대 500개의 맞춤 타깃을 만들 수 있다. 고객 리스트를 활용하여 유사 타깃을 생성할 수 있다.

- 광고반응타깃 : 이전까지 집행한 캠페인 중 클릭 및 전환을 실시한 유저들을 대상으로 실시한다.
- 픽셀 & SDK : 웹의 경우 픽셀, 앱의 경우 SDK 설치를 통해 방문자 모수 확보가 가능하다.
- 고객파일 : CSV 파일을 업로드하여 별도로 보유하고 있는 고객에게 광고가 가능(ADID)하다.
- MAT(Mobile App Tracker) 타깃 : 모바일 APP을 보유한 광고주는 MAT을 통해 App에 방문이력이 있는 사용자를 기준으로 리타기팅을 진행한다.
- 유사 타깃 : 사용자 및 고객 파일을 기반으로 하는 비슷한 타깃이다.

🔍 키워드 정리

2025년 맞춤 타기팅의 주요 전략
- 퍼스트파티 데이터 활용 : 직접 수집한 고객 데이터를 활용하여 타기팅을 강화한다.
- CRM 데이터 활용
- 이메일 마케팅 연계
- 로열티 프로그램 데이터 활용
- 앱 사용자 데이터 활용

🔍 **키워드 정리**

유사 타깃
기존의 맞춤 타깃(⑩ 웹사이트 방문자, 페이지 팔로워 등)과 유사한 특성을 가진 새로운 고객을 찾기 위한 방법이다.

빈 칸 채우기

맞춤 타기팅을 사용할 때보다 더 많은 사람에게 도달하고 싶다면 (   )을/를 추가할 수 있다.

정답 유사 타깃

(3) 유사 타기팅

① 맞춤 타기팅을 사용할 때보다 더 많은 사람들에게 도달하고 싶다면 유사 타깃을 추가할 수 있다. 유사 타깃을 사용하면 메타 시스템이 소스 타깃(맞춤 타깃)에 포함된 사람들과 유사한 특성을 가진 사람들에게 노출하여 최적의 성과를 유지하도록 지원한다.

② 유사 타깃의 규모는 1~10까지의 척도로 설정할 수 있는데, 이 척도는 소스 타깃과 유사한 타깃을 찾을 국가의 인구에 대한 백분율을 나타내는 값으로 1에 가까울수록 소스 타깃과 유사하다.

한 번 더 클릭 ♥

소스 타깃이 국가 규모에 비해 큰 경우 소스 타깃이 너무 다양해지므로 광고 성과가 저조해질 수 있다. 이 경우 타깃을 더 작은 타깃 그룹으로 세분화하고 해당 타깃 그룹의 유사 타깃을 만들어야 한다. 유사 타깃에 사용할 소스 타깃의 규모는 1,000~50,000명 정도가 적당하다.

15. 예산 설정 및 관리

(1) 개념

① 캠페인 예산 : 전체 캠페인에 대한 예산을 설정하고 캠페인 내 모든 광고 세트에 걸쳐 분배된다.

② 광고 세트 예산 : 특정 광고 세트에 대한 예산을 설정하여 더 세밀한 관리가 가능하다.

(2) 예산 관리 전략

① 일일 예산 설정 : 광고 세트 또는 캠페인에 대해 일일 예산을 설정할 수 있다. 이를 통해 하루에 소비할 수 있는 최대 금액을 제한할 수 있다.

② 자동 규칙 활용 : 예산이 특정 퍼센트까지 줄어들 경우, 자동으로 예산을 늘리는 규칙을 설정할 수 있다. 이는 예산 관리의 효율성을 높이는 데 도움이 된다.

(3) 예산 설정 방법

① 광고 관리자 접속 : 메타의 광고 관리자에 로그인한다.

② 캠페인 선택 : 수정할 캠페인을 선택하거나 새 캠페인을 만든다.

③ 예산 및 일정 설정 : 예산 및 일정 섹션으로 이동하여 일일 예산을 설정한다.

④ 기여 설정 조정 : 기여 설정을 통해 광고의 효과를 측정할 수 있는 기간을 조정한다. 기본 설정은 클릭 후 7일이다.

한번더 클릭 ♥

- CBO(Campaign Budget Optimization, 캠페인 예산 최적화) : 더 나은 예산 배분, 수동설정 최소화, 오디언스 중복 예방을 통해 캠페인 예산을 최적화한다.
- 타깃 오디언스 : 정확한 타깃 오디언스를 설정하여 광고가 적합한 사용자에게 도달하도록 한다. 세부적인 인구 통계, 관심사, 행동 등을 기반으로 타기팅을 조정한다.
- A/B 테스트 : 다양한 광고 버전을 만들어 A/B 테스트를 진행한다. 광고 카피, 이미지, 타깃 오디언스 등을 변경하여 어떤 조합이 가장 효과적인지 분석한다.

(4) 광고 구매 유형

① 예약 구매

㉠ 예약 구매는 광고 캠페인을 미리 계획하고 구매하는 방식이다. 이 방법을 사용하면 성과 목표를 예측하고 빈도 관리를 더 구체적으로 할 수 있다.

㉡ 장점 : 광고주가 원하는 시간에 광고를 노출할 수 있어 특정 이벤트나 프로모션에 맞춰 효과적으로 캠페인을 운영할 수 있다.

② 경매 구매

㉠ 경매 구매는 다이내믹 입찰 방식을 통해 광고 비용을 지불하는 옵션이다. 광고주가 설정한 목표에 따라 입찰가가 자동으로 조정된다.

㉡ 장점 : 광고주가 경쟁에 따라 유연하게 입찰가를 조정할 수 있어 예산을 효율적으로 사용할 수 있다.

한번더 클릭 ♥

광고 품질을 개선하기 위해서는 광고와 랜딩 페이지가 관련성 있고 타깃 대상에 유용한지 확인해야 한다. 또한, 랜딩 페이지를 비롯한 클릭 후 경험 및 광고의 저품질 특성을 사용하지 않는 것이 좋다. 광고가 페이스북 광고 정책을 위반한 것으로 확인되면 광고의 품질 순위가 낮아지는 것이 아닌 해당 광고 게재가 거부된다.

(5) 도달

① 도달 및 빈도 : 타깃 기반으로 고정 CPM으로 지불하는 것으로 금액 예측이 가능하다. 일부 광고 계정에는 지원되지 않으며, 도달하려는 타깃 규모가 20만 명 이상일 때 이용 가능하므로 상당한 예산이 필요하다.

② 도달 및 빈도 구매 옵션을 사용해야 하는 경우 : 도달 및 빈도 구매 옵션을 통해 브랜드 인식을 크게 개선할 수 있으며 제품의 인지도를 높이고 온라인 및 오프라인 매출을 늘릴 수 있다. 소규모 타깃으로부터 창출하는 성과의 질을 높이기보다 타깃의 범주를 확장하여 효율을 높이는 것이 더 나은 경우가 많다.

③ 도달 및 빈도 구매 용어

  ㉠ 도달 : 전체 캠페인 기간 동안 광고를 최소 한 번 이상 본 사람들의 수이다. 도달은 노출과는 다른 개념으로 같은 사람이 광고를 여러 번 본 횟수를 포함할 수 있다.

  ㉡ 도달을 통해 광고 캠페인 기간에 광고가 노출된 사람 수를 측정할 수 있다. 사람들이 항상 광고를 클릭하는 것은 아니지만, 광고를 본 사람들은 비즈니스에 참여할 가능성이 커진다. 도달은 입찰가, 예산, 타기팅의 영향을 받을 수 있다.

  ㉢ 빈도=노출수÷도달수. 한 사람이 광고를 본 평균 횟수로 빈도를 활용하면 타깃에 포함된 사람들에게 메시지를 여러 번 전달하여 인지도와 상기도를 높일 수 있다.

  ㉣ 빈도는 예산, 타깃 규모, 일정에 따라 광고 세트당 평균 1~2회로 설정할 수도 있고 훨씬 높게 설정할 수도 있다.

  ㉤ 빈도 한도 : 일정기간 동안 한 사람에게 광고가 표시되는 최대 횟수이다. 도달 및 빈도 구매 옵션에서는 기본적으로 7일마다 2회 노출로 빈도 한도가 설정되어 있다. 즉, 한 사람에게 7일 동안 최대 2회까지만 광고가 표시한다.

  ㉥ CPM : 1,000회 노출당 평균 비용이다. CPM은 광고 캠페인의 비용 효율을 측정하기 위해 사용하는 일반적인 지표로 서로 다른 광고 퍼블리셔나 캠페인을 비교하기 위해서도 사용한다.

④ 도달 및 빈도 구매의 광고 게재 방식

  ㉠ 리타기팅 : 광고에 반응한 타깃에게 다시 광고를 게재하는 것을 말한다. 리타기팅을 사용할 때에는 우선 타깃에게 광고를 게재한 다음, 광고에 반응을 보인 타깃에게만 두 번째 광고를 게재한다.

  ㉡ 여기에서 반응이란 광고를 클릭하거나 웹사이트나 앱에서 상품을 구매하는 등 다양한 행동을 포함할 수 있다. 리타기팅은 광고가 순서대로 게재되도록 설정한다는 점에서 광고 순서 설정과 유사하지만, 이전 광고를 보거나 특정한 방식으로 콘텐츠에 참여한 사람들에게만 다음 광고를 보여줄 수 있다는 점이 다르다. 예를 들어, 광고 1을 보거나 특정한 방식으로 해당 광고에 참여한 사람들에게만 광고 2가 게재된다.

한번더클릭 ♥

메타에서 권장하는 리타기팅 전략
- 퍼스트파티 데이터 활용
- Conversions API(CAPI) 구현
- 플랫폼별 리타기팅 전략
- AI 기반 리타기팅
- 개인정보 보호와 타기팅의 균형

빈 칸 채우기

(　　　)은/는 예산, 타깃 규모, 일정에 따라 광고 세트당 평균 1~2회로 설정할 수도 있고 훨씬 높게 설정할 수도 있다.

정답 빈도

ⓒ 광고 순서(Ad Sequencing) 지정 : 리타기팅을 사용하면 시간이 지날수록 타깃의 규모가 줄어들어 게재가 저조해질 수 있다. 타깃의 규모를 줄이지 않으면서 최대 50개 광고의 순서를 원하는 대로 정렬하여 특정한 순서에 맞춰 표시되는 광고를 통해 사람들에게 메시지를 전달할 수 있다. 예를 들어, 광고 1을 게재한 후 광고 2가 게재되도록 설정할 수 있다.

ⓡ 광고예약 : 하루 중에 특정 시간에 광고가 게재되도록 예약할 수 있다.

한번더클릭 ♥

광고 효과 극대화 전략

- 고객 데이터 기반 타기팅 : 메타는 고객 데이터를 활용하여 정확한 타기팅을 제공하며, 고객이 원하는 콘텐츠를 눈앞에 띄게 보여준다. 이는 광고의 효과를 극대화하는 데 중요한 요소이다.
- 자연스러운 광고 노출 : 메타 플랫폼에서 광고가 자연스럽게 고객의 피드에 스며들어, 고객이 흥미를 느끼고 행동으로 이어지게 만드는 방식이 효과적이다. 이는 고객이 메타 플랫폼에서 많은 시간을 보내기 때문에 가능하다.

⑤ 광고 목표에 따른 도달 및 빈도

ⓖ 도달 목표 : 도달 목표는 광고를 보는 사람들의 수를 최대한으로 늘리고 싶을 때 사용하는 캠페인 목표로 한다.

ⓝ 브랜드 인지도를 높이거나 브랜드 인식을 개선하고 싶을 때 도달 목표를 사용하여 노출 최적화를 통해 광고 노출수를 극대화할 수 있다.

ⓒ 브랜드 인지도 목표 : 광고에 관심을 보일 가능성이 높은 사람들에게 광고를 표시할 수 있도록 최적화하는 캠페인 목표이다. 브랜드 인지도 목표와 도달 및 빈도 구매 옵션은 함께 사용할 수 있다. 두 가지를 함께 사용하면 먼저 캠페인을 도달에 맞춰 최적화하고, 다음으로 브랜드 인지도에 맞춰 최적화하므로 광고에 관심을 보일 가능성이 높은 사람들에게 광고를 되도록 많이 표시할 수 있다.

ⓡ 동영상 조회 목표 : 광고를 시청할 가능성이 높은 사람들에게 광고를 표시할 수 있도록 최적화하는 캠페인 목표이다. 동영상 조회 목표와 도달 및 빈도 구매 옵션은 함께 사용할 수 있다.

(6) TRP(타깃 시청률) 구매

① 메타에서의 TRP(타깃 시청률) 구매는 광고 캠페인이 특정 타깃 인구에게 얼마나 효과적으로 노출되는지를 측정하고 구매하는 방법이다. TRP는 광고의 도달률을 나타내는 중요한 지표로, TV 광고에서 주로 사용되지만 메타 플랫폼에서도 활용된다.

🔍 키워드 정리

TRP

TRP는 Target Rating Points의 약자로 특정 타깃 인구에게 광고가 얼마나 노출되었는지를 나타내는 지표이다. 이는 광고 캠페인의 효과성을 평가하는 데 중요한 역할을 한다.

빈 칸 채우기

(   )은/는 광고의 도달률을 나타내는 중요한 지표로, TV 광고에서 주로 사용되지만 메타 플랫폼에서도 활용된다.

정답 TRP

② 메타에서의 TRP 구매 방식
  ㉠ 구매 유형 : 메타에서는 TRP 구매를 위해 두 가지 주요 옵션을 제공한다.
  ㉡ 경매 구매 : 자동 경매 입찰을 통해 광고 비용을 지불하고 타기팅한다.
  ㉢ 예약 구매 : 특정 시간에 광고를 예약하여 노출할 수 있다.

③ TRP 구매의 장점
  ㉠ 효율적인 타기팅 : TRP 구매를 통해 광고주는 특정 인구 집단에 맞춰 광고를 최적화할 수 있다.
  ㉡ 측정 가능성 : 닐슨(Nielsen) 인증 TRP를 사용하여 광고 캠페인의 성과를 정확하게 측정할 수 있다.

(7) 캠페인 예산 최적화(Campaign Budget Optimization)

① 광고 세트 전반의 캠페인 예산을 자동으로 관리해 캠페인 성과를 극대화할 수 있다.

② 개별 광고 세트 예산을 설정하는 대신 전체 캠페인 예산을 설정한다.
  ㉠ 캠페인 기간 동안 가장 효과적인 광고 세트에 더 많은 금액을 지출하고 성과가 저조한 광고 세트에는 더 적은 금액을 지출하도록 유연하게 운영한다.
  ㉡ 금액 설정은 캠페인이 진행되는 기간에 일 단위로 적용(일일 예산)하거나 캠페인의 전체 기간에 걸쳐 적용(총 예산) 가능하다. 총 예산을 사용하는 경우 일정에 따라 광고를 게재하도록 선택할 수 있다.
  ㉢ CBO를 사용하면 각 광고 세트에 예산을 균등하게 지출하지 않을 수 있다. 예를 들어, 광고 캠페인에 활성 광고 세트가 2개 포함되어 있는 경우 전반적인 캠페인 성과를 극대화할 수 있다고 판단되면 둘 중 하나에 대부분의 예산을 지출할 수도 있다. 따라서 CBO를 사용할 때는 광고 세트 수준이 아닌 캠페인 수준에서 결과를 분석해야 한다.

③ 캠페인 예산 최적화 사용이 바람직한 경우
  ㉠ 캠페인 예산이 광고 세트 전반에서 유연하게 지출되도록 설정하려는 경우
  ㉡ 최저 비용으로 캠페인에서 가능한 한 최상의 성과를 얻으려는 경우
  ㉢ 캠페인 설정을 간소화하고 수동으로 관리해야 하는 예산의 수를 줄이려는 경우

한번더 클릭 ♥

캠페인 예산 최적화(Campaign Budget Optimization)
캠페인 예산 최적화(CBO)를 활용하면 광고 세트 전반의 캠페인 예산을 자동으로 관리해 캠페인 성과를 극대화할 수 있다. 캠페인 예산 최적화를 사용하면 통합 캠페인 예산을 설정하고 캠페인 기간 동안 가장 효과적인 광고 세트에 실시간으로 계속 예산을 분배한다.

16. 메타의 광고형식과 자산 최적화

(1) 자산 최적화 광고 노출 위치

① 뉴스 피드 : 페이스북과 인스타그램의 뉴스 피드에서 광고가 노출된다. 사용자들이 가장 많이 사용하는 공간으로, 높은 가시성을 제공한다.

② 사이드바 : 페이스북의 사이드바에 위치한 광고로 사용자가 스크롤할 때 항상 보이는 위치이다.

③ 인스타그램 피드 : 인그타그램의 피드에서 광고가 노출되며, 비주얼 중심의 플랫폼 특성상 이미지나 비디오 광고가 효과적이다.

④ 스토리 : 페이스북과 인스타그램의 스토리 기능을 통해 전체 화면 광고가 노출된다. 사용자 참여를 유도하는 데 효과적이다.

(2) 피드

① 페이스북 뉴스피드 : 컴퓨터에서 페이스북 웹사이트에 액세스하는 사람들의 데스크톱 뉴스피드에 광고가 노출된다. 모바일 기기에서 페이스북 앱을 사용하는 사람들이나 모바일 브라우저를 통해 페이스북 웹사이트에 액세스하는 사람들의 모바일 뉴스피드에 광고가 노출된다.

② 인스타그램 피드 : 모바일 기기에서 인스타그램 앱을 사용하는 사람들의 모바일 피드에 광고가 노출된다. 인스타그램 피드 광고는 인스타그램 앱을 둘러보는 사람들에게만 노출된다.

③ 페이스북 마켓플레이스(Marketplace) : 광고가 마켓플레이스 홈페이지에 노출되거나 페이스북 앱에서 마켓플레이스를 둘러보는 사람들에게 노출된다.

④ 페이스북 동영상 피드 : 동영상 광고가 페이스북 Watch와 페이스북 뉴스피드의 동영상 전용 환경에서 유기적 동영상 사이에 노출된다.

⑤ 페이스북 오른쪽 칼럼 : 광고가 페이스북 오른쪽 칼럼에 노출된다. 오른쪽 칼럼 광고는 컴퓨터에서 페이스북을 둘러보는 사람들에게만 노출된다.

⑥ 인스타그램 탐색 : 누군가 사진이나 동영상을 클릭하면 광고가 둘러보기 환경에 노출된다.

⑦ 인스타그램 샵 : 사람들의 인스타그램 Shop 탭 둘러보기 환경에 광고가 노출된다.

⑧ 메신저 받은 메시지함 : 광고가 메신저의 '홈' 탭에 노출된다.

한번더클릭 ♥

모바일 피드 제작

• 모바일 피드 제작은 모바일 환경에서 사용자에게 최적화된 콘텐츠를 제공하기 위해 필요한 과정이다.
• 15초 이하의 짧은 동영상 광고가 더욱 높은 비즈니스 성과를 내며, 스토리 구성 방식이 모바일 동영상 광고에 효과적이다.
• 모바일 피드를 통해 달성하고자 하는 목표를 명확히 한다. 예를 들어, 브랜드 인지도 향상, 제품 판매 증가, 사용자 참여 증대 등이 있을 수 있다.

(3) 스토리

① 페이스북 스토리 : 세로 방향 전체 화면 광고
② 인스타그램 스토리 : 세로 방향 전체 화면 광고
③ 메신저 스토리 : 세로 방향 전체 화면 광고

(4) 인스트림

① 페이스북 인스트림 동영상 : 주문형 동영상과 페이스북의 승인된 특정 파트너 그룹의 라이브 스트리밍 동영상에 노출
② 인스타그램 인스트림 동영상
③ 인스타그램 릴스

(5) 검색

광고가 관련 페이스북 및 마켓플레이스 검색 결과 옆에 노출

(6) 메신저 홍보 메시지

메신저에서 비즈니스와 대화를 나눈 적이 있는 사람들에게 메시지 형태로 노출

(7) 페이스북 인스턴트 아티클

모바일 앱 내의 인스턴트 아티클에 노출

(8) 앱

① 오디언스 네트워크 네이티브, 배너 및 전면 광고
② 오디언스 네트워크 보상형 동영상 : 사람들이 앱에서 앱 내 통화나 아이템과 같은 보상을 받는 대가로 시청하는 동영상 형태로 광고가 노출

17. 광고 형식

(1) 단일 이미지(사진) 광고

① 비즈니스의 목표에 상관없이 페이스북과 인스타그램의 사진 광고는 비즈니스의 인지도를 높이고 상품과 서비스를 알리는 데에 좋은 형식이다. 단일 이미지 광고에서는 깔끔하고 단순한 형식을 통해 영감을 주는 이미지와 참여를 유도하는 문구를 함께 사용할 수 있다.

② 단일 이미지 광고의 사용 효과

   ㉠ 사이트 방문 유도 : 사진으로만 구성된 광고가 다른 광고 형식에 비해 더 많은 고유 트래픽을 유도한다.

   ㉡ 신속한 광고 제작

   ㉢ 상품 인지도 제고 : 단일 이미지 광고를 사용하면 피드에서 눈길을 끌 수 있다.

③ 단일 이미지 광고 제작을 위한 팁

   ㉠ 상품을 사용 중인 사람들을 보여준다. 일상에서 친숙한 부분처럼 느껴지는 광고를 만들려면 상품 자체만 보여주기보다는 사람들이 상품을 통해 혜택을 얻는 모습을 보여주는 것이 좋다.

   ㉡ 텍스트는 적을수록 좋다. 광고 이미지에 포함되는 텍스트의 비율은 20% 미만을 권장한다.

   ㉢ 이미지에서 사람들이 집중해야 할 하나의 대상을 강조한다.

   ㉣ 시각적 일관성을 유지해야 한다. 하나의 캠페인에 여러 광고 세트를 게재하는 경우 모든 이미지의 테마가 일관되고 시각적으로 연결되어야 사람들이 광고를 알아보기 쉽고, 광고에 주목할 가능성도 높아진다.

   ㉤ 미디어 파일의 크기와 품질에만 유의하고, 고해상도 이미지를 사용한다.

   ㉥ 다양한 시각적 요소를 실험하는 것이 좋다. 특정 광고를 선택하기 전에 다양한 이미지와 형식으로 테스트하고, 게재하기 전에 항상 광고가 표시되는 실제 모습을 미리 확인하는 것이 좋다. 크리에이티브 허브에서 형식을 테스트하고 광고를 미리 확인할 수 있다.

한번 더 클릭 ♥

메타 플랫폼에서의 이미지 광고
- 메타 플랫폼은 전 세계 수억 명의 사용자를 보유하고 있어 광고주가 다양한 타깃 오디언스에 도달할 수 있다.
- 메타는 사용자 데이터를 기반으로 한 정교한 타기팅 기능을 제공하여 광고주가 특정 고객층을 겨냥할 수 있도록 한다. 이를 통해 광고의 클릭률과 전환율을 높일 수 있다.
- 제품이나 서비스, 브랜드를 이미지 내에 노출해 메시지를 효율적으로 전달하는 것이 좋다.
- 최소 픽셀 크기의 요구사항을 확인해서 광고가 흐려지지 않도록 광고 이미지에 포함되는 텍스트의 비율은 20% 미만을 권장한다.

🔍 키워드 정리

크리에이티브 허브(Creative Hub)

크리에이티브 허브는 광고 제작과 관련된 다양한 기능을 제공하는 플랫폼이다. 이 플랫폼은 광고주와 마케터들이 창의적인 아이디어를 공유하고, 모의 광고를 제작하며, 이를 테스트할 수 있는 공간을 제공한다. 크리에이티브 허브는 2016년 칸 국제광고제에서 처음 소개되었다.

🔍 키워드 정리

메타(Meta) 플랫폼에서의 이미지 광고
- 메타 플랫폼에서의 이미지 광고는 높은 전환율과 정교한 타기팅 덕분에 많은 비즈니스에 효과적인 마케팅 도구로 자리잡고 있다. 광고주들은 메타의 광고 시스템을 활용하여 고객의 관심을 끌고, 구매로 이어지게 하는 전략을 세운다.
- 정확한 타기팅 : 메타는 고객 데이터를 기반으로 한 정교한 타기팅을 제공하여, 고객이 원하는 콘텐츠를 눈앞에 띄워주는 데 강점을 가지고 있다.

〈그림〉 단일 이미지 광고 형식

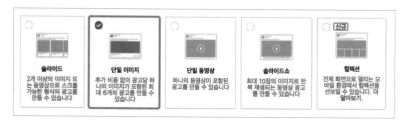

(2) 슬라이드 광고

① 페이스북, 인스타그램, 메신저, 오디언스 네트워크에서 사용할 수 있으며, 하나의 광고에 최대 10개의 이미지 또는 동영상을 나타내고 슬라이드마다 링크를 포함할 수 있다.

② 하나의 광고에 크리에이티브를 표시할 공간이 많기 때문에 다양한 제품을 강조하거나 한 가지 제품, 서비스 또는 프로모션에 대한 자세한 정보를 담을 수 있고, 브랜드 스토리를 각 슬라이드에 이어서 전달할 수도 있다.

③ 슬라이드 광고를 사용하기 가장 좋은 경우

　㉠ 여러 상품을 선보이려는 경우 슬라이드마다 서로 다른 상품을 선보이고 각각의 랜딩 페이지로 연결되는 링크를 포함하면 클릭률을 높일 수 있다.

　㉡ 단일 상품의 여러 기능을 강조하려는 경우 : 각 슬라이드를 통해 다양한 관점과 정보를 제공 가능하다.

　㉢ 사람들의 활발한 참여를 유도하려는 경우 : 하나의 스토리를 슬라이드 순서에 따라 흥미롭게 전개할 수 있다.

　㉣ 비즈니스 또는 상품 이용 방법을 단계별, 절차별 제시가 가능하다.

④ 슬라이드 광고 제작을 위한 팁

　㉠ 슬라이드 요소를 활용해 스토리텔링에 활용한다.

　㉡ 일관성 있고 통일감 있는 크리에이티브 자산을 선택한다.

　㉢ 각각의 슬라이드에 적합한 링크를 제공한다.

　㉣ 가장 성과가 좋은 슬라이드를 맨 앞에 표시한다.

〈그림〉 슬라이드 광고 형식

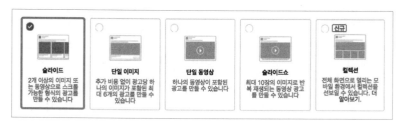

(3) 컬렉션 광고 형식

① 컬렉션 형식은 모바일 전용으로 제공되는 광고로 시각적으로 몰입하여 제품과 서비스를 간편하게 찾고, 둘러보고 구매할 수 있다.

  ㉠ 컬렉션 광고는 커버 이미지 또는 동영상과 그 뒤에 표시되는 3개의 제품 이미지로 구성된다.

  ㉡ 컬렉션 광고를 누르면 참여를 유도하고 더 많은 관심과 구매 의향을 불러일으키는 전체 화면 랜딩 페이지인 인스턴트 경험이 표시된다.

  ㉢ 인스턴트 경험을 만들 때 스토어, 룩북 또는 신규 고객 확보 템플릿을 사용하거나 맞춤 인스턴트 경험을 만들 수 있다.

② 인스턴트 매장

  ㉠ 제품이 4개 이상 포함된 카탈로그가 있는 경우

  ㉡ 한곳에서 제품을 둘러볼 수 있도록 그리드 형식으로 제품을 표시하는 경우

③ 인스턴트 룩북

  ㉠ 브랜드 스토리와 함께 제품 판매도 함께 유도하려는 경우

  ㉡ 기존 카탈로그 인쇄물의 디지털 버전을 만들려는 경우

④ 인스턴트 신규 고객 확보

  ㉠ 모바일 랜딩페이지에서 전환을 유도하려는 경우

  ㉡ 웹사이트나 앱에서 특정 행동을 유도하는 경우

⑤ 컬렉션 광고의 장점

  ㉠ 제품 발견 유도 : 제품을 관련 동영상 또는 이미지와 결합하여 사람들의 관심을 유도한다.

  ㉡ 수요를 판매로 전환 : 관심 있는 고객들이 웹사이트나 앱에서 구매를 계속하도록 유도한다.

  ㉢ 제품 카탈로그 소개 : 고유한 제품을 소개하고 복수 구매를 유도할 수 있도록 여러 개의 제품 또는 서비스 이미지를 포함한다.

〈그림〉 컬렉션 광고 형식

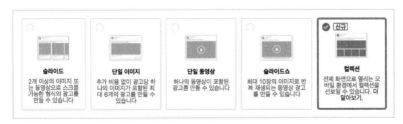

(4) 단일 동영상 광고

① 동영상 광고의 특징

ㄱ 동영상을 사용해 제품, 서비스나 브랜드를 보여줄 수 있다.

ㄴ 페이스북, 인스타그램, 오디언스 네트워크, 메신저의 여러 노출 위치에 표시되며 노출 위치에 따라 다양한 화면비율을 지원한다.

ㄷ 광고자산 맞춤화 기능을 사용하면 하나의 광고를 여러 노출위치에 다양한 비율로 사용할 수 있다.

② 동영상 광고 제작 팁

ㄱ 동영상 짧게 만들기 : 동영상 길이를 15초 이하로 제작하면 끝까지 시청할 가능성이 높아진다. 15초 이내의 동영상 광고는 인스타그램 스토리와 페이스북 인스트림 노출 위치에도 사용할 수 있다.

ㄴ 인스타그램 피드와 오디언스 네트워크 노출위치에는 최대 120초 길이의 동영상이 허용되는 반면에 페이스북 피드, 마켓플레이스, 메신저에서는 최대 240분 길이의 동영상까지도 지원한다.

ㄷ 6:19 비율과 4:5 비율의 세로형 동영상을 적절하게 활용해서 모바일 지면을 최대한 활용하는 것이 좋다.

ㄹ 제품 또는 브랜드 메시지를 동영상 초반에 드러내야 한다.

ㅁ 빠르게 시선 사로잡기 : 처음 3초 이내에 제품 또는 비즈니스 메시지를 드러내 사람들이 보고 기억할 수 있도록 하는 것이 좋다.

ㅂ 소리 없이도 이해할 수 있는 광고 만들기 : 사람들은 소리를 끈 상태로 동영상을 시청하는 경우가 많기 때문에 소리 없이도 이해할 수 있는 광고를 만드는 것이 좋다.

ㅅ 동영상 광고 품질 최적화 사항 확인해야 한다.

〈그림〉 단일 동영상 광고 형식

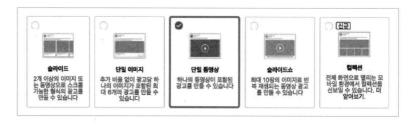

(5) 스토리 광고

① 스토리 광고는 페이스북, 인스타그램, 메신저에서 스토리 사이에 표시되는 전체 화면 이미지, 동영상 또는 슬라이드 광고이다. 일반 스토리와 달리 24시간 후에도 사라지지 않는다.

② 스토리 광고의 장점

    ㉠ 높은 몰입도

    ㉡ 더욱 친밀하게 소통하고 서로의 소식을 긴밀하게 공유

    ㉢ 커뮤니티 형성

    ㉣ 스토리는 세로 방향의 전체 화면 환경에서 가장 자연스럽게 보이도록 최적화된 것으로, 스토리를 통해 동영상과 사진을 빠르게 감상할 수 있다.

한번 더 클릭 ♥

스토리 구성

스토리 구성은 스토리텔링이 전개되는 구조를 의미한다. 예를 들어 순차적인 스토리 구성의 경우 기승전결로 이어지는 순차적인 방식으로 스토리가 전달되는 반면, 비순차적인 스토리 구성에서는 주요 개념이 먼저 등장한 이후 스토리가 전개되면서 자세한 정보나 설명을 제시한다.

- 순차적 스토리텔링
- 비순차적 스토리텔링 : 부메랑(Boomerang), 연속 사진, 간헐적 및 역순 스토리텔링 등
- ⑩ 부메랑 비디오, 버스트비디오(Burst videos), 펄스 비디오(Pulse videos), 리트로그레이드 비디오(Retrograde videos)

(6) 브랜디드 콘텐츠

① 브랜디드 콘텐츠는 크리에이터/퍼블리셔가 후원을 받고 비즈니스 파트너를 소재로 하거나 비즈니스 파트너로부터 영향을 받은 내용을 담아 제작한 콘텐츠를 말한다. 크리에이터나 퍼블리셔는 브랜디드 콘텐츠를 게시할 때 반드시 비즈니스 파트너의 페이지를 태그해야 한다.

② 브랜디드 콘텐츠 게시물은 페이지에 브랜드 페이지가 포함되어 나타나며, 게시물에 회색 Paid Partnership 레이블이 표시된다.

18. 자산 최적화

(1) 광고 소재 사용 전략

① **AI 기반 캠페인 활용** : 메타는 AI를 통해 광고 성과를 분석하고 최적화하는 데 중점을 두고 있다. AI는 광고 소재의 효과를 실시간으로 평가하고, 이를 바탕으로 광고 캠페인을 조정하는 데 도움을 준다.

② **소비자 행동 분석** : 메타는 소비자의 행동 패턴을 분석하여 광고 소재를 최적화한다. 이를 통해 소비자에게 맞춤형 광고를 제공하고, 광고의 클릭률을 높이는 전략을 취하고 있다.

③ **다양한 광고 형식** : 메타는 광고 형식을 다양화하여 소비자에게 더 많은 선택지를 제공한다. 이는 비디오, 이미지, 슬라이드쇼 등 다양한 형식으로 이루어지며, 각 형식은 특정 소비자 그룹에 맞춰 최적화한다.

PART 01
PART 02
PART 03
PART 04

ⓞⓧ 퀴즈

모바일 크리에이티브 스토리텔링은 짧은 시간 안에 소비자의 관심을 끌어야 하므로, 간결하고 직관적인 메시지가 중요하다. ⓞⓍ

정답 ㅇ

해설 모바일 환경에서는 사용자의 주의 집중 시간이 짧기 때문에, 간결하고 직관적인 메시지를 통해 소비자의 관심을 빠르게 끌어야 한다. 복잡한 내용보다는 쉽게 이해할 수 있는 스토리가 효과적이다.

빈 칸 채우기

( )은/는 크리에이터/퍼블리셔가 후원을 받고 비즈니스 파트너를 소재로 하거나 비즈니스 파트너로부터 영향을 받은 내용을 담아 제작한 콘텐츠를 말한다.

정답 브랜디드 콘텐츠

④ **최적화된 광고 소재** : 광고 소재는 지속적으로 테스트되고 최적화한다. 메타는 광고 성과를 분석하여 가장 효과적인 소재를 파악하고, 이를 기반으로 새로운 광고를 제작한다.

> **한번더클릭 ♥**
>
> **노출위치 자산 맞춤화**
> 노출 위치 자산 맞춤화는 광고 캠페인에서 특정 광고 자산(◉ 이미지, 텍스트, CTA 버튼 등)을 사용자의 특성이나 행동에 따라 조정하여 더 효과적인 광고를 만드는 과정이다. 이를 통해 광고의 클릭률(CTR)과 전환율을 높일 수 있다.

빈 칸 채우기

( )은/는 광고 캠페인에서 특정 광고 자산(◉ 이미지, 텍스트, CTA 버튼 등)을 사용자의 특성이나 행동에 따라 조정하여 더 효과적인 광고를 만드는 과정이다.

정답 노출 위치 자산 맞춤화

(2) 광고 크리에이티브 전략

① **비디오 콘텐츠 투자** : 짧은 형식의 비디오 콘텐츠가 소비자에게 더 큰 영향을 미치고 있으므로, 메타는 이러한 콘텐츠에 대한 투자를 늘리고 있다.

② **소비자 참여 유도** : 광고 크리에이티브는 소비자가 직접 참여할 수 있는 요소를 포함하여 브랜드와의 상호작용을 촉진한다. 이는 브랜드 충성도를 높이는 데 기여한다.

③ **다양한 플랫폼 활용** : 메타는 다양한 소셜미디어 플랫폼을 통해 광고를 배포하여 소비자에게 더 넓은 도달 범위를 제공한다.

(3) 다이나믹 광고

① 다이내믹 광고는 여러분의 웹사이트나 앱 또는 인터넷에서 관심을 보인 사람들에게 자동으로 적절한 제품을 표시한다.

② 제품 카탈로그를 업로드하고 한 번만 캠페인을 설정하면 제품별로 적절한 사람들을 찾고 가격 및 재고 상황에 맞게 최신 정보를 유지하면서 원하는 기간 동안 광고가 계속 게재한다.

③ 다이내믹 광고 게재에 필요한 사항

ㄱ 페이스북 픽셀 또는 SDK : 다이내믹 광고는 온라인 제품 카탈로그와 광고 사이에 강력한 피드백 루프가 있을 때 가장 효과적이다. 사이트에 페이스북 픽셀을 설치하면 사용이 가능하다.

ㄴ 앱을 바로 다운로드할 수 있는 관련성 높은 광고를 노출하여 앱 설치를 늘릴 수도 있는데 이를 위해서는 페이스북 SDK를 설치해야 한다.

ㄷ 비즈니스 관리자 계정 : 다이내믹 광고는 대부분의 광고에 비해 더 큰 규모로 운영되기 때문에 비즈니스 관리자 계정이 필요하다.

ㄹ 제품 카탈로그 : 제품 카탈로그를 만들고 비즈니스 관리자에 업로드하여 개인마다 관련 있는 제품이 노출되도록 할 수 있다.

ㅁ 쇼피파이(Shopify), 마젠토(Magento), 빅커머스(Big Commerce)와 같은 페이스북 파트너를 이용하여 만든 웹사이트의 경우 이 단계를 건너뛰고 비즈니스에 적합한 다이내믹 광고를 자동으로 설정할 수 있다.

다이나믹 광고 게재를 위한 이벤트 설정

광고 캠페인의 목표를 명확히 설정한다. 예를 들어 제품 판매 증가, 웹사이트 방문자 수 증가, 브랜드 인지도 향상 등이 있다. 제품용 다이내믹 광고를 게재하려면 픽셀이 View Content(누군가가 카탈로그의 제품을 조회한 경우), Add To Cart(누군가가 카탈로그의 제품을 웹사이트의 장바구니에 추가한 경우), Purchase(누군가가 카탈로그의 제품을 웹사이트에서 구매한 경우)의 표준 이벤트를 포함해야 한다.

앱 이벤트를 측정하기 위한 측정 솔루션

• Firebase는 구글의 모바일 플랫폼으로, 앱의 사용자 행동을 분석하고 이벤트를 측정할 수 있는 강력한 도구이다. 사용자 세그먼트, 실시간 데이터, A/B 테스트 기능을 제공
• 코드 프리 이벤트 설정 도구
• 모바일 측정 파트너(MMP ; Mobile Measurement Partner)를 이용
• Meta SDK

④ 다이나믹 광고에서 제공하는 카탈로그 업종 : 여행, 자동차, 부동산 등
⑤ 다이나믹 크리에이티브
　㉠ 다이나믹 크리에이티브에서는 여러 광고 구성 요소(이미지, 동영상, 텍스트, 행동 유도 등)를 사용하며, 광고 성과를 높이기 위해 이러한 요소를 새로운 방식으로 결합한다. 다이내믹 크리에이티브를 사용하면 광고를 보는 각 사람에게 맞춤화된 크리에이티브 버전을 자동으로 만들 수 있으며, 만들어진 결과물은 확장 가능하다.
　㉡ 다이내믹 크리에이티브는 어떤 크리에이티브가 각 타깃의 반응을 얻는지 알 수 없는 경우 사용할 수 있는 이상적인 최적화 도구로 모든 버전의 취합된 성과만 확인할 수 있기 때문에 다이내믹 크리에이티브를 A/B테스트(분할 테스트) 대신 사용하는 것은 바람직하지 않다.

A/B 테스트

A와 A의 변형인 B를 비교 테스트하는 것으로 광고 소재, 잠재고객 또는 게재위치의 각 버전 간에 노출을 무작위로 분배하여 결과당 비용 또는 전환당 비용을 기반으로 A와 B를 사용했을 때의 성과를 측정하는 것이다. 광고 크리에이티브, 잠재고객 또는 게재위치와 같은 변수를 변경하여 가장 실적이 좋은 전략을 결정하고 향후 캠페인을 개선할 수 있다.

• DCO(Dynamic Creative Optimization) : DCO는 사용자의 행동, 선호도 및 문맥 데이터를 기반으로 개별 사용자에게 맞춤화된 광고 크리에이티브를 동적으로 생성하는 프로세스를 말한다.
• DLO(dynamic language optimization) : 모든 노출 위치에 자동번역 솔루션이다.

🔍 **키워드 정리**

DCO(Dynamic Creative Optimization)
여러 타깃을 대상으로 어떤 크리에이티브가 가장 효과적인지를 테스트하여 최적화를 가능하게 하는 메타 비즈니스 솔루션 기능 중 하나

DLO(Dynamic Language Optimization)
모든 노출 위치에 자동번역을 제공하는 솔루션

19. 메타의 광고 성과 측정

(1) 메타 광고 성과 측정의 주요 요소

① 캠페인 인사이트 : 광고주는 캠페인 성과를 분석하고, 어떤 요소가 효과적인지 파악할 수 있다. 이를 통해 향후 캠페인에 대한 전략을 세울 수 있다.

② 측정 지표 선택 : 광고주는 캠페인에 적합한 지표를 선택하여 성과를 측정할 수 있다. 예를 들어 클릭률(CTR), 전환율, 광고비 대비 수익(ROAS) 등을 사용할 수 있다.

③ 테스트 및 결과 분석 : A/B 테스트를 통해 다양한 광고 버전을 비교하고, 어떤 버전이 더 효과적인지 분석할 수 있다. 이를 통해 광고의 효율성을 높일 수 있다.

④ 전환 추적 : 광고의 전환을 추적하여 광고가 실제로 얼마나 많은 판매나 리드를 생성했는지 확인할 수 있다. 이는 광고의 ROI(투자 대비 수익)를 평가하는 데 중요한 요소이다.

(2) 메타의 광고 성과 측정 도구

① 전환 API(Conversions API) : 광고주가 웹사이트에서 발생하는 전환 데이터를 메타에 직접 전송할 수 있도록 하여 보다 정확한 성과 측정을 가능하게 한다.

② 집계된 이벤트 측정(Aggregated Event Measurement) : 사용자의 개인정보를 보호하면서도 광고 성과를 측정할 수 있도록 설계되었다. 여러 이벤트를 집계하여 분석할 수 있다.

③ AI 기반 도구 : 메타는 AI를 활용하여 광고 성과를 분석하고, 광고주가 더 나은 결정을 내릴 수 있도록 지원하는 다양한 도구를 제공한다.

④ 메타 픽셀(Meta Pixel) : 웹사이트에 설치하여 사용자의 행동을 추적하고, 광고의 전환 성과를 측정하는 도구이다. 이를 통해 광고가 얼마나 효과적으로 전환을 유도하는지 분석할 수 있다.

⑤ 앱 이벤트(App Events) : 모바일 앱에서 사용자 행동을 추적하고 분석하는 도구로, 앱 설치 후의 사용자 행동을 측정하여 광고 성과를 평가할 수 있다.

⑥ 측정 및 분석 도구(Measurement and Analytics Tools) : 광고 캠페인의 성과를 종합적으로 분석할 수 있는 다양한 도구와 리포트를 제공한다. 여기에는 A/B 테스트, 광고 리포트, 브랜드 인지도 조사 등이 포함된다.

PART 01

PART 02

PART 03

PART 04

전환 API의 이점
• 정확한 데이터 수집 : 전환 API는 사용자의 행동 데이터를 보다 정확하게 수집하여 광고 성과를 분석하는 데 도움을 준다.
• 비용 절감 : 광고 타기팅을 최적화함으로써 광고 비용을 줄일 수 있다. 이는 광고주가 더 나은 ROI(투자 수익률)를 달성하는 데 기여한다.
• 안정적인 데이터 연결 : 전환 API는 마케팅 데이터와 메타의 시스템을 안정적으로 연결하여 데이터 전송의 신뢰성을 높인다.

20. 광고 관리자의 광고 보고서

① 메타 광고 관리자(Meta Ads Manager) : 광고 캠페인의 성과를 실시간으로 모니터링하고 분석할 수 있는 기본 도구이다. 광고의 클릭 수, 노출 수, 전환율 등 다양한 지표를 확인할 수 있다.

② 메타 픽셀(Meta Pixel) : 웹사이트에 설치하여 사용자의 행동을 추적하고 광고의 전환 성과를 측정하는 도구이다. 이를 통해 광고가 얼마나 효과적으로 전환을 유도하는지 분석할 수 있다.

③ 앱 이벤트(App Events) : 모바일 앱에서 사용자 행동을 추적하고 분석하는 도구로 앱 설치 후의 사용자 행동을 측정하여 광고 성과를 평가할 수 있다.

④ 측정 및 분석 도구(Measurement and Analytics Tools) : 광고 캠페인의 성과를 종합적으로 분석할 수 있는 다양한 도구와 리포트를 제공한다. 여기에는 A/B 테스트, 광고 리포트, 브랜드 인지도 조사 등이 포함한다.

🔍 키워드 정리

앱 이벤트 측정 솔루션
앱 이벤트 측정 솔루션은 앱 내에서 발생하는 다양한 이벤트(예 설치, 구매, 사용자 행동 등)를 추적하여 데이터 분석을 통해 인사이트를 제공한다. 이러한 솔루션은 사용자 행동 분석, ROI 측정, 캠페인 성과 평가 등을 포함한다.

01 페이스북 앱 광고 캠페인을 진행하는 마케터가 캠페인의 목표를 설정할 때 가장 먼저 고려해야 할 단계는 무엇인가?

① 광고 세트
② 광고
③ 캠페인
④ 타깃 오디언스

해설 | 캠페인 단계는 광고 캠페인의 목표를 설정하는 가장 첫 단계이다. 마케터는 브랜드 인지도, 웹사이트 방문 등 광고의 주 목표를 선택한 후, 세부 사항을 설정하기 위해 다음 단계로 넘어가야 한다. 다른 옵션들은 목표 설정 후에 진행되는 단계들이다.

02 메타에서 카탈로그 사용과 관련해 옳지 않은 것은?

① 카탈로그를 통해 제품 정보를 일괄적으로 관리할 수 있다.
② 카탈로그는 광고 캠페인에서 자동으로 생성되며 사용자 설정이 필요 없다.
③ 카탈로그를 이용해 다이나믹 광고를 설정할 수 있다.
④ 카탈로그는 Facebook과 Instagram에서 제품을 홍보하는 데 사용된다.

해설 | 카탈로그는 자동으로 생성되지 않으며, 마케터가 직접 설정하고 관리해야 한다.

03 A씨는 매달 여러 동영상을 게시하는 페이지를 관리하며, 인스트림 광고를 통해 3개월 동안 수익을 창출하고 있다. 그런데 페이지에 대한 수익화 상태가 녹색에서 노란색으로 변경되었다면 가장 먼저 해야 할 일은 무엇인가?

① 새로운 동영상을 즉시 게시한다.
② 페이지의 콘텐츠 정책을 검토한다.
③ 광고 수익을 늘리기 위해 마케팅 전략을 수정한다.
④ 다른 플랫폼으로 콘텐츠를 이전한다.

해설 | 수익화 상태가 노란색으로 변경되었다는 것은 콘텐츠가 메타의 정책을 위반했을 가능성이 있음을 의미하므로, 먼저 페이지의 콘텐츠 정책을 검토하고 문제를 파악해야 한다.

04 A씨는 매주 3개의 새로운 동영상을 게시하는 요가원의 페이지를 관리하고 있다. 제시된 동영상의 약 75%는 길이가 3분 이상이며, 각 동영상은 보통 3만~5만의 조회수를 올리고 있어서 어느 정도 자신감이 생겼고 이 페이지에서 수익을 낼 수 있지 않을까 고민하고 있다. 이 페이지에 알맞은 수익화 도구가 아닌 것은?

① 인스트림 광고
② 채널 멤버십
③ 스폰서십 콘텐츠
④ 제품 판매 링크

해설 | 일반적으로 팬들과의 더 깊은 연결을 위해 사용되며, 주로 구독 기반의 콘텐츠를 제공하는 채널에서 활용된다. A씨의 요가원 페이지는 일반적인 동영상 게시 형식이므로 적합하지 않다.

05 웹사이트나 앱에서 매출을 창출하기 위한 메타의 캠페인 목표는 무엇인가?

① 브랜드 인지도
② 리드 생성
③ 전환
④ 트래픽 증가

해설 | 전환은 웹사이트나 앱에서 실제 구매나 특정 행동을 유도하여 매출을 창출하는 목표로 가장 적합한 선택이다.
　① 브랜드 인지도 : 주로 브랜드의 인식을 높이는 데 초점을 맞춘 목표로, 매출 직접 창출과는 거리가 있다.
　② 리드 생성 : 잠재 고객의 정보를 수집하는 목표로, 직접적인 매출 창출보다는 고객 확보에 중점을 둔다.
　④ 트래픽 증가 : 웹사이트나 앱에 방문자를 늘리는 목표로, 매출과의 직접적인 연관성은 낮다.

06 인스타그램에서 비즈니스 입지를 구축하는 데 있어서 가장 먼저 필요한 행동은 무엇인가?

① 고품질 콘텐츠를 제작한다.
② 비즈니스 계정으로 전환한다.
③ 팔로워를 구매한다.
④ 해시태그 전략을 세운다.

해설 | 비즈니스 계정으로 전환하면 인스타그램의 다양한 비즈니스 도구와 통계를 활용할 수 있어 효과적으로 비즈니스 입지를 구축할 수 있다.

07 메타에서는 크리에이터와 퍼블리셔가 콘텐츠를 통해 수익을 창출할 수 있다. 다음 중 수익화할 수 없는 콘텐츠는 무엇인가?

① 저작권이 있는 음악을 사용한 동영상
② 사용자 생성 콘텐츠(UGC)
③ 교육용 튜토리얼 영상
④ 제품 리뷰 영상

해설 | 저작권이 있는 음악을 사용한 동영상은 저작권 침해로 인해 수익화가 불가능하다. 메타는 저작권을 준수해야 하므로, 이러한 콘텐츠는 광고 수익을 창출할 수 없다.

08 다음 중 메타에서 활용할 수 있는 성과 측정 도구가 아닌 것은?

① Facebook Analytics
② Instagram Insights
③ Google Analytics
④ Ads Manager

해설 | Google Analytics는 메타 플랫폼 외부의 웹사이트 성과를 측정하는 도구로 메타와 직접적으로 연결되지 않다. 따라서 메타에서 활용할 수 있는 도구가 아니다.

09 한 브랜드가 페이스북 앱에서 30초 분량의 TV 광고와 동영상 광고가 포함된 차기 캠페인을 계획하고 있다. 이 브랜드가 페이스북 캠페인에서 TV 광고와 동일한 비디오 자산을 진행하고자 한다면, 다음 중 어떤 전략을 사용해야 하는가?

① 동영상 광고를 스토리 형식으로 변환한다.
② 비디오 광고의 길이를 15초로 줄인다.
③ 비디오 광고를 크리에이티브 테스트로 활용한다.
④ 비디오 자산을 다양한 비율로 리사이즈한다.

해설 | 비디오 자산을 다양한 비율로 리사이즈하면, TV 광고와 동일한 콘텐츠를 페이스북 플랫폼의 다양한 형식에 맞춰 최적화할 수 있다. 이는 광고의 효과를 극대화하는 데 도움이 된다.

10 다음 중 기업이 자사 사이트에서 과거 구매한 적이 있는 고객을 리타기팅하고자 할 때 사용하는 타깃 유형은?

① 리마케팅 타깃
② 인구통계학적 타깃
③ 관심 기반 타깃
④ 위치 기반 타깃

해설 | 리마케팅 타깃은 과거에 특정 웹사이트를 방문하거나 구매한 적이 있는 고객을 대상으로 하여 광고를 다시 노출하는 방식이다. 이를 통해 사용자가 다시 사이트를 방문하거나 구매를 유도할 수 있다.

11 다음 중 전환 이벤트를 메타 픽셀로 검토함으로써 업체가 얻는 이점은 무엇인가?

① 광고 비용을 절감할 수 있다.
② 고객의 구매 패턴을 분석할 수 있다.
③ 브랜드 인지도를 높일 수 있다.
④ 콘텐츠 제작 시간을 단축할 수 있다.

해설 | 전환 이벤트 분석은 직접적으로 브랜드 인지도와 연결되지 않는다.

12 B 브랜드가 한 캠페인에서 15초 동영상을 사용 중이다. 캠페인 종료 시점까지 동영상 재생수를 최대화하려는 목표를 가지고 있다면 캠페인 성과 여부 평가에 사용해야 할 측정 지표는 무엇인가?

① 클릭률(CTR)
② 동영상 재생 완료율
③ 도달 수
④ 전환율

해설 | 동영상 재생 완료율은 동영상이 얼마나 많은 사람이 끝까지 시청했는지를 보여주는 지표로 동영상 재생수를 최대화하려는 목표와 직접적으로 연결된다.

13 페이스북 앱에서 성공적인 브랜드 캠페인을 계획할 때 첫 단계는 무엇인가?

① 캠페인 예산을 설정한다.
② 캠페인 목표를 정의한다.
③ 타깃 오디언스를 선정한다.
④ 콘텐츠 제작을 시작한다.

해설 | 페이스북 앱에서 성공적인 브랜드 캠페인을 계획할 때 첫 단계는 캠페인 목표를 정의하는 것이다. 목표가 명확해야 그에 맞는 전략, 타깃 오디언스, 콘텐츠 및 예산을 효과적으로 설정할 수 있기 때문이다. 목표 설정은 캠페인의 방향성과 성공 여부를 결정짓는 중요한 첫걸음이다.

14 한 업체가 온라인에서 제품을 판매하고자 할 때 동영상과 제품을 모두 표시하는 광고 형태는 무엇인가?

① 슬라이드쇼 광고
② 동영상 광고
③ 카탈로그 광고
④ 쇼핑 광고

해설 | 따라서 한 업체가 온라인에서 제품을 판매하고자 할 때 동영상과 제품을 모두 표시하는 광고 형태는 쇼핑 광고이다.

15 메타에서 유사 타깃을 생성할 때 권장되는 소스 타깃의 최소 규모는 얼마인가요?

① 50명 　　　 ② 100명
③ 500명 　　　 ④ 1,000명

해설 | 메타에서 유사 타깃을 생성하기 위해서는 소스 타깃의 최소 규모가 500명 이상이어야 한다. 이 수치는 메타가 유사한 특성을 가진 새로운 타깃을 효과적으로 찾기 위해 필요한 최소한의 데이터이다.

16 캠페인의 노출 위치별로 광고 소재를 개인화하는 데 사용할 수 있는 도구는 무엇인가?

① 동적 광고
② 광고 세트
③ 크리에이티브 테스트
④ 광고 관리 도구

해설 | 동적 광고는 사용자의 행동 및 관심사에 따라 자동으로 광고 소재를 개인화하여 노출할 수 있는 도구다. 이를 통해 다양한 노출 위치에 맞춘 최적화된 광고를 제공할 수 있다.

17 다음 중 메타의 앱 캠페인에서 앱 이벤트를 설정할 때 옳은 설명은?

① 앱 이벤트는 사용자가 앱을 설치한 후에만 발생할 수 있다.
② 앱 이벤트는 특정 행동을 추적하여 광고 성과를 최적화하는 데 사용된다.
③ 앱 이벤트는 메타의 광고 플랫폼에서만 사용할 수 있다.
④ 앱 이벤트는 사용자가 앱을 삭제할 때만 기록된다.

해설 | 앱 이벤트는 특정 행동을 추적하여 광고 성과를 최적화하는 데 사용된다. 앱 이벤트는 사용자가 앱을 설치한 후 뿐만 아니라, 앱 내에서 발생하는 다양한 행동(예: 구매, 회원 가입 등)을 추적할 수 있다. 또한, 앱 이벤트는 사용자의 행동을 추적하여 광고 캠페인의 성과를 분석하고 최적화하는 데 중요한 역할을 한다.

18 다음 중 Meta Business Suite에 대한 설명으로 옳은 것은?

① Meta Business Suite는 광고 캠페인만 관리할 수 있는 도구이다.
② Meta Business Suite는 여러 소셜미디어 플랫폼을 통합하여 관리할 수 있는 기능을 제공한다.
③ Meta Business Suite는 개인 사용자만 이용할 수 있는 서비스이다.
④ Meta Business Suite는 오프라인 매장 관리를 전담하는 도구이다.

해설 | Meta Business Suite는 페이스북과 인스타그램 등 여러 소셜미디어 플랫폼을 통합하여 관리할 수 있는 기능을 제공하여 사용자가 효율적으로 소셜미디어 활동을 관리할 수 있도록 돕는다.

정답　09 ④　10 ①　11 ②　12 ②　13 ②　14 ④　15 ③　16 ①　17 ②　18 ②

19 다음 중 메타에서 사용되는 이미지 광고의 크리에이티브 전략으로 적합한 것은?

① 긴 텍스트 설명을 포함하여 상세한 정보를 제공한다.

② 제품이나 브랜드의 감정적 연결을 강조하는 이미지를 사용한다.

③ 단순한 로고만을 사용하여 브랜드 인지도를 높인다.

④ 다양한 색상을 사용하여 시각적으로 혼잡한 이미지를 만든다.

해설 | 제품이나 브랜드의 감정적 연결을 강조하는 이미지는 소비자와의 관계를 강화하고, 브랜드의 메시지를 효과적으로 전달하는 데 도움이 된다.

20 다음 중 메타의 앱 캠페인에서 앱 이벤트를 측정하기 위해 선택할 수 있는 측정 솔루션이 아닌 것은?

① Facebook SDK

② 앱 이벤트 API

③ 메타 픽셀

④ Facebook Analytics

해설 | 메타 픽셀은 웹사이트의 이벤트를 측정하기 위한 도구로, 앱 이벤트 측정에는 사용되지 않는다.

유튜브

1. 개요

유튜브는 2005년 2월 스티브 첸, 채드 헐리, 그리고 조드 카림에 의해 설립되었다. 초기에는 사용자가 동영상을 쉽게 업로드하고 공유할 수 있는 플랫폼으로 시작했다. 현재 유튜브는 전 세계에서 가장 큰 동영상 플랫폼으로 자리 잡았으며, 크리에이터와 사용자 간의 다양한 상호작용과 콘텐츠 제작이 활발하게 이루어지고 있다. 2023년 기준으로 전 세계 유튜브 이용자 수는 약 20억 명 이상이며, 유튜브는 전 세계에서 가장 많은 사용자를 보유한 동영상 공유 플랫폼으로 다양한 콘텐츠와 사용자 참여를 통해 지속적으로 성장하고 있다.

2. 유튜브 채널 운영

(1) 채널 개설 방법

① **구글 계정 만들기** : 유튜브를 사용하기 위해서는 구글 계정이 필요하다. 이미 계정이 있다면 이 단계를 건너뛸 수 있다.

② **유튜브 접속** : 웹 브라우저나 모바일 앱에서 유튜브에 접속한다.

③ **로그인** : 오른쪽 상단의 '로그인' 버튼을 클릭하여 구글 계정으로 로그인한다.

④ **채널 만들기** : 로그인 후 오른쪽 상단의 프로필 아이콘을 클릭하고, '내 채널'을 선택한다. '채널 만들기'를 클릭하고 채널 이름을 입력한다.

⑤ **채널 설정** : 채널 아트, 프로필 사진, 설명 등을 추가하여 채널을 꾸민다.

⑥ **커스터 마이즈** : '채널 맞춤 설정'에서 채널의 기본 정보, 레이아웃, 브랜드 설정 등을 조정할 수 있다.

(2) 채널 관리

① **동영상 등록**

  ㉠ 동영상 업로드

    • 동영상 파일 선택 : 동영상을 업로드하려면 먼저 업로드할 파일을 선택해야 한다. 유튜브에서는 대부분의 비디오 파일 형식을 지원한다(**예** MP4, AVI, MOV).

O X 퀴즈

유튜브에서 구독자는 채널의 인기도를 측정하는 중요한 지표이다.

O X

정답 O

해설 구독자는 채널의 콘텐츠에 대한 관심을 나타내며, 구독자가 많을수록 채널의 인기도와 영향력이 커지기 때문에 중요한 지표로 여겨진다.

빈 칸 채우기

유튜브 추천 영상에 노출되는 것에 그치지 않고 ( )을/를 유도해 시청이 이루어지게 하기 위해서는 썸네일과 제목 등을 잘 만드는 것이 중요하다.

정답 클릭

- 파일 업로드 : 동영상을 유튜브에 업로드하려면 유튜브의 오른쪽 상단에 있는 업로드 버튼(카메라 아이콘에 '플러스' 표시)을 클릭하고, 업로드할 동영상 파일을 선택하여 업로드를 시작한다.

ⓒ 동영상 정보 입력

- 제목 : 동영상의 제목은 매우 중요하다. 제목은 시청자가 관심을 가질 수 있도록 간결하고 매력적으로 작성해야 하며, 검색 최적화를 위해 중요한 키워드를 포함하는 것이 좋다.
- 설명 : 동영상에 대한 자세한 설명을 작성한다. 설명란에는 동영상의 내용 요약, 관련 링크, 소셜미디어 계정 등을 추가할 수 있다.
- 태그 : 동영상에 관련된 태그를 추가하여 유튜브가 해당 콘텐츠를 더 잘 인식하고 검색 결과에서 노출할 수 있도록 한다. 예를 들어, 특정 주제나 키워드를 포함하는 태그를 사용한다.

ⓒ 썸네일 설정 : 썸네일은 동영상의 첫인상이다. 유튜브는 자동으로 썸네일을 생성하지만, 직접 맞춤형 썸네일을 만들어 업로드하는 것이 더 효과적이다. 썸네일은 시청자의 관심을 끌 수 있도록 디자인해야 하며, 이미지 크기나 해상도에도 신경을 써야 한다.

ⓔ 재생목록 설정 : 업로드한 동영상을 재생목록에 추가할 수 있다. 재생목록은 관련된 동영상들을 그룹화하여 시청자가 연속적으로 동영상을 볼 수 있도록 돕는다.

ⓜ 시청 대상 설정

- 연령 제한 설정 : 동영상이 특정 연령대에만 적합한 경우 연령 제한을 설정할 수 있다. 유튜브는 사용자의 연령을 기준으로 적합한 콘텐츠만 보여주도록 제한할 수 있다.
- 어린이 대상 여부 설정 : 동영상이 어린이들을 대상으로 하는 콘텐츠인지 설정할 수 있다. 이 설정에 따라 동영상의 노출 방식이 달라진다.

ⓗ 고급 설정

- 수익 창출 : 유튜브 파트너 프로그램에 가입한 후에는 동영상에 광고를 표시하여 수익을 창출할 수 있다. 이 옵션을 설정하면 광고 수익을 얻을 수 있다.
- 저작권 설정 : 자신의 동영상에 대해 저작권 정보를 설정하고, 타인의 콘텐츠를 사용했다면 관련된 저작권 정보를 제공해야 한다.

ⓢ 공개 범위 설정

- 공개 : 모든 사람이 동영상을 볼 수 있도록 설정하는 옵션이다.
- 비공개 : 초대된 사용자만 동영상을 볼 수 있도록 설정하는 옵션이다.
- 비밀번호 보호 : 링크를 가진 사람만 동영상을 볼 수 있도록 설정하는 옵션이다.

- 예약 공개 : 동영상을 원하는 날짜와 시간에 자동으로 공개되도록 설정할 수 있다.
◎ 동영상 업로드 후 관리
  - 댓글 관리 : 동영상을 업로드한 후, 시청자들이 남긴 댓글에 반응하고 관리할 수 있다. 부적절한 댓글을 필터링하거나 신고할 수 있는 기능도 제공한다.
  - 분석 및 피드백 : 동영상이 업로드된 후에는 유튜브의 분석 도구를 통해 동영상의 성과를 추적할 수 있다. 조회수, 댓글, 좋아요/싫어요 수 등 다양한 지표를 확인하고, 향후 동영상 전략에 반영한다.

② 동영상 썸네일을 등록
  ㉠ 유튜브 스튜디오 접속 : 웹 브라우저에서 유튜브에 로그인한 후, 오른쪽 상단의 프로필 아이콘을 클릭하고 '유튜브 스튜디오'를 선택한다.
  ㉡ 영상 선택 : 왼쪽 메뉴에서 '콘텐츠'를 클릭하여 업로드한 동영상 목록을 확인한다. 썸네일을 등록할 동영상을 선택한다.
  ㉢ 썸네일 설정 : 선택한 동영상의 상세 페이지로 이동하면, '썸네일' 섹션이 있다. 여기에 기본적으로 제공되는 썸네일 중 하나를 선택하거나 '사용자 정의 썸네일 업로드' 버튼을 클릭하여 직접 만든 썸네일 이미지를 업로드할 수 있다.
  ㉣ 썸네일 이미지 준비 : 썸네일 이미지는 다음과 같은 권장 사항을 따르는 것이 좋다.
    - 해상도 : 1280×720 픽셀
    - 파일 형식 : JPG, GIF, BMP 또는 PNG
    - 크기 : 2MB 이하
  ㉤ 변경사항 저장 : 썸네일을 선택하거나 업로드한 후, 페이지 오른쪽 상단의 '저장' 버튼을 클릭하여 변경 사항을 저장한다.
  ㉥ 미리보기 확인 : 썸네일이 제대로 적용되었는지 확인하기 위해 동영상 페이지로 돌아가서 썸네일을 미리 본다.

(3) 유튜브 영상 목록 유형

① 인기 급상승 동영상
  ㉠ 실시간으로 업데이트 : 유튜브 알고리즘이 조회 수, 좋아요 수, 댓글 수, 공유 수 등을 분석하여 정기적으로 갱신한다.
  ㉡ 다양한 주제 포함 : 음악, 게임, 뉴스, 엔터테인먼트, 스포츠, 브이로그 등 인기 있는 모든 카테고리 포함한다.
  ㉢ 국가별 맞춤 추천 : 사용자의 지역에 따라 인기 있는 영상이 다르게 표시한다(예 한국에서는 한국 인기 영상이 보이고, 미국에서는 미국 인기 영상이 보임).

🔍 **키워드 정리**

유튜브 스튜디오
유튜브 스튜디오는 유튜브 콘텐츠 제작자들이 자신의 채널을 관리하고 분석할 수 있는 플랫폼이다. 이 도구를 통해 사용자는 동영상 업로드, 편집, 통계 확인, 댓글 관리, 수익 창출 설정 등을 할 수 있다.

🔍 **키워드 정리**

썸네일(thumbnail)
주로 디지털 콘텐츠에서 사용되는 작은 이미지 또는 미리보기 이미지를 의미한다. 썸네일은 전체 콘텐츠의 내용을 간략하게 나타내며, 사용자가 클릭하거나 선택할 수 있도록 유도하는 역할을 한다.

🔍 **키워드 정리**

브이로그(Vlog)
브이로그는 '비디오 블로그'의 줄임말로, 개인의 일상이나 특정 주제를 비디오 형식으로 기록하고 공유하는 콘텐츠이다. 브이로그는 주로 유튜브와 같은 비디오 플랫폼에서 인기를 끌고 있으며, 개인의 삶, 여행, 취미, 요리, 운동 등 다양한 주제를 다룬다.

ⓔ 일반적인 인기 영상과 다름 : '조회수가 높은 영상'과는 다르게 짧은 시간 내 급격히 인기가 오른 영상이 포함된다. 단순히 오래된 인기 영상이 아니라 최근 올라온 영상이 주로 선정한다.

ⓜ 구독자 1,000명 이상의 채널을 기준으로 동영상 조회수 증가 속도, 조회수 증가율, 구독자 증가율, 동영상 업로드 기간, 해당 동영상을 같은 채널에 최근 업로드한 다른 동영상과 비교한 결과 등을 고려한다.

② 추천 영상

ⓐ 알고리즘 기반 : 유튜브는 사용자의 시청 기록, 검색 이력, 구독한 채널 등을 분석하여 개인 맞춤형 추천 동영상을 제공한다.

ⓑ 영상 시청 후 추천 : 특정 동영상을 시청한 후, 오른쪽 사이드바에 관련 동영상이 추천된다. 이는 해당 동영상과 유사한 주제나 형식의 콘텐츠를 제안한다.

ⓒ 알림 설정 : 구독한 채널의 알림을 설정하면 새로운 영상이 올라왔을 때 알림을 받을 수 있어 추천 동영상을 놓치지 않을 수 있다.

(4) 인플루언서 마케팅 활용

① 유튜브 인플루언서 마케팅

ⓐ 인플루언서 선정 : 브랜드의 타깃 오디언스와 잘 맞는 인플루언서를 선택한다. 구독자 수, 조회수, 참여율(Engagement Rate) 등을 고려해야 한다.

ⓑ 브랜드 협업 : 인플루언서와 협력하여 브랜드 메시지를 자연스럽게 녹여낸 콘텐츠를 제작한다. 제품 리뷰, 언박싱, 튜토리얼 등이 일반적이다.

ⓒ 캠페인 목표 설정 : 캠페인의 목표를 명확히 설정한다. 브랜드 인지도 증가, 판매 촉진, 특정 제품 홍보 등 목표에 따라 전략을 수립한다.

ⓓ 콘텐츠 형식 다양화 : 인플루언서가 제공하는 다양한 콘텐츠 형식을 활용한다. 라이브 스트리밍, Q & A, 챌린지 등 다양한 형식을 통해 소비자와의 소통을 강화할 수 있다.

ⓔ 소셜미디어 연계 : 유튜브 외의 플랫폼(인스타그램, X 등)과 연계하여 캠페인을 확장한다. 인플루언서의 다른 소셜미디어에도 브랜드 메시지를 공유하게 할 수 있다.

ⓕ 성과 분석 : 캠페인 후 성과를 분석한다. 조회수, 클릭률, 판매 증가 등을 통해 캠페인의 효과성을 평가하고, 향후 전략에 반영한다.

ⓖ 장기적 관계 구축 : 인플루언서와의 장기적인 관계를 구축하여 지속적으로 협업할 수 있는 기회를 만든다.

🔍 **키워드 정리**

인플루언서(Influencer)
인플루언서는 특정 분야에서 영향력을 가진 사람을 의미한다. 주로 소셜미디어 플랫폼에서 활동하며, 자신의 의견이나 경험을 통해 팔로워들에게 영향을 미치는 역할을 한다.

○⊗ **퀴즈**

인플루언서 마케팅은 브랜드의 신뢰도를 높이는 데 도움이 된다. ○ ✕

정답 ○

해설 인플루언서는 자신의 팔로워와 신뢰 관계를 형성하고 있기 때문에 그들이 추천하는 제품이나 서비스는 소비자에게 더 신뢰받게 된다. 따라서 브랜드 신뢰도를 높이는 데 기여할 수 있다.

빈 칸 **채우기**

언박싱 영상에서는 제품의 (   )와/과 포장 상태를 자세히 보여준다.

정답 디자인

참여율(Engagement Rate)과 이탈률(Churn Rate)
• 참여율
 −소셜미디어 콘텐츠의 효과를 측정하는 데 사용한다. 팔로워나 전체 노출 수 대비 콘텐츠에 반응(좋아요, 댓글, 공유 등)한 비율을 나타내는 지표로, 콘텐츠의 매력도와 사용자 참여도를 평가한다.
 −참여율 공식 : 참여율=(참여 수/총 팔로워 수)×100%
 −예를 들어 특정 게시물이 10,000명의 팔로워에게 도달했고, 그중 500명이 좋아요나 댓글, 공유를 했다면 참여율은 (500/10,000)×100%=5%이다.
• 이탈률
 −특정 기간 동안 서비스나 상품을 이용하던 고객 중 이탈한 고객의 비율을 나타낸다. 고객 이탈률은 기업이 고객 유지와 만족도를 평가하고 개선할 수 있는 중요한 지표이다.
 −이탈률 공식 : 이탈률=(이탈 고객 수/총 고객 수)×100%
 −예를 들어 한 달 동안 1,000명의 고객이 있었고 그중 50명이 서비스를 중단했다면, 이탈률은 (50/1,000)×100%=5%이다.

② 협업 방식 선택
 ㉠ PPL(Product Placement, 간접광고) : 유튜버가 자연스럽게 콘텐츠 내에서 제품을 사용하거나 언급하는 방식
  예 뷰티 유튜버가 화장품을 바르면서 "이 제품 요즘 자주 쓰는데 좋아요!"
 ㉡ 리뷰 & 체험 영상 : 유튜버가 직접 제품을 사용해 보고 장점과 단점을 솔직하게 리뷰
  예 IT 유튜버가 최신 스마트폰을 리뷰
 ㉢ 브랜드 협찬 영상(스폰서 콘텐츠) : 브랜드가 비용을 지급하고 특정 제품이나 서비스를 중심으로 영상 제작
  예 여행 유튜버가 호텔과 협업하여 숙소 체험 브이로그(Vlog) 제작
 ㉣ 챌린지 & 이벤트 : 유튜버가 브랜드와 협업하여 챌린지를 진행하고, 참여를 유도하는 방식
  예 특정 해시태그와 함께 제품 사용 영상을 올리면 경품 제공
 ㉤ 콜라보레이션(공동 제작) : 브랜드가 유튜버와 함께 직접 콘텐츠를 제작
  예 패션 브랜드가 유튜버와 협업하여 한정판 제품 출시

③ 마케팅 효과 극대화 전략
 ㉠ 인플루언서의 콘텐츠 스타일 존중 : 브랜드 메시지를 강조하되 유튜버의 자연스러운 콘텐츠 스타일을 유지하도록 지원한다.
 ㉡ 프로모션 코드 & 링크 활용 : 특정 할인 코드나 구매 링크를 제공하여 성과 추적 가능
  예 "코드 'YOUTUBE10'을 입력하면 10% 할인!"

ⓒ SNS & 광고와 연계 : 유튜브 영상이 업로드된 후 인스타그램, 틱톡, 블로그 등과 연계하여 홍보한다.

ⓔ 장기적인 관계 형성 : 단발성 광고보다는 지속적인 협업을 통해 신뢰도를 높이는 것이 중요하다.

ⓜ 성과 분석 및 최적화 : 조회 수, 댓글, 클릭률, 전환율(구매율) 등을 분석하고 개선 전략 도출한다.

(5) 유튜브를 통한 수익화

① 유튜브 파트너 프로그램(YPP) 참여 요건

ㄱ 구독자 수 : 채널의 구독자가 최소 1,000명 이상이어야 한다.

ㄴ 시청 시간 : 지난 12개월 동안 채널의 총 시청 시간이 4,000시간 이상이어야 한다.

ㄷ 유튜브 정책 준수 : 유튜브의 커뮤니티 가이드라인 및 저작권 정책을 준수해야 한다.

ㄹ 구글 애드센스 계정 : 광고 수익을 받을 수 있는 구글 애드센스 계정을 등록해야 한다.

ㅁ 2단계 인증 : 유튜브 계정에 2단계 인증을 설정해야 한다.

② 유튜브 파트너 프로그램(YPP)에서 수익을 창출하는 방법

ㄱ 광고 수익

- 디스플레이 광고 : 동영상 옆에 표시되는 광고로, 클릭 수에 따라 수익이 발생한다.
- 비디오 광고 : 동영상 시작 전, 중간 또는 끝에 나타나는 광고이다. 스킵할 수 있는 광고와 스킵할 수 없는 광고가 있다.
- 오버레이 광고 : 동영상 하단에 나타나는 반투명 광고로, 시청자가 클릭할 수 있다.

ㄴ 슈퍼챗(Super Chat) 및 슈퍼 스티커(Super Sticker) : 라이브 스트리밍 중 시청자가 자신의 메시지를 강조하기 위해 돈을 지불하는 기능이다. 이를 통해 실시간으로 팬들과 소통하며 수익을 얻을 수 있다.

ㄷ 슈퍼땡스(Super Thanks)는 콘텐츠 제작자에게 직접적인 후원 방법 중 하나로, 시청자가 동영상에 감사의 표시로 금액을 지불할 수 있는 기능이다.

ㄹ 채널 멤버십 : 구독자가 월정액으로 채널을 후원하여 특별한 혜택을 받을 수 있는 기능이다. 후원자는 전용 콘텐츠, 이모지, 배지 등을 받을 수 있다.

ㅁ 상품 판매 : 자신의 브랜드 상품이나 굿즈를 판매할 수 있다. 유튜브는 채널에서 직접 상품을 홍보하고 판매할 수 있는 기능을 제공한다.

ⓑ 제휴 마케팅 : 특정 제품이나 서비스에 대한 링크를 제공하고, 이를 통해 발생하는 판매에 대한 커미션을 받을 수 있다. 동영상 설명란이나 댓글에 링크를 추가하여 홍보한다.

ⓢ 스폰서십 : 브랜드와 협력하여 스폰서 콘텐츠를 제작할 수 있다. 브랜드 제품을 리뷰하거나 홍보하는 방식으로 수익을 창출한다.

(6) 유튜브 가이드라인

① 유튜브 외부 링크 가이드

㉠ 외부 링크의 종류
- 채널 링크 : 다른 유튜브 채널로 연결되는 링크
- 웹사이트 링크 : 개인 블로그, 공식 웹사이트 등으로 연결되는 링크
- 소셜미디어 링크 : 페이스북, 인스타그램 등 다른 소셜미디어 플랫폼으로 연결되는 링크

㉡ 정책 준수
- 저작권 및 커뮤니티 가이드라인 : 외부 링크는 유튜브의 저작권 및 커뮤니티 가이드라인을 준수해야 한다. 불법적인 콘텐츠나 스팸 링크는 금지된다.
- 안전한 링크 : 링크가 안전하고 신뢰할 수 있는 사이트로 연결되어야 하며, 악성 소프트웨어나 피싱 사이트로 이어지지 않아야 한다.

② 유튜브 외부 링크 가이드 중 게시할 수 없는 콘텐츠

㉠ 스팸 및 사기 : 사용자에게 사기를 치거나 불법적인 혜택을 제공하는 사이트로 연결되는 링크는 금지한다.

㉡ 악성 소프트웨어 : 바이러스, 맬웨어, 스파이웨어 등 해로운 소프트웨어를 포함하는 사이트로 연결되는 링크는 허용하지 않는다.

㉢ 저작권 침해 콘텐츠 : 저작권이 보호된 자료를 무단으로 사용하거나 배포하는 사이트로의 링크는 금지한다.

㉣ 음란물 및 성적 콘텐츠 : 성적인 콘텐츠나 음란물을 포함하는 사이트로의 링크는 허용하지 않는다.

㉤ 폭력적이거나 혐오스러운 콘텐츠 : 폭력적이거나 증오를 조장하는 내용, 차별적인 콘텐츠가 포함된 사이트로의 링크는 금지한다.

㉥ 불법적인 활동 : 불법적인 활동을 조장하거나 지원하는 사이트로의 링크는 허용하지 않는다.

㉦ 허위 정보 : 사실이 아닌 정보를 유포하거나 허위 주장을 하는 사이트로의 링크는 금지한다.

③ 유튜브의 딥페이크 정책

㉠ 딥페이크 : AI 기술을 사용하여 사람의 얼굴이나 음성을 조작하여 실제로 존재하지 않는 장면을 만들어내는 콘텐츠를 의미한다.

슈퍼 스티커(Super Sticker)
슈퍼 스티커는 유튜브의 실시간 스트리밍 및 채팅 기능에서 사용되는 유료 기능으로 시청자가 스트리머에게 보내는 다양한 스티커를 통해 감정이나 메시지를 표현할 수 있는 서비스이다. 슈퍼 스티커는 일반적인 채팅 메시지와는 달리 시각적으로 매력적인 그래픽 형태로 제공되며, 시청자가 자신의 지원을 나타내거나 스트리머와의 상호작용을 강화하는 데 사용한다.

슈퍼땡스(Super Thanks)
슈퍼땡스는 유튜브에서 제공하는 유료 기능으로 시청자가 콘텐츠 제작자에게 감사를 표현할 수 있는 방법이다.

▶ YouTube
Super Thanks!

키워드 정리

맬웨어(Malware)
맬웨어는 '악성 소프트웨어'를 의미하는 용어로 컴퓨터 시스템이나 네트워크에 해를 끼치거나 불법적으로 접근하기 위해 설계된 소프트웨어를 말한다.

스파이웨어(Spyware)
스파이웨어는 사용자의 동의 없이 정보를 수집하고, 이를 외부로 전송하는 악성 소프트웨어의 일종이다.

빈 칸 채우기
스파이웨어는 주로 (   )을/를 통해 사용자에게 감염된다.
정답 이메일 첨부파일

ⓛ 허용되는 콘텐츠 : 딥페이크 기술이 예술적이거나 교육적인 목적으로 사용되는 경우, 명확하게 그 목적을 전달하고 사용자에게 혼동을 주지 않는다면 허용할 수 있다.

ⓒ 금지되는 콘텐츠

• 사기 및 오해의 소지 : 딥페이크를 사용하여 사람이나 기관을 속이거나 잘못된 정보를 퍼뜨리는 콘텐츠는 금지한다. 이는 정치적 선거, 재정적 사기, 또는 개인의 평판을 훼손하는 경우를 포함한다.

• 불법적인 활동 : 딥페이크를 사용하여 불법적인 행위를 조장하거나 지원하는 콘텐츠는 허용되지 않는다.

• 폭력적 또는 혐오 발언 : 폭력적이거나 증오를 조장하는 내용을 포함한 딥페이크 콘텐츠는 금지한다.

ⓓ 정책 위반 시 조치

• 딥페이크 콘텐츠가 정책을 위반하는 경우 해당 동영상은 삭제되거나 채널에 대한 제재가 가해질 수 있다. 심각한 위반의 경우 채널이 정지될 수도 있다.

• 유튜브는 모든 콘텐츠가 커뮤니티 가이드라인을 준수해야 하며, 딥페이크 콘텐츠도 이러한 가이드라인의 적용을 받는다.

④ 유튜브 스튜디오를 통한 관리

㉠ 콘텐츠 관리

• 동영상 업로드 : 새로운 동영상을 쉽게 업로드하고 제목, 설명, 태그, 썸네일 등을 설정할 수 있다.

• 편집 기능 : 기존 동영상의 제목, 설명, 태그, 썸네일, 공개 설정 등을 수정할 수 있다.

• 라이브 방송 : 라이브 스트리밍을 계획하고 관리할 수 있다.

㉡ 댓글 관리

• 댓글 확인 및 응답 : 시청자들의 댓글을 확인하고, 답변하거나 삭제할 수 있다.

• 신고 기능 : 부적절한 댓글을 신고하거나 차단할 수 있는 기능이 있다.

㉢ 커뮤니티 기능

• 소통 강화 : 커뮤니티 탭을 통해 팬들과 소통하고, 투표나 질문을 통해 피드백을 받을 수 있다.

• 게시물 작성 : 이미지, 텍스트, 링크 등을 공유하여 팬들과의 상호작용을 높일 수 있다.

㉣ 수익화 관리

• 광고 설정 : 광고 수익을 설정하고, 수익화 옵션(슈퍼챗, 채널 멤버십 등)을 관리할 수 있다.

• 수익 보고서 : 수익 발생 현황을 확인하고, 어떤 콘텐츠가 가장 많은 수익을 올리는지 분석할 수 있다.

3. 유튜브 광고 시작하기

(1) 유튜브 광고

① 구글 애즈(Google Ads) : 구글이 제공하는 온라인 광고 플랫폼으로, 기업이나 개인이 광고를 생성하고 관리하여 고객에게 도달할 수 있도록 돕는 서비스이다.

　㉠ 광고 유형
　　• 검색 광고 : 구글 검색 결과 페이지에 나타나는 텍스트 광고로 특정 키워드에 따라 노출된다.
　　• 디스플레이 광고 : 웹사이트, 앱 등 다양한 플랫폼에 배너 형태로 나타나는 광고이다.
　　• 비디오 광고 : 유튜브 및 기타 비디오 플랫폼에 삽입되는 광고로 동영상 형식으로 제공된다.
　　• 쇼핑 광고 : 제품 정보를 포함하여 쇼핑 검색 결과에 나타나는 광고이다.
　　• 앱 광고 : 모바일 앱 설치를 유도하는 광고로 구글의 다양한 플랫폼에 노출된다.

　㉡ 타기팅 기능
　　• 키워드 타기팅 : 사용자가 검색하는 특정 키워드에 맞춰 광고를 노출한다.
　　• 위치 타기팅 : 특정 지역을 대상으로 광고를 제공한다.
　　• 연령, 성별, 관심사 타기팅 : 사용자 인구통계 정보를 기반으로 광고를 맞춤 설정할 수 있다.

　㉢ 비용 구조
　　• CPC(클릭당 비용) : 광고가 클릭될 때마다 비용을 지불하는 방식
　　• CPM(노출당 비용) : 광고가 1,000번 노출될 때마다 비용을 지불하는 방식
　　• CPA(행동당 비용) : 사용자가 특정 행동(예 구매, 가입)을 취할 때만 비용을 지불하는 방식

　㉣ 성과 분석(보고서 및 분석) : 광고 캠페인의 성과를 실시간으로 분석할 수 있는 도구를 제공한다. 클릭 수, 전환율, ROI 등을 확인할 수 있다.

　㉤ 예산 설정
　　• 일일 예산 : 광고 예산을 설정하여 하루에 지출할 금액을 관리할 수 있다.

🔍 **키워드 정리**

ROI
ROI(투자 수익률, Return On Investment)는 투자에 대한 수익성을 평가하는 지표이다. ROI는 특정 투자로부터 얻은 이익을 그 투자에 소요된 비용으로 나누어 계산한다. 일반적으로 ROI는 백분율로 표현한다. ROI를 계산하는 공식은 다음과 같다.

$$ROI = \frac{최종가치 - 초기투자비용}{초기투자비용} \times 100$$

빈 칸 채우기
높은 ROI는 투자에 대한 (　　)이 높다는 것을 의미한다.
정답 수익

• 비용 관리 : 광고 성과에 따라 예산을 조정하여 효율적인 캠페인을 운영할 수 있다.

② **구글 애즈 광고를 효과적으로 운영**

ㄱ 목표 설정 : 광고 캠페인의 목표를 명확히 설정한다. 예를 들어 브랜드 인지도를 높이거나, 웹사이트 트래픽을 증가시키거나 판매를 촉진하는 등의 구체적인 목표를 세운다.

ㄴ 타기팅 최적화

• 정확한 키워드 선정 : 목표 고객이 검색할 가능성이 높은 키워드를 조사하고 선택하고, 키워드 도구를 활용하여 검색량과 경쟁 정도를 분석한다.

• 인구통계 및 관심사 타기팅 : 연령, 성별, 지역, 관심사 등을 기반으로 타기팅을 설정하여 광고의 노출 대상을 세분화한다.

ㄷ 광고 카피 및 디자인

• 매력적인 광고 문구 : 클릭을 유도할 수 있는 강력하고 매력적인 광고 문구를 작성한다. 가치 제안과 CTA(행동 유도 문구)를 명확히 전달한다.

• 비주얼 요소 최적화 : 디스플레이 광고의 경우 시선을 끌 수 있는 디자인과 이미지를 사용하여 클릭을 유도한다.

ㄹ 랜딩 페이지 최적화

• 관련성 있는 랜딩 페이지 : 광고 클릭 후 이동하는 랜딩 페이지가 광고 내용과 일치하고, 사용자가 원하는 정보를 쉽게 찾을 수 있도록 설계한다.

• 모바일 최적화 : 랜딩 페이지가 모바일 환경에서도 잘 작동하도록 최적화한다.

ㅁ 예산 관리

• 일일 및 총 예산 설정 : 광고 캠페인에 대한 일일 예산과 총 예산을 설정하여 비용을 관리한다.

• 성과 기반 예산 조정 : 광고 성과에 따라 예산을 조정하고, 효과적인 캠페인에 더 많은 자원을 할당한다.

ㅂ 성과 분석 및 개선

• 정기적인 성과 모니터링 : 클릭률(CTR), 전환율, ROI 등을 모니터링하여 캠페인의 성과를 분석한다.

• A/B 테스트 : 다양한 광고 문구, 디자인, 랜딩 페이지를 A/B 테스트하여 최적의 조합을 찾는다.

• 지속적인 개선 : 분석 결과를 바탕으로 광고 전략을 지속적으로 조정하고 개선한다.

(2) 동영상 광고의 일반적 구분

① 광고 게재 위치에 따른 구분

　㉠ 동영상 내 광고

　　• 프리롤 광고 : 동영상 시작 전에 재생되는 광고이다. 스킵 가능한 광고와 스킵 불가능한 광고로 나뉜다.

　　• 미드롤 광고 : 동영상 중간에 삽입되는 광고로 긴 동영상에서 주로 사용된다. 사용자가 동영상을 시청하는 도중에 광고가 나타난다.

　　• 포스트롤 광고 : 동영상 끝에 재생되는 광고이다. 시청이 끝난 후에 광고가 나타난다.

　㉡ 디스플레이 광고 : 유튜브 웹사이트의 오른쪽 사이드바에 표시되는 배너 광고이다. 일반적으로 컴퓨터에서만 노출된다.

　㉢ 오버레이 광고 : 동영상 하단에 반투명 형태로 표시되는 광고이다. 사용자가 클릭할 수 있으며, 동영상과 함께 나타난다.

　㉣ 쇼츠 광고 : 유튜브 쇼츠 콘텐츠 중간에 삽입되는 짧은 광고로 시청자가 쇼츠를 시청하는 동안 재생된다.

　㉤ 스폰서십 및 브랜드 통합 : 콘텐츠 제작자가 특정 브랜드와 협력하여 자연스럽게 광고를 포함하는 형태이다. 제품 리뷰나 브랜드 소개 형태로 나타나는 경우가 많다.

② 건너뛸 수 있는 인스트림 광고(트루뷰 인스트림 광고) : 건너뛸 수 있는 인스트림 광고, 즉 트루뷰 인스트림 광고(True View In-stream Ads)는 유튜브에서 가장 일반적인 광고 형태 중 하나이다.

　㉠ 광고 형식(스킵 가능한 광고) : 광고가 시작된 후 5초가 지나면 사용자가 광고를 스킵할 수 있는 기능이 제공된다. 광고는 일반적으로 15초에서 30초 정도의 길이이다.

　㉡ 위치

　　• 동영상 시작 전 : 주로 동영상 시작 전에 재생된다.

　　• 중간 광고 : 긴 동영상의 경우 중간에 삽입될 수도 있다.

　㉢ 비용 구조(CPCV ; Cost Per Completed View) : 광고주가 광고가 끝까지 시청되었을 때만 비용을 지불하는 방식이다. 즉, 사용자가 광고를 스킵하지 않고 끝까지 시청하면 광고주에게 비용이 청구된다.

　㉣ 타기팅 : 광고주는 인구통계학적 정보, 관심사, 사용자 행동 등을 바탕으로 특정 타깃층에 맞춰 광고를 설정할 수 있다.

　㉤ 효과적인 광고 전략

　　• 강력한 시작 : 광고의 처음 몇 초가 중요하다. 빠르게 관심을 끌어야 시청자가 광고를 끝까지 보도록 유도할 수 있다.

　　• 명확한 메시지 : 광고의 주제가 명확하고 간결해야 한다. 브랜드나 제품의 가치를 효과적으로 전달하는 것이 중요하다.

빈칸 채우기

프리롤 광고는 사용자가 광고를 (　　) 할 수 없는 경우가 많다.

정답 건너뛰기

🔍 키워드 정리

트루뷰 인스트림 광고(TrueView In-stream Ads)
트루뷰 인스트림 광고는 유튜브와 같은 비디오 플랫폼에서 사용되는 광고 형식 중 하나이다. 이 광고는 사용자가 비디오 콘텐츠를 시청하는 중간에 삽입되며, 특정 조건을 충족할 경우 사용자가 광고를 건너뛸 수 있는 기능을 제공하는 것이 특징이다.

빈칸 채우기

광고주는 트루뷰 인스트림 광고를 통해 (　　)을/를 높일 수 있다.

정답 전환율

🔍 키워드 정리

CPCV(Cost Per Completed View)
CPCV는 디지털 광고에서 사용되는 비용 모델 중 하나로, 광고주가 광고의 '완료된 시청'에 대해 지불하는 방식이다. 여기서 '완료된 시청'은 사용자가 광고를 처음부터 끝까지 시청했을 때를 의미한다.

〈표〉 건너뛸 수 있는 인스트림 광고의 장단점

장점	• 광고 예산 절감 효과 : 사용자가 5초만 보고 건너뛰면 비용이 청구되지 않는다. • 관심 있는 사용자 타기팅 : 광고를 끝까지 보는 사람은 브랜드에 관심이 있을 가능성이 높다. • 브랜드 인지도 & 전환율 향상 : 긴 형식의 광고도 가능하여 브랜드 스토리 전달에 효과적이다. • 유튜브 검색, 추천, 디스플레이 네트워크(GDN)에서도 활용 가능하다.
단점 (유의할 점)	• 첫 5초 안에 주목 끌기 → 5초 후 건너뛸 수 있기 때문에 강렬한 오프닝이 필수이다. • CTA(Call To Action) 적극 활용 → '자세히 보기', '지금 구매하기' 등 행동 유도 버튼을 삽입한다. • 핵심 메시지를 5~15초 내 전달 → 광고를 끝까지 안 봐도 브랜드를 기억할 수 있도록 구성한다. • A/B 테스트 진행 → 다양한 버전의 광고를 실험하여 최적의 광고 찾기이다.

③ 건너뛸 수 없는 인스트림 광고

　㉠ 비디오 광고(스킵 불가능한 광고) : 일반적으로 15초에서 20초 길이로, 동영상 시작 전에 재생된다. 사용자는 이 광고를 건너뛸 수 없다.

　㉡ 범퍼(Bumper) 광고 : 6초 길이의 짧고 강렬한 광고로, 스킵할 수 없는 형식이다. 주로 브랜드 인지도를 높이기 위해 사용된다. 예 "지금 바로 만나보세요!" 같은 짧고 강렬한 광고

　㉢ 중간 광고 : 긴 동영상에 삽입되는 중간 광고로, 스킵할 수 없는 형태로 제공될 수 있다. 이 경우 사용자가 동영상을 시청하는 중간에 광고가 나타낸다.

〈표〉 건너뛸 수 없는 인스트림 광고의 장단점

장점	• 100% 시청 보장 : 광고를 끝까지 봐야 하므로 브랜드 메시지 전달률이 높다. • 강한 브랜드 인지도 효과 : 짧은 시간 내 강렬한 인상을 남길 수 있다. • 유튜브 및 구글 디스플레이 네트워크(GDN)에서 노출 가능하다. • 모바일 & 데스크톱 모두 지원한다.
단점 (유의할 점)	• 15초 내 강한 메시지 전달 → 길이가 짧으므로 핵심을 빠르게 전달해야 한다. • 시각적 & 청각적 임팩트 강화 → 첫 3초 안에 주목을 끌어야 효과적이다. • 브랜드 로고 & CTA(Call To Action) 포함 → 브랜드를 기억하게 하고 행동을 유도해야 한다. • 광고 피로도를 고려 → 너무 자주 노출되면 부정적인 인식을 줄 수 있다.

④ 인피드 동영상 광고(트루뷰 디스커버리 광고) : 인피드 동영상 광고 또는 트루뷰 디스커버리 광고(True View Discovery Ads)는 유튜브 및 구글 디스플레이 네트워크에서 사용되는 광고 형식으로, 사용자가 자발적으로 클릭하여 시청하게 되는 광고이다.

ⓐ 광고 형식
- 비디오 썸네일 : 광고는 비디오 썸네일과 제목으로 구성되어 있으며, 사용자가 클릭하여 동영상을 시청할 수 있다.
- 노출 위치 : 유튜브 검색 결과 페이지, 동영상 추천 섹션 또는 유튜브 홈페이지의 관련 콘텐츠 섹션에 나타난다.

ⓑ 비용 구조(CPC ; Cost Per Click) : 광고주는 사용자가 광고를 클릭하여 동영상을 시청할 때만 비용을 지불한다. 이는 효율적인 비용 관리가 가능하다.

ⓒ 타기팅 : 광고주는 특정 키워드, 인구통계학적 정보, 관심사 등을 기반으로 타기팅하여 광고를 설정할 수 있다.

ⓓ 브랜드 인지도 및 참여 증대
- 자발적 클릭 : 사용자가 자발적으로 광고를 클릭하여 시청하므로 광고에 대한 관심이 높고 브랜드 인지도를 높이는 데 효과적이다.
- 스토리텔링 가능 : 광고주가 더 긴 형식의 동영상을 사용하여 브랜드 메시지를 전달할 수 있는 기회를 제공한다.

ⓔ 효과적인 광고 전략
- 매력적인 썸네일과 제목 : 클릭을 유도하기 위해 매력적이고 흥미로운 썸네일과 제목을 생성하는 것이 중요하다.
- 콘텐츠의 품질 : 광고의 내용이 흥미롭고 유익해야 시청자의 관심을 끌 수 있다.

⑤ 범퍼광고

ⓐ 길이 : 범퍼 광고는 최대 6초 길이로 매우 짧고 간결한 형식이다. 이 짧은 시간 안에 강력한 메시지를 전달해야 한다.

ⓑ 스킵 불가능 : 사용자가 광고를 건너뛸 수 없는 형식으로 광고가 시작되면 끝까지 시청해야 한다. 이는 브랜드 메시지를 확실히 전달할 수 있는 기회를 제공한다.

ⓒ 위치 : 범퍼 광고는 일반적으로 다른 동영상의 시작 전 또는 중간에 재생한다.

ⓓ 목적 : 짧은 시간에 강력한 메시지를 전달하여 브랜드 인지도를 높이는 데 효과적이다.

ⓔ 비용 구조(CPM ; Cost Per Thousand Impressions) : 광고주는 광고가 1,000번 노출될 때마다 비용을 지불하는 방식으로 운영한다.

ⓕ 효과적인 광고 전략
- 강한 메시지 : 6초라는 짧은 시간 안에 핵심 메시지를 전달해야 하므로, 간결하고 강력한 스토리나 슬로건이 필요하다.
- 비주얼 강조 : 시청자의 시선을 끌 수 있는 강력한 비주얼이나 사운드를 활용하는 것이 중요하다.

빈칸 채우기

광고주는 인피드 동영상 광고를 통해 (   )을/를 높이려 한다.

정답 참여도

🔍 키워드 정리

CPC(Cost Per Click)
CPC는 디지털 광고에서 사용되는 비용 모델 중 하나로, 광고주가 사용자가 광고를 클릭할 때마다 지불하는 비용을 의미한다.

🔍 키워드 정리

CPM(Cost Per Thousand Impressions)
CPM은 디지털 광고에서 사용되는 비용 모델 중 하나로, 광고주가 광고가 1,000회 노출될 때마다 지불하는 비용을 의미한다.

키워드 정리

아웃스트림 광고(Outstream Advertising)
아웃스트림 광고는 비디오 광고의 한 형태로 주로 웹사이트나 모바일 앱의 콘텐츠와 함께 자동으로 재생되는 광고이다.

빈 칸 채우기

아웃스트림 광고는 사용자가 스크롤할 때 (   )할 수 있도록 설계되어 있다.

정답 자동 재생

⑥ 아웃스트림 광고

㉠ 형식 : 아웃스트림 광고는 비디오 형식의 광고로 사용자가 동영상을 클릭하지 않더라도 자동으로 재생할 수 있다.

㉡ 위치 : 아웃스트림 광고는 유튜브 외부의 웹사이트나 모바일 앱 내에서 재생되며, 이러한 광고는 일반적인 콘텐츠와 함께 표시된다.

㉢ 스킵 가능성 : 사용자가 광고를 클릭하거나 특정 행동을 취할 때까지 광고가 재생되며, 일부 형식에서는 사용자가 스킵할 수 있는 옵션이 제공된다.

㉣ 비용 구조(CPCV ; Cost Per Completed View) : 광고주는 사용자가 광고를 끝까지 시청했을 때만 비용을 지불하는 방식이다. 이는 광고주가 효과적인 광고 캠페인을 운영할 수 있도록 돕는다.

㉤ 타기팅 : 아웃스트림 광고는 인구통계학적 정보, 관심사, 사용자 행동 등을 기반으로 타기팅할 수 있어 특정 고객층에 맞춰 광고를 설정할 수 있다.

㉥ 목적 : 아웃스트림 광고는 브랜드 인지도를 높이고, 사용자 참여를 유도하는 데 효과적이다. 일반적인 콘텐츠와 함께 자연스럽게 통합될 수 있다.

〈표〉 건너뛸 수 있는 인스트림 광고와 건너뛸 수 없는 인스트림 광고의 특징을 비교

특징	건너뛸 수 있는 인스트림 광고	건너뛸 수 없는 인스트림 광고
최대 동영상 길이	30초 (일반적으로 15초에서 30초)	20초에서 30초 (일부 경우 60초까지 가능)
조회수 반영 여부	사용자 클릭 시 조회수 반영	광고 시작 시 자동으로 조회수 반영
공개 조회수 반영 여부	광고 조회수는 공개 조회수에 포함되지 않음	광고 조회수는 공개 조회수에 포함됨
리마케팅 가능 여부	가능	가능

※ 건너뛸 수 있는 인스트림 광고 : 사용자가 광고를 시작한 후 5초 후에 스킵할 수 있으며, 광고주가 클릭당 비용(CPCV)으로 비용을 지불한다. 사용자가 광고를 끝까지 시청했을 때만 비용이 발생한다.
건너뛸 수 없는 인스트림 광고 : 사용자가 광고를 건너뛸 수 없으며, 광고가 끝날 때까지 시청해야 한다. 광고주는 노출당 비용(CPM)으로 비용을 지불하며, 광고 조회수는 자동으로 반영한다.

〈표〉 인피드 광고, 범퍼 광고, 아웃스트림 광고의 장점과 단점

광고 형식	장점	단점
인피드 광고	• 사용자 자발적 클릭으로 관심 있는 사용자에게 도달 가능 • 비디오 썸네일과 제목으로 클릭 유도 가능 • 콘텐츠와 자연스럽게 통합되어 시청자의 참여 유도	• 클릭이 없으면 노출로 인한 비용 발생 • 경쟁이 치열하여 클릭률이 낮을 수 있음
범퍼 광고	• 짧고 강렬하게 브랜드 메시지를 전달 가능 • 스킵할 수 없어서 브랜드 노출이 보장됨 • 브랜드 인지도 향상에 효과적	• 짧은 시간으로 인해 깊이 있는 메시지 전달이 어려움 • 일부 사용자에게는 광고 피로감 유발 가능
아웃스트림 광고	• 다양한 플랫폼에서 노출 가능하여 도달 범위 확대 • 스킵 가능하여 사용자가 자발적으로 관심을 가지게 유도 • CPCV 방식으로 비용 관리가 용이	• 광고가 콘텐츠와 동떨어지면 사용자 반감 유발 가능 • 동영상이 자동 재생되면 사용자가 관심 없을 경우 불편함을 느낄 수 있음

⑦ CPM 마스트헤드 광고 : CPM 마스트헤드 광고(Masthead Ads)는 유튜브에서 제공하는 광고 형식 중 하나이다.

ㄱ 위치 : 마스트헤드 광고는 유튜브 홈페이지의 가장 상단에 위치하여 사용자의 눈에 쉽게 띄는 포지션에 있다. 이는 유튜브를 방문하는 모든 사용자에게 노출될 수 있다.

ㄴ 형식 : 광고는 비디오 형식 또는 이미지 형식으로 제공되며, 클릭하면 광고주가 지정한 특정 동영상이나 웹사이트로 이동할 수 있다.

ㄷ 비용 구조(CPM ; Cost Per Thousand Impressions) : 광고주는 1,000번 노출될 때마다 비용을 지불하는 방식이다. 이는 광고가 얼마나 많이 노출되는지를 기준으로 비용이 발생한다.

ㄹ 목적 : 마스트헤드 광고는 높은 가시성과 도달 범위 덕분에 브랜드 인지도를 빠르게 높이는 데 효과적이다. 대규모 캠페인이나 신제품 출시 시 주로 사용한다.

ㅁ 타기팅 : 광고주는 특정 인구통계학적 정보나 관심사에 기반하여 타기팅할 수 있다.

ㅂ 효과적인 광고 전략
- 강렬한 비주얼 : 광고의 내용이 시각적으로 매력적이어야 하며, 짧고 강렬한 메시지를 전달해야 한다.
- 이벤트나 프로모션 활용 : 특별한 이벤트나 프로모션을 홍보하는 데 효과적이다.

빈 칸 채우기

유튜브는 (   ) 플랫폼으로, 사용자들이 동영상을 업로드하고 공유할 수 있는 공간이다. 이 플랫폼은 비디오 광고를 통해 수익을 창출하며, 사용자 맞춤형 추천 알고리즘을 사용하여 관련성 높은 콘텐츠를 제공한다.

정답 동영상 공유

🔍 **키워드 정리**

마스트헤드 광고(Masthead Ads)
마스트헤드 광고는 주로 웹사이트의 상단에 위치하는 광고 형식으로 사용자가 페이지를 방문할 때 가장 먼저 눈에 띄는 위치에 배치한다.

빈 칸 채우기

마스트헤드 광고는 웹페이지의 (   ) 부분에 배치되는 광고 형식이다.

정답 상단

⑧ 반응형 디스플레이 광고(Responsive Display Ads)

　　㉠ 위치 : 유튜브뿐만 아니라 구글 디스플레이 네트워크(GDN) 내의 여러 웹사이트와 앱에서도 노출된다. 사용자가 방문하는 다양한 플랫폼에서 광고를 볼 수 있다.

　　㉡ 형식 : 텍스트, 이미지, 비디오를 포함하여 광고의 요소를 조합하여 다양한 크기와 형식으로 자동으로 조정된다. 이는 다양한 디바이스와 화면 크기에 최적화된 형태로 표시된다.

　　㉢ 비용 구조(CPC ; Cost Per Click, CPM ; Cost Per Thousand Impressions) : 광고주는 클릭당 비용을 지불하거나 노출당 비용을 지불하는 방식으로 운영된다.

　　㉣ 목적 : 다양한 형식의 광고를 통해 브랜드 인지도를 높이고, 사용자 행동을 유도하여 전환율을 증가시키는 데 효과적이다.

　　㉤ 타기팅 : 인구통계학적 정보, 관심사, 사용자 행동 등에 기반하여 특정 타깃층에 맞춰 광고를 설정할 수 있다.

　　㉥ 효과적인 광고 전략
　　　• 다양한 콘텐츠 활용 : 이미지, 비디오, 텍스트를 조합하여 시각적으로 매력적인 광고를 만들 수 있다.
　　　• A/B 테스트 : 여러 버전의 광고를 테스트하여 가장 효과적인 요소를 파악하고 최적화할 수 있다.

⑨ 광고 모음(깍지 광고, 연달아 재생되는 광고)

　　㉠ 형식 : 광고 모음은 두 개 이상의 광고가 연속적으로 재생된다. 일반적으로 사용자는 첫 번째 광고가 끝난 후 두 번째 광고를 시청하게 된다.

　　㉡ 인스트림 광고 : 주로 인스트림 광고 형식에서 사용되며, 사용자가 동영상을 시청하기 전에 또는 중간에 광고가 나타난다.

　　㉢ 비용 구조 : 광고주가 각 광고의 노출에 대해 비용을 지불하며, CPM 또는 CPC 기반으로 운영될 수 있다.

　　㉣ 목적 : 여러 광고를 한 번에 노출시킴으로써 사용자가 더 많은 브랜드 메시지를 접할 수 있도록 하여 인지도를 높이고 전환율을 증가시키는 데 효과적이다.

　　㉤ 장점
　　　• 효율적인 광고 노출 : 여러 광고를 한 번에 보여줌으로써 광고주에게 더 많은 노출 기회를 제공한다.
　　　• 사용자 경험 : 사용자는 광고를 한 번에 시청하므로, 광고 시청 시간을 단축할 수 있다.

ⓗ 단점
- 사용자 피로감 : 여러 광고가 연속해서 재생되면 사용자가 피로감을 느낄 수 있으며, 이는 광고에 대한 반감으로 이어질 수 있다.
- 강제 시청 : 사용자가 광고를 건너뛸 수 없는 경우 불편함을 느낄 수 있다.

(3) 유튜브 광고 구매 방법

① 예약형 광고(Reserved Ads)
  ㉠ 유튜브의 예약형 광고는 광고주가 특정 날짜와 시간에 광고를 미리 예약하여 노출하는 방식이다.
  ㉡ 광고주는 특정 타깃층을 설정하고, 원하는 날짜와 시간에 광고를 예약할 수 있다. 이를 통해 특정 이벤트나 프로모션에 맞춰 광고를 효과적으로 노출할 수 있다.
  ㉢ 예약형 광고에는 인스트림 광고(건너뛸 수 있는 광고와 건너뛸 수 없는 광고), 디스플레이 광고, 마스트헤드 광고 등이 포함된다.
  ㉣ 광고주는 예약한 광고의 노출 수에 따라 비용을 지불하며, 일반적으로 CPM(1,000회 노출당 비용) 방식으로 운영한다.
  ㉤ 캠페인 전략으로 대규모 캠페인이나 특별 이벤트, 신제품 출시 시 예약형 광고를 활용하여 집중적인 광고 효과를 누릴 수 있다.

② 경매형 광고(auction-based ads) : 광고주가 특정 키워드 또는 타깃층에 대해 광고를 게재하기 위해 경매 방식으로 입찰하는 광고 모델이다.
  ㉠ 광고주는 광고를 게재하기 위해 원하는 금액을 입찰한다. 입찰 금액은 광고가 노출될 때마다 지불할 비용을 결정한다.
  ㉡ CPC 및 CPM은 경매형 광고에서 주로 클릭당 비용(CPC) 또는 1,000회 노출당 비용(CPM) 방식으로 운영되고, 광고주는 광고의 성과에 따라 비용을 지불한다.
  ㉢ 광고주는 특정 인구통계학적 정보, 관심사, 사용자 행동 등을 기반으로 타기팅하여 광고를 설정할 수 있다. 이를 통해 보다 효과적으로 관심 있는 사용자에게 도달할 수 있다.
  ㉣ 경매형 광고는 성과 기반으로 운영되므로, 광고주가 원하는 결과(예) 클릭 수, 전환 수)에 따라 광고 예산을 조정할 수 있다.
  ㉤ 광고주는 캠페인 진행 중에도 예산을 유연하게 조정할 수 있어 광고 효과를 극대화할 수 있다.

빈 칸 채우기
광고주는 예약형 광고를 통해 (   )을/를 극대화할 수 있다.
정답 브랜드 노출

OX 퀴즈
유튜브 광고 구매는 오프라인에서도 가능하다. ○ ×
정답 ×
해설 유튜브 광고 구매는 온라인에서만 가능하며, Google Ads 플랫폼을 통해 모든 과정이 이루어진다.

빈 칸 채우기
경매형 광고는 광고주가 (   )에 따라 광고 비용을 조정할 수 있는 유연성을 제공한다.
정답 성과

③ CPM 마스트헤드 광고, 프라임팩(커스텀팩) 광고, 키즈앱 광고의 특징 비교

광고 유형	CPM 마스트헤드 광고	프라임팩(커스텀팩) 광고	키즈앱 광고
위치	유튜브 홈페이지 상단에 고정적으로 노출	특정 콘텐츠나 캠페인에 맞춰 커스터마이즈된 광고	어린이 전용 앱 내에서 노출
형식	비디오 또는 이미지 형식	비디오, 이미지, 배너 등 다양한 형식 가능	주로 애니메이션 비디오, 인터랙티브 콘텐츠
비용 구조	CPM(1,000회 노출당 비용) 방식	다양한 가격 책정 방식, 일반적으로 CPM 또는 CPC	일반적으로 CPM 또는 CPC 방식
목적	브랜드 인지도 빠르게 상승	특정 캠페인 목표에 맞춘 맞춤형 광고	어린이 대상의 브랜드 인지도 및 교육적 가치 전달
타기팅	모든 사용자에게 넓게 노출	특정 타깃층에 맞춘 맞춤형 타기팅 가능	어린이 및 부모를 대상으로 한 타기팅
가시성	높은 가시성과 도달 범위	맞춤형으로 설정된 캠페인에 따라 다름	어린이에게 최적화된 형식으로 가시성 높음
효과	빠른 브랜드 인지도 향상	캠페인 성과에 따라 다름	어린이의 관심을 끌고 교육적 효과를 줄 수 있음

(4) 유튜브 광고캠페인 설정

① 구글 디맨드젠 캠페인

㉠ 2025년 3월부터 새 동영상 액션 캠페인을 만드는 옵션을 삭제하며, 2025년 2분기부터는 기존에 운영 중인 동영상 액션 캠페인(VAC ; Video Action Campaign)도 디맨드젠 캠페인(Demand Gen Campaign)으로 자동 업그레이드했다.

㉡ 디맨드젠 캠페인은 기존 구글 디스커버리 캠페인에서 더 다양한 게재 지면, 광고 소재, 입찰 전략이 가능하도록 보완된 캠페인 유형으로, 유튜브뿐만 아니라 지메일(Gmail), 디스커버(Discover), 구글 동영상 파트너와 같은 다양한 네트워크에서 동영상 및 이미지 광고를 동시에 운영할 수 있다.

② 디맨드젠 캠페인의 주요 특징

㉠ 다채널 도달 : 유튜브 홈 피드, 쇼츠(Shorts), 다른 동영상 시작 전후(인스트림) 및 다음 볼만한 동영상, 유튜브 검색 등의 유튜브 채널를 포함해 Gmail, 디스커버(Discover)와 같은 다양한 네트워크를 통합하여 최대 30억 명의 잠재 고객에게 접근 가능하다.

㉡ 멀티 포맷 광고 : 동영상과 이미지 광고를 하나의 캠페인에서 관리한다.

㉢ 정교한 타기팅 : 유사 세그먼트를 통해 기존 고객과 유사한 잠재 고객을 효율적으로 타기팅한다.

② 옴니채널 입찰 전략 : 다양한 네트워크에서 광고비를 최적화하는 입찰 방식을 제공한다.

③ 구글 동영상 액션 캠페인(VAC ; Video Action Campaign) : 특정 사용자 행동, 특히 전환이나 클릭을 유도하는 데 중점을 둔 광고 캠페인이다. 이 캠페인은 주로 유튜브와 구글의 다양한 플랫폼에서 광고를 노출하여 즉각적인 ROI(투자 수익률)를 목표로 한다.

㉠ 동영상 액션 캠페인(VAC)의 주요 특징
- 목표 : 전환 및 클릭과 같은 특정 사용자 행동을 촉진한다.
- 광고 노출 : 유튜브 홈 피드, 검색 결과, 동영상 시작 전후 등 다양한 위치에서 광고가 표시된다.
- ROI 중점 : 즉각적인 투자 수익률을 목표로 하여 광고 성과를 극대화한다.

㉡ 주요 기능
- 다채널 도달 : 유튜브뿐만 아니라 Gmail, 디스커버 등 다양한 네트워크에서 광고 노출한다.
- 정교한 타기팅 : 유사 세그먼트를 통해 기존 고객과 유사한 잠재 고객을 타기팅 가능하다.
- 멀티 포맷 광고 : 동영상과 이미지 광고를 하나의 캠페인에서 관리한다.

④ VAC 성과 측정 방법
㉠ 개념 : EVM(Earned Value Management)은 중요한 구성 요소로, 프로젝트의 성과를 측정하는 데 사용된다. EVM은 다음과 같은 지표를 포함한다.
- EV(Earned Value) : 완료된 작업의 가치
- PV(Planned Value) : 계획된 작업의 가치
- AC(Actual Cost) : 실제 소요 비용
- SV(Schedule Variance) : 일정 편차, $SV = EV - PV$
- CV(Cost Variance) : 비용 편차, $CV = EV - AC$
- SPI(Schedule Performance Index) : 일정 성과 지수, $SPI = \dfrac{EV}{PV}$
- CPI(Cost Performance Index) : 비용 성과 지수, $CPI = \dfrac{EV}{AC}$
- EAC(Estimate at Completion) : 최종 사업비 추정액

㉡ VAC 계산 : VAC는 EAC와 BAC(Budget at Completion) 간의 차이로 정의된다. 즉, VAC=BAC−EAC이다. 이 값이 양수이면 예산이 남아있음을 의미하고, 음수이면 예산 초과를 나타낸다.

© 성과 분석 : VAC를 통해 프로젝트의 성과를 분석할 수 있다. 예를 들어 일정과 비용의 준수 여부를 평가하고, 필요한 경우 조치를 취할 수 있다. 이 과정은 프로젝트 관리의 중요한 부분으로 프로젝트의 성공 여부를 판단하는 데 도움을 준다.

〈표〉 광고 게재 위치 및 광고 형식 확대

구분	동영상 액션 캠페인	디맨드젠 캠페인
광고 게재 위치	유튜브, 유튜브 Shorts, 구글 동영상 파트너	유튜브, 유튜브 Shorts, 구글 동영상 파트너, 디스커버, Gmail
광고 소재	동영상, 텍스트	동영상, 텍스트, 이미지
광고 형식	인스트림 광고(동영상), 인피드 광고(동영상), Shorts 광고(동영상)	인스트림 광고(동영상), 인피드 광고(동영상, 이미지), Shorts 광고(동영상, 이미지)

⑤ 유튜브 셀렉트(YouTube Select) : 유튜브 셀렉트는 광고주들이 유튜브에서 특정 콘텐츠를 선택하여 광고를 게재할 수 있는 프로그램이다. 이 프로그램은 광고주가 원하는 타깃 오디언스에 맞춰 최적화된 광고를 제공하는 데 도움을 준다.

㉠ 유튜브 셀렉트의 주요 기능
- 타기팅 : 광고주는 특정 인구 통계, 관심사 및 행동에 따라 타깃 오디언스를 설정할 수 있다.
- 프리미엄 콘텐츠 : 유튜브 셀렉트는 고품질 콘텐츠와 인기 있는 채널에서 광고를 게재할 수 있는 기회를 제공한다.
- 효율적인 광고 집행 : 광고주는 캠페인을 쉽게 관리하고 성과를 추적할 수 있는 도구를 제공한다.

㉡ 유튜브 셀렉트의 장점
- 브랜드 안전성 : 광고주는 신뢰할 수 있는 콘텐츠에서만 광고를 게재할 수 있어 브랜드 이미지 보호에 유리하다.
- 높은 참여도 : 프리미엄 콘텐츠에서 광고가 노출되므로, 더 높은 참여도와 전환율을 기대할 수 있다.
- 데이터 기반 인사이트 : 광고 성과에 대한 상세한 분석을 통해 향후 캠페인 전략을 개선할 수 있다.

(5) 유튜브 광고 주요 성과 측정

① 유튜브 광고의 주요 성과 측정 및 핵심 성과에 대한 정보는 다음과 같다. 유튜브 광고는 다양한 전략과 도구를 통해 성과를 측정하고 최적화할 수 있는 기회를 제공한다.

② 핵심성과

㉠ 유튜브 광고 성과 측정 방법

• 클릭 수 및 전환율 : 광고 캠페인의 클릭 수와 전환율을 통해 광고의 효과를 직접적으로 측정할 수 있다. 구글 Ads와 같은 도구를 사용하여 실시간 데이터를 분석할 수 있다.

• 디맨드젠 캠페인 : 클릭 수 기반으로 입찰 전략을 최적화하여 전환 목표가 없는 광고주도 쉽게 활용할 수 있는 캠페인이다. 기존 동영상 액션 캠페인에서 자동으로 업그레이드되며, 단계적인 전환을 통해 성과를 분석할 수 있다.

㉡ 핵심 성과 지표

• 성과 분석 도구 : 광고 캠페인의 성과를 실시간으로 분석하여 전략을 최적화하는 도구들이 있다. 예를 들어 구글 Ads는 클릭 수, 전환율, 키워드 성과 등을 제공한다.

• 리타기팅 및 유사 세그먼트 : 기존 고객 데이터를 활용하여 유사한 특성을 가진 고객을 타기팅하는 방식으로 광고 효과를 극대화할 수 있다.

㉢ 유튜브 광고의 변화와 전략

• 커머스 전략 : 유튜브는 쇼핑 기능을 강화하여 광고주가 직접적으로 제품을 판매할 수 있는 환경을 조성하고 있다. 쿠팡과의 제휴를 통해 콘텐츠에서 직접 구매로 연결되는 기능이 추가되었다.

• 다양한 광고 포맷 : 디맨드젠 캠페인은 다양한 광고 포맷을 지원하여 광고 최적화에 유리하다. 여러 형식의 광고 소재를 준비하여 성과를 비교하고 최적의 조합을 찾는 것이 중요하다.

㉣ 클릭 실적

• 클릭수 : 사용자가 동영상을 클릭한 횟수이다. 클릭수는 광고가 사용자의 관심을 유도하는 데 얼마나 효과적인지를 파악하는 데 도움을 준다.

• 클릭률(CTR) : 광고에서 발생한 클릭수를 광고가 게재된 횟수로 나눈 값

㉤ 참여 실적

• 참여수 : 사용자가 동영상 광고를 10초 이상 시청하거나 동영상 광고가 10초 미만일 때 광고 전체를 시청한 횟수를 표시한다.

• 참여율 : 광고에서 발생한 참여수를 광고가 게재된 횟수로 나눈 값

㉥ 동영상 조회율(사분위수 보고) : 동영상이 재생 시간의 25%까지 재생된 횟수

빈 칸 채우기

광고주는 디맨드젠 캠페인을 통해 ( )을/를 높이고 브랜드 인지도를 확장할 수 있다.

정답 전환율

PART 01
PART 02
PART 03
PART 04

(6) 유튜브 스튜디오(Youtube Studio)의 애널리틱스(Analytics)를 통한 데이터 분석

① 개요
- ㉠ 데이터 수집 : 유튜브 스튜디오는 조회수, 시청 시간, 구독자 수, 시청자 유지율 등 다양한 데이터를 제공한다.
- ㉡ 세그먼트 기능 : 특정 기간이나 특정 콘텐츠에 대한 성과를 분석할 수 있는 기능이 있어 보다 세밀한 데이터 분석이 가능하다.
- ㉢ 채널의 성과 개괄
- ㉣ 비디오 순위 : 많이 시청된 비디오 순위
- ㉤ 리얼타임 성과 : 지난 48시간 혹은 60분 간의 성과
- ㉥ 최신 비디오 : 최신 비디오 10편에 대한 성과
- ㉦ 스토리 : 지난 7일 동안 최신 스토리에 대한 성과

② 도달(Reach)
- ㉠ 임프레션, CTR, 순 시청자 수 등을 보여줌
- ㉡ 트래픽 소스 유형 : 콘텐츠를 보는 방법
- ㉢ 외부 트래픽 : 채널로 연결된 웹사이트와 앱으로부터의 트래픽
- ㉣ 추천 비디오 : 다른 비디오와 연결해 추천되었을 때의 트래픽
- ㉤ 노출수와 노출에 따른 클릭률, 그리고 시청시간, 비디오가 얼마나 많이 노출되었는지와 그 중 얼마나 많은 사람들이 클릭했는지를 나타낸다. 이는 썸네일과 제목의 효과를 평가하는 데 중요하다.
- ㉥ 플레이리스트(Playlists) : 가장 많이 시청한 플레이리스트의 트래픽
- ㉦ 유튜브 검색 : 검색을 통한 트래픽 수

③ 인게이지먼트(Engagement)
- ㉠ 시청시간, 평균 시청시간 등
- ㉡ 비디오 순위 : 지난 28일 동안 가장 많이 시청한 비디오 순위
- ㉢ 플레이리스트 순위 : 지난 28일 동안 가장 많이 시청한 플레이리스트 순위
- ㉣ 스크린별 비디오 순위 : 지난 28일 동안 가장 많이 본 스크린 형태 순위
- ㉤ 비디오 최종 화면 요소(End screen element) 순위 : 지난 28일간 채널에서 가장 효과적이었던 최종 화면 요소 순위
- ㉥ 포스트 순위 : 지난 28일 동안 가장 많이 게재한 커뮤니티 포스트 순위

④ 시청자

　㉠ 고유 시청자 수 : 특정 기간 동안 채널을 방문한 고유한 시청자의 수를 측정한다. 이는 콘텐츠의 도달 범위를 평가하는 데 유용하다.

　㉡ 시청자 유지율 : 비디오의 특정 시점에서 시청자가 얼마나 남아있는지를 나타낸다. 이는 콘텐츠의 흥미를 평가하는 데 도움이 된다.

　㉢ 시청자 발견 경로 : 시청자들이 비디오를 어떻게 찾았는지를 분석하여 어떤 마케팅 전략이 효과적인지 파악할 수 있다.

　㉣ 시청자(Audience) 탭에서는 비디오를 시청한 사람들에 대한 요약 데이터를 제공한다. 재방문 및 신규 시청자, 순 시청자, 구독자 수, 전체 회원 수 등의 주요 지표를 제공한다.

　㉤ 시청자를 늘리는 비디오 : 지난 90일 간의 모든 디바이스를 통해 유입된 새로운 시청자를 대상으로 하여 행동 분석 결과를 제공한다.

　㉥ 유튜브에서의 시청자의 온라인 시청 활동을 파악할 수 있다.

01 다음 중 유튜브의 제작 지원 도구가 아닌 것은?

① 유튜브 스튜디오
② 유튜브 뮤직
③ 비디오 편집기
④ 유튜브 크리에이터 아카데미

해설 | 유튜브 스튜디오, 비디오 편집기, 유튜브 크리에이터 아카데미는 모두 유튜브 콘텐츠 제작을 지원하는 도구들이다. 그러나 유튜브 뮤직은 음악 스트리밍 서비스로, 제작 지원 도구와는 관련이 없다.

02 다음 중 유튜브 광고 형식이 아닌 것은?

① 스킵 가능한 광고
② 디스플레이 광고
③ 스폰서 콘텐츠
④ 비디오 광고

해설 | 유튜브의 광고 형식에는 스킵 가능한 광고, 디스플레이 광고, 비디오 광고 등이 포함한다.

03 다음 중 유튜브 광고 성과 측정에 포함되지 않는 것은?

① 조회수
② 클릭률(CTR)
③ 사용자 인구통계
④ 광고 제작 비용

해설 | 유튜브 광고 성과 측정에는 조회수, 클릭률(CTR), 사용자 인구통계와 같은 요소들이 포함한다. 그러나 광고 제작 비용은 성과 측정의 지표가 아니라 광고 캠페인의 비용 측면에 해당하므로 성과 측정에 포함되지 않는다.

04 다음 중 유튜브 경매형 광고상품인 것은?

① True View 광고
② 배너 광고
③ 스킬 광고
④ 인스트리밍 광고

해설 | True View 광고는 유튜브의 경매형 광고상품으로, 광고주가 원하는 예산과 타기팅 옵션에 따라 광고가 노출된다. 사용자가 광고를 클릭하거나 시청할 경우에만 비용이 발생하는 방식이다.

05 다음 중 유튜브 광고를 진행하기 위한 광고소재 설정에 대한 설명으로 잘못된 것은?

① 광고 소재는 고해상도의 이미지나 동영상을 사용하는 것이 좋다.
② 광고의 메시지는 간결하고 명확해야 한다.
③ 모든 광고 소재는 동일한 형식을 가져야 한다.
④ 브랜드 로고와 연락처 정보를 포함하는 것이 유익하다.

해설 | 유튜브 광고 소재는 다양한 형식과 스타일로 제작할 수 있으며, 광고의 목표와 타깃에 따라 다르게 설정할 수 있다.

06 다음 중 유튜브의 예약형 광고상품은?

① True View 광고
② 디스플레이 광고
③ 프리롤 광고
④ 브랜드 광고

해설 | 브랜드 광고는 유튜브의 예약형 광고상품으로, 광고주가 특정 시간대와 날짜에 광고를 미리 예약하여 노출할 수 있는 형식이다.

07 다음 중 유튜브 애널리틱스에서 시청자의 영상 시청 위치를 확인할 수 있는 성과 지표는?

① 평균 시청 지속 시간
② 시청자 유지율
③ 재생 위치
④ 조회수

해설 | "재생 위치"는 유튜브 애널리틱스에서 시청자가 영상을 어디에서 시청하고 있는지를 확인할 수 있는 성과 지표다. 이를 통해 특정 위치에서의 시청 패턴을 분석할 수 있다.

08 다음 중 동영상 광고의 품질 평가에 영향을 주지 않은 것은?

① 광고의 시청률
② 광고의 길이
③ 광고의 제작 비용
④ 광고의 클릭률

해설 | 동영상 광고의 품질 평가는 일반적으로 광고의 시청률, 클릭률, 광고의 길이와 같은 요소들에 의해 영향을 받는다.

09 다음 중 유튜브에서 제시되는 영상 목록에 대한 설명으로 옳지 않은 것은?

① 사용자의 시청 기록에 기반하여 추천된다.
② 인기 있는 동영상이 상위에 노출된다.
③ 구독한 채널의 최신 영상이 항상 먼저 나타난다.
④ 알고리즘에 따라 맞춤형 콘텐츠가 제공된다.

해설 | 유튜브에서 제시되는 영상 목록은 사용자의 시청 기록, 인기 동영상, 그리고 알고리즘에 따라 추천한다.

10 다음 중 합성 잠재고객 세그먼트에 대한 설명으로 옳지 않은 것은?

① 다양한 데이터 소스를 기반으로 하여 특정 특성을 가진 사용자 그룹을 생성한다.
② 기존 고객 데이터를 활용하여 유사한 특성을 가진 새로운 잠재고객을 찾는다.
③ 합성 잠재고객은 반드시 실제 사용자의 데이터에 기반해야 한다.
④ 광고 캠페인에서 효과적인 타기팅을 위해 사용된다.

해설 | 합성 잠재고객 세그먼트는 다양한 데이터 소스를 활용하여 특정 특성을 가진 사용자 그룹을 생성하는 방식이다. 이 세그먼트는 반드시 실제 사용자의 데이터에 기반할 필요는 없으며, 모델링이나 예측 분석을 통해 생성될 수 있다.

정답 01 ② 02 ③ 03 ④ 04 ① 05 ③ 06 ④ 07 ③ 08 ③ 09 ③ 10 ③

CHAPTER 03

카카오톡

▶▶▶▶▶

1. 카카오의 설립과 기본 개념

① 개념

㉠ 카카오톡은 2010년 3월 18일에 카카오(Kakao Corp.)에 의해 출시되었다. 카카오는 2010년 2월에 설립된 회사로 초기에는 모바일 게임과 소셜 네트워크 서비스(SNS) 중심의 사업을 운영하였다.

㉡ 카카오톡은 이러한 사업의 연장선상에서 개발된 모바일 메신저로 출시 이후 빠르게 사용자 수를 늘리며 한국에서 가장 인기 있는 메신저 앱으로 자리 잡았다.

㉢ 카카오톡의 성공은 사용자 친화적인 인터페이스와 다양한 기능, 그리고 무료 메시징 및 통화 서비스 덕분에 가능했다. 이후 카카오는 카카오톡을 기반으로 다양한 서비스와 플랫폼을 확장하며, 한국의 대표적인 IT 기업으로 성장하게 되었다.

② 주요 기능

㉠ 메시징 : 텍스트 메시지, 이모티콘, 사진, 동영상, 음성 메시지 등을 주고 받을 수 있다.

㉡ 음성 및 영상 통화 : 무료로 음성 통화와 영상 통화를 지원하여 사용자 간의 직접적인 소통이 가능하다.

㉢ 그룹 채팅 : 여러 사용자가 동시에 참여할 수 있는 그룹 채팅 기능을 제공하여 친구나 가족, 동료와의 소통을 쉽게 할 수 있다.

㉣ 카카오스토리 : 사용자들이 자신의 일상이나 생각을 공유할 수 있는 소셜미디어 기능을 포함하고 있다.

㉤ 카카오톡 채널 : 기업이나 브랜드가 사용자와 소통할 수 있는 공식 채널을 운영할 수 있으며, 이를 통해 고객과의 소통 및 마케팅 활동을 진행할 수 있다.

㉥ 카카오페이 : 카카오톡 내에서 결제 및 송금 기능을 제공하여 사용자들이 간편하게 금융 거래를 할 수 있도록 지원한다.

㉦ 플러스친구 : 사용자들이 관심 있는 브랜드나 인물과 소통할 수 있는 기능으로, 다양한 정보와 혜택을 제공받을 수 있다.

2. 카카오톡 광고상품의 이해

(1) 카카오모먼트

① 개념

 ㉠ 카카오모먼트는 카카오의 데이터 기반 광고 플랫폼으로, 광고주가 카카오의 다양한 서비스와 플랫폼을 통해 효과적으로 광고를 집행할 수 있도록 지원하는 서비스이다.

 ㉡ 카카오모먼트는 사용자 데이터를 활용하여 타기팅 광고를 제공하고, 광고 성과를 분석할 수 있는 도구를 제공한다. 이를 통해 광고주는 자신의 목표에 맞는 고객에게 보다 효과적으로 도달할 수 있다.

② 카카오모먼트의 장점

 ㉠ **전 국민이 항상 로그인 상태인 카카오톡을 중심으로 다양한 지면에 노출** : 다양한 연령대가 사용하는 SNS인 카카오톡과 카카오의 핵심 서비스이며, 주요 파트너 서비스 등 다양한 지면에 노출한다.

 ㉡ **카카오의 빅데이터를 바탕으로 고도화된 타기팅 지원** : 카카오의 서비스에서 확보한 데이터를 기반으로 맞춤타깃, 모먼트, 데모그래픽, 상세 타깃 설정 등 다양한 오디언스 설정을 통해 최적의 타깃에 광고 노출 가능하다.

 ㉢ **다양한 광고 목적에 맞는 최적화 지원** : 광고주가 원하는 랜딩으로의 방문 극대화, 광고주의 비즈니스에 대한 관심을 구매 또는 참여, 설치 등의 행동으로 전환 유도, 광고주의 동영상 광고를 많은 사람들이 조회하도록 유도한다. 홍보 및 브랜딩을 강화하는 등의 목표별 최적화를 통해 광고 성과를 향상시킨다.

 ㉣ **지면에 가장 알맞은 광고 크리에이티브 사용** : 동영상, 이미지, 메시지형에 이르는 다양한 크리에이티브 사용이 가능하다.

(2) 노출 영역과 과금 방식 : 노출 영역

① **채팅 목록 광고** : 사용자가 카카오톡을 열었을 때 가장 먼저 보게 되는 채팅 목록 상단에 노출되는 광고이다.

② **채팅방 내 광고** : 특정 채팅방에서 메시지 형태로 광고를 노출할 수 있다.

③ **스토리 광고** : 카카오톡의 스토리 기능을 통해 사용자에게 광고를 노출할 수 있다.

④ **탭 광고** : 카카오톡의 다양한 탭(예 친구, 채팅, 스토리 등)에서 광고를 노출할 수 있는 옵션이다.

(3) 입찰방식 유형

① CPC(Cost Per Click) : 클릭당 과금 방식

　㉠ 카카오 비즈보드, 디스플레이 광고 유형에서 선택 가능하다.

　㉡ 입찰 금액 CPC 최소입찰가 10원 이상 광고그룹 일예산의 50% 이하 또는 10만 원 이하로 입력해야 하며, 1원 단위로 입력이 가능하다. 기본값은 500원으로 설정하고, 과금 시에는 VAT가 포함된 금액으로 과금한다.

② CPM(Cost Per Mill) : 1,000회 노출당 과금 방식

　㉠ 카카오 비즈보드, 디스플레이, 동영상 광고 유형에서 선택 가능, 과금 시 모두 VAT 포함 금액으로 과금한다.

　㉡ 카카오 비즈보드 : 1,000원 이상 광고그룹 일예산의 50% 이하 또는 10만 원 이하로 입력해야 하며, 1원 단위로 입력 가능하다. 기본값은 3,000원으로 설정한다.

　㉢ 디스플레이 : 100원 이상 광고그룹 일예산의 50% 이하 또는 10만 원 이하로 입력해야 하며, 1원 단위로 입력 가능하다. 기본값은 1,000원으로 설정한다.

　㉣ 스폰서드 보드 : 100원 이상 광고그룹 일예산의 50% 이하 또는 10만 원 이하로 입력해야 하며, 1원 단위로 입력 가능하다. 기본값은 1,000원으로 설정한다.

③ CPA(Cost Per Action) : 액션당 과금 방식

　㉠ 채널 추가와 같은 특정한 액션(전환)이 발생할 때마다 과금한다.

　㉡ [디스플레이광고×전환], 광고 목표 대상 [카카오톡 채널]에서만 전환을 선택한다.

　㉢ 입찰 금액 100원 이상 광고그룹 일예산의 50% 이하 또는 10만 원 이하로 입력해야 하며, 1원 단위로 입력이 가능하다. 기본값은 1,500원으로 설정한다.

　㉣ 클릭으로부터 24시간 이내 전환에 대해 과금하며, 사용자가 광고 클릭 이후 24시간이 지난 전환에 대해서는 비과금 처리한다.

④ CPV(Cost Per View) 조회당 구매 방식

  ㉠ [동영상 광고×조회]에서만 제공한다.

  ㉡ 입찰 금액 10원 이상 광고그룹 일예산의 50% 이하 또는 10만 원 이하로 입력해야 하며, 1원 단위로 입력이 가능하다. 기본값은 20원으로 설정한다.

  ㉢ 동영상 광고는 영상 3초 재생 시부터 과금된다.

⑤ CPMS(Cost Per Message) 메시지 발송당 구매 방식

  ㉠ 타기팅 미적용, 데모그래픽 중 지역−전체(국내), 전체(국내＋해외), 디바이스 설정한 경우 : 건당 15원

  ㉡ 오디언스, 게재지면 및 디바이스 중 전체를 선택하지 않고 1개 이상의 타기팅을 설정한 경우 및 실시간 타깃 선택 시 : 건당 20원

(4) 노출/클릭 집계 기준

① 카카오 비즈보드, 디스플레이, 동영상 광고 유형(인스트림은 1초)에서 광고가 50% 이상 & 게재 지면에 1초 이상 노출되었을 때 '노출수'를 집계한다.

② 다양한 환경에서 발생하는 클릭 중 더블클릭 등과 같은 잘못된 클릭, 인위적인 반복 클릭, 카카오 회사 내부와 같은 특정 IP 대역에서 발생하는 클릭 등 무효 클릭들을 제외하고, 유효한 클릭(광고 효과가 있는 클릭)에 한해서만 카운팅한다.

③ 초과과금

  ㉠ 해당 시간 동안 노출된 광고로부터 유효한 클릭이 발생하거나 특정 시점 광고 노출 및 소진량이 증가하면서 예측된 광고 종료 지점에 비하여 빠르게 소진되어 마이너스 잔액이 발생한다.

  ㉡ 과금액이 설정된 허용예산에 근접했을 때, 순간적으로 많은 양의 노출/클릭 등이 발생하는 경우다.

  ㉢ 일 예산이 다 소진되어 광고 노출을 중단하는 프로세스 진행 중에 노출/클릭 등이 발생한 경우에는 일예산을 초과한 과금이 발생할 수 있다.

(5) 카카오와 카카오 비즈니스 서비스

① **카카오모먼트** : 데이터 기반 광고 플랫폼으로 광고주가 카카오의 다양한 서비스에서 광고를 집행하고 성과를 분석할 수 있도록 지원한다.

② **카카오톡 비즈니스** : 기업이 카카오톡을 통해 고객과 소통할 수 있는 서비스로 고객 상담, 알림톡, 친구 추가 등의 기능을 제공한다.

③ **카카오페이** : 온라인 및 오프라인 결제를 지원하는 서비스로 기업이 결제 시스템을 쉽게 통합할 수 있도록 돕는다.

🔍 **키워드 정리**

카카오와 카카오 비즈니스 서비스
• 카카오모먼트
• 카카오톡 비즈니스
• 카카오페이
• 카카오커머스

O⊗ 퀴즈

카카오모먼트는 오직 카카오톡에서만 광고를 집행할 수 있는 플랫폼이다. ⎡O⎤⎡X⎤

정답 ✕

해설 카카오모먼트는 카카오톡뿐만 아니라 카카오의 다양한 플랫폼에서 광고를 집행할 수 있는 통합 광고 플랫폼이다. 카카오모먼트를 통해 광고주는 카카오스토리, 카카오페이지, 카카오 비즈보드 등 여러 채널에서 광고를 진행할 수 있으며, 이를 통해 더 넓은 고객층에 도달할 수 있다.

④ 카카오커머스 : 카카오의 쇼핑 플랫폼으로 기업이 상품을 판매하고 마케팅할 수 있는 다양한 도구를 제공한다.

3. 주요 서비스 소개

(1) 카카오채널의 주요 기능

① 알림톡 : 고객에게 주문 확인, 결제 완료, 배송 상태 등의 중요한 정보를 실시간으로 전달하는 정보성 메시지 서비스다. 고객의 전화번호만 있으면 카카오톡 채널을 추가하지 않은 고객에게도 발송할 수 있다.

② 친구톡 : 브랜드가 고객에게 이벤트, 할인 정보, 프로모션 등을 전달하는 광고성 메시지 서비스다. 카카오톡 채널을 친구 추가한 고객에게만 발송 가능하며, 개인화된 메시지를 통해 고객과의 친밀감을 유지할 수 있다.

③ 마케팅 도구 : 카카오채널은 기업이 맞춤형 프로모션을 진행할 수 있도록 다양한 마케팅 도구를 제공한다. 이를 통해 상품 정보 전달 및 고객 유치에 효과적이다.

④ CRM 통합 : 카카오채널은 고객 관계 관리(CRM) 시스템과 통합되어 고객 데이터를 기반으로 한 맞춤형 마케팅이 가능하다. 이를 통해 고객의 행동을 분석하고, 효과적인 마케팅 전략을 수립할 수 있다.

⑤ 고객 경험 향상 : 카카오채널을 통해 고객은 브랜드와의 소통을 통해 더 나은 경험을 할 수 있으며, 이는 고객 만족도와 브랜드 신뢰도를 높이는 데 기여한다.

(2) 게재지면

① 카카오톡 : 카카오톡은 카카오채널의 주요 플랫폼으로 사용자와의 직접적인 소통을 통해 브랜드 메시지를 전달할 수 있다.

② 다음 : 다음은 카카오의 검색 포털로, 광고가 노출될 수 있는 또 다른 중요한 지면이다.

③ 카카오 서비스 : 카카오페이지, 카카오버스, 카카오지하철 등 다양한 카카오 서비스에서도 광고가 노출된다.

4. 카카오 채널 시작하기

① 1단계 : 카카오 계정 로그인 : 카카오톡 채널 관리자센터에 로그인하고, 카카오 계정의 2단계 인증을 완료한다.

② 2단계 : 채널 만들기 : 로그인 후 상단 메뉴에서 [채널]을 선택하고, [카카오톡 채널 시작하기]를 클릭한 후 [새 채널 만들기]를 선택한다.

---

③ 3단계 : 채널 유형 선택

　　㉠ 카카오톡 채널은 '일반 채널'과 '비즈니스 채널'로 나뉜다.

　　㉡ 일반 채널 : 사업자번호 없이 누구나 개설이 가능하다.

　　㉢ 비즈니스 채널 : 사업자등록증 제출 후 심사를 통해 개설이 가능하다. 인증 뱃지를 통해 고객 신뢰도를 높일 수 있다.

5. 카카오 비즈보드

(1) 카카오 비즈보드 광고의 주요 기능

① 광고 형식 : 카카오 비즈보드는 디스플레이 광고, 동영상 광고, 브랜딩 디스플레이 등 다양한 광고 형식을 지원한다.

② 타기팅 : 광고주는 특정 타깃 고객을 설정하여 광고를 게재할 수 있으며, 이를 통해 더 효과적인 마케팅이 가능하다.

③ 성과 분석 : 광고 성과를 실시간으로 분석할 수 있는 대시보드를 제공하여 광고효과를 측정하고 최적화할 수 있다.

(2) 카카오 비즈보드의 장점

① 주목도 높은 게재 위치

　　㉠ 카카오 비즈보드는 카카오톡의 채팅 목록 탭 상단에 위치하여 사용자들에게 높은 시각적 노출을 제공한다.

　　㉡ 광고는 단 하나의 배너만 게재되므로 사용자의 주목을 끌기 용이하다.

② 정교한 타기팅

　　㉠ 광고주는 특정 지역, 성별, 연령, 관심 주제에 따라 세분화된 타기팅이 가능하다.

　　㉡ 예를 들어 가습기를 홍보하고자 할 경우, 관련 콘텐츠를 검색한 이력에 기반하여 관심 있는 사용자에게만 광고를 노출할 수 있다.

③ 다양한 광고 형식

　　㉠ 카카오 비즈보드는 애드뷰, 챗봇, 비즈니스폼 등 다양한 랜딩 페이지와 연결되어 있어 광고의 효과를 극대화할 수 있다.

　　㉡ 클릭당 비용(CPC) 모델을 사용하여 광고 클릭 시에만 비용이 발생하므로 효율적인 광고 집행이 가능하다.

④ 높은 클릭률

　　㉠ 카카오 비즈보드는 메가 트래픽을 기반으로 하여 높은 클릭률을 자랑한다.

　　㉡ 이는 카카오의 다양한 서비스와 프리미엄 네트워크에서 광고가 노출되기 때문이다.

⑤ 빅데이터 기반 최적화
  ㉠ 카카오는 방대한 사용자 데이터를 활용하여 광고를 최적화한다.
  ㉡ 이를 통해 광고의 클릭과 전환율을 높이고, 광고 소재를 최적화하여 효과적인 브랜드 홍보를 지원한다.

(3) 카카오 비즈보드의 노출지면

① 카카오톡뿐만 아니라 다음앱, 카카오웹툰 그리고 카카오의 주요 서비스에도 노출한다.
② 카카오모먼트에서 카카오 비즈보드 등록 시 게재지면 선택 가능하다.

(4) 카카오 비즈보드 배너

카카오톡 채팅탭에 노출되는 비즈보드는 4가지 유형의 마케팅에 최적화된 광고소재 제작이 가능하다.

① 오브젝트형 : 배경이 제거된 오브젝트 이미지를 사용하여 소재
② 썸네일형 : 박스형 또는 블러형 썸네일 이미지와 멀티 이미지를 사용하여 소재
③ 마스킹형 : 반원 또는 원기둥형의 썸네일 이미지를 사용하여 소재
④ 텍스트형 : 텍스트로만 된 소재(한 줄 또는 두 줄 작성 가능)

(5) 카카오 비즈보드 랜딩페이지 연결 종류

① URL : 광고주가 관리하는 공식 웹페이지로 직접 연결한다.
② 애드뷰 : 카카오톡의 채팅탭에서 별도의 브릿지 페이지를 노출하며, 액션 유도 버튼이 포함한다.
③ 채널웹뷰 : 카카오톡 채널의 채팅방 내에서 웹뷰를 노출한다. 웹뷰를 닫으면 채팅방으로 돌아간다.
④ 챗봇 : 설정된 키워드 메시지를 노출하는 챗봇 기능으로, 최초 접속 시 웰컴 메시지도 표시된다.
⑤ 비즈니스폼 : 이벤트 설문이나 응모가 가능한 비즈니스폼으로 연동된다.
⑥ 소식 : 카카오톡 채널에서 발행한 소식으로 연결된다.

〈표〉 카카오 비즈보드 랜딩 종류

구분	설명
애드뷰	카카오톡 채팅탭 내에서 아래에서 위로 화면이 노출되는 화면으로 앱 이탈 없이 자연스럽게 이용자에게 비즈니스 액션을 유도
카카오톡 채널	• 챗봇을 랜딩으로 설정하여 채널추가 유도와 상담/문의하기가 즉시 가능 • 톡 채널에서 발행한 포스트로도 랜딩이 가능하여 포스트를 홍보할 수 있음

🔍 **키워드 정리**

카카오 비즈보드의 소재 유형
카카오 비즈보드는 4가지 유형의 배너를 다양한 형태로 변형해서 마케팅에 최적화된 광고소재를 제작한다.
• 오브젝트형 : 배경이 제거된 오브젝트 이미지를 사용하여 소재
• 썸네일형 : 박스형 또는 블러형 썸네일 이미지와 멀티 이미지를 사용하여 소재
• 마스킹형 : 반원 또는 원기둥형의 썸네일 이미지를 사용하여 소재
• 텍스트형 : 텍스트로만 된 소재 (한 줄 또는 두 줄 작성 가능)

빈 칸 채우기

광고주는 카카오 비즈보드 배너를 통해 (   )을/를 타기팅하여 효과적인 마케팅을 할 수 있다.
정답 특정 오디언스

OX 퀴즈

광고주는 카카오 비즈보드 배너를 사용하여 카카오 플랫폼에서만 광고를 노출할 수 있다. ○ⵝ
정답 ✕
해설 카카오 비즈보드 배너는 카카오 플랫폼에서 뿐만 아니라, 카카오의 다양한 제휴 사이트와 네트워크에서도 광고를 노출할 수 있다. 이를 통해 광고주는 더 넓은 범위의 잠재고객에게 도달할 수 있으며, 브랜드 인지도를 높이는 데 기여할 수 있다.

구분	설명
비즈니스폼	톡비즈니스폼을 생성하여 카카오톡 사용자가 손쉽게 광고주 서비스와 관련된 예약, 설문, 응모를 참여 가능
카카오싱크	카카오싱크를 통해 간편하게 이용자들의 회원가입이 가능
톡스토어/선물하기/메이커스/주문하기/상품구독	톡스토어, 선물하기, 메이커스에 입점한 상품이나 주문하기 입점 페이지, 상품구독형 채널을 비즈보드 랜딩으로 설정하여 빠른 전환 창출 가능

(6) 카카오 비즈니스 솔루션

① **카카오모먼트** : 카카오의 광고 플랫폼으로, 다양한 광고 상품과 캠페인을 통해 브랜드의 가시성을 높이고 있다. 광고주는 카카오모먼트를 통해 타깃 오디언스에게 맞춤형 광고를 전달할 수 있다.

② **KPP 프로그램** : 카카오모먼트를 운영하는 공식 대행사 중 우수한 파트너사를 선정하여 지원하는 제도다. 매년 선정된 파트너사는 광고 전략, 성공 사례 공유, 캠페인 컨설팅 등을 통해 성장을 도모한다.

6. 카카오 디스플레이 광고

① 다양한 형태의 크리에이티브로 브랜드 가치를 강화할 수 있는 디스플레이 광고는 브랜드와 관련 있는 최적의 오디언스 설정을 통해 최적의 순간에 광고를 노출하여 퍼포먼스를 극대화 할 수 있다.

② 게재지면
  ㉠ 카카오톡 : 친구탭, 채팅탭, 뷰탭, 더보기탭의 모바일 지면과 PC 로그인 시 팝업 그리고 채팅창 하단까지 다양한 콘텐츠 소비 영역에 노출된다.
  ㉡ 다음 : 모바일, PC 다음의 다양한 콘텐츠 소비 영역에 노출된다.
  ㉢ 카카오스토리 : 카카오스토리 사용시 소식 피드 사이에 자연스럽게 광고가 노출된다.
  ㉣ 카카오페이지 등과 같은 프리미엄 네트워크 서비스에서 노출 가능하다.

③ **카카오 디스플레이 소재 유형**
  ㉠ 이미지 네이티브형 : 콘텐츠 페이지 또는 소셜미디어 피드 사이에 자연스러운 형태로 구성해 노출된다.
  ㉡ 이미지 카탈로그형 : 하나의 소재에 최대 10개의 상품 정보를 효과적으로 노출된다.

④ 광고 목표
  ㉠ 방문 : 광고주가 원하는 랜딩으로 사용자들의 방문을 극대화하여 원하는 마케팅 목표를 달성한다.
  ㉡ 전환 : 광고주의 비즈니스에 대한 관심을 구매, 참여, 설치 등의 행동으로 전환한다.
⑤ 입찰방식 : CPC와 CPM을 지원한다.

7. 카카오 동영상 광고

① 카카오의 프리미엄 콘텐츠 영역에 노출되는 동영상 광고 유형이다.
② 인스트림과 아웃스트림
  ㉠ 인스트림 광고 노출 : 카카오톡을 중심으로 뷰탭, 카카오TV앱/웹, 다음 스포츠 영상 등 다양한 동영상 지면에 동영상 시청에 최적화된 형태로 광고가 노출된다.
  ㉡ 아웃스트림 광고 노출 : 카카오톡, 다음, 카카오스토리, 카카오서비스 지면에 동영상 광고가 노출된다.
③ 1개의 소재로 인스트림, 아웃스트림 동영상 광고가 한 번에 노출된다.
④ 동영상 조회당 비용이 과금되는 방식(CPV)이다.

8. 카카오 스폰서드 보드

① 카카오톡 세 번째 탭의 카카오 뷰 발견탭에 노출되는 '보드' 소재의 광고 상품이다. 내 브랜드 또는 채널 콘텐츠를 담은 보드를 노출함으로써 자연스럽게 브랜드 메시지 전달이 가능하다.
② 썸네일, 2컬럼, 빅썸네일, 텍스트 4가지 유형을 제공한다.
③ 카카오 스폰서드 보드의 목표는 방문으로, 노출당 비용(CPM)으로 과금한다.
④ 스폰서드 보드를 집행하기 위해서는 반드시 보드를 발행할 카카오톡 채널이 필요하며, 카카오 뷰 창작센터에서 보드를 발행한다.

9. 카카오 광고 시작하기

(1) 캠페인 만들기

① Step 1 : 카카오비즈니스에 접속 후 광고계정 만들기
  ㉠ 사업자등록번호 등 필요 정보를 입력해 광고계정을 만든다.
  ㉡ 광고계정을 새롭게 만들지 않아도 내 광고계정에서 동일한 광고주 정보로 생성된 광고계정 멤버로 요청이 가능하다.

② Step 2 : 광고유형과 목표 설정

　㉠ 광고유형은 카카오 비즈보드, 디스플레이, 카카오톡채널, 다음쇼핑, 동영상, 스폰서드 보드중에 선택할 수 있으며, 광고 유형에 따라서 적합한 캠페인, 광고그룹, 소재 설정이 가능하다.

　㉡ 광고목표는 전환, 방문, 도달, 조회 중에서 설정한다.

③ Step 3 : 전환추적 및 예산 설정

　㉠ 카카오톡에서 전환추적은 광고계정에 연동된 픽셀 또는 SDK를 통하여 설정 가능하며, 캠페인 일 예산은 5만 원 이상 10억 원 이하 10원 단위로 설정할 수 있다.

　㉡ 픽셀 & SDK를 연동하면 방문, 조회, 구매 등 고객의 액션을 파악해서 타깃으로 활용할 수 있고, 카카오 광고를 통해 몇 명이 회원가입과 상품 구매 등으로 전환되었는지도 확인 가능하다.

(2) 광고그룹 만들기

① 캠페인 목표를 달성하기 위해 상세 전략을 수립하는 단위이다.

② 집행 대상과 집행 전략을 설정한다.

③ Step 1 : 오디언스 타깃 설정

　㉠ 오디언스는 성별, 나이 설정이 가능하다.

　㉡ 20세 이상 성인에게만 노출되어야 하는 콘텐츠가 있는 광고는 반드시 나이 제한 업종(성인 타기팅)을 설정해야 한다.

　㉢ 디바이스는 안드로이드와 iOS 2가지 중 택일할 수 있다.

　㉣ 게재지면은 카카오톡에 게재되며, 채팅탭에서만 노출을 설정할 수 있다.

한 번 더 클릭 ♥

- 맞춤타깃 → 내 데이터 설정
  - 광고반응타깃 : 카카오모먼트에서 집행한 웹/앱 광고 및 메시지에 반응(클릭, 전환, 재생, 열람)한 사용자를 리타기팅
  - 픽셀 & SDK : 카카오 픽셀 & SDK로 수집한 웹/앱 방문, 가입 설치, 구매 등의 행동을 한 사용자를 리타기팅
  - 카카오 사용자 : 내 카카오계정과 연동된 카카오톡 채널 프로필을 활용하여 채널 친구 또는 싱크 가입자를 타기팅
  - 고객파일(다수의 광고 집행 및 브랜드운영을 통해 확보한 고객 식별자(ADID) 대상으로 타기팅
- 맞춤타깃 → 추가설정 : 사용자의 관심 분야, 구매 패턴, 이용 서비스 등을 통해 관심 카테고리를 추정하여 타깃 모수 제공
  - 데모그래픽 : 사용자의 성별, 나이, 거주 지역을 추정하여 타깃을 설정하는 방식

---

④ Step 2 : 집행전략 설정

　㉠ 광고의 입찰방식은 CPM(노출당 과금) 방식으로 입찰을 진행하며, 실제 과금 시에는 VAT가 추가되어 청구한다.

　㉡ 일 예산 설정 항목 : 광고그룹 기준의 1일 집행예산을 10,000원 이상 10억 원 이하의 1원 단위로 설정 가능, 광고 그룹의 일 예산은 캠페인의 일 예산을 초과할 수 없으며, 과금 비용이 일 예산을 초과하는 경우 자동으로 광고 집행이 중단된다.

　　※ 단, 설정한 일예산이 초과되면 자동으로 광고가 중단되기까지 일정시간이 소요되며 일예산을 초과한 과금이 발생할 수 있으며, 일 예산이나 최대 입찰금액 등 캠페인 및 광고그룹의 예산 설정을 변경한 경우 변경 내역은 실시간으로 반영되지만 디바이스 환경에 따라서 최대 10분 이상 소요될 수도 있다.

　㉢ 집행기간 : 요일과 시간(1시간 단위)로 상세 설정이 가능하다.

　㉣ 게재방식 : 일 예산에 맞게 빠른 소진을 하는 빠른 게재 방식이 있고, 일 예산을 바탕으로 시간대별로 고려된 예산을 초과하지 않도록 예산을 분할하여 광고 노출을 제어하는 방식인 일반게재 방식이 있다.

(3) 소재 만들기

캠페인 유형 및 목표, 광고그룹 내 디바이스, 게재 지면이 동일하면 기존의 광고 소재를 불러와 사용이 가능하다.

출제예상문제

01 다음 중 카카오 비즈보드의 특성으로 적합한 것은?

① 광고 성과를 실시간으로 분석할 수 있다.
② 오직 텍스트 광고만 지원한다.
③ 광고 캠페인을 자동으로 생성해준다.
④ 카카오 계정이 없으면 사용할 수 없다.

해설 | 카카오 비즈보드는 광고주가 자신의 광고 캠페인 성과를 실시간으로 분석하고 관리할 수 있는 기능을 제공한다. 이는 광고 전략을 조정하고 최적화하는 데 큰 도움이 된다.
② 카카오 비즈보드는 이미지와 동영상 광고도 지원한다.
③ 자동 생성 기능은 제공하지 않는다.
④ 카카오 계정 없이도 비즈보드를 사용할 수 있는 경우가 있다.

02 다음 중 카카오 모먼트의 광고 과금 방식에 대한 설명으로 옳지 않은 것은?

① 클릭당 과금(CPC) 방식으로 광고비가 청구된다.
② 노출당 과금(CPM) 방식으로 광고비가 청구된다.
③ 광고 성과에 따라 광고비가 자동으로 조정된다.
④ 광고주가 설정한 예산 소진 시 광고가 자동으로 중단된다.

해설 | 카카오 모먼트의 광고 과금 방식은 클릭당 과금(CPC)과 노출당 과금(CPM) 방식을 포함한다. 광고주가 설정한 예산이 소진되면 광고는 자동으로 중단되지만, 광고 성과에 따라 광고비가 자동으로 조정되는 기능은 제공되지 않는다.

03 다음 중 카카오 스폰서드 보드의 특징으로 적합하지 않은 것은?

① 다양한 광고 형식으로 사용자에게 노출된다.
② 광고주는 직접 광고 내용을 작성해야 한다.
③ 카카오톡 채팅 목록에서만 노출된다.
④ 특정 키워드에 맞춰 광고가 노출된다.

해설 | 카카오 스폰서드 보드는 카카오톡 채팅 목록뿐만 아니라 카카오스토리, 카카오메시지 등 다양한 플랫폼에 노출된다.

04 다음 중 카카오 비즈보드의 캠페인 목표가 아닌 것은?

① 브랜드 인지도 향상
② 웹사이트 방문 유도
③ 판매 증대
④ 고객 서비스 개선

해설 | 카카오 비즈보드의 캠페인 목표는 주로 브랜드 인지도 향상, 웹사이트 방문 유도, 판매 증대 등과 같은 광고 성과와 관련된 목표이다.

PART 01 PART 02 PART 03 PART 04

정답 01 ① 02 ③ 03 ③ 04 ④

05 다음 중 카카오 비즈보드의 랜딩 종류로 적합한 것은?

① 앱 다운로드 페이지
② 블로그 포스트
③ 유튜브 채널
④ 카카오톡 채팅방

해설 | 카카오 비즈보드의 랜딩 종류 중 하나는 앱 다운로드 페이지로, 광고를 클릭한 사용자가 해당 앱을 다운로드할 수 있는 페이지로 연결된다. 나머지 선택지인 블로그 포스트, 유튜브 채널, 카카오톡 채팅방은 랜딩 페이지로 일반적으로 사용되지 않으며, 광고의 효과적인 성과를 위해 설정된 랜딩 페이지와는 거리가 있다.

06 다음 중 카카오톡 채널의 광고 목표로 적합한 것은?

① 고객과의 소통 강화
② 이메일 뉴스레터 발송
③ 오프라인 매장 방문 유도
④ 소셜미디어 팔로워 증가

해설 | 카카오톡 채널의 주요 광고 목표 중 하나는 고객과의 소통을 강화하는 것이다. 이를 통해 브랜드와 고객 간의 관계를 구축하고, 고객의 피드백을 받을 수 있다. 나머지 선택지인 이메일 뉴스레터 발송, 오프라인 매장 방문 유도, 소셜미디어 팔로워 증가는 카카오톡 채널의 직접적인 광고 목표와는 관련이 없다.

07 다음 카카오의 비즈솔루션 중 애드뷰에 표기되는 마케팅 액션인 것은?

① 클릭 수
② 페이지 조회 수
③ 구매 전환
④ 사용자 가입

해설 | 애드뷰는 카카오의 광고 성과 분석 도구로 광고 캠페인의 효과를 측정하는 데 사용된다. 이 도구에서는 구매 전환과 같은 마케팅 액션을 추적하여 광고가 얼마나 효과적으로 고객을 유도했는지를 분석한다. 클릭 수와 페이지 조회 수는 일반적인 지표지만, 애드뷰에서 강조되는 마케팅 액션은 구매 전환한다.

08 다음 중 카카오 동영상 광고에 대한 설명으로 적합하지 않은 것은?

① 다양한 플랫폼에서 노출이 가능하다.
② 광고주는 동영상 길이를 자유롭게 설정할 수 있다.
③ 사용자가 광고를 스킵할 수 있는 옵션이 있다.
④ 동영상 광고는 텍스트 광고보다 비용이 저렴하다.

해설 | 카카오 동영상 광고는 다양한 플랫폼에서 노출 가능하며, 광고주는 동영상 길이를 설정할 수 있고, 사용자가 광고를 스킵할 수 있는 옵션도 제공한다. 그러나 일반적으로 동영상 광고는 텍스트 광고보다 제작 및 노출 비용이 더 높다.

09 다음 카카오 비즈보드의 광고그룹 내에서 맞춤 타깃으로 설정할 수 있는 것이 아닌 것은?

① 연령대
② 성별
③ 특정 지역
④ 사용자의 이메일 주소

해설 | 카카오 비즈보드에서는 광고그룹 내에서 연령대, 성별, 특정 지역 등을 기반으로 맞춤 타깃을 설정할 수 있다. 그러나 사용의 이메일 주소는 개인 정보 보호 정책에 따라 직접적으로 타기팅할 수 있는 요소가 아니다.

10 다음 중 카카오톡 광고에 대한 설명으로 적합한 것은?

① 카카오톡 광고는 오직 텍스트만 포함할 수 있다.
② 카카오톡 광고는 사용자가 직접 광고를 선택하여 클릭할 수 있다.
③ 카카오톡 광고는 다른 플랫폼과 연계되지 않는다.
④ 카카오톡 광고는 전 세계 모든 사용자를 대상으로 한다.

해설 | 카카오톡 광고는 다양한 형식(텍스트, 이미지, 동영상 등)으로 제공되며, 사용자가 광고를 클릭하여 추가 정보를 얻거나 상품을 구매할 수 있다.

정답 05 ①   06 ①   07 ③   08 ④   09 ④   10 ②

네이버 밴드

1. 네이버 밴드

① 네이버 밴드는 MAU(Monthly Active User) 2,000만 명의 국내 대표적인 소셜미디어이다.
② 남성과 여성이 유사한 비율을 가지며(2021년 9월 순이용자 기준, 남 52%, 여 48%), 40~50대 이용자 비중이 높다.

2. 네이버 밴드 광고 유형

① 네이버 밴드 광고의 종류는 크게 3가지 유형으로 디스플레이 광고(풀스크린 광고, 스마트채널 광고), 소셜광고(새소식, 밴드홈광고, 알림광고), 네이티브 광고가 있다.
② 네이버 밴드 디스플레이 광고 상품으로는 풀스크린 광고, 네이티브(피드) 광고, 스마트채널 광고가 집행 가능하다.
③ 풀스크린 광고의 유저 타기팅으로는 성별 타기팅만 가능하고, 네이티브(피드) 광고와 스마트채널 광고에서는 시간/요일, 연령/성별, 지역, 디바이스, 관심사 타기팅 및 맞춤 타깃 설정이 가능하다.

〈표〉 밴드서비스에 집행 가능한 디스플레이 광고 상품

상품명	풀스크린 광고	네이티브(피드) 광고	스마트채널 광고
추천집행 목표	밴드유저로 한 번에 많은 트래픽이 필요할 때	• 자연스러운 광고 노출을 원할 때 • 유저타기팅 · 광고예산을 조정하고 싶을 때	• 다양한 지면에서 많은 노출을 원할 때 • 유저타기팅 · 광고예산을 조정하고 싶을 때
광고상품 유형	보장형(광고 집행 보장)	성과형(광고주 간 실시간 입찰을 통해 광고 노출)	
단가	평일 3,000만 원, 공휴일 2,500만 원(공시가기준, 프로모션가 별도)	광고주 경쟁 상황에 따라 변동	
과금기준	고정가	CPM, CPC, CPV	CPM, CPC
노출수	평일 1,000만, 공휴일 830만 예상	광고 입찰 전략에 따라 변동	

상품명	풀스크린 광고	네이티브(피드) 광고	스마트채널 광고
노출지면	안드로이드에서 밴드앱 종료시(밴드 단독 집행)	밴드 새글 피드탭(밴드 단독 집행)	밴드홈/채팅/새소식탭 및 네이버 지면 등
유저 타기팅	성별 타기팅(안드로이드 만 노출)	시간/요일, 연령/성별, 지역, 디바이스, 관심사 타기팅 및 맞춤타깃 설정 가능	
광고집행 방법	NOSP 플랫폼에서 렙사 · 대행사 통해 집행	네이버 성과형 디스플레이 광고 플랫폼에서 집행/대행사 위탁운영 및 직접운영 가능	

3. 디스플레이 광고

(1) 풀스크린 광고

① 렙사와 대행사를 통해 집행 가능하며, 네이티브(피드) 광고와 스마트채널 광고는 대행사 위탁 운영 및 직업 운영이 가능하다.

② 앱 종료 시 노출되는 1일 1광고주 단독 노출 상품으로 브랜드 인지 효과 및 클릭을 극대화할 수 있는 안드로이드 전용상품이다.

③ 자동재생에서 3초 이상 'Play' 또는 '재생' 버튼 클릭 시 1View-Wi-Fi 에서 'Auto Play', 클릭 시 확장되어 소리와 함께 영상이 재생-영상 재생 버튼 클릭은 클릭 수로 미집계 광고 내에서 동영상 노출 가능하다.

④ 브랜딩부터 퍼포먼스 마케팅까지 마케팅 효율을 극대화하는 통합 마케팅 전략을 세울 수 있다.

⑤ 쇼핑몰 전환 효율을 높이고 싶을 때, 브랜드를 더 알리고 싶을 때, 신규 고객을 확보하고 싶을 때, 브랜디드 콘텐츠를 전파하고 싶을 때, 앱 다운로드 수를 극대화하고 싶을 때, 신제품을 홍보하고 싶을 때 사용한다.

⑥ NOSP를 통해 선착순 구매 부킹한다.

⑦ 유저당 3회/일 기본으로 노출, 단, 18시 전에 3회가 다 소진된 경우, 18시~21시에 추가 1회, 21시~24시에 추가 1회 노출하여 최대 5회까지 노출 가능하다.

⑧ 부킹가이드
  ㉠ 동일 브랜드 최대 주 2회까지 부킹 가능하다.
  ㉡ 집행 당월 취소 구좌 발생 시 주 2회 부킹 가능(단, 동일 광고주의 다른 브랜드가 유사 성격일 경우 브랜드별로 보지 않고 광고주 단위로 제한할 수 있다)하다.

⑨ 풀스크린 광고의 특징
  ㉠ 단독 노출 : 하루에 한 광고주만 광고를 게재할 수 있어 브랜드 메시지가 독점적으로 전달된다.
  ㉡ 효과적인 노출 : 사용자가 앱을 종료할 때 나타나기 때문에 광고의 주목도가 높다.

ⓒ Android 전용 : 현재 풀스크린 광고는 Android 기기에서만 제공된다.

(2) 스마트채널 광고

① 스마트채널 광고는 밴드 홈, 새소식, 채팅 최상단에 노출되는 상품으로 최소 입찰가 최소 입찰가는 CPM 2,000원, CPC 10원(VAT 별도)이다.
② 타기팅 옵션은 네이티브 피드광고와 동일하게 시간/요일, 연령/성별, 지역, 디바이스, 관심사 타기팅 및 맞춤 타깃 설정이 가능하다.
③ 타기팅 옵션 : 성별, 연령, 요일 및 시간, 지역, 디바이스, 관심사(BETA), 맞춤 타깃으로 밴드 및 네이버 지면 등에 노출된다.
④ 밴드앱 홈, 새소식, 채팅 최상단에 노출되는 상품으로 프리미엄한 위치에서 비즈니스 메시지를 전달할 수 있다.

4. 소셜광고(새소식 광고, 밴드홈 광고, 알림 광고)

(1) 새소식 광고, 밴드홈 광고

① 밴드를 밴드 사용자들에게 알려 모객시킬 수 있는 노출형 광고상품이다.
② 새소식 광고는 새소식 중간에 새소식과 똑같은 네이티브 형태로 노출되는 광고상품이다.
③ 밴드홈 광고는 밴드홈 제일 아래에 밴드의 한 종류처럼 노출되는 광고상품이다.
④ 밴드의 리더 및 운영자가 직접 광고를 등록할 수 있다.
⑤ 입찰 참여는 월요일 오전 0시부터 오후 2시에 가능하다.

(2) 알림 광고

① 알림 광고는 '푸쉬'와 '새소식' 알림을 밴드 멤버들에게 동시에 보낼 수 있는 광고 상품이다.
② 운영 중인 밴드의 멤버들에게 특정 게시글을 '새소식'과 '푸시' 알림으로 알릴 수 있다.
③ 알림은 밴드 멤버 중 최근 밴드서비스를 사용한 멤버에게만 발송된다.
④ 알림 내용에 맞춰 특정 성/연령을 타깃하여 발송 가능하다.
⑤ 특정 게시글을 알리는 특성이 있어 자연스럽게 이용자에게 노출되는 광고 형태이다.
⑥ 네이버 밴드의 알림 광고를 등록하기 위해서는 먼저 파트너 정보를 입력해야 한다.
⑦ 발송당 과금하는 충전금 발송방식과 정액상품으로 이용하는 발송권 사용방식이 있다.
⑧ 알림 발송은 파트너 정보 입력 일익부터 가능하다.

5. 피드광고

① 피드광고는 밴드 새 글 피드 탭에 게재된다.

② 시간/요일, 연령/성별, 지역, 디바이스, 관심사 타기팅 및 맞춤 타깃 설정이 가능하다.

③ 인구 타깃은 성별 및 연령(5세 단위), 특정 요일 및 시간 타기팅, 지역은 서울 및 경기도는 시/구, 그 외 지역은 군/구 단위까지 가능하다.

④ 고객 파일, MAT, 유사 타깃 등을 추가해 맞춤 설정이 가능하다.

⑤ OS는 안드로이드와 iOS를 나눠서 타기팅이 가능하지 않고, 안드로이드나 iOS 중 선택하여 타기팅할 수 있다.

⑥ 텍스트와 콘텐츠 결합 형태로 노출된다.

⑦ Real Time Bidding 상품이며 최소 입찰가는 CPM 100원/CPC 10원/CPV 10원(VAT별도)이다.

⑧ 타기팅 옵션 : 성별/연령/요일 및 시간/지역/관심사(BETA)/맞춤 타깃

⑨ 관심사 및 구매 의도 타기팅

   ㉠ 관심사(25개항목) : 밴드 이용자의 밴드 활동 패턴을 분석한 타기팅

   ㉡ 구매의도(15개항목) : 이용자의 제품 또는 서비스 구매 의도를 분석한 타기팅

⑩ 맞춤 타깃 : 광고주 브랜드를 알고 있거나 접한 적이 있는 대상에게 광고를 집행(고객파일, MAT, 유사 타깃 등을 추가해 설정)한다.

⑪ 소재 타입

   ㉠ 단일이미지

   ㉡ 이미지 슬라이드 : 최대 5개의 이미지 노출 및 각 이미지별 랜딩 URL이 설정 가능(최소 3개 이상 이미지 등록)하다.

   ㉢ 단일동영상

     • 1:1 또는 16:9 비율의 동영상을 선택하여 진행할 수 있다.

     • 영상 하단에 캠페인 영역 등록은 선택사항이며, 원하는 랜딩URL로 이동도 가능하다.

     • Wi-Fi 환경에서 자동재생되며, 3G/LTE 환경에서는 정지상태로 노출된다.

     • 자동재생 환경에서는 3초 이상 노출된다.

01 다음 중 네이버 밴드의 광고 유형인 것은?

① 배너 광고
② 검색 광고
③ 동영상 광고
④ 스폰서 콘텐츠

해설 | 네이버 밴드의 광고 유형 중 하나는 스폰서 콘텐츠이다. 이는 브랜드나 광고주가 제공하는 콘텐츠가 밴드 사용자에게 자연스럽게 노출되는 형태다.
①, ② 네이버의 다른 서비스에서 주로 사용되는 광고 유형이다.
③ 밴드에서 제공되지 않거나 다른 플랫폼에서 주로 사용된다.

02 다음 중 네이버 밴드 광고인 스마트채널 광고에 대한 설명으로 옳은 것은?

① 사용자의 피드를 통해 자연스럽게 노출된다.
② 광고주는 광고 내용을 직접 작성할 수 없다.
③ 오직 이미지 광고만 제공된다.
④ 특정 키워드에 따라 노출이 제한된다.

해설 | 스마트채널 광고는 네이버 밴드의 사용자 피드에 자연스럽게 노출되는 광고 형식이다. 이 광고는 사용자가 관심 있는 콘텐츠와 함께 보여지므로 더 높은 참여율을 기대할 수 있다.

03 다음 중 네이버의 성과형 광고 플랫폼에서 구매할 수 있는 상품이 아닌 것은?

① 검색 광고
② 배너 광고
③ 쇼핑 광고
④ 이메일 마케팅

해설 | 네이버의 성과형 광고 플랫폼에서는 검색 광고, 배너 광고, 쇼핑 광고와 같은 다양한 광고 상품을 제공하고 있다. 그러나 이메일 마케팅은 네이버의 성과형 광고 플랫폼에서 직접적으로 제공되는 상품이 아니다.

04 다음 중 네이버 밴드의 광고상품 별 과금 방식 중 옳은 것은?

① 배너 광고는 클릭당 과금 방식이다.
② 스폰서 콘텐츠는 노출당 과금 방식이다.
③ 동영상 광고는 전환당 과금 방식이다.
④ 스마트채널 광고는 시간당 과금 방식이다.

해설 | 네이버 밴드의 광고상품 중 스폰서 콘텐츠는 사용자의 피드에 노출되는 방식으로, 일반적으로 노출당 과금 방식으로 운영된다.

05 다음 중 네이버 밴드의 풀스크린 광고에 대한 설명으로 옳지 않은 것은?

① 사용자에게 전체 화면으로 노출된다.
② 사용자가 광고를 스킵할 수 있는 옵션이 있다.
③ 다양한 형식의 콘텐츠를 포함할 수 있다.
④ 광고 노출은 특정 시간대에만 제한된다.

해설 | 네이버 밴드의 풀스크린 광고는 사용자에게 전체 화면으로 노출되며, 사용자가 광고를 스킵할 수 있는 옵션이 제공된다. 또한 다양한 형식의 콘텐츠(이미지, 동영상 등)를 포함할 수 있다.

06 다음 중 네이버 밴드 광고인 스마트채널 광고에 대한 설명으로 옳은 것은?

① 광고는 오직 이미지 형식으로만 제공된다.
② 사용자 피드에 자연스럽게 통합되어 노출된다.
③ 광고의 클릭 수에 따라 과금된다.
④ 특정 사용자 그룹만 대상으로 설정할 수 있다.

해설 | 스마트채널 광고는 네이버 밴드의 사용자 피드에 자연스럽게 통합되어 노출되는 광고 형식이다. 이는 사용자에게 좀 더 친숙하게 다가갈 수 있도록 설계되었다.

07 다음 중 네이버 밴드 광고 유형에 대한 설명으로 옳은 것은?

① 배너 광고는 사용자 피드의 상단에만 노출된다.
② 스폰서 콘텐츠는 사용자가 직접 선택하여 클릭할 수 있다.
③ 풀스크린 광고는 전체 화면에서만 재생되며 스킵할 수 없다.
④ 스마트채널 광고는 노출 수에 따라 과금된다.

해설 | 스폰서 콘텐츠는 네이버 밴드의 광고 유형 중 하나로, 사용자가 자신의 피드에서 직접 선택하고 클릭할 수 있는 형식이다.

08 새 글 탭 영역에서 노출되는 광고로 자연스러운 노출이 이루어지는 네이버 밴드의 광고 유형은?

① 배너 광고   ② 스폰서 콘텐츠
③ 풀스크린 광고   ④ 스마트채널 광고

해설 | 네이버 밴드의 스폰서 콘텐츠는 새 글 탭 영역에서 자연스럽게 노출되는 광고 형식이다. 사용자의 피드와 유사한 형태로 제공되어 사용자에게 친숙하게 다가갈 수 있다.

09 다음 중 스마트 채널, 네이버 메인 및 서브, 밴드 앱 등 네이버의 광고를 구매하고 관리가 가능한 플랫폼은 무엇인가?

① 네이버 쇼핑
② 네이버 광고관리 시스템
③ 네이버 블로그
④ 네이버 카페

해설 | 네이버 광고관리 시스템은 스마트 채널, 네이버 메인 및 서브, 밴드 앱 등 다양한 네이버 광고 상품을 구매하고 관리할 수 있는 통합 플랫폼이다.

10 다음 중 네이버 밴드의 광고 상품별 타기팅과 집행 방법에 대한 설명으로 옳은 것은?

① 모든 광고는 지역 기반 타기팅만 지원된다.
② 스폰서 콘텐츠는 특정 관심사 기반으로 타기팅할 수 있다.
③ 풀스크린 광고는 사용자 집단에 따라 자동으로 노출된다.
④ 배너 광고는 클릭당 과금 방식만 지원된다.

해설 | 네이버 밴드의 스폰서 콘텐츠는 사용자의 관심사와 행동을 기반으로 타기팅할 수 있는 기능을 제공한다. 이를 통해 광고주가 원하는 특정 사용자에게 광고를 효과적으로 노출할 수 있다.

정답   01 ④   02 ①   03 ④   04 ②   05 ④   06 ②   07 ②   08 ②   09 ②   10 ②

기타 매체

1. 트위터에서 엑스(X) 변환

(1) 변화의 계기

① 트위터는 새로운 시작을 알리기 위해 브랜드 이름을 엑스(X)로 변경하
였다. 이는 플랫폼의 정체성을 새롭게 하고, 현대적이고 혁신적인 이미
지를 구축하기 위한 전략의 일환이다.

② 기존의 280자 제한적인 텍스트 중심의 플랫폼에서 벗어나 보다 다양한
콘텐츠 형식을 지원하는 방향으로 전환하고자 했다.

③ 엑스(X)는 비디오, 이미지, 음성 등 다양한 형식의 콘텐츠를 수용하여
사용자 경험을 향상시키려는 목표를 가지고 있다.

(2) 비전과 전략

① 엑스(X)는 단순한 소셜미디어 플랫폼을 넘어 사용자들이 실시간으로 소
통하고 정보를 공유할 수 있는 종합적인 플랫폼으로 발전한다. 이는 웹
3.0 및 메타버스와 같은 미래 기술 트렌드에 부응하기 위한 전략이다.

② 페이스북, 인스타그램, 틱톡 등 다른 소셜미디어 플랫폼과의 경쟁에서
우위를 점하기 위해 새로운 브랜드 아이덴티티와 기능을 도입하는 것이
필요했다. 엑스(X)는 사용자 참여와 콘텐츠 생성의 활성화를 통해 경쟁
력을 강화하고자 한다.

③ 일론 머스크가 트위터를 2022년 인수한 이후 플랫폼의 방향성과 비전
이 크게 변화했다. 그는 보다 자유로운 표현과 혁신을 중시하며, 이를
반영한 새로운 이름인 엑스(X)를 제안했다.

2. X 광고

(1) X 광고 상품 종류

① **프로모션 트윗** : 일반 트윗을 광고로 변환하여 더 많은 사용자에게 노출된다.

② **프로모션 계정** : 특정 계정을 홍보하여 팔로워를 늘리는 데 도움을 준다.

③ **프로모션 트렌드** : 특정 주제를 트렌드로 만들어 사용자들의 관심을 끌수 있다.

(2) 광고 정책

① **정직한 광고** : 광고주는 모든 관련 법규를 준수하고, 정직한 광고를 제작해야 한다.

② **안전한 광고 환경** : 광고는 안전하고 상호 존중하는 방식으로 진행되어야 하며, X의 운영 원칙을 따라야 한다.

(3) 광고 캠페인 설정

① **캠페인 목표 설정** : 광고주는 캠페인의 목표를 설정하고, 그에 맞는 광고 상품을 선택해야 한다.

② **성과 분석** : 광고 캠페인의 성과를 분석하여 최적화할 수 있는 도구를 제공해야 한다.

(4) 광고 소재 가이드

① **소재 규격** : 각 광고 상품에 맞는 이미지, 비디오, 텍스트의 규격이 정해져 있다.

② **창의적인 콘텐츠** : 광고주는 창의적이고 매력적인 콘텐츠를 제작하여 사용자들의 관심을 끌어야 한다.

(5) X 광고 유형

① **프로모션 광고** : 이미지, 비디오 및 다양한 형태의 광고로 다양한 방식으로 사용 가능하다.

  ㉠ 동영상 광고 : 동영상 소재를 사용하는 모든 광고이다.

  ㉡ 이미지 광고 : 이미지 소재를 사용하는 모든 광고이다.

  ㉢ 캐러셀 광고 : 하나의 트윗에서 2~6개의 미디어를 좌우로 스와이핑하는 형식으로 보다 풍부한 스토리텔링이 가능하다.

  ㉣ 모먼트 광고 : 중요한 트윗을 한곳에 모아서 보여주는 큐레이션 형태의 광고로 현재 모먼트 탭은 미국, 캐나다(영어), 호주 등의 일부 국가에서만 사용되고 한국에서는 사용할 수 없다.

ⓜ 텍스트 광고 : 간단한 텍스트 광고로 브랜드 메시지를 전달하며 X에서 가장 네이티브 광고에 가까운 방법이다.

② 팔로워 광고 : 타깃 오디언스에게 계정을 홍보하여 인지도를 쌓고 신규 팔로워를 영입하기 위해 사용하며, 팔로워당 과금(CPF ; Cost Per Follower) 방식으로 과금이다.

③ 트위터 앰플리파이(Twitter Amplify) : 가장 관련도가 높은 퍼블리셔의 프리미엄 비디오 콘텐츠에 노출되는 광고이다.

   ㉠ 앰플리파이 프리롤(Amplify Pre-roll) : 프리미엄 파트너의 콘텐츠 앞에 프리롤 광고로 높은 브랜드 친밀도와 인지도 효과이다.

   ㉡ 앰플리파이 스폰서십(Amplify Sponsorship) : 광고캠페인 동안 광고주와 퍼블리셔가 1:1로 진행하는 스폰서십 형태의 프리롤 광고이다.

   ㉢ 트위터 테이크오버(Twitter Takeover) : 대규모 오디언스에 도달하는 프리미엄 영역에 광고를 배치하여 타임라인과 탐색하기 탭에 배치되어 주목도가 높은 광고이다.

   ㉣ 타임라인 테이크오버 : 24시간 동안 홈타임라인과 첫 광고 지면을 독점하는 동영상광고 형태이다.

   ㉤ 트렌드 테이크오버

      • 24시간 동안 실시간 트렌드 리스트의 상단을 독점하는 해시태그 광고이다.

      • 디지털과 아날로그의 조화, 패션의 혁신, 그리고 소비자 행동의 변화를 중심으로 전개한다.

   ㉥ 트렌드 테이크오버+

      • 트렌드 테이크오버의 업그레이드 형태로 트랜드탭 상단에 이미지, 동영상, GIF와 함께 노출되어 주목도가 높은 광고이다.

      • 평균 11,000,000원의 비용으로 제공되며, 하루 동안 20,925,000원의 광고 효과를 기대할 수 있다.

④ 트위터 라이브(Twitter Live)

   ㉠ 생방송 : 라이브 방송을 통해 트렌드를 이끌고 유저들과 인게이지가 가능하다.

   ㉡ 이벤트 페이지 : 일반 라이브 방송을 X만의 이벤트 페이지를 활용하여 업그레이드하고 라이브 효과 극대화한다.

빈 칸 채우기

앰플리파이 프리롤은 (　　) 전에 재생되는 광고 형식이다.

정답 동영상

빈 칸 채우기

이 광고는 사용자들이 (　　)에 대해 더욱 관심을 가지도록 유도한다.

정답 트렌드

OX 퀴즈

트렌드 테이크오버+는 엑스(X)에서 사용자가 가장 많이 언급한 트렌드를 광고주가 전체 화면으로 차지할 수 있는 광고 형식이다. ☐O ☒X

정답 O

해설 트렌드 테이크오버+는 엑스(X)에서 특정 트렌드와 관련된 광고를 전체 화면으로 노출할 수 있는 형식이다. 이 광고는 사용자가 가장 많이 언급하는 트렌드를 활용하여 브랜드 메시지를 효과적으로 전달하고, 사용자에게 높은 가시성을 제한다.

빈 칸 채우기

테이크오버+는 일반적으로 (　　)의 상단에 배치되어 가시성을 높인다.

정답 페이지

빈 칸 채우기

X 라이브는 (　　)을/를 통해 더 많은 사람들에게 노출될 수 있다.

정답 해시태그

---

3. 틱톡 광고

(1) 틱톡

① 틱톡(TikTok)은 2016년 중국의 바이트댄스(Byte Dance)라는 회사에 의해 설립되었다. 처음에는 '더우인(Douyin)'이라는 이름으로 중국 시장을 겨냥하여 출시되었고, 이후 2017년에는 국제 버전인 틱톡이 출시되었다.

② 틱톡은 짧은 동영상 공유 플랫폼으로 사용자들이 15초에서 3분까지의 짧은 동영상을 제작하고 공유할 수 있는 기능을 제공한다.

③ 틱톡은 사용자가 다양한 음악, 필터, 효과를 활용하여 창의적인 콘텐츠를 만들 수 있도록 지원하며, 특히 젊은 세대 사이에서 큰 인기를 끌고 있다. 이 플랫폼은 알고리즘 기반의 추천 시스템을 통해 사용자 맞춤형 콘텐츠를 제공하여 사용자들이 더 많은 시간을 플랫폼에서 보내도록 유도한다.

④ 틱톡은 전 세계적으로 빠르게 성장하며, 2020년에는 가장 많이 다운로드된 앱 중 하나로 기록되었다. 이 플랫폼은 다양한 챌린지, 댄스, 코미디, 교육 콘텐츠 등 다양한 형식의 동영상이 공유되는 공간으로 자리 잡았다.

(2) 광고상품 종류

① 탑뷰(Top View)
  ㉠ 형식 : MP4 형식의 동영상
  ㉡ 길이 : 최대 60초까지 가능
  ㉢ 음향 지원 : 사운드가 활성화된 상태로 재생
  ㉣ 보장 노출 횟수 : 약 332만 회에서 391만 회의 노출이 보장된다.
  ㉤ 탑뷰 광고의 장점
   • 높은 가시성 : 사용자가 앱을 열자마자 보게 되므로 브랜드 인지도를 높이는 데 효과적이다.
   • 창의적인 표현 : 다양한 효과와 음악을 활용하여 브랜드 메시지를 창의적으로 전달할 수 있다.
   • 타기팅 : 틱톡의 알고리즘을 통해 특정 사용자 그룹을 타기팅하여 광고를 노출할 수 있다.

② 브랜드 테이크오버(Brand Takeover)
  ㉠ 앱을 열었을 때 가장 먼저 보이는 전면 영상광고로 최대 5초까지만 지원하기에 짧은 버전의 탑뷰라고 한다.
  ㉡ 탑뷰와 달리 60초까지의 영상 지원 대신 3~5초의 짧은 영상이나 JPG 이미지 노출도 가능하다.

O✕ 퀴즈

틱톡은 주로 짧은 동영상 콘텐츠를 중심으로 한 소셜미디어 플랫폼이다.

O ✕

정답 O

해설 틱톡은 주로 15초에서 60초 사이의 짧은 동영상 콘텐츠를 중심으로 한 소셜미디어 플랫폼이다. 사용자들은 다양한 음악, 필터, 효과를 사용하여 창의적인 동영상을 제작하고 공유할 수 있으며, 이는 틱톡의 주요 특징 중 하나다.

빈칸 채우기

광고주는 탑뷰를 통해 브랜드의 (   )을/를 효과적으로 홍보할 수 있다.

정답 인지도

빈칸 채우기

이 광고는 최대 (   ) 길이의 동영상을 사용할 수 있다.

정답 60초

🔍 키워드 정리

브랜드 테이크오버(Brand Takeover)
앱을 열었을 때 가장 먼저 보이는 전면 영상광고로 최대 5초까지만 지원하기에 짧은 버전의 탑뷰라고 한다.

ⓒ 광고주가 틱톡 플랫폼에서 브랜드 인지도를 높이기 위해 사용하는 광고 형식 중 하나이다.

ⓔ 이 광고 형식은 사용자가 틱톡 앱을 열었을 때 가장 먼저 보게 되는 광고로, 전체 화면을 차지하는 비주얼 콘텐츠를 제공한다.

ⓜ 브랜드 테이크오버는 일반적으로 이미지, GIF 또는 짧은 동영상 형식으로 제공되며, 사용자가 광고를 클릭하면 브랜드의 웹사이트나 틱톡 내의 특정 콘텐츠로 이동할 수 있다.

한번더클릭 ♥

탑뷰와 브랜드 테이크오버의 차이점
• 탑뷰는 앱을 열었을 때 가장 먼저 보이는 예약형 전면영상 광고로 최대 60초까지의 영상을 지원한다.
• 브랜드 테이크오버는 탑뷰와 게재 위는 같지만 3~5초의 짧은 영상이나 JPG 이미지도 노출이 가능하다.

③ 인피드 광고(Infeed AD)
　ㄱ 사용자가 피드를 스크롤할 때 자연스럽게 노출되는 광고 형식이다.
　ㄴ 추천 피드에 노출되는 비디오 형식의 광고로 유저들이 비즈니스 계정에 참여하도록 유도한다.
　ㄷ 유저들을 웹사이트, 앱스토어, 브랜드 계정 등으로 랜딩 가능하다.
　ㄹ 내・외부 링크를 지원하며 앱다운로드도 지원한다.

④ 브랜디드 콘텐츠(branded contents) : 해시태그 챌린지
　ㄱ 브랜드가 사용자 참여를 유도하고, 자연스럽게 브랜드 메시지를 전달할 수 있는 효과적인 마케팅 전략이다.
　ㄴ 해시태그 챌린지는 유저들이 자연스럽게 콘텐츠를 만들고 공유하며 즐길 수 있는 툴이다.
　ㄷ 틱톡 이용자가 브랜드 테마로 콘텐츠를 창출하도록 초대하여 해당 광고주의 브랜드를 최대한 많이 노출하고 이슈화할 수 있는 상품이다.
　ㄹ 많은 유저에게 바이럴성으로 도달되며, 좋아요, 댓글, 공유 등의 상호작용이 가능하다.
　ㅁ 바이럴 효과 : 사용자들이 자발적으로 콘텐츠를 생성하고 공유함으로써, 해시태그 챌린지는 자연스럽게 확산될 수 있다. 이는 브랜드의 노출을 극대화하고, 새로운 고객을 유치하는 데 도움을 준다.
　ㅂ 성과 측정 : 브랜드는 해시태그 챌린지의 성과를 분석할 수 있는 다양한 지표를 통해 캠페인의 효과를 평가하고, 향후 마케팅 전략을 조정할 수 있다.

⑤ 브랜디드 콘텐츠(Branded contents) : 브랜드 스티커
  ㉠ 브랜드 스티커는 틱톡 사용자들이 자신의 콘텐츠에 추가할 수 있는 그래픽 요소로, 브랜드의 로고나 슬로건을 포함하여 브랜드 인지도를 높이는 데 기여한다.
  ㉡ 영상 위에 다양한 편집이 가능한 틱톡에 브랜드 스티커를 삽입하고 전환 창출 가능하다.
  ㉢ 스티커 타입은 2D/2D Pro/3D/게미파이드(Gamified) 등 다양하다.
  ㉣ 브랜드 스티커를 다른 솔루션과 결합하여 사용하면 좋다.
  ㉤ 브랜드의 인지도를 높이고, 소비자 행동에 긍정적인 영향을 미치는 데 효과적이다.

01 다음 중 엑스(X), 구 트위터에 대한 설명으로 옳은 것은?

① 엑스(X)는 문자 수 제한 없이 글을 작성할 수 있는 플랫폼이다.
② 엑스(X)는 사용자들이 비디오와 음성을 공유하는 데 중점을 둔다.
③ 엑스(X)는 실시간 뉴스와 정보 공유에 특화된 소셜미디어 플랫폼이다.
④ 엑스(X)는 주로 개인 사용자만을 위한 플랫폼이다.

해설 | 엑스(X)는 실시간으로 뉴스와 정보를 공유하는 데 강점을 가진 소셜미디어 플랫폼이다. 사용자들은 짧은 메시지 형식으로 정보를 신속하게 전달할 수 있는 기능이 특징이다.

02 엑스(X)의 광고상품 카테고리가 아닌 것은?

① 트렌딩 광고
② 프로모션 트윗
③ 계정 광고
④ 비디오 광고

해설 | 엑스(X)의 광고 상품 카테고리에는 프로모션 트윗, 계정 광고, 비디오 광고 등이 포함되어 있다. 그러나 '트렌딩 광고'라는 카테고리는 존재하지 않으며, 트렌드와 관련된 광고는 다른 형태의 광고 상품을 통해 이루어질 수 있다.

03 다음 중 엑스(X)의 특징이 아닌 것은?

① 사용자가 짧은 메시지를 통해 소통할 수 있다.
② 실시간으로 뉴스와 정보를 공유할 수 있다.
③ 모든 사용자가 무제한으로 글을 작성할 수 있다.
④ 해시태그를 통해 주제를 쉽게 검색할 수 있다.

해설 | 엑스(X)는 기본적으로 짧은 메시지(기존의 트윗은 280자 제한) 형식으로 소통하는 플랫폼이다. 따라서 사용자가 무제한으로 글을 작성할 수 있는 것은 아니다.

04 다음 중 엑스 앰플리파이(X Amplify) 광고에 관한 설명으로 옳은 것은?

① X Amplify 광고는 오직 이미지 광고만 지원한다.
② 사용자 참여를 유도하여 광고 효과를 극대화하는 방식이다.
③ 광고는 특정 사용자만 대상으로 설정할 수 있다.
④ X Amplify 광고는 모든 사용자가 무료로 이용할 수 있다.

해설 | 엑스 앰플리파이(X Amplify) 광고는 사용자 참여를 유도하여 광고의 효과를 극대화하는 방식으로 설계되었다. 이는 사용자가 광고 콘텐츠와 상호작용하도록 유도하여 더 많은 관심과 반응을 이끌어내는 데 중점을 둔다.

05 다음 중 엑스 라이브(X Live)에 관한 설명으로 옳은 것은?

① X Live는 사용자들이 실시간으로 방송을 진행할 수 있는 기능이다.
② X Live는 오직 비디오 콘텐츠만 지원한다.
③ X Live는 방송 중에 실시간 채팅 기능을 제공하지 않는다.
④ X Live는 사용자에게 광고 수익을 보장하는 서비스이다.

해설 | 엑스 라이브(X Live)는 사용자가 실시간으로 방송을 진행할 수 있는 기능으로, 다양한 콘텐츠를 생중계할 수 있도록 지원한다. 이를 통해 사용자들은 팔로워들과 실시간으로 소통할 수 있다.

06 다음 중 틱톡(TikTok)에 대한 설명으로 옳지 않은 것은?

① 틱톡은 주로 짧은 동영상 콘텐츠를 공유하는 플랫폼이다.
② 사용자는 다양한 필터와 효과를 적용하여 동영상을 편집할 수 있다.
③ 틱톡은 사용자들이 긴 형식의 글을 작성하는 데 중점을 둔다.
④ 틱톡은 음악과 함께 동영상을 제작하는 기능이 강력하다.

해설 | 틱톡(TikTok)은 주로 짧은 동영상 콘텐츠를 공유하는 플랫폼으로, 사용자가 15초에서 3분 정도의 동영상을 제작하고 공유할 수 있다. 긴 형식의 글 작성이 아닌 짧은 영상 콘텐츠 중심의 플랫폼이다.

07 다음 중 틱톡(TikTok)의 문제점으로 언급되고 있지 않은 것은?

① 개인정보 보호와 데이터 보안 우려
② 중독성과 과도한 사용 문제
③ 사용자 생성 콘텐츠의 품질 저하
④ 긴 형식의 동영상 제작에 대한 지원 부족

해설 | 틱톡(TikTok)은 주로 짧은 동영상 콘텐츠를 중심으로 하는 플랫폼이기 때문에 긴 형식의 동영상 제작에 대한 지원 부족은 문제점으로 언급되지 않는다. 오히려 틱톡은 짧은 동영상을 강조하는 서비스다.

08 다음 중 틱톡 광고 유형으로 옳지 않은 것은?

① 인피드 광고
② 브랜드 해시태그 챌린지
③ 스토리 광고
④ 브랜드 테이크오버

해설 | 틱톡에서는 여러 가지 광고 유형이 있으며, 인피드 광고, 브랜드 해시태그 챌린지, 브랜드 테이크오버가 모두 틱톡에서 사용되는 광고 형식이다.
① 인피드 광고 : 사용자의 피드에 자연스럽게 노출되는 광고다.
② 브랜드 해시태그 챌린지 : 특정 해시태그를 사용하여 사용자 참여를 유도하는 캠페인이다.
④ 브랜드 테이크오버 : 앱을 열었을 때 나타나는 전체 화면 광고다.

09 다음 중 틱톡의 브랜디드 콘텐츠에 관한 설명으로 옳지 않은 것은?

① 브랜디드 콘텐츠는 브랜드가 제작한 콘텐츠로, 사용자에게 자연스럽게 브랜드 메시지를 전달한다.

② 틱톡의 브랜디드 콘텐츠는 반드시 유료 광고 형태로만 제공된다.

③ 크리에이터와 브랜드가 협력하여 콘텐츠를 제작할 수 있다.

④ 브랜디드 콘텐츠는 특정 해시태그를 사용하여 사용자 참여를 유도할 수 있다.

해설 | 틱톡의 브랜디드 콘텐츠는 브랜드가 제작한 콘텐츠로, 사용자에게 자연스럽게 브랜드 메시지를 전달하는 방식이다. 이는 크리에이터와 브랜드가 협력하여 제작될 수 있으며, 특정 해시태그를 사용하여 사용자 참여를 유도하는 경우도 많다.

10 다음 중 틱톡의 인피드 광고(Infeed AD)에 관한 설명으로 옳지 않은 것은?

① 인피드 광고는 사용자의 피드에서 자연스럽게 노출되는 광고 형식이다.

② 사용자는 인피드 광고를 클릭하여 웹사이트나 앱으로 이동할 수 있다.

③ 인피드 광고는 30초까지의 동영상 형식을 지원한다.

④ 인피드 광고는 오직 브랜드 계정에서만 사용할 수 있다.

해설 | 틱톡의 인피드 광고(Infeed AD)는 사용자의 피드에서 자연스럽게 노출되는 광고 형식으로 사용자가 클릭하여 웹사이트나 앱으로 이동할 수 있는 기능을 제공한다. 이 광고는 일반적으로 15초에서 30초까지의 동영상 형식을 지원한다.

내가 좋은 명작!

P A R T

03

SOCIAL
NETWORK #

최신 기출복원문제

2024년 제1회 기출복원문제

01 다음 중 소셜미디어가 매스미디어에 비해 우위를 점하고 있는 요소가 아닌 것은?

① 사용자 참여의 용이성
② 실시간 소통 가능성
③ 대중의 영향력 감소
④ 개인화된 콘텐츠 제공

02 다음 중 Web 3.0의 대표적인 특징이 아닌 것은?

① 분산형 데이터 저장
② 인공지능의 활용
③ 사용자 데이터의 중앙 집중화
④ 의미 기반의 검색 기술

03 다음 중 숏폼 영상 콘텐츠의 트렌드를 주도한 소셜미디어 플랫폼은?

① 페이스북   ② X
③ 틱톡   ④ 링크드인

04 다음 중 소셜미디어의 유형에 해당하지 않는 것은?

① X   ② 틱톡
③ 레딧   ④ 넷플릭스

05 다음 중 페이스북의 사명 변경에 영향을 미쳐 2025년까지 발전할 것으로 예상되는 분야는 무엇인가?

① 스마트폰
② 메타버스
③ 클라우드 컴퓨팅
④ 전자상거래

06 다음 중 소셜미디어 시대의 소비자 행동을 설명하는 모델로 가장 적절하지 않은 것은?

① 다단계 구매 결정 모델
② 소비자 참여 모델
③ 포터의 5 Forces
④ 고객 충성도 모델

07 한 기업의 소셜미디어 담당자가 브랜드 콘텐츠 마케팅 전략을 구상하고 있다. 다음 중에 마케팅 전략으로 가장 적합하지 않은 것은?

① 고객 참여를 유도하는 이벤트 개최
② 제품의 장점을 나열하는 광고 게시
③ 사용자 생성 콘텐츠 활용
④ 브랜드 가치와 스토리를 전달하는 콘텐츠 제작

08 다음 중 메타가 탈중앙화 소셜미디어를 목표로 출시한 플랫폼으로, 빠르게 이용자를 확보한 것으로 무엇인가?

① 스냅챗(Snapchat)
② 스레드(Thread)
③ X
④ 핀터레스트(Pinterest)

09 다음 중 캠페인의 성과를 나타내는 평가 지표에 대한 설명으로 적절하지 않은 것은?

① ROI(투자 대비 수익률)는 캠페인의 경제적 효과를 측정하는 지표이다.
② CTR(클릭률)은 광고 노출 수 대비 클릭 수의 비율을 나타낸다.
③ CPC(클릭당 비용)는 광고 캠페인에서 클릭당 발생하는 평균 비용이다.
④ CPM(비용 대비 매출)은 광고가 발생시킨 매출을 광고 비용으로 나눈 비율이다.

10 다음 중 메타와 관련이 없는 서비스는 무엇인가?

① 오큘러스(Oculus)
② 왓츠앱(WhatsApp)
③ 스냅챗(Snapchat)
④ 페이스북 마켓플레이스

11 페이스북에서 일반적인 페이지 게시물을 올리는 대신 페이스북 광고를 사용했을 때의 장점으로 가장 적합한 것은?

① 더 많은 유기적 도달
② 타기팅 가능성
③ 낮은 비용
④ 자동화된 콘텐츠 생성

12 한 브랜드가 새로운 웹사이트를 출시하고 사람들이 이곳에 방문하기를 원할 때 캠페인 제작 과정에서 이 브랜드가 가장 먼저 취해야 할 조치는 무엇인가?

① 소셜미디어 광고 캠페인 시작
② 웹사이트의 SEO 최적화
③ 타깃 오디언스 분석
④ 이메일 뉴스레터 발송

13 다음 중 유기적 도달은 무엇을 의미하는가?

① 광고를 통해 노출된 사용자 수
② 자연스럽게 생성된 콘텐츠에 의해 도달한 사용자 수
③ 유료 광고 캠페인을 통해 도달한 사용자 수
④ 페이지 팬의 수

14 다음 중 Meta Business Suite의 인사이트를 통해 얻을 수 없는 정보는 무엇인가?

① 게시물의 도달률
② 광고 캠페인의 클릭률
③ 경쟁사의 실시간 판매 데이터
④ 고객 참여도

15 다음 중 메타의 카탈로그에 대한 설명으로 적합하지 않은 것은?

① 카탈로그는 동적 광고를 위한 필수 요소이다.
② 카탈로그는 제품의 재고 상태를 실시간으로 반영할 수 있다.
③ 카탈로그는 오프라인 매출만을 추적하는 기능을 제공한다.
④ 카탈로그는 다양한 형식의 광고에 사용될 수 있다.

16 다음 중 메타에서 광고 목표에 따라 이용 가능한 광고 최적화 방법으로 적합하지 않은 것은?

① 전환 최적화
② 브랜드 인지도 최적화
③ 클릭률(CTR) 최적화
④ 리타기팅 최적화

17 다음 중 메타에서 광고를 집행한 결과를 설명한 것으로 적절하지 않은 것은?

① 캠페인에 사용된 광고 소재의 효과가 좋았다.
② 광고 도달 수가 증가했다.
③ 브랜드 인지도가 향상되었다.
④ 모든 잠재 고객에게 광고가 하루에 한 번만 노출되었다.

18 다음 중 메타의 머신러닝에 대한 설명으로 적절하지 않은 것은?

① 머신러닝은 데이터의 패턴을 학습하여 광고 최적화를 지원한다.
② 머신러닝 모델은 수동으로 업데이트해야 한다.
③ 머신러닝은 대량의 데이터를 처리하여 인사이트를 도출할 수 있다.
④ 머신러닝은 실시간으로 광고 성과를 분석하는 데 유용하다.

19 다른 주변 지역에서 비즈니스를 홍보하기 위해 메타에서 광고 캠페인을 진행할 때 적합하지 않은 것은?

① 지역 기반 소셜미디어 그룹에 광고를 게시한다.
② 특정 지역의 인구 통계 정보를 무시하고 광고를 진행한다.
③ 지역 이벤트나 프로모션 정보를 광고에 포함시킨다.
④ 광고 성과를 분석하여 이후 캠페인에 반영한다.

20 트래픽을 광고 목표로 선택하고 웹사이트 유입을 전환 위치로 설정했을 때, 설정 가능한 전환 이벤트로 적절하지 않은 것은?

① 특정 페이지 방문
② 뉴스레터 구독
③ 제품 상세 페이지 조회
④ 사용자 리뷰 작성

21 다음 중 메타(Meta)에서 '어드밴티지+카탈로그 광고 캠페인'을 준비하는 과정 중 메타 픽셀/SDK의 필수 이벤트값이 아닌 것은?

① 페이지 조회
② 장바구니 추가
③ 구매 완료
④ 사용자 로그인

22 한 브랜드가 15초 동영상을 활용한 캠페인을 진행하며, 동영상 재생 수의 최대화를 목표로 하고 있다. 이때 캠페인 성공 여부를 평가하기 위해 사용할 수 없는 측정 지표는?

① 동영상 재생 수
② 평균 시청 시간
③ 브랜드 인지도 변화
④ 웹사이트 방문 수

23 다음 중 메타의 광고 시스템에서 맞춤 타깃을 만들고자 할 때, 타깃 생성 시 사용할 수 있는 소스 옵션이 아닌 것은?

① 웹사이트 방문자   ② 이메일 리스트
③ 친구 목록   ④ 앱 사용자

24 다음 중 메타의 다이내믹 광고에서 제공하는 카탈로그의 업종이 아닌 것은?

① 패션 및 의류
② 여행 및 숙박
③ 자동차 및 부품
④ 의료 서비스

25 다음 중 메타의 광고 경매에서 광고 순위 낙찰에 영향을 미치는 요소가 아닌 것은?

① 광고의 타기팅 정확도
② 광고의 사용자 반응
③ 광고의 제작 비용
④ 광고의 노출 빈도

26 다음 중 메타(Meta)의 픽셀 사용으로 인한 장점으로 적절하지 않은 것은?

① 전환 데이터를 수집하여 광고 최적화를 지원한다.
② 다양한 플랫폼에서 사용자 행동을 통합적으로 분석할 수 있다.
③ 광고 캠페인의 목표를 자동으로 설정해 준다.
④ 리타기팅 광고를 효율적으로 실행할 수 있다.

27 다음 중 광고 캠페인 실적을 파악하기 위해 사용할 수 있는 '측정 방법' 및 '지표'를 나타내는 용어가 아닌 것은?

① 클릭률(CTR)   ② 노출 수
③ 전환율   ④ 광고 디자인

28 다음 중 메타의 샵(Shop)에 대한 설명으로 옳지 않은 것은?

① 샵은 브랜드와 기업이 제품을 전시하고 판매할 수 있는 공간이다.
② 샵을 통해 고객과의 소통을 강화할 수 있다.
③ 샵에서 판매된 제품은 메타가 직접 관리한다.
④ 샵은 사용자 맞춤형 쇼핑 경험을 제공할 수 있다.

29 다음 중 메타(Meta) 플랫폼에 활용할 동영상 광고의 크리에이티브 전략으로 옳지 않은 것은?

① 짧고 간결한 메시지를 전달한다.
② 초반 몇 초 안에 주목할 만한 요소를 배치한다.
③ 모든 정보를 한 번에 제공한다.
④ 브랜드 아이덴티티를 명확하게 전달한다.

30 다음 중 메타(Meta)의 커뮤니티 규정의 목표와 가치가 아닌 것은?

① 사용자 개인정보를 보호한다.
② 차별과 혐오 발언을 금지한다.
③ 모든 사용자가 동일한 콘텐츠 접근을 보장한다.
④ 사용자 간의 협력을 촉진한다.

31 최근 웹사이트 전환 추적이 어려워짐에 따라 성과 저하 현상이 나타나고 있는 상황에서 캠페인을 최적화하기 위해 구현해야 하는 기능은 무엇인가?

① A/B 테스트
② 동적 광고
③ 리타기팅
④ 서버사이드 트래킹

32 다음 중 페이스북 비즈니스 설정 탭 메뉴에서 데이터 소스에 포함되지 않는 항목은 무엇인가?

① 데이터 세트
② 사람
③ 이벤트
④ 오프라인 이벤트

33 다음 중 페이스북의 특별 광고 카테고리에 해당하지 않는 것은?

① 주택
② 고용
③ 금융 서비스
④ 건강 및 웰빙

34 다음 중 메타(Meta)의 광고 캠페인 목표 중 관심 유도를 위한 목표에 해당하지 않는 것은?

① 트래픽 증가
② 앱 설치
③ 동영상 조회 수 증가
④ 고객 유지

35 다음 중 메타의 광고 정책에 대한 설명으로 옳지 않은 것은?

① 광고는 사실에 기반해야 하며 허위 정보를 포함할 수 없다.
② 모든 광고는 사용자에게 안전하고 긍정적인 경험을 제공해야 한다.
③ 특정 연령대에 대한 광고는 제한 없이 진행할 수 있다.
④ 차별적이거나 혐오적인 콘텐츠는 금지된다.

36 유튜브에서 YPP(YouTube Partner Program)에서 인스트림 광고를 통한 수익을 내기 위한 조건으로 적합하지 않은 것은?

① 채널 구독자 수가 1,000명 이상이어야 한다.
② 지난 12개월 동안 4,000시간 이상의 시청 시간이 필요하다.
③ 모든 콘텐츠가 저작권이 없는 경우에만 수익을 얻을 수 있다.
④ 유튜브의 커뮤니티 가이드라인을 준수해야 한다.

37 다음 중 유튜브 파트너 프로그램(YPP)을 통해서 수익을 창출할 수 있는 방법이 아닌 것은?

① 인스트림 광고
② 스폰서십
③ 슈퍼챗
④ 유튜브 프리미엄 구독자 수익

38 다음 중 유튜브에서 수익을 창출하기 위한 유튜브 파트너 프로그램(YPP) 참여 요건으로 적합하지 않은 것은?

① 유효한 광고 계정을 등록해야 한다.
② 채널의 콘텐츠가 모든 연령대에 적합해야 한다.
③ 유튜브의 광고 정책을 준수해야 한다.
④ 채널이 활성 상태여야 한다.

39 다음 중 유튜브 커뮤니티 가이드를 위반하지 않은 경우는?

① 타인의 저작권을 침해하는 음악을 배경으로 사용하는 동영상
② 인종차별적인 발언이 포함된 동영상
③ 유머러스한 방식으로 일상적인 사건을 다룬 동영상
④ 성적인 내용이 포함된 동영상

40 다음 중 유튜브의 저작권 침해 처리를 위해 만든 도구가 아닌 것은?

① 저작권 관리 도구
② 콘텐츠 ID
③ 신고 시스템
④ 유튜브 뮤직

41 다음 중 유튜브의 동영상 공개 범위 설정에 대한 설명으로 옳지 않은 것은?

① 공개 동영상은 누구나 볼 수 있다.
② 비공개 동영상은 링크를 아는 사람만 볼 수 있다.
③ 목록에 없는 동영상은 삭제된 것으로 간주된다.
④ 제한 공개 동영상은 특정 사용자와만 공유할 수 있다.

42 다음 중 유튜브의 채널 관리에 대한 설명으로 옳지 않은 것은?

① 채널 키워드를 설정하여 검색 최적화를 할 수 있다.
② 채널 설명은 구독자에게 채널의 주제를 알리는 데 도움이 된다.
③ 모든 채널은 반드시 프로필 사진을 설정해야 한다.
④ 채널 분석 도구를 통해 성과를 모니터링할 수 있다.

43 다음 유튜브 쇼츠(Shorts)에 대한 설명으로 옳지 않은 것은?

① 쇼츠는 60초 이하의 짧은 동영상이다.
② 쇼츠 동영상은 수익 창출이 가능하다.
③ 쇼츠는 세로 형태로 촬영되어야 한다.
④ 쇼츠는 일반 동영상과 동일한 알고리즘으로 추천된다.

44 다음 중 유튜브의 제작 지원 도구로 모바일 기기로 영상을 제작하는 크리에이터가 사용할 수 없는 도구는?

① 유튜브 비디오 편집기
② 유튜브 스튜디오
③ 유튜브 애널리틱스
④ 유튜브 콘텐츠 ID

45 다음 중 유튜브의 제작 지원 도구로 모바일 기기로 영상을 제작하는 크리에이터가 영상의 퀄리티를 보다 업그레이드하는 데 필요한 편집 도구를 제공하는 유튜브 도구는?

① 유튜브 스튜디오
② 유튜브 쇼츠
③ 유튜브 비디오 편집기
④ 유튜브 뮤직

46 다음 중 유튜브의 범퍼광고에 대한 설명으로 잘못된 것은?

① 범퍼광고는 6초 길이의 짧은 동영상 광고이다.
② 범퍼광고는 스킵할 수 없는 광고이다.
③ 범퍼광고는 주로 브랜드 인지도 향상을 위해 사용된다.
④ 범퍼광고는 시청자의 클릭을 유도하는 형태로 구성된다.

47 다음 중 유튜브의 아웃스트림 광고 유형에 대한 설명에 해당하지 않는 것은?

① 아웃스트림 광고는 모바일 기기에서 주로 노출된다.
② 아웃스트림 광고는 다른 동영상 콘텐츠와 함께 재생된다.
③ 사용자가 광고를 클릭하지 않으면 자동으로 재생이 중단된다.
④ 아웃스트림 광고는 일반적으로 15초에서 30초 사이의 길이로 제공된다.

48 다음 중 트루뷰 비디오 디스커버리 광고의 과금방식으로 잘못된 것은?

① 광고 클릭 시 과금된다.
② 광고 노출 시마다 과금된다.
③ 광고 시청 후 과금된다.
④ 사용자가 광고를 스킵할 경우 과금되지 않는다.

49 다음 중 트루뷰 포 리치(True View for Reach)에 대한 설명으로 옳지 않은 것은?

① 트루뷰 포 리치는 광고 노출에 대한 과금 방식이다.
② 사용자가 광고를 클릭해야만 과금된다.
③ 광고는 30초 이상 길이로 제작되어야 한다.
④ 주로 브랜드 인지도를 높이는 데 효과적이다.

50 다음 중 브랜드 고려도를 높이기 위한 유튜브 광고의 타기팅 방법으로 적절하지 않은 것은?

① 관심사 기반 타기팅
② 유사 잠재고객 타기팅
③ 키워드 타기팅
④ 랜덤 타기팅

51 다음 중 잠재 고객을 확대하기 위해 유튜브 채널 시청자 목록을 대상으로 이루어지는 고도화된 방식은 무엇인가?

① 유사 잠재고객 타기팅
② 지역 기반 타기팅
③ 일반 광고 노출
④ 랜덤 타기팅

52 유튜브 광고 캠페인에서 예산을 설정할 때, 다음 중 옳은 것은?

① 캠페인 예산은 하루에 사용할 수 있는 최대 금액을 설정하는 것이며, 이 금액을 초과할 수 없다.
② 유튜브 광고 캠페인은 예산을 설정하지 않고도 실행할 수 있다.
③ 캠페인 예산은 광고의 성과에 따라 자동으로 조정된다.
④ 유튜브 광고 캠페인은 총 예산과 일일 예산 중 하나를 선택하여 설정할 수 있다.

53 다음 중 유튜브 광고를 진행하기 위한 광고 소재 설정에 대한 설명으로 잘못된 것은?

① 광고 소재는 텍스트, 이미지, 비디오 형식으로 제공될 수 있다.
② 광고 소재는 특정한 타깃 오디언스를 고려하여 제작해야 한다.
③ 광고 소재는 최대 60초까지 제작할 수 있다.
④ 광고 소재는 반드시 브랜드 로고를 포함해야 한다.

54 다음 중 광고 소재로 사용할 영상이 광고 정책을 위반하는 경우 유튜브의 조치로 옳은 것은?

① 광고가 즉시 삭제된다.
② 광고가 승인되지 않고 거부된다.
③ 광고가 승인되지만 제한적으로 노출된다.
④ 광고를 게시한 사용자에게 경고 메시지가 발송된다.

55 다음 중 유튜브의 사용자 행동 기반 타기팅에 대한 설명으로 잘못된 것은?

① 행동 기반 타기팅은 사용자 구매 기록을 고려할 수 있다.
② 사용자의 구독 채널은 타기팅에 영향을 미치지 않는다.
③ 광고는 사용자의 시청 습관을 분석하여 맞춤형으로 제공된다.
④ 행동 기반 타기팅은 광고 효율성을 높이는 데 기여한다.

56 다음 중 40대 여성으로 여행을 좋아하는 잠재고객을 타기팅할 때 사용하지 않은 타기팅 방식은 무엇인가?

① 유사 잠재고객 타기팅
② 키워드 타기팅
③ 행동 기반 타기팅
④ 기기 유형 타기팅

57 다음 중 유튜브의 광고 정책에 따라 타기팅이 제한되는 분야는 무엇인가?

① 담배 및 담배 관련 제품
② 자동차
③ 패션
④ 스포츠

58 다음 중 두 개의 연속으로 게재되는 동영상 광고가 허용되는 유튜브 내 영상 콘텐츠의 길이에 대한 설명으로 옳지 않은 것은?

① 콘텐츠가 10분 이상이어야 한다.
② 콘텐츠가 15분 이상이어야 한다.
③ 콘텐츠가 20분 이상일 경우 추가 광고가 가능하다.
④ 모든 콘텐츠에 대해 두 개의 광고가 허용된다.

59 다음 중 인스트림 광고 노출 시 동영상 플레이어 근처에 동반 노출되는 배너 형태의 광고에 대한 설명으로 옳지 않은 것은?

① 사용자가 광고를 클릭할 수 있다.
② 광고는 동영상 콘텐츠의 하단에 위치한다.
③ 광고는 자동으로 재생된다.
④ 오버레이 광고는 사용자가 스킵할 수 없다.

60 다음 중 유튜브 채널 내 영상 조회수에 반영되지 않은 광고에 대한 설명으로 옳지 않은 것은?

① 디스플레이 광고는 조회수에 영향을 미치지 않는다.
② 오버레이 광고는 영상 시청 중에 나타난다.
③ 스킵 가능한 인스트림 광고는 조회수에 포함된다.
④ 스킵 불가능한 인스트림 광고는 조회수에 포함된다.

61 다음 중 15초 이하로 재생되고, 건너뛰기가 불가능한 유튜브 광고 상품에 대한 설명으로 옳지 않은 것은?

① 범퍼 광고는 6초에서 15초 사이의 길이를 가진다.
② 범퍼 광고는 사용자가 스킵할 수 있다.
③ 범퍼 광고는 동영상 콘텐츠의 전후 또는 중간에 나타난다.
④ 범퍼 광고는 브랜드 인지도를 높이는 데 효과적이다.

62 다음 중 구글에서 제공하는 도구에 대한 설명으로 옳지 않은 것은?

① 구글 키워드 플래너는 키워드 연구와 광고 캠페인에 유용하다.
② 구글 태그 매니저는 웹사이트에서 태그를 관리하는 도구이다.
③ 구글 포토는 사진 및 비디오 저장을 위한 도구이다.
④ 구글 애드센스는 웹사이트 분석을 위한 도구이다.

63 다음 중 유튜브 광고 성과에 대한 설명으로 옳지 않은 것은?

① 유튜브 광고 성과는 브랜드 인지도 향상에만 국한된다.
② 광고 리치(reach)는 광고가 도달한 고유 사용자 수를 나타낸다.
③ 광고 재생 완료율은 사용자가 광고를 끝까지 시청한 비율을 의미한다.
④ 광고 성과 분석은 캠페인 최적화에 중요한 역할을 한다.

64 다음 중 광고 조회 1회에 지급할 의사가 있는 최대 금액에 대한 설명으로 옳지 않은 것은?

① 최대 입찰가는 광고 성과에 따라 조정될 수 있다.
② 최대 입찰가는 광고주가 설정하는 금액이다.
③ 최대 입찰가는 광고 조회수에 관계없이 항상 고정된다.
④ 최대 입찰가는 캠페인의 경쟁 상황에 영향을 받을 수 있다.

65 다음 중 새로 출시한 모델의 인지도를 높이기 위해 광고캠페인 성과분석 시 중점적으로 살펴보아야 할 지표가 아닌 것은?

① 브랜드 검색량
② 소셜미디어 언급 수
③ 고객 유지
④ 광고 재생률

66 다음 중 어린이 시청자만을 위한 맞춤 앱으로 가장 안전한 환경에서 광고 노출이 가능한 광고 상품은 무엇인가?

① 유튜브 프리미엄
② 유튜브 키즈
③ 디스플레이 광고
④ 범퍼 광고

67 다음 중 유튜브의 동영상 광고에서 건너뛰기 버튼에 대한 설명으로 옳지 않은 것은?

① 건너뛰기 버튼은 광고 시작 후 5초가 지나야 나타난다.
② 사용자는 건너뛰기 버튼을 클릭하여 광고를 중단할 수 있다.
③ 모든 유튜브 광고에서 건너뛰기 버튼이 제공된다.
④ 건너뛰기 버튼이 나타나면 사용자는 광고를 시청하지 않을 수 있다.

68 다음 중 유튜브의 범퍼광고에 대한 설명으로 옳지 않은 것은?

① 범퍼광고는 사용자가 건너뛰지 못하는 광고이다.
② 범퍼광고는 주로 인지도 향상을 목표로 한다.
③ 범퍼광고는 클릭당 비용(CPC) 방식으로 과금된다.
④ 범퍼광고는 최대 6초에서 15초까지 재생된다.

69 다음 중 카카오 광고 플랫폼에 대한 설명으로 옳지 않은 것은?

① 카카오 광고 플랫폼을 통해 다양한 형태의 광고를 집행할 수 있다.
② 카카오 비즈보드는 특정 연령대와 성별을 타기팅할 수 있는 기능이 있다.
③ 카카오 광고 플랫폼은 오직 모바일 기기에서만 사용할 수 있다.
④ 디스플레이 광고는 브랜드 인지도를 높이는 데 효과적이다.

70 다음 중 카카오의 광고 유형과 과금 방식이 올바르게 짝지어진 것은?

① 카카오톡 광고 – 클릭당 비용(CPC)
② 디스플레이 광고 – 노출당 비용(CPA)
③ 동영상 광고 – 클릭당 비용(CPC)
④ 검색 광고 – 클릭당 비용(CPC)

71 다음 중 카카오 비즈보드에 대한 설명으로 옳지 않은 것은?

① 카카오 비즈보드는 광고주가 직접 광고를 집행할 수 있는 플랫폼이다.
② 카카오 비즈보드는 모바일 기기에서만 사용할 수 있다.
③ 카카오 비즈보드는 실시간으로 광고 성과를 모니터링할 수 있다.
④ 카카오 비즈보드는 다양한 타기팅 옵션을 제공한다.

72 다음 중 카카오의 비즈니스 목표에 따른 카카오의 서비스와 도구로 잘못 짝지어진 것은?

① 광고 수익 극대화 – 카카오 비즈보드
② 고객 관리 – 카카오톡 채널
③ 데이터 분석 – 카카오 애널리틱스
④ 오프라인 매장 관리 – 카카오 T

73 다음 중 카카오의 디스플레이 광고에 대한 설명으로 옳지 않은 것은?

① 카카오의 디스플레이 광고는 다양한 형태의 배너 광고를 포함한다.
② 광고는 사용자 맞춤형으로 타기팅이 가능하다.
③ 디스플레이 광고는 클릭당 비용(CPC) 방식으로만 과금된다.
④ 카카오의 디스플레이 광고는 모바일과 PC에서 모두 노출될 수 있다.

74 다음 중 카카오톡 비즈보드 광고의 소재 형태에서 배경이 제거된 오브젝트 이미지를 사용한 소재 유형은 무엇인가?

① 정지 이미지
② GIF 애니메이션
③ 스티커
④ 동영상

75 다음 중 광고주의 서비스에 방문한 고객들이 이탈 없이 간편 가입을 거쳐 자동으로 로그인 상태가 유지되게 하는 카카오톡 비즈보드의 랜딩 유형은 무엇인가?

① 일반 랜딩 페이지
② 카카오톡 인증 랜딩
③ 웹뷰 랜딩
④ 프로모션 랜딩

76 다음 중 카카오톡 비즈보드 광고에 대한 설명으로 잘못된 것은?

① 카카오톡 비즈보드는 텍스트, 이미지, 동영상 등 다양한 형식의 광고를 지원한다.
② 광고는 카카오톡 사용자에게만 노출된다.
③ 카카오톡 비즈보드는 광고 성과 분석 도구를 제공하지 않는다.
④ 카카오톡 비즈보드는 타기팅 기능을 통해 특정 고객층에 광고를 노출할 수 있다.

77 다음 중 스마트채널, 네이버 메인 및 서브, 밴드 앱 등 네이버의 광고를 구매하고 관리가 가능한 플랫폼은 무엇인가?

① 네이버 광고 플랫폼
② 네이버 쇼핑
③ 네이버 블로그
④ 네이버 카페

78 다음 중 네이버의 스마트채널 광고에 대한 설명으로 적합하지 않은 것은?

① 스마트채널 광고는 다양한 형식의 광고 콘텐츠를 제공한다.
② 광고주는 실시간으로 광고 성과를 분석할 수 있다.
③ 스마트채널 광고는 오직 네이버 블로그에서만 노출된다.
④ 광고 타기팅이 가능하여 특정 고객층에 도달할 수 있다.

79 다음 중 틱톡의 광고 상품 유형으로 적합하지 않은 것은?

① 인-피드 광고
② 브랜드 테이크오버
③ 스토리 광고
④ 브랜디드 해시태그 챌린지

80 다음 중 틱톡에 대한 설명으로 옳지 않은 것은?

① 틱톡은 주로 짧은 동영상 콘텐츠를 중심으로 한 플랫폼이다.
② 틱톡 사용자는 최대 10분 길이의 동영상을 업로드할 수 있다.
③ 틱톡은 전 세계적으로 1억 명 이상의 사용자를 보유하고 있다.
④ 틱톡은 다양한 필터와 효과를 제공하여 동영상 편집이 가능하다.

2024년 제2회 기출복원문제

01 소셜미디어가 매스미디어와 비교했을 때 장점이 아닌 것은?

① 저렴한 광고 비용
② 콘텐츠의 즉각적인 피드백
③ 통제된 정보 전파
④ 다양한 형식의 콘텐츠 제공

02 Web 3.0의 주요 특징으로 가장 적절하지 않은 것은?

① 탈중앙화
② 스마트 계약
③ 단일 플랫폼 의존성
④ 사용자 주권 강화

03 다음 중 숏폼 영상 콘텐츠의 인기 상승에 기여하지 않은 플랫폼은?

① 인스타그램 Reels
② 유튜브 쇼츠
③ 스냅챗
④ 블로그

04 다음 중 소셜미디어의 유형에 해당하지 않는 것은?

① 페이스북
② 인스타그램
③ 위키피디아
④ 구글 드라이브

05 다음 중 초월, 가상을 의미하는 단어와 세계를 의미하는 합성어로 소셜미디어 플랫폼에서 영향을 미친 분야는 무엇인가?

① 메타버스
② 가상현실
③ 증강현실
④ 디지털 트윈

06 다음 중 소셜미디어 시대의 소비자 행동을 설명하는 모델이 아닌 것은?

① AIDA 모델
② 소비자 의사결정 과정 모델
③ SWOT 분석
④ 고객 여정 맵

07 한 기업의 소셜미디어 담당자가 브랜드 콘텐츠 마케팅 전략을 수립하는 중이다. 다음 중 마케팅 전략으로 가장 적합하지 않은 것은?

① 인플루언서와의 협업을 통한 홍보
② 특정 트렌드에 맞춘 콘텐츠 제작
③ 모든 소셜미디어 플랫폼에 동일한 콘텐츠 게시
④ 고객 피드백을 반영한 콘텐츠 개선

08 다음 중 메타가 탈중앙화 소셜미디어를 표방하며 새롭게 출시한 소셜미디어로 등장부터 상당한 이용자 수를 얻은 것으로 알려진 소셜미디어는 무엇인가?

① 스레드(Thread)
② 플로우(Flow)
③ 패러렐(Parallel)
④ 비욘드(Beyond)

09 다음 중 캠페인의 성과를 나타내는 평가 지표에 대한 설명으로 가장 적절하지 않은 것은?

① Engagement Rate(참여율)는 콘텐츠에 대한 사용자 참여 정도를 나타낸다.
② Conversion Rate(전환율)는 특정 행동을 완료한 사용자 비율을 나타낸다.
③ Bounce Rate(이탈률)는 웹사이트를 방문한 후 다른 페이지로 이동하지 않고 이탈한 비율이다.
④ Reach(도달률)는 광고가 도달한 총 비용을 나타낸다.

10 다음 중 메타와 상관없는 것은?

① 페이스북
② 인스타그램
③ X
④ 메신저

11 페이스북에서 일반적인 페이지 게시물 대신 광고를 사용할 때의 장점으로 가장 적합한 것은?

① 즉각적인 결과
② 모든 사용자에게 동일한 노출
③ 콘텐츠의 자발적 공유 증가
④ 페이지의 자연스러운 성장

12 한 브랜드가 새로운 웹사이트를 출시하고 방문자를 유도하기 위한 캠페인을 계획할 때 가장 먼저 해야 할 일은 무엇인가?

① 경쟁 분석 수행
② 웹사이트 디자인 개선
③ 캠페인 목표 설정
④ 콘텐츠 제작

13 다음 중 Meta Business Suite의 기능에 대한 설명으로 옳지 않은 것은?

① 게시물 예약 기능을 제공한다.
② 고객 메시지를 관리할 수 있다.
③ 오프라인 매출 추적 기능이 포함되어 있다.
④ 다양한 광고 형식을 지원한다.

14 다음 중 메타(Meta)가 맞춤 타깃 설정을 위해 제공하지 않는 소스는 무엇인가?

① 리타기팅 광고를 위한 방문자 행동 데이터
② 자사 이메일 리스트
③ 특정 지역의 인구 통계 정보
④ 특정 사용자의 개인 메시지 내용

15 다음 중 메타(Meta)의 타기팅에 대한 설명으로 적합하지 않은 것은?

① 광고주는 특정 인구 통계 정보를 기반으로 타깃을 설정할 수 있다.
② 메타는 사용자의 개인 정보를 외부에 공유하여 타기팅을 강화한다.
③ 관심사 기반 타기팅이 가능하다.
④ 행동 기반 데이터에 따라 광고를 맞춤화할 수 있다.

16 다음 중 메타에서 광고 목표에 따라 이용 가능한 광고 최적화 방법으로 적합하지 않은 것은?

① 클릭당 비용(CPC) 최적화
② 노출 수 기반 최적화
③ 사용자 생성 콘텐츠 활용 최적화
④ 전환당 비용(CPA) 최적화

17 다음 중 메타에서 광고를 집행한 결과를 설명한 것으로 적절하지 않은 것은?

① 캠페인에 사용된 광고 소재의 효과가 좋았다.
② 광고 도달 수가 증가했다.
③ 브랜드 인지도가 향상되었다.
④ 모든 잠재 고객에게 광고가 하루에 한 번만 노출되었다.

18 다음 중 메타의 머신러닝을 설명하는 내용으로 적절하지 않은 것은?

① 머신러닝 알고리즘은 사용자 행동 데이터를 분석하여 광고 타기팅을 최적화한다.
② 머신러닝은 광고 성과를 예측하기 위해 과거 데이터를 활용한다.
③ 머신러닝의 결과는 항상 100% 정확성을 보장한다.
④ 머신러닝은 광고의 실시간 성과를 모니터링하고 조정하는 데 도움을 준다.

19 주변 지역에 비즈니스를 홍보하기 위해서 메타에서 광고 캠페인을 진행하려고 할 때, 적합하지 않은 것은?

① 지역 타기팅 기능을 사용하여 광고를 특정 지역에 노출한다.
② 해당 지역의 사용자 관심사에 맞춘 광고 콘텐츠를 제작한다.
③ 비즈니스의 웹사이트 링크를 사용하지 않고, 소셜미디어 프로필만 홍보한다.
④ 광고 예산을 설정하여 효과적인 비용 관리를 한다.

20 다음 중 트래픽을 광고 목표로 선택하고, 웹사이트 유입을 전환 위치로 설정했을 때 설정 가능한 전환 이벤트는?

① 웹사이트 방문
② 장바구니 추가
③ 구매 완료
④ 페이지 스크롤

21 다음 중 메타(Meta)에서 '어드밴티지+카탈로그 광고 캠페인' 준비 시 메타 픽셀/SDK의 필수 이벤트 값으로 적합하지 않은 것은?

① 제품 상세 페이지 조회
② 결제 수단 추가
③ 프로모션 코드 사용
④ 웹사이트 방문

22 한 브랜드가 새롭게 진행하는 캠페인에서 15초 동영상을 사용하고, 캠페인 종료 시점까지 동영상 재생 수의 최대화를 목표로 하고 있다. 이때 캠페인 성공 여부 평가에 사용해야 하는 측정 지표로 옳은 것은?

① 클릭률(CTR)
② 동영상 재생 완료율
③ 도달 수
④ 전환율

23 다음 중 메타의 다이내믹 광고에서 제공하는 카탈로그의 업종으로 적절하지 않은 것은?

① 가전 제품   ② 식음료
③ 온라인 교육   ④ 부동산

24 다음 중 메타의 광고 시스템에서 맞춤 타깃을 만들기 위한 소스 옵션으로 적합하지 않은 것은?

① 고객 데이터베이스
② 소셜미디어 활동
③ 오프라인 구매 기록
④ 광고 클릭 수

25 다음 중 메타의 광고 경매에서 광고 순위 낙찰에 영향을 미치는 요소가 아닌 것은?

① 광고의 입찰가
② 광고의 품질 점수
③ 광고의 클릭률(CTR)
④ 광고의 색상 조합

26 다음 중 메타(Meta)의 픽셀 사용으로 인한 장점으로 옳지 않은 것은?

① 웹사이트 방문자의 행동을 추적할 수 있다.
② 광고 성과를 실시간으로 분석할 수 있다.
③ 광고 비용을 자동으로 절감할 수 있다.
④ 맞춤 타깃을 생성할 수 있다.

27 다음 중 광고 캠페인 실적을 파악하기 위해 사용할 수 있는 "측정 방법" 및 "지표"를 나타내는 용어가 아닌 것은?

① ROI(투자 대비 수익)
② 도달 수
③ 클릭 수
④ 광고 예산

28 다음 중 메타의 샵(Shop)에 대한 설명으로 옳지 않은 것은?

① 메타의 샵은 사용자가 제품을 직접 구매할 수 있는 플랫폼이다.
② 샵은 페이스북과 인스타그램에서 모두 사용할 수 있다.
③ 샵에 등록된 제품은 광고 캠페인에 자동으로 연동된다.
④ 샵을 운영하려면 별도의 판매 라이센스가 필요하다.

29 다음 중 메타(Meta) 플랫폼에 활용할 동영상 광고의 크리에이티브 전략으로 적절하지 않은 것은?

① 스토리텔링 기법을 활용하여 감정적인 반응을 유도한다.
② 다양한 형식을 실험하여 최적의 반응을 찾는다.
③ 제품의 사용 방법을 자세히 설명한다.
④ 시청자의 관심을 끌기 위해 강렬한 비주얼을 사용한다.

30 다음 중 메타(Meta)의 커뮤니티 규정의 목표와 가치가 아닌 것은?

① 사용자 간의 안전한 소통을 보장한다.
② 허위 정보와 잘못된 정보를 차단한다.
③ 광고 수익을 극대화하기 위해 모든 콘텐츠를 허용한다.
④ 다양한 의견과 토론을 존중한다.

31 최근 웹사이트 전환 추적이 어려워짐에 따라 성과 저하 현상이 나타나고 있는 상황에서 캠페인을 최적화하기 위해 고려해야 할 기능은 무엇인가?

① 고급 분석 도구
② 클릭 수 분석
③ 소셜미디어 광고 확대
④ 이메일 마케팅 강화

32 다음 페이스북 비즈니스 설정 탭 메뉴 중 데이터 소스에 포함된 항목이 아닌 것은?

① 픽셀   ② 카탈로그
③ 광고 계정   ④ 앱

33 다음 중 페이스북의 특별 광고 카테고리에 해당하지 않는 것은?

① 주택 임대
② 신용카드
③ 교육 프로그램
④ 대출

34 다음 중 메타(Meta)의 광고 캠페인 목표 중에서 관심 유도를 위한 목표에 해당하는 것은?

① 브랜드 인지도
② 전환
③ 판매 촉진
④ 리타기팅

35 다음 중 메타의 광고 정책에 대한 설명으로 옳지 않은 것은?

① 광고에는 제품이나 서비스에 대한 정확한 정보를 제공해야 한다.
② 사용자 데이터를 수집하기 위해 사전 동의를 요구하지 않는다.
③ 성인용 콘텐츠는 엄격히 제한된다.
④ 정치 광고는 투명성을 유지해야 한다.

36 유튜브에서 YPP에서 인스트림 광고를 통한 수익을 내기 위한 조건으로 적합하지 않은 것은?

① 채널이 활성 상태여야 한다.
② 광고 수익을 수령하기 위해 은행 계좌 정보를 등록해야 한다.
③ 모든 동영상에 인스트림 광고를 설정해야 한다.
④ 유튜브의 광고 정책을 준수해야 한다.

37 다음 중 유튜브 파트너 프로그램(YPP)을 통해서 수익을 창출할 수 있는 방법이 아닌 것은?

① 채널 멤버십
② 광고 수익
③ 콘텐츠 판매
④ 동영상 다운로드 판매

38 다음 중 유튜브에서 수익을 창출하기 위한 유튜브 파트너 프로그램(YPP) 참여 요건으로 적합하지 않은 것은?

① 채널 구독자 수가 1,000명 이상이어야 한다.
② 지난 12개월 동안 4,000시간 이상의 시청 시간이 필요하다.
③ 모든 동영상이 저작권이 없는 콘텐츠여야 한다.
④ 유튜브의 커뮤니티 가이드라인을 준수해야 한다.

39 다음 중 유튜브 커뮤니티 가이드를 위반하지 않은 경우는 무엇인가?

① 폭력적인 장면을 포함한 동영상
② 허위 정보를 퍼뜨리는 동영상
③ 긍정적인 메시지를 전달하는 동영상
④ 타인을 괴롭히는 내용이 포함된 동영상

40 다음 중 유튜브의 저작권 침해 처리를 위해 만든 도구는 무엇인가?

① 콘텐츠 ID
② 유튜브 스튜디오
③ 채널 분석 도구
④ 광고 수익화 도구

41 다음 중 유튜브의 동영상 공개 범위 설정에 대한 설명으로 옳지 않은 것은?

① 공개 동영상은 검색 결과에 표시된다.
② 비공개 동영상은 아무도 볼 수 없다.
③ 제한 공개 동영상은 링크를 가진 사람만 볼 수 있다.
④ 동영상 공개 범위는 언제든지 변경할 수 있다.

42 다음 중 유튜브의 채널 관리에 대한 설명으로 옳지 않은 것은?

① 채널의 이름은 언제든지 변경할 수 있다.
② 채널 아트는 동영상을 통해 수익을 창출하는 데 영향을 미친다.
③ 채널의 설정에서 업로드 기본 설정을 변경할 수 있다.
④ 채널의 구독자 수는 실시간으로 업데이트된다.

43 다음 유튜브 쇼츠(Shorts)에 대한 설명으로 옳지 않은 것은?

① 쇼츠는 음악과 효과음을 추가할 수 있다.
② 쇼츠는 최대 15초의 길이로 제한된다.
③ 쇼츠는 모바일 기기에서 주로 소비된다.
④ 쇼츠는 일반 동영상과 함께 채널에 업로드할 수 있다.

44 다음 중 유튜브의 범퍼광고에 대한 설명으로 잘못된 것은?

① 범퍼광고는 모든 기기에서 재생될 수 있다.
② 범퍼광고는 동영상 시작 전에 자동으로 재생된다.
③ 범퍼광고는 특정 타깃 그룹에게 맞춤형으로 제공될 수 있다.
④ 범퍼광고는 최대 30초 길이로 제작될 수 있다.

45 다음 중 유튜브의 아웃스트림 광고 유형에 대한 설명에 해당하지 않는 것은?

① 아웃스트림 광고는 비디오 콘텐츠가 아닌 웹사이트에서도 재생될 수 있다.
② 아웃스트림 광고는 특정 타깃 오디언스에게 맞춤형으로 제공될 수 있다.
③ 아웃스트림 광고는 사용자가 직접 재생 버튼을 눌러야 시작된다.
④ 아웃스트림 광고는 브랜드 인지도를 높이는 데 효과적이다.

46 다음 중 구글의 광고 프로그램인 구글 애즈(Google Ads)에서 할 수 없는 광고는 무엇인가?

① 웹사이트의 검색 결과에 노출되는 광고
② 유튜브 동영상에 삽입되는 광고
③ 특정 개인의 이메일로 직접 발송되는 광고
④ 앱 내에서 표시되는 광고

47 다음 중 트루뷰 광고 집행 시 광고 영상 소재를 등록해야 하는 위치로 알맞은 것은?

① 구글 애즈(Google Ads) 캠페인 설정
② 유튜브 스튜디오의 동영상 관리 메뉴
③ 광고 소재 관리 페이지
④ 구글 애널리틱스

48 다음 중 트루뷰 비디오 디스커버리 광고의 과금방식으로 알맞은 것은?

① 광고 클릭당 비용(CPC)
② 광고 노출당 비용(CPM)
③ 광고 시청당 비용(CPV)
④ 광고 전환당 비용(CPA)

49 다음 중 트루뷰 포 리치(True View for Reach)에 대한 설명으로 옳지 않은 것은?

① 광고는 자동으로 재생되며 스킵할 수 없다.
② 광고 시청 시 과금이 발생한다.
③ 다양한 타기팅 옵션을 지원한다.
④ 브랜드 인지도를 높이는 데 중점을 둔다.

50 다음 중 브랜드 고려도를 높이기 위한 유튜브 광고의 타기팅 방법으로 적절하지 않은 것은?

① 특정 연령대 타기팅
② 지역 기반 타기팅
③ 동영상 시청 이력 기반 타기팅
④ 단순한 광고 빈도 증가

51 다음 중 잠재 고객을 확대하기 위해 유튜브 채널 시청자 목록을 대상으로 이루어지는 고도화된 방식은 무엇인가?

① 리마케팅
② 스킵 가능한 광고
③ 키워드 타기팅
④ 관심사 기반 타기팅

52 다음 중 유튜브 광고 캠페인의 예산 설정에 대한 설명으로 옳지 않은 것은?

① 캠페인 예산은 일일 예산 또는 총 예산으로 설정할 수 있다.
② 예산 설정 후에는 변경이 불가능하다.
③ 예산이 소진되면 광고 노출이 중단된다.
④ 예산을 설정하는 것은 광고의 성과에 큰 영향을 미친다.

53 다음 중 유튜브 광고를 진행하기 위한 광고 소재 설정에 대한 설명으로 옳지 않은 것은?

① 광고 영상의 길이는 최소 6초 이상이어야 한다.
② 광고 소재는 고화질로 제작해야 한다.
③ 광고 소재는 하나의 캠페인에 여러 개 등록할 수 있다.
④ 광고 소재는 반드시 유튜브에서만 사용해야 한다.

54 다음 중 광고 소재로 사용할 영상이 광고 정책을 위반하는 경우 유튜브의 조치로 옳지 않은 것은?

① 광고주에게 수정 요청이 이루어진다.
② 광고가 즉시 노출된다.
③ 광고 소재를 수정한 후 재제출할 수 있다.
④ 광고가 거부된 경우, 사유를 안내받을 수 있다.

55 다음 중 유튜브의 사용자 행동 기반 타기팅에 대한 설명으로 잘못된 것은?

① 사용자 행동 기반 타기팅은 사용자의 과거 시청 기록을 기반으로 한다.
② 광고는 사용자가 최근에 검색한 키워드와 관련이 있을 수 있다.
③ 사용자 행동 기반 타기팅은 특정 연령대에만 적용된다.
④ 사용자의 관심사에 맞춘 광고를 노출할 수 있다.

56 다음 중 콘텐츠 기반 타기팅 유형이 아닌 것은?

① 관심사 기반 타기팅
② 사이트 콘텐츠 분석
③ 특정 동영상 내용 분석
④ 사용자 행동 기반 타기팅

57 다음 중 유튜브의 광고 정책에 따라 타기팅이 제한되는 분야는 무엇인가?

① 성인용 제품 및 서비스
② 건강 및 웰빙
③ 여행 및 레저
④ 교육 및 학습

58 다음 중 두 개의 연속 동영상 광고가 게재될 수 있는 유튜브 내 영상 콘텐츠의 길이는?

① 5분 이상
② 10분 이상
③ 15분 이상
④ 20분 이상

59 다음 중 인스트림 광고 노출 시 동영상 플레이어 근처에 동반 노출되는 배너 형태의 광고를 무엇이라고 하는가?

① 디스플레이 광고
② 오버레이 광고
③ 스킵 가능한 광고
④ 광고 배너

60 다음 중 유튜브 채널 내 영상 조회수에 반영되지 않은 광고는 무엇인가?

① 스킵 가능한 인스트림 광고
② 디스플레이 광고
③ 스킵 불가능한 인스트림 광고
④ 오버레이 광고

61 다음 중 다른 동영상 전후 또는 중간에 15초 이하로 재생되고, 재생되는 동안 건너뛰기가 불가능한 유튜브의 광고 상품은 무엇인가?

① 인스트림 광고
② 범퍼 광고
③ 디스플레이 광고
④ 오버레이 광고

62 다음 중 구글에서 제공하는 도구에 대한 설명으로 옳지 않은 것은?

① 구글 애널리틱스는 웹사이트 방문자의 행동을 분석하는 도구이다.
② 구글 광고는 광고 캠페인을 관리하고 최적화할 수 있는 플랫폼이다.
③ 구글 서치 콘솔은 웹사이트의 검색 엔진 최적화(SEO)를 도와주는 도구이다.
④ 구글 드라이브는 웹사이트 트래픽 분석을 전문으로 하는 도구이다.

63 다음 중 유튜브 광고 성과에 대한 설명으로 옳지 않은 것은?

① 광고 클릭률(CTR)은 광고의 효과성을 평가하는 중요한 지표이다.
② 광고 조회수는 광고가 얼마나 많은 사람에게 노출되었는지를 나타낸다.
③ 전환율은 광고를 클릭한 후 특정 행동을 완료한 비율을 의미한다.
④ 광고 비용은 광고 성과와 무관하게 항상 일정하다.

64 다음 중 광고 조회 1회에 지급할 의사가 있는 최대 금액을 나타내는 말은 무엇인가?

① 클릭당 비용(CPC)
② 광고 노출당 비용(CPM)
③ 최대 입찰가
④ 광고 예산

65 새로 출시한 모델을 홍보하기 위해 제품의 인지도를 높이는 것을 목표로 광고캠페인을 집행했다. 광고캠페인의 성과분석을 위해 중점적으로 살펴보아야 할 지표가 아닌 것은?

① 광고 노출수
② 클릭률(CTR)
③ 브랜드 인지도 조사
④ 전환율

66 다음 중 어린이 시청자만을 위한 맞춤 앱에서의 광고 상품에 대한 설명으로 옳지 않은 것은?

① 유튜브 키즈는 어린이에게 안전한 콘텐츠를 제공한다.
② 유튜브 키즈에서 노출되는 광고는 어린이에게 적합하도록 검토된다.
③ 유튜브 키즈는 성인 콘텐츠도 포함된다.
④ 유튜브 키즈에서 광고는 제한된 형식으로 제공된다.

67 다음 중 유튜브의 동영상 광고에서 건너뛰기(skip) 버튼이 생성되는 시점은 언제인가?

① 광고가 시작된 직후
② 광고가 재생된 후 3초가 경과했을 때
③ 광고가 재생된 후 5초가 경과했을 때
④ 광고가 끝나기 2초 전

68 다음 중 유튜브의 범퍼광고의 과금 방식으로 적합한 것은?

① 클릭당 비용(CPC)
② 광고 노출당 비용(CPM)
③ 전환당 비용(CPA)
④ 클릭률(CTR)

69 다음 중 카카오 비즈보드, 디스플레이, 동영상 광고 등을 집행할 수 있는 카카오의 대표적인 광고 플랫폼은 무엇인가?

① 카카오스토리
② 카카오톡
③ 카카오 광고 플랫폼
④ 카카오게임즈

70 다음 중 카카오의 광고 유형과 과금 방식이 바르게 짝지어진 것은?

① 디스플레이 광고 – 클릭당 비용(CPC)
② 동영상 광고 – 노출당 비용(CPM)
③ 카카오 비즈보드 – 전환당 비용(CPA)
④ 검색 광고 – 클릭당 비용(CPM)

71 다음 중 카카오 비즈보드에 대한 설명으로 옳지 않은 것은?

① 카카오 비즈보드는 다양한 광고 형식을 지원한다.
② 카카오 비즈보드는 광고 예산을 일일 단위로 설정할 수 있다.
③ 카카오 비즈보드는 광고 성과 분석 도구를 제공하지 않는다.
④ 카카오 비즈보드는 타기팅 기능을 통해 특정 고객층에 광고를 노출할 수 있다.

72 다음 중 카카오의 비즈니스 목표에 따른 서비스와 도구로 잘못 짝지어진 것은?

① 커뮤니케이션 강화 – 카카오톡
② 콘텐츠 유통 – 카카오페이지
③ 인공지능 서비스 – 카카오 i
④ 금융 서비스 – 카카오 쇼핑

73 다음 중 카카오의 디스플레이 광고에 대한 설명으로 옳지 않은 것은?

① 디스플레이 광고는 주로 이미지 또는 애니메이션 형식으로 제공된다.
② 광고 성과를 실시간으로 모니터링할 수 있는 도구가 제공된다.
③ 카카오의 디스플레이 광고는 특정 연령대와 성별을 타기팅할 수 없다.
④ 광고는 카카오의 다양한 플랫폼에서 노출될 수 있다.

74 다음 중 카카오톡 비즈보드 광고의 소재 형태에 대한 설명으로 옳지 않은 것은?

① 스티커는 배경이 제거된 오브젝트 이미지를 포함한다.
② 정지 이미지는 움직임이 없는 단일 이미지를 사용한다.
③ GIF 애니메이션은 반복적으로 재생되는 이미지 형태이다.
④ 동영상은 최소 30초 이상이어야만 사용 가능하다.

75 다음 중 카카오톡 비즈보드의 랜딩 유형에 대한 설명으로 옳지 않은 것은?

① 카카오톡 인증 랜딩은 간편 가입이 가능하다.
② 일반 랜딩 페이지는 외부 링크로 연결된다.
③ 웹뷰 랜딩은 앱 내에서 페이지를 열어준다.
④ 프로모션 랜딩은 사용자에게 특별한 혜택을 제공한다.

76 다음 중 카카오톡 비즈보드 광고에 대한 설명으로 잘못된 것은?

① 카카오톡 비즈보드는 광고주가 직접 광고를 집행할 수 있는 플랫폼이다.

② 카카오톡 비즈보드는 광고 예산을 월 단위로만 설정할 수 있다.

③ 광고 성과는 실시간으로 모니터링할 수 있다.

④ 카카오톡 비즈보드는 다양한 타기팅 옵션을 제공한다.

77 다음 중 네이버 광고 플랫폼에 대한 설명으로 옳지 않은 것은?

① 네이버 광고 플랫폼은 다양한 광고 형식을 지원한다.

② 광고 성과 분석 도구를 제공하여 효과를 측정할 수 있다.

③ 네이버 광고 플랫폼은 오직 모바일 기기에서만 사용할 수 있다.

④ 타기팅 기능을 통해 특정 고객층에 광고를 노출할 수 있다.

78 다음 중 네이버의 스마트채널 광고에 대한 설명으로 적합하지 않은 것은?

① 스마트채널 광고는 동영상 광고 형식을 지원한다.

② 광고는 네이버 메인 페이지에만 노출된다.

③ 광고주는 키워드 타기팅을 통해 고객층을 설정할 수 있다.

④ 스마트채널 광고는 브랜드 인지도를 높이는 데 효과적이다.

79 다음 중 틱톡의 광고 상품 유형으로 적합하지 않은 것은?

① 디스커버리 광고

② 브랜디드 이펙트

③ 크리에이터 광고

④ 네이티브 광고

80 다음 중 틱톡에 대한 설명으로 틀린 것은?

① 틱톡은 사용자들이 동영상을 공유하고 소통할 수 있는 플랫폼이다.

② 틱톡은 기본적으로 15초에서 60초 길이의 동영상을 지원한다.

③ 틱톡은 광고 수익을 창출할 수 있는 다양한 광고 상품을 제공한다.

④ 틱톡은 모든 연령대의 사용자에게 인기가 있다.

01 다음 중 소셜미디어 마케팅에 대한 설명으로 옳은 것은?

① 소셜미디어 마케팅은 주로 이메일을 통해 이루어진다.

② 소셜미디어 마케팅은 브랜드 인지도와 고객과의 소통을 높이는 데 도움을 준다.

③ 소셜미디어 마케팅은 오프라인 광고에 비해 효과가 떨어진다.

④ 소셜미디어 마케팅은 사용자 생성 콘텐츠에 의존하지 않는다.

02 다음 중 소셜미디어 마케팅의 주요 목표로 옳은 것은?

① 소셜미디어 플랫폼을 통해 고객의 개인 정보를 수집하는 것

② 브랜드 인지도를 높이고, 고객과의 관계를 강화하는 것

③ 오프라인 매출을 감소시키는 것

④ 콘텐츠를 단순히 반복하여 게시하는 것

03 다음 중 소셜미디어를 활용한 콘텐츠 마케팅에 대한 설명으로 옳지 않은 것은?

① 콘텐츠 마케팅은 고객의 관심을 끌기 위해 유용하고 흥미로운 정보를 제공하는 것이다.

② 소셜미디어에서의 콘텐츠는 주로 광고성 글로만 구성되어야 한다.

③ 고객과의 소통을 통해 브랜드 충성도를 높일 수 있다.

④ 다양한 형식의 콘텐츠를 활용하는 것이 효과적이다.

04 다음 중 효과적인 SNS 캠페인을 만들기 위한 조건으로 옳은 것은?

① 콘텐츠를 최대한 많이 올려야 한다.

② 고객의 의견을 반영하여 콘텐츠를 개선한다.

③ 모든 SNS 플랫폼에서 동일한 메시지를 전달한다.

④ 고객과의 소통을 최소화한다.

PART 01

PART 02

PART 03

PART 04

05 다음 중 소셜미디어의 기능에 대한 설명으로 옳지 않은 것은?

① 소셜미디어는 사용자 간의 실시간 소통을 가능하게 한다.

② 소셜미디어는 정보의 즉각적인 업데이트와 공유를 지원한다.

③ 소셜미디어는 전통적인 미디어에 비해 상호작용이 적다.

④ 소셜미디어는 사용자 생성 콘텐츠를 중심으로 운영된다.

06 다음 중 Meta for Business에서 지원하는 광고 형식에 대한 설명으로 적합한 것은?

① 스토리 광고는 15초 이상 길어질 수 없다.

② 슬라이드쇼 광고는 단순히 텍스트만 포함된다.

③ 리드 광고는 사용자가 직접 정보를 입력할 수 있는 양식을 제공한다.

④ 이미지 광고는 반드시 비디오와 함께 사용해야 한다.

07 Meta for Business에서 광고주가 특정 광고 노출 지면에서 광고가 노출되는 것을 원치 않을 때 적절한 캠페인 세팅 전략은 무엇인가?

① 캠페인 목표를 '브랜드 인지도'로 설정한다.

② '광고 세트'의 '플레이스먼트'에서 '자동' 옵션을 선택한다.

③ '플레이스먼트'에서 '수동'을 선택하고 원치 않는 퍼블리셔를 제외한다.

④ 모든 광고 형식을 선택하여 더 많은 노출을 추구한다.

08 다음 중 메타(Meta) 광고관리자의 자동 게재위치 옵션에 대한 설명으로 옳지 않은 것은?

① 자동 게재위치를 사용하면 Meta의 다양한 플랫폼에서 광고가 자동으로 노출된다.

② 자동 게재위치는 광고주가 직접 지정한 게재위치보다 항상 낮은 비용을 보장한다.

③ 자동 게재위치는 실시간 데이터에 기반하여 가장 효율적인 지면을 선택한다.

④ 자동 게재위치를 사용하면 광고 성과를 극대화할 수 있다.

09 다음 중 페이스북 비즈니스 광고의 구매 방식에 대한 설명으로 가장 적합한 것은?

① 페이스북 광고는 항상 고정된 비용으로 제공된다.

② 광고주는 클릭 수에 따라 지불하는 CPC(클릭당 비용) 방식으로 광고를 구매할 수 있다.

③ 페이스북 광고는 단일 구매 방식만 지원한다.

④ 광고주는 광고 노출 수에 따라 지불하는 CPM(노출당 비용) 방식으로만 광고를 구매할 수 있다.

10 다음 중 페이스북 페이지 인사이트의 구성 항목에 대한 설명으로 옳지 않은 것은?

① '게시물 도달'은 특정 게시물이 얼마나 많은 사용자에게 노출되었는지를 나타낸다.

② '페이지 좋아요' 수치는 페이지의 총 팔로워 수를 의미한다.

③ '참여도'는 사용자가 게시물에 대해 얼마나 많은 반응을 보였는지를 나타낸다.

④ '팬 인구 통계'는 페이지의 팔로워가 사용하는 언어를 분석한다.

11 다음 중 메타의 머신러닝에 대한 설명으로 옳은 것은?

① 머신러닝은 데이터를 수집하는 데만 사용된다.
② 머신러닝 알고리즘은 주로 규칙 기반 시스템에 의존한다.
③ 머신러닝은 패턴 인식과 예측을 통해 의사 결정을 지원한다.
④ 머신러닝은 모든 데이터 유형에 대해 동일한 성능을 발휘한다.

12 다음 중 메타에서 광고를 집행한 결과를 설명한 것으로 옳은 것은?

① 광고 캠페인의 성과는 항상 동일한 결과를 나타낸다.
② 광고 노출 수는 브랜드 인지도에 긍정적인 영향을 미칠 수 있다.
③ 클릭 수가 많다고 해서 반드시 판매가 증가하는 것은 아니다.
④ 광고 성과는 광고 예산에만 의존한다.

13 다음 중 메타에서 광고 목표에 따라 이용 가능한 광고 최적화 방법으로 적합하지 않은 것은?

① 전환 최적화는 소비자의 구매 결정을 유도하는 데 중점을 둔다.
② 리타기팅 최적화는 기존 고객을 대상으로 재노출하는 방법이다.
③ 참여 최적화는 사용자의 게시물 반응을 극대화하는 데 초점을 맞춘다.
④ 모든 광고 캠페인은 동일한 최적화 전략을 적용해야 한다.

14 다음 중 메타의 광고 관리자에서 캠페인을 신규로 설정할 때 광고 수준에서 선택할 수 없는 것은?

① 광고 형식　　　② 타깃 오디언스
③ 광고 예산　　　④ 캠페인 목표

15 메타 광고 관리자에서 광고 캠페인을 설정할 때 첫 번째 단계로 해야 할 일은 무엇인가?

① 광고 형식 선택
② 광고 성과 분석
③ 캠페인 목표 선택
④ 광고 예산 결정

16 다음 중 메타의 리타기팅에 대한 설명으로 옳은 것은?

① 리타기팅은 신규 고객을 발굴하는 전략이다.
② 리타기팅 광고는 이전에 웹사이트를 방문한 사용자에게만 노출된다.
③ 리타기팅은 주로 소셜미디어에서만 사용된다.
④ 리타기팅은 광고비를 절감하는 데 효과적이다.

17 다음 중 머신러닝의 중요한 요소인 캠페인의 유동성이 최적의 상태로 설정되었을 때, 예상되는 이점이 아닌 것은?

① 광고 성과의 실시간 조정이 가능하다.
② 예산을 최적화하여 비용 효율성을 높일 수 있다.
③ 모든 광고가 동일한 성과를 보장한다.
④ 타깃 오디언스에 맞춘 맞춤형 광고 제공이 가능하다.

18 다음 중 광고 캠페인 진행 시 메타(Meta) 픽셀을 통해 활용할 수 있는 이점이 아닌 것은?

① 웹사이트 방문자의 행동 추적이 가능하다.
② 광고 성과 분석이 용이하다.
③ 모든 방문자에게 동일한 광고가 노출된다.
④ 리타기팅 광고를 효과적으로 실행할 수 있다.

19 다음 중 페이스북 비즈니스 광고의 머신러닝을 설명하는 내용 중 가장 적합한 것은?

① 머신러닝은 항상 정해진 규칙에 따라 작동한다.
② 머신러닝 알고리즘은 사용자 행동 데이터를 분석하여 광고 성과를 개선한다.
③ 머신러닝은 광고 예산을 자동으로 결정한다.
④ 머신러닝은 광고의 클릭 수만 증가시키는 데 집중한다.

20 다음 중 오프라인에서 발생하는 매출에 미치는 메타 광고의 영향력을 측정하고자 한다면, 페이스북 비즈니스 솔루션에서 어떤 기능 활용을 고려해야 하는가?

① 광고 성과 분석 도구
② 오프라인 이벤트 추적 기능
③ 캠페인 목표 설정
④ 광고 크리에이티브 테스트

21 다음 중 메타의 Shops 광고 솔루션 기능이 아닌 것은?

① 제품 카탈로그 관리
② 실시간 채팅 지원
③ 광고 예산 최적화
④ 인스타그램 쇼핑 태그

22 다음 중 메타 비즈니스 광고 캠페인 준비사항에 대한 설명으로 옳지 않은 것은?

① 광고 목표에 따라 캠페인 구조를 설정해야 한다.
② 캠페인에 사용할 키워드를 미리 선정해야 한다.
③ 타깃 오디언스의 행동 데이터를 분석하는 것이 필요하다.
④ 광고 성과를 위한 A/B 테스트는 캠페인 후에만 진행한다.

23 다음 중 Meta Business Suite 기능 및 설명으로 옳지 않은 것은?

① 여러 플랫폼에서 게시물을 동시에 관리할 수 있다.
② 광고 성과를 실시간으로 분석할 수 있다.
③ 고객과의 직접적인 소통을 위한 채팅 기능이 제공된다.
④ 모든 광고 캠페인은 자동으로 생성된다.

24 다음 중 메타에서 제공하는 노출 위치 자산 맞춤화에 대한 설명 중 옳지 않은 것은?

① 광고는 사용자에게 가장 적합한 위치에 자동으로 배치된다.
② 광고주는 노출 위치를 수동으로 조정할 수 있다.
③ 모든 광고 형식이 모든 노출 위치에서 지원된다.
④ 노출 위치에 따라 광고의 성과가 달라질 수 있다.

25 다음 중 메타의 광고 시스템에서 캠페인 실적을 파악하기 위해 사용할 수 있는 세 가지 **"측정 방법"** 및 **"지표"**를 나타내는 용어는?

① 클릭률, 전환율, 노출수
② CPC, CPM, CPA
③ 브랜드 인지도, 고객 만족도, 판매량
④ 페이지 조회수, 소셜 공유, 댓글 수

26 다음 중 메타의 광고 시스템에서 맞춤 타깃을 만들고자 할 때, 타깃 생성 시 사용할 수 있는 소스 옵션이 아닌 것은?

① 웹사이트 방문자
② 이메일 리스트
③ 경쟁사의 광고 성과
④ 앱 사용자

27 다음 중 메타의 다이내믹 광고에서 제공하는 카탈로그의 업종이 아닌 것은?

① 패션   ② 여행
③ 자동차   ④ 가전제품

28 다음 중 페이스북 광고 형식에서 카탈로그가 활용되는 것은?

① 스토리 광고
② 리타기팅 광고
③ 브랜드 인지도 광고
④ 이벤트 광고

29 다음 중 메타에서 성과 측정을 위해 제공하는 기능이 아닌 것은?

① A/B 테스트 기능
② 광고 예산 자동 조정
③ 전환 추적 기능
④ 사용자 피드백 수집 도구

30 다음 중 메타의 비즈니스 솔루션에서 성과 측정 및 인사이트 파악을 가능하게 하는 요소는 무엇인가?

① 캠페인 목표 설정
② 사용자 행동 분석
③ 광고 예산 조정
④ 콘텐츠 제작 도구

31 다음 중 비디오 리마케팅의 특징에 대한 설명으로 잘못된 것은?

① 특정 비디오의 조회 시간을 기준으로 타기팅할 수 있다.
② 비디오 광고를 본 사용자에게만 광고를 다시 노출할 수 있다.
③ 모든 사용자에게 동일한 광고를 보여준다.
④ 기존 고객을 대상으로 한 캠페인에 유용하다.

32 다음 중 구글 애즈 동영상 캠페인에서 제공하는 광고 로테이션 옵션이 아닌 것은?

① 최적화된 로테이션
② 균등 로테이션
③ 무작위 로테이션
④ 클릭 중심 로테이션

33 다음 중 메타의 커뮤니티 규정의 핵심 가치로 잘못된 것은?

① 상호 존중
② 다양성 포용
③ 수익성 추구
④ 투명성 유지

34 다음 중 페이스북 비즈니스 설정의 데이터 소스 메뉴에서 제공하지 않는 항목은 무엇인가?

① 이벤트   ② 비즈니스 파트너
③ 앱   ④ 페이지

35 다음 중 메타에서 사용되는 이미지 광고의 크리에이티브 전략으로 적합하지 않은 것은?

① 강력한 비주얼을 사용하여 제품의 특징을 강조하기
② 복잡한 텍스트를 사용하여 상세 정보를 전달하기
③ 브랜드 아이덴티티를 명확하게 전달하기
④ 사용자의 감정을 자극하는 이미지 활용하기

36 다음 중 캠페인의 노출 위치에 따라 광고 소재를 개인화하는 데 적합한 도구는 무엇인가?

① 광고 성과 리포트
② 크리에이티브 테스트 도구
③ 다이내믹 크리에이티브
④ 광고 예산 관리 도구

37 다음 중 메타에서 수익화할 수 없는 콘텐츠는 무엇인가?

① 직접 제작한 애니메이션
② 다른 사람의 사진을 무단으로 사용한 포스트
③ 원본 스토리 기반의 웹툰
④ 개인적인 라이프스타일 관련 게시물

38 다음 중 유튜브 광고 수익을 창출하기 위한 조건으로 잘못된 것은?

① 모든 동영상이 광고 친화적이어야 한다.
② 최소 1,000명의 구독자가 필요하다.
③ 비디오를 24시간 이내에 업로드해야 한다.
④ 최근 12개월 동안 4,000시간 이상의 시청 시간을 확보해야 한다.

39 다음 중 구글 애즈의 기능에 대한 설명으로 옳은 것은?

① 광고는 클릭당 비용이 아닌 노출당 비용으로만 측정된다.
② 광고주는 특정 타깃 오디언스를 설정할 수 있다.
③ 구글 애즈는 오프라인 광고만을 지원한다.
④ 광고 소재는 단 하나만 사용할 수 있다.

40 다음 중 유튜브에서 브랜드 인지도를 높이는 데 가장 효과적인 광고 형식은 무엇인가?

① True View 인스트림 광고
② 배너 광고
③ 검색 광고
④ 디스플레이 광고

41 다음 중 CPM 마스트헤드 광고의 주요 특징으로 옳은 것은?

① 광고는 비디오 형식으로만 제공된다.
② 전체 화면으로 사용자에게 강한 인상을 남길 수 있다.
③ 리타기팅 기능이 포함되어 있다.
④ 클릭당 비용(CPC) 모델로 운영된다.

42 다음 중 유튜브에서 전환 가능성이 높은 시청자를 대상으로 하는 광고 형식은 무엇인가?

① 배너 광고
② TrueView 인스트림 광고
③ 스킵 가능한 광고
④ 마스트헤드 광고

43 다음 중 비디오 액션 캠페인에서 사용할 수 있는 입찰 방식으로 잘못된 것은?

① 클릭당 비용(CPC)
② 전환당 비용(CPA)
③ 캠페인당 비용(CPA)
④ 노출당 비용(CPM)

44 다음 중 유튜브 광고의 기기별 노출 설정에 대한 설명으로 옳지 않은 것은?

① 광고 캠페인 생성 시 특정 기기를 선택할 수 있다.
② 같은 광고 캠페인에서 기기별로 다른 예산을 설정할 수 있다.
③ 기기 설정은 광고 성과에 영향을 미치지 않는다.
④ 모바일 기기에서의 광고 성과를 분석할 수 있다.

45 다음 중 게재 위치 타기팅에 대한 설명으로 적절하지 않은 것은?

① 광고주는 특정 웹사이트나 앱에서만 광고를 노출할 수 있다.
② 게재 위치 타기팅은 광고 성과를 높이는 데 도움이 된다.
③ 광고주는 타깃 오디언스를 세분화하여 특정 콘텐츠에 노출할 수 있다.
④ 게재 위치 타기팅은 광고의 비용을 자동으로 절감해 준다.

46 다음 중 유튜브 동영상 광고의 인구통계 타기팅에 대한 설명으로 옳지 않은 것은?

① 광고주는 특정 연령대와 성별을 설정할 수 있다.
② 인구통계 타기팅은 지역별로 광고를 최적화할 수 있다.
③ 광고주는 사용자의 소득 수준에 따라 타기팅할 수 있다.
④ 인구통계 타기팅은 광고의 클릭률을 자동으로 증가시킨다.

47 다음 중 구글 애즈 광고 보고서에서 확인할 수 있는 지표에 대한 설명으로 옳은 것은?

① 전환율은 광고 클릭 수에 대한 웹사이트 방문자의 비율이다.

② 클릭률(CTR)은 광고의 노출 수에 대한 클릭 수의 비율이다.

③ 노출수는 광고가 클릭된 횟수를 의미한다.

④ 비용당 전환(CPA)은 광고비용의 총합을 노출 수로 나눈 값이다.

48 다음 중 유튜브 저작권 침해 문제를 해결하기 위한 방법으로 가장 적절한 것은?

① 침해된 콘텐츠를 무단으로 재업로드하기

② 저작권 주장에 대한 이의 제기를 통해 정당성을 주장하기

③ 저작권 소유자의 연락을 무시하기

④ 유튜브 고객센터에 문의하지 않기

49 다음 중 유튜브에서 상표권 침해로 동영상을 신고할 때 선택할 수 있는 사유는 무엇인가?

① 불법적인 행동 조장

② 상표 사용 승인 없음

③ 개인 정보 유출

④ 폭력적인 내용 포함

50 다음 중 타깃 맞춤형 메시지를 담아 많은 수의 동영상을 빠르게 제작할 수 있는 구글 크리에이티브 솔루션은 무엇인가?

① Google Ads

② YouTube Studio

③ Google Web Designer

④ Google Ads Creative Studio

51 다음 중 유튜브 인피드 동영상 광고 특징에 대한 설명으로 적절하지 않은 것은?

① 사용자가 클릭하여 광고를 시청할 수 있다.

② 광고는 동영상의 오른쪽에 표시된다.

③ 광고는 유튜브 검색 결과 페이지에서만 노출된다.

④ 광고는 15초에서 60초 사이의 길이를 가질 수 있다.

52 다음 중 동영상 액션 캠페인의 특징이 아닌 것은?

① 전환 목표를 설정할 수 있다.

② 다양한 광고 형식을 사용할 수 있다.

③ 광고는 자동으로 모든 기기에서 최적화된다.

④ 캠페인 예산이 고정되어 있다.

53 다음 중 유튜브 비디오 리마케팅 캠페인을 설정할 때 고려해야 할 요소로 적절하지 않은 것은?

① 타깃 오디언스의 행동 데이터

② 광고 예산 및 입찰 전략

③ 광고 콘텐츠의 품질

④ 광고를 처음 보는 사용자 수

54 다음 중 유튜브 검색 결과에 노출될 수 있는 광고 유형은 무엇인가?

① 인스트림 광고
② 디스커버리 광고
③ 범퍼 광고
④ 스킵 가능한 광고

55 다음 중 유튜브 파트너 프로그램(YPP) 가입 후 수익 창출 방법으로 적절하지 않은 것은?

① 광고 수익
② 채널 멤버십
③ 팬 지원
④ 외부 웹사이트 링크 판매

56 다음 중 유튜브 커뮤니티 가이드를 위반하지 않은 경우는 무엇인가?

① 타인의 저작권을 침해한 동영상을 업로드한 경우
② 폭력적인 내용을 포함한 동영상을 게시한 경우
③ 개인적인 의견을 담은 비판적인 리뷰 영상을 올린 경우
④ 미성년자를 대상으로 한 성적 콘텐츠를 포함한 경우

57 다음 중 유튜브 동영상의 공개범위 설정에서 제한 공개의 특징으로 옳지 않은 것은?

① 제한 공개로 설정된 동영상은 검색 결과에 나타나지 않는다.
② 누구나 링크를 알고 있다면 동영상을 볼 수 있다.
③ 동영상 소유자는 동영상을 삭제할 수 없다.
④ 제한 공개 동영상은 소유자가 공유한 사용자와만 볼 수 있다.

58 다음 중 유튜브에서 수익을 창출할 수 없는 콘텐츠 유형은 무엇인가?

① 교육적인 내용을 다룬 동영상
② 게임 플레이를 보여주는 스트리밍
③ 선정적이거나 폭력적인 내용이 포함된 동영상
④ 여행 브이로그

59 다음 중 유튜브 동영상 광고의 종류에 대한 설명으로 옳지 않은 것은?

① 범퍼 광고는 사용자가 건너뛸 수 없다.
② 디스커버리 광고는 검색 결과에 나타나는 광고이다.
③ 인스트림 광고는 광고가 끝난 후 다른 추천 동영상으로 자동 전환된다.
④ 스킵 가능한 광고는 사용자가 원하는 경우 광고를 건너뛸 수 있다.

60 다음 중 컴패니언 배너의 주요 특징으로 옳은 것은?

① 동영상이 재생되는 동안 항상 보인다.
② 배너는 항상 고정된 크기로 제공된다.
③ 클릭 시 사용자는 광고주의 웹사이트로 이동할 수 있다.
④ 컴패니언 배너는 오디오를 포함할 수 있다.

61 다음 중 웹사이트 트래픽 증대를 위한 유튜브 광고 전략으로 옳지 않은 것은?

① 클릭 유도 문구(CTA)를 명확히 한다.
② 타깃 오디언스를 세분화하여 광고를 설정한다.
③ 동영상의 길이를 30초 이상으로 설정한다.
④ 유도하는 행동을 명확하게 한다.

62 다음 중 마스트헤드 광고의 주요 특징으로 옳은 것은?

① 광고주는 마스트헤드 광고의 위치를 직접 지정할 수 있다.
② 마스트헤드 광고는 일반적으로 짧은 동영상 형식으로 제공된다.
③ 마스트헤드 광고는 대규모 브랜드 캠페인에 적합하다.
④ 모든 유튜브 사용자에게 동일한 광고가 노출된다.

63 다음 중 유튜브의 품질평가 점수에 대한 설명으로 옳은 것은?

① 품질평가 점수는 동영상의 조회수에만 의존한다.
② 품질평가 점수는 사용자 피드백을 기반으로 산출된다.
③ 품질평가 점수는 동영상의 길이에만 영향을 받는다.
④ 품질평가 점수는 광고 수익에 직접적으로 연결된다.

64 다음 중 셀렉트 기반 타기팅을 활용할 때의 장점으로 옳은 것은?

① 특정 인구 집단에게만 광고를 노출할 수 있다.
② 사용자의 관심사에 맞춘 광고를 제공할 수 있다.
③ 모든 사용자에게 동일한 광고를 보여줄 수 있다.
④ 예산을 무제한으로 설정할 수 있다.

65 다음 중 셀렉트 기반 타기팅을 활용할 때의 장점으로 옳은 것은?

① 특정 인구 집단에게만 광고를 노출할 수 있다.
② 사용자의 관심사에 맞춘 광고를 제공할 수 있다.
③ 모든 사용자에게 동일한 광고를 보여줄 수 있다.
④ 예산을 무제한으로 설정할 수 있다.

66 다음 중 트루뷰 비디오 디스커버리 광고 클릭 시 연결되는 곳으로 알맞은 것은?

① 광고주 웹사이트
② 유튜브 채널 페이지
③ 관련 동영상 목록
④ 광고주가 지정한 동영상

67 다음 중 구글 애즈 캠페인 플래너를 활용할 때 얻을 수 있는 이점으로 옳은 것은?

① 광고의 클릭률을 자동으로 증가시킨다.
② 예산에 맞춰 광고 전략을 구체화할 수 있다.
③ 모든 광고가 동일한 성과를 보장한다.
④ 광고 소재를 자동 생성한다.

68 다음 중 개별 시청자에게 특정 순서로 광고를 게재하여 제품 또는 브랜드 스토리를 전달하는 방식은 무엇인가?

① 리마케팅
② 스토리텔링 광고
③ 시퀀스 광고
④ 인스트림 광고

69 다음 중 카카오톡 비즈보드 사용 시 고려해야 할 요소로 옳은 것은?

① 광고 예산을 설정하지 않아도 된다.
② 광고 성과를 분석한 후 전략을 조정할 수 있다.
③ 광고는 자동으로 최적화된다.
④ 비즈보드 사용자는 반드시 카카오톡 계정을 가져야 한다.

70 다음 중 카카오 비즈보드의 노출영역에 대한 설명으로 옳지 않은 것은?

① 카카오톡 채팅방 내 메시지 형태로 광고가 노출된다.
② 카카오스토리 피드에도 광고를 게재할 수 있다.
③ 카카오톡의 친구 목록에 광고가 표시된다.
④ 카카오톡의 채널을 통해 브랜드 광고를 노출할 수 있다.

71 다음 중 카카오 광고에서 동영상 광고를 효과적으로 활용하기 위한 전략으로 옳지 않은 것은?

① 짧고 강렬한 메시지를 전달한다.
② 특정 타깃 그룹을 설정하여 광고를 진행한다.
③ 동영상 길이를 무조건 1분 이상으로 설정한다.
④ 광고 성과를 분석하고 조정한다.

72 다음 중 광고가 게재되지 않는 상황을 설명하는 문구로 옳지 않은 것은?

① 광고가 승인되지 않은 경우
② 광고 캠페인의 기간이 만료된 경우
③ 광고 예산이 남아 있는 경우
④ 특정 타깃 오디언스가 설정되지 않은 경우

73 다음 중 카카오 비즈보드에서 디바이스 설정의 장점으로 옳지 않은 것은?

① 특정 디바이스 사용자에게 맞춤형 광고를 제공할 수 있다.
② 모든 디바이스에서 동일한 광고를 보여줄 수 있다.
③ 광고 효율성을 높일 수 있다.
④ 광고 예산을 최적화할 수 있다.

74 다음 중 카카오 광고에서 인구통계학적 타기팅의 예로 옳지 않은 것은?

① 성별에 따라 광고를 노출하는 경우
② 연령대에 따라 광고를 선택하는 경우
③ 사용자 위치에 따라 광고를 제공하는 경우
④ 사용자의 취향에 따라 광고를 설정하는 경우

75 다음 중 네이버 밴드의 광고상품에서 제공하는 광고 형식으로 옳지 않은 것은?

① 배너 광고
② 동영상 광고
③ 스폰서 콘텐츠
④ 팝업 광고

76 다음 중 틱톡 광고의 주요 형식으로 옳지 않은 것은?

① 네이티브 광고
② 배너 광고
③ 브랜드 해시태그 챌린지
④ 인피드 광고

77 다음 중 네이버 밴드의 풀스크린 광고를 효과적으로 활용하기 위한 방법으로 옳지 않은 것은?

① 광고의 길이를 최소한으로 줄인다.
② 강렬한 비주얼과 배경 음악을 사용한다.
③ 광고 시작 시 즉각적인 메시지를 제공한다.
④ 광고를 반복적으로 노출하여 인식을 높인다.

78 다음 중 틱톡의 광고 상품이 아닌 것은?

① 인피드 광고
② 브랜드 해시태그 챌린지
③ 스폰서 스토리
④ 톤 광고

79 다음 중 엑스(X)에 대한 설명으로 가장 옳은 것은?

① 엑스는 사용자가 280자 이상의 메시지를 작성할 수 없다.
② 엑스는 실시간으로 뉴스와 정보를 공유하는 플랫폼이다.
③ 엑스는 오로지 텍스트 기반의 콘텐츠만 지원한다.
④ 엑스는 광고 수익을 전혀 창출하지 않는다.

80 다음 중 네이버 밴드 알림광고의 발송권 사용 방식으로 옳지 않은 것은?

① 발송권은 정해진 기간 내에 사용해야 한다.
② 발송권은 다른 사용자에게 양도할 수 있다.
③ 발송권은 특정 그룹에만 사용할 수 있다.
④ 발송권은 일회성으로만 사용할 수 있다.

2024년 제4회 기출복원문제

01 다음 중 소셜미디어 마케팅 전략의 한 요소로 옳은 것은?

① 고객의 요구 사항을 무시하고 일방적으로 콘텐츠를 제작하는 것
② 다양한 소셜미디어 플랫폼에 맞춘 맞춤형 콘텐츠를 제작하는 것
③ 광고 예산을 소셜미디어에 전혀 할당하지 않는 것
④ 고객과의 소통을 최소화하는 것

02 다음 중 소셜미디어 플랫폼별 강점 및 약점에 대한 설명으로 옳은 것은?

① 페이스북은 젊은 층을 대상으로 한 마케팅에 효과적이며, 사용자 수가 적다.
② 인스타그램은 이미지 중심의 플랫폼으로, 비주얼 콘텐츠가 강력한 반응을 이끌어낸다.
③ X는 긴 글 작성에 적합하여 심층적인 정보 전달에 유리하다.
④ 링크드인은 개인적인 소통을 중시하며, 직장 내 관계 형성에 적합하다.

03 다음 중 소셜미디어를 활용한 콘텐츠 마케팅에 대한 설명으로 옳지 않은 것은?

① 콘텐츠 마케팅은 브랜드의 가치를 전달하는 수단이 될 수 있다.
② 소셜미디어는 일방적인 정보 전달만을 위한 플랫폼이다.
③ 고객의 피드백을 반영한 콘텐츠 제작이 중요하다.
④ 사용자 생성 콘텐츠는 소셜미디어 마케팅에서 중요한 역할을 한다.

04 다음 중 SNS 마케팅 전략을 수립할 때 고려해야 할 요소로 옳은 것은?

① 브랜드의 목표와 일치하는 콘텐츠 유형을 선택한다.
② 과거의 성공 사례에만 의존한다.
③ 고객의 관심사를 무시하고 광고만 한다.
④ 소셜미디어 활동의 성과를 측정하지 않는다.

05 다음 중 소셜미디어의 장점에 대한 설명으로 옳지 않은 것은?

① 소셜미디어는 비용 효율적인 마케팅 채널이다.
② 소셜미디어는 글로벌한 도달 범위를 가진다.
③ 소셜미디어는 사용자와의 관계를 쉽게 구축할 수 있다.
④ 소셜미디어는 모든 콘텐츠가 영구적으로 저장된다.

06 다음 중 Meta for Business의 광고 형식에 대한 설명으로 옳지 않은 것은?

① 비디오 광고는 사용자의 피드백을 통해 실시간으로 수정할 수 있다.
② 인피드 광고는 피드의 자연스러운 흐름에 삽입된다.
③ 컬렉션 광고는 제품 카탈로그를 활용하여 쇼핑 경험을 제공한다.
④ 다이내믹 광고는 특정 사용자에게 맞춤형 제품을 자동으로 보여준다.

07 다음 중 광고주가 특정 앱에서 광고 노출을 피하고 싶을 때 적절한 캠페인 세팅 전략은 무엇인가?

① '예산'을 설정하여 광고 노출을 줄인다.
② '플레이스먼트'에서 '자동' 옵션을 선택한다.
③ '플레이스먼트'에서 '수동'을 선택하고 특정 앱을 제외한다.
④ 광고 형식을 다양하게 선택하여 노출을 증가시킨다.

08 다음 중 Meta 광고관리자의 광고 최적화에 대한 설명으로 옳지 않은 것은?

① 자동 게재위치를 설정하면 광고 예산을 효율적으로 사용할 수 있다.
② 광고주가 수동으로 게재위치를 설정하면 더 나은 성과를 보장할 수 있다.
③ 자동 게재위치는 광고 성과를 모니터링하여 조정된다.
④ 자동 게재위치는 다양한 형식의 광고를 지원한다.

09 다음 중 페이스북 비즈니스 광고의 구매 방식에 대한 설명으로 가장 적합한 것은?

① 페이스북 광고는 항상 자동 입찰 방식으로만 운영된다.
② 광고주는 광고 성과에 따라 지불하는 CPA(행동당 비용) 방식을 선택할 수 있다.
③ 광고주는 반드시 CPM 방식을 선택해야 한다.
④ 광고는 광고주의 예산에 따라만 결정된다.

10 다음 중 페이스북 페이지 인사이트의 구성 항목에 대한 설명으로 옳지 않은 것은?

① '게시물 성과'는 개별 게시물의 반응과 도달률을 분석한다.
② '페이지 통계'는 페이지의 팔로워 수 변화 추이를 보여준다.
③ '경쟁 분석'은 다른 페이지와의 비교 데이터를 제공한다.
④ '비즈니스 활동'은 페이지의 수익을 직접적으로 나타낸다.

11 다음 중 메타의 머신러닝 기술에 대한 설명으로 옳은 것은?

① 머신러닝은 항상 인간의 개입이 필요하다.
② 머신러닝 모델은 훈련 데이터에 기반하여 학습한다.
③ 머신러닝은 단순한 알고리즘만 사용한다.
④ 머신러닝은 데이터를 무작위로 선택하여 처리한다.

12 다음 중 메타에서 광고를 집행한 결과에 대한 설명으로 옳은 것은?

① 광고 성과는 항상 광고주가 설정한 목표와 일치한다.
② A/B 테스트를 통해 광고의 효과를 비교할 수 있다.
③ 광고 캠페인은 한번 실행하면 지속적으로 성과를 낸다.
④ 광고 클릭률(CTR)은 광고비용과 무관하다.

13 다음 중 메타에서 광고 목표에 따라 이용 가능한 광고 최적화 방법으로 적합하지 않은 것은?

① 앱 설치 최적화는 앱 설치 수를 증가시키는 데 중점을 둔다.
② 브랜드 인지도 최적화는 광고의 도달 범위를 극대화한다.
③ 리드 생성 최적화는 고객 정보를 수집하는 데 집중한다.
④ 광고 성과는 광고 예산에만 의존해야 한다.

14 다음 중 메타 광고 관리자에서 광고 세트 수준에서 설정할 수 없는 것은?

① 광고 일정　　　　② 광고 형식
③ 타깃 오디언스　　④ 입찰 전략

15 메타에서 광고 캠페인을 시작할 때 가장 먼저 고려해야 할 사항은 무엇인가?

① 광고 콘텐츠 제작
② 경쟁 분석
③ 캠페인 목표 설정
④ 광고 예산 책정

16 다음 중 메타의 리타기팅 전략에 대한 설명으로 옳은 것은?

① 리타기팅은 광고 노출을 무작위로 진행한다.
② 리타기팅 광고는 방문자의 행동 데이터를 기반으로 맞춤형으로 제공된다.
③ 리타기팅은 주로 이메일 마케팅에만 사용된다.
④ 리타기팅은 광고 성과를 높이는 데 효과적이지 않다.

17 다음 중 머신러닝의 유동성이 최적화되었을 때 기대할 수 있는 효과가 아닌 것은?

① 데이터 분석 속도가 증가한다.
② 광고 성과의 변동성이 줄어든다.
③ 실시간 데이터 기반의 의사결정이 가능하다.
④ 광고 캠페인이 자동으로 종료된다.

18 다음 중 메타 픽셀을 통해 광고 캠페인에서 얻을 수 있는 이점이 아닌 것은?

① 전환 추적 및 분석이 가능하다.
② 캠페인 예산을 자동으로 증가시킨다.
③ 사용자 행동 데이터를 기반으로 타기팅이 가능하다.
④ 광고 효율성을 높이는 데 도움을 준다.

19 다음 중 페이스북 비즈니스 광고에서 머신러닝의 역할에 대한 설명으로 가장 적합한 것은?

① 머신러닝은 광고의 모든 요소를 수동으로 조정한다.
② 머신러닝은 사용자의 관심사와 행동 패턴을 기반으로 타기팅을 최적화한다.
③ 머신러닝은 광고 캠페인을 종료하는 기능을 제공한다.
④ 머신러닝은 광고 성과를 예측하는 데 데이터 없이 작동한다.

20 다음 중 메타 광고의 오프라인 매출 효과를 측정하기 위해 사용할 수 있는 기능은 무엇인가?

① 광고 예산 자동 조정
② 오프라인 전환 추적
③ 광고 클릭률 분석
④ 고객 피드백 수집

21 다음 중 메타의 Shops 광고 솔루션에서 제공하는 기능이 아닌 것은?

① 고객 데이터 분석
② 오프라인 매장 위치 표시
③ 라이브 스트리밍 판매
④ 자동화된 이메일 마케팅

22 다음 중 메타 비즈니스 광고 캠페인 준비사항에 대한 설명으로 옳지 않은 것은?

① 광고의 성과를 측정할 수 있는 지표를 설정해야 한다.
② 캠페인 시작 전에 리서치를 통해 시장을 분석할 필요가 있다.
③ 광고 예산은 캠페인 진행 중에만 설정하면 된다.
④ 적절한 광고 형식을 선택하는 것이 중요하다.

23 다음 중 Meta Business Suite의 기능에 대한 설명으로 옳지 않은 것은?

① 광고 예산 및 입찰 전략을 설정할 수 있다.
② 다양한 분석 도구를 통해 성과를 측정할 수 있다.
③ 게시물 예약 기능을 통해 사전 계획이 가능하다.
④ 모든 플랫폼에서 동일한 콘텐츠만 게시할 수 있다.

24 다음 중 메타의 노출 위치 자산 맞춤화에 대한 설명으로 옳지 않은 것은?

① 광고주는 특정 위치를 선택하여 광고를 게재할 수 있다.
② 자동 배치 기능을 통해 최적의 성과를 추구할 수 있다.
③ 모든 광고 캠페인은 동일한 노출 위치에서만 진행된다.
④ 위치에 따른 성과 분석이 가능하다.

25 다음 중 메타 광고 캠페인에서 "성과 지표"로 사용되지 않는 것은?

① 전환율
② 클릭률
③ 고객 서비스 응답 시간
④ 노출수

26 다음 중 메타의 광고 시스템에서 맞춤 타깃을 생성할 때 사용할 수 있는 소스 옵션이 아닌 것은?

① 고객 행동 데이터
② 오프라인 매장 방문 기록
③ SNS 친구 목록
④ 사이트 내 검색 기록

27 다음 중 메타의 다이내믹 광고에서 제공하는 카탈로그의 업종이 아닌 것은?

① 홈 인테리어
② 식음료
③ 교육 서비스
④ 전자기기

28 다음 중 페이스북 광고 형식에서 카탈로그가 필수적인 광고 형식은?

① 수집 광고
② 다이내믹 리타기팅 광고
③ 링크 광고
④ 이미지 광고

29 다음 중 메타의 성과 측정에 사용되지 않는 데이터 소스는?

① 웹사이트 방문자 데이터
② 소셜미디어 게시물 반응
③ 오프라인 매장 판매 데이터
④ 경쟁사의 광고 캠페인 결과

30 다음 중 메타의 비즈니스 솔루션에서 성과 측정과 인사이트 파악을 가능하게 하는 기능이 아닌 것은?

① 광고 성과 리포트
② 전환 추적
③ 고객 피드백 수집
④ 경쟁사 성과 비교

31 다음 중 비디오 리마케팅 캠페인에 대한 설명으로 잘못된 것은?

① 사용자 맞춤형 광고를 통해 전환율을 높일 수 있다.
② 비디오 리마케팅은 주로 소셜미디어 플랫폼에서 사용된다.
③ 리마케팅 캠페인은 새로운 고객 유치에 초점을 둔다.
④ 특정 비디오와 상호작용한 사용자에게 광고를 다시 제공할 수 있다.

32 다음 중 구글 애즈 동영상 캠페인에서 사용할 수 없는 광고 로테이션 옵션은 무엇인가?

① 최적화된 로테이션
② 지속적 로테이션
③ 무작위 로테이션
④ 전환 중심 로테이션

33 다음 중 메타의 앱 패밀리 커뮤니티 규정의 목표로 포함되지 않는 것은?

① 사용자 간의 건전한 소통 촉진
② 혐오 발언 금지
③ 데이터 수집 및 활용 극대화
④ 플랫폼의 안전성 강화

34 다음 중 페이스북 비즈니스 설정 탭 메뉴 중 데이터 소스에 포함된 메뉴 항목이 아닌 것은?

① 픽셀
② 카탈로그
③ 광고 계정
④ 커스터머 오디언스

35 다음 중 메타에서 이미지 광고의 크리에이티브 전략으로 적합하지 않은 것은?

① 단순하고 간결한 메시지 사용하기
② 다양한 색상과 폰트를 사용하여 혼란 주기
③ 타깃 오디언스에 맞춘 맞춤형 콘텐츠 제작하기
④ 강렬한 CTA(콜 투 액션) 포함하기

36 캠페인의 노출 위치별로 광고 소재를 개인화하는 데 유용한 도구는?

① 광고 분석 도구
② 다이내믹 리타기팅
③ 캠페인 목표 설정 도구
④ 전환 추적 도구

37 다음 중 메타에서 수익화할 수 없는 콘텐츠는 무엇인가?

① 게임 스트리밍 영상
② 타인의 콘텐츠를 단순히 재편집한 영상
③ 요리 레시피 영상
④ 여행 브이로그

38 다음 중 유튜브에서 광고 수익 창출을 위한 조건이 아닌 것은?

① 채널의 콘텐츠가 커뮤니티 가이드라인을 준수해야 한다.
② 18세 이상의 사용자만 구독할 수 있다.
③ 광고 수익 창출을 위한 설정을 완료해야 한다.
④ 유튜브 파트너 프로그램에 참여해야 한다.

39 다음 중 구글 애즈의 광고 캠페인 유형에 대한 설명으로 옳은 것은?

① 검색 광고는 사용자가 검색한 키워드에 따라 노출된다.
② 디스플레이 광고는 주로 유료 검색 결과에만 노출된다.
③ 비디오 광고는 오직 유튜브에서만 사용된다.
④ 앱 광고는 전 세계의 모든 앱에 자동으로 게재된다.

40 다음 중 브랜드 인지도를 높이기 위한 유튜브 광고 전략으로 가장 알맞은 것은?

① 검색 광고를 통해 제품 구매를 유도하기
② 인플루언서와 협업하여 브랜드 이야기를 전달하기
③ 리타기팅 광고를 통해 기존 고객에게만 노출하기
④ 할인 쿠폰을 제공하는 광고 캠페인 운영하기

41 다음 중 CPM 마스트헤드 광고의 노출 방식에 대한 설명으로 옳은 것은?

① 사용자가 광고를 클릭해야만 노출된다.
② 페이지 로드 시 자동으로 상단에 노출된다.
③ 특정 키워드 검색 시에만 표시된다.
④ 광고는 하루에 한 번만 노출된다.

42 다음 중 유튜브에서 전환 가능성이 높은 시청자를 타기팅하여 모든 페이지에서 보여줄 수 있는 광고 형식으로 옳은 것은?

① TrueView 광고
② 스폰서 콘텐츠
③ 마스트헤드 광고
④ 리타기팅 광고

43 다음 중 비디오 액션 캠페인에서 설정할 수 있는 입찰 방식에 대한 설명으로 옳은 것은?

① CPM 방식은 광고의 클릭 수에 따라 비용이 결정된다.
② CPC 방식은 광고의 노출 수에 따라 비용이 결정된다.
③ CPA 방식은 사용자가 원하는 행동을 취할 때 비용이 발생한다.
④ 비디오 액션 캠페인은 오직 CPC 방식만 지원한다.

44 다음 중 유튜브 광고의 노출 기기 설정에 대한 설명으로 적절한 것은?

① 광고주는 모든 기기에서 광고를 동시에 노출할 수 없다.
② 모바일 기기와 데스크탑 기기에서 각각 다른 광고를 설정할 수 있다.
③ 기기 설정은 광고 캠페인 시작 후 변경할 수 없다.
④ 스마트 TV에서는 유튜브 광고 노출이 불가능하다.

45 다음 중 게재 위치 타기팅의 장점으로 옳지 않은 것은?

① 특정 관심사를 가진 사용자에게 광고를 노출할 수 있다.
② 브랜드 이미지에 옳은 플랫폼을 선택할 수 있다.
③ 광고 예산을 모든 플랫폼에 균등하게 분배해야 한다.
④ 광고 성과를 분석하고 최적화할 수 있는 기회를 제공한다.

46 다음 중 유튜브 광고의 인구통계 타기팅에서 설정할 수 있는 요소로 옳지 않은 것은?

① 연령대　　　　② 성별
③ 사용자 행동　　④ 가족 상태

47 다음 중 구글 애즈 광고 보고서에서 사용할 수 없는 지표는 무엇인가?

① 전환수
② 노출수
③ 페이지 뷰
④ 클릭당 비용(CPC)

48 다음 중 유튜브에서 저작권 침해가 발생했을 때 취할 수 있는 조치로 맞지 않은 것은?

① 저작권자의 허가를 받지 않고 콘텐츠를 사용하기
② 저작권 침해에 대한 경고를 받고 콘텐츠를 수정하기
③ 저작권자의 요청에 따라 콘텐츠를 삭제하기
④ 저작권 관련 교육을 받기

49 다음 중 유튜브에서 명예 훼손으로 동영상을 신고할 때 선택할 수 있는 사유는 무엇인가?

① 선정적 내용 포함
② 사실과 다른 정보 제공
③ 저작권 침해
④ 사용자 불만 사항

50 다음 중 Google Ads Creative Studio의 주요 기능으로 옳지 않은 것은?

① 동영상 광고의 템플릿 제공
② 자동화된 광고 배포
③ 실시간 데이터 분석
④ 소셜미디어 콘텐츠 생성

51 다음 중 유튜브 인피드 동영상 광고의 주요 장점으로 적절한 것은?

① 광고를 스킵할 수 없다.
② 사용자의 관심을 끌기 쉽다.
③ 모든 기기에서 동일한 형식으로 노출된다.
④ 광고의 길이는 30초로 고정되어 있다.

52 다음 중 동영상 액션 캠페인에서 제공하는 주요 이점으로 옳은 것은?

① 광고 성과가 자동으로 보장된다.
② 타기팅 옵션이 제한적이다.
③ 전환을 극대화할 수 있는 전략을 활용할 수 있다.
④ 광고 형식이 오직 인스트림 광고로만 제한된다.

53 다음 중 유튜브 비디오 리마케팅의 주요 이점으로 옳지 않은 것은?

① 이전에 광고를 시청한 사용자에게 다시 노출할 수 있다.
② 광고 예산을 늘리지 않고도 효과적인 타기팅이 가능하다.
③ 광고 성과를 자동으로 분석하여 최적화해 준다.
④ 브랜드 인지도를 높이는 데 도움을 줄 수 있다.

54 다음 중 유튜브 검색 결과에 노출되는 광고의 특징으로 옳은 것은?

① 사용자가 반드시 클릭해야만 광고가 노출된다.
② 광고는 동영상 시청 전후에만 나타난다.
③ 광고는 사용자의 검색 쿼리에 따라 다르게 표시된다.
④ 광고는 한 번만 노출된다.

55 다음 중 유튜브 파트너 프로그램(YPP)에 가입하기 위한 조건으로 옳은 것은?

① 최소 1,000명의 구독자와 4,000시간의 시청 시간이 필요하다.
② 유튜브 계정이 6개월 이상 되어야 한다.
③ 모든 동영상이 광고 수익을 생성할 수 있어야 한다.
④ 매일 새로운 동영상을 업로드해야 한다.

56 다음 중 유튜브 커뮤니티 가이드를 위반하는 행동으로 옳지 않은 것은?

① 허위 정보를 유포하는 동영상을 게시하는 것
② 타인을 괴롭히거나 위협하는 댓글을 남기는 것
③ 저작권이 있는 음악을 사용하지 않고 직접 제작한 음악을 사용하는 것
④ 부적절한 언어를 사용하는 동영상을 업로드하는 것

57 다음 중 유튜브 동영상의 비공개 설정에 대한 설명으로 옳은 것은?

① 비공개 동영상은 검색 결과에 나타난다.
② 비공개 동영상은 동영상 소유자만 볼 수 있다.
③ 비공개 동영상은 모든 유튜브 사용자가 볼 수 있다.
④ 비공개 동영상은 링크를 알고 있는 사람만 볼 수 있다.

58 다음 중 유튜브에서 수익을 창출할 수 있는 방법으로 옳은 것은?

① 구독자 수에 관계없이 광고 수익을 얻을 수 있다.
② 팬 지원 기능을 통해 직접 후원을 받을 수 있다.
③ 동영상의 길이와는 상관없이 모든 동영상이 광고 수익을 발생시킨다.
④ 유튜브 쇼츠는 광고 수익을 생성할 수 없다.

59 다음 중 유튜브 동영상 광고에 대한 설명으로 옳지 않은 것은?

① 인스트림 광고는 동영상 시작 전, 중간 또는 끝에 재생될 수 있다.
② 범퍼 광고는 5초 이하의 짧은 광고이다.
③ 스킵 가능한 광고는 사용자가 광고를 5초 후에 건너뛸 수 있다.
④ 모든 동영상에 광고를 자동으로 삽입할 수 있다.

60 다음 중 컴패니언 배너의 광고 효과에 대한 설명으로 옳지 않은 것은?

① 사용자의 시선을 끌어주는 역할을 한다.
② 브랜드 인지도를 높이는 데 기여할 수 있다.
③ 동영상과 연관된 콘텐츠를 제공할 수 있다.
④ 모든 사용자에게 동일한 메시지를 전달한다.

61 유튜브에서 웹사이트 트래픽 증대를 목표로 할 때 설정하는 광고는 무엇인가?

① 브랜드 인지도 캠페인
② 동영상 액션 캠페인
③ 쇼핑 캠페인
④ 리마케팅 캠페인

62 다음 중 마스트헤드 광고의 효과를 극대화하기 위한 방법으로 옳지 않은 것은?

① 광고의 메시지를 간결하게 유지한다.
② 특정 타깃 오디언스를 설정하여 광고를 진행한다.
③ 비주얼 요소를 활용하여 시각적 매력을 높인다.
④ 광고를 반복적으로 노출시켜 브랜드 인지도를 높인다.

63 다음 중 유튜브 품질평가 점수가 높을 때 기대할 수 있는 효과로 옳은 것은?

① 동영상이 검색 결과에서 더 높은 순위에 노출된다.
② 광고 수익이 자동으로 증가한다.
③ 동영상의 재생 시간이 무조건 늘어난다.
④ 모든 사용자에게 추천된다.

64 다음 중 유튜브에서 사용할 수 있는 타기팅 옵션으로 옳지 않은 것은?

① 지역 기반 타기팅
② 기기 유형 타기팅
③ 콘텐츠 주제 타기팅
④ 광고 예산 타기팅

65 유튜브 광고 캠페인에서 제공하는 타기팅 옵션에 대한 설명 중 옳은 것은?

① 유튜브 광고는 오직 연령과 성별에 따라 타기팅할 수 있다.
② 유튜브는 사용자의 검색 기록과 시청 기록을 기반으로 맞춤형 광고를 제공한다.
③ 유튜브 광고는 특정 지역에서만 노출될 수 있도록 설정할 수 없다.
④ 유튜브의 타기팅 옵션은 광고주가 설정한 예산에 따라 자동으로 조정된다.

66 다음 중 트루뷰 광고의 주요 특징으로 옳은 것은?

① 광고는 사용자가 스킵할 수 없다.
② 광고주는 클릭 수에 따라 비용을 지불한다.
③ 광고는 항상 동영상 시작 전에 재생된다.
④ 광고는 최대 30초 이상 재생된다.

67 다음 중 구글 애즈 캠페인 플래너의 주요 기능으로 옳지 않은 것은?

① 광고 예산을 추정할 수 있다.
② 경쟁업체 분석 도구를 제공한다.
③ 타깃 오디언스를 설정할 수 있다.
④ 다양한 광고 포맷을 비교할 수 있다.

68 다음 중 시퀀스 광고의 주요 장점으로 옳지 않은 것은?

① 브랜드 인지도를 높일 수 있다.
② 시청자의 관심을 단계적으로 유도할 수 있다.
③ 모든 사용자에게 동일한 메시지를 전달한다.
④ 제품의 특징을 효과적으로 설명할 수 있다.

69 다음 중 카카오톡 비즈보드에서 제공하는 광고 형식으로 옳지 않은 것은?

① 이미지 광고
② 동영상 광고
③ 텍스트 광고
④ 전통적인 배너 광고

70 다음 중 카카오 비즈보드의 광고 노출영역으로 옳지 않은 것은?

① 카카오톡 플러스친구
② 카카오게임
③ 카카오페이지
④ 카카오톡 채널

71 다음 중 카카오 광고에서 동영상 광고의 특징으로 옳지 않은 것은?

① 사용자가 스킵할 수 있는 옵션이 있다.
② 광고는 최대 30초까지 재생될 수 있다.
③ 동영상 광고는 텍스트 광고와 함께 노출된다.
④ 브랜드 메시지를 효과적으로 전달할 수 있다.

72 다음 중 광고가 게재되지 않는 이유로 옳지 않은 것은?

① 광고 콘텐츠가 정책을 위반한 경우
② 설정한 타깃 오디언스가 너무 좁은 경우
③ 광고 캠페인이 종료된 경우
④ 광고 예산이 충분히 설정된 경우

73 다음 중 카카오 비즈보드의 게재지면 설정 시 고려해야 할 요소로 옳지 않은 것은?

① 광고의 목표에 따른 적합한 채널 선택
② 타깃 오디언스의 행동 패턴 분석
③ 광고 소재의 길이를 모든 채널에서 동일하게 설정
④ 경쟁업체의 광고 전략 분석

74 다음 중 카카오 광고의 기본 타기팅 방식이 아닌 것은?

① 인구통계학적 타기팅
② 관심사 기반 타기팅
③ 행동 기반 타기팅
④ 랜덤 타기팅

75 다음 중 네이버 밴드 광고의 특징으로 알맞지 않은 것은?

① 특정 타깃 오디언스를 설정할 수 있다.
② 광고는 자동으로 최적화된다.
③ 광고 성과를 실시간으로 분석할 수 있다.
④ 광고 예산은 유동적으로 변경할 수 없다.

76 다음 중 틱톡 광고에 대한 설명으로 옳지 않은 것은?

① 광고는 15초에서 60초까지의 길이로 제공된다.
② 틱톡 광고는 사용자 생성 콘텐츠와 결합할 수 있다.
③ 모든 광고는 사용자가 스킵할 수 없다.
④ 틱톡의 광고는 다양한 타기팅 옵션을 제공한다.

77 다음 중 밴드에 대한 설명으로 알맞지 않은 것은?

① 사용자가 그룹을 생성하고 관리할 수 있다.
② 그룹의 게시글은 모든 사용자에게 공개된다.
③ 사진, 동영상, 음성 메시지를 공유할 수 있다.
④ 그룹의 설정에 따라 비공개로 운영할 수 있다.

78 다음 중 엑스(X)에 대한 설명으로 가장 옳은 것은?

① 엑스는 사용자가 280자 이상의 메시지를 작성할 수 없다.
② 엑스는 실시간으로 뉴스와 정보를 공유하는 플랫폼이다.
③ 엑스는 오로지 텍스트 기반의 콘텐츠만 지원한다.
④ 엑스는 광고 수익을 전혀 창출하지 않는다.

79 다음 중 네이버 밴드 알림광고의 특징으로 옳지 않은 것은?

① 사용자에게 직접 알림을 보낼 수 있다.
② 모바일과 PC 모두에서 발송할 수 있다.
③ 광고는 자동으로 최적화된다.
④ 발송 후 즉시 성과를 확인할 수 있다.

80 다음 중 틱톡 광고의 주요 특징으로 옳지 않은 것은?

① 짧은 형식의 동영상 광고를 활용한다.
② 사용자가 광고를 스킵할 수 없다.
③ 다양한 타기팅 옵션을 제공한다.
④ 사용자 참여를 유도하는 형식이 많다.

2025년 제1회 기출복원문제

01 다음 중 소셜미디어 플랫폼별 강점 및 약점에 대한 설명으로 옳은 것은?

① 페이스북은 모든 연령층을 대상으로 하며, 커뮤니티 형성에 강점을 가진다.
② 틱톡은 긴 동영상 콘텐츠에 적합하여 교육용 콘텐츠에 유리하다.
③ 유튜브는 짧은 형식의 콘텐츠 소비에 강점을 가지며, 브랜드 광고에 효과적이지 않다.
④ 핀터레스트는 사용자 간의 실시간 소통에 중점을 두고 있다.

02 다음 중 소셜미디어 마케팅에 대한 설명으로 옳은 것은?

① 소셜미디어 마케팅은 오직 기업의 제품 판매에만 집중해야 한다.
② 소셜미디어 마케팅은 고객과의 소통을 통해 브랜드 충성도를 높이는 데 기여한다.
③ 소셜미디어 마케팅은 전통적인 광고 방식보다 항상 더 효과적이다.
④ 소셜미디어 마케팅은 고객의 의견을 무시하고 일방적으로 정보를 전달해야 한다.

03 다음 중 소셜미디어를 활용한 콘텐츠 마케팅에 대한 설명으로 틀린 것은?

① 콘텐츠 마케팅은 특정 고객층을 타깃으로 할 수 있다.
② 소셜미디어에서의 콘텐츠는 항상 비즈니스 관련 정보만 포함해야 한다.
③ 브랜드 스토리를 효과적으로 전달하는 것이 중요하다.
④ 데이터 분석을 통해 콘텐츠 전략을 개선할 수 있다.

04 다음 중 SNS 마케팅에서 중요한 요소로 옳은 것은?

① 일방적인 메시지 전달에 집중한다.
② 트렌드를 반영한 콘텐츠를 제작한다.
③ 고객의 참여를 유도하지 않는다.
④ 프로모션을 자주 진행하지 않는다.

05 다음 중 소셜미디어의 영향력에 대한 설명으로 옳지 않은 것은?

① 소셜미디어는 브랜드 인지도를 높이는 데 도움을 준다.
② 소셜미디어는 사용자 의견이 브랜드에 미치는 영향을 무시할 수 있다.
③ 소셜미디어는 소비자 행동에 큰 영향을 미친다.
④ 소셜미디어는 고객 피드백을 즉각적으로 수집할 수 있는 경로를 제공한다.

06 다음 중 Meta for Business에서 제공하는 광고 형식에 대한 설명으로 적합한 것은?

① 이미지 광고는 단일 이미지만 사용하여 브랜드 메시지를 전달한다.
② 슬라이드쇼 광고는 최대 10개의 비디오를 동시에 재생할 수 있다.
③ 스토리 광고는 정적인 콘텐츠만 포함되어야 한다.
④ 캐러셀 광고는 여러 이미지를 수평으로 스와이프하여 보여줄 수 있다.

07 광고주가 Audience Network에서 특정 웹사이트에서 광고가 노출되지 않도록 설정하려고 할 때, 어떤 캠페인 세팅 전략이 가장 적합한가?

① 캠페인 목표를 '전환'으로 설정한다.
② '플레이스먼트'에서 '자동'을 선택하여 노출을 극대화한다.
③ '플레이스먼트'에서 '수동'을 선택하고 제외할 웹사이트를 명시한다.
④ 광고 예산을 늘려서 더 많은 사이트에 노출한다.

08 다음 중 Meta 광고관리자의 자동 게재위치 옵션에 대한 설명으로 옳지 않은 것은?

① 자동 게재위치는 광고 성과에 따라 최적의 위치를 자동으로 선택한다.
② 광고주는 자동 게재위치에서 특정 플랫폼을 제외할 수 없다.
③ 자동 게재위치는 사용자의 행동 데이터를 기반으로 광고를 노출한다.
④ 자동 게재위치는 광고비를 절감하는 데 도움을 줄 수 있다.

09 다음 중 페이스북 비즈니스 광고의 구매 방식에 대한 설명으로 가장 적합한 것은?

① 광고주는 클릭 수에 관계없이 고정된 요금을 지불해야 한다.
② 광고주는 광고 성과를 기반으로 입찰 가격을 조정할 수 있다.
③ 광고는 오직 모바일 기기에서만 노출된다.
④ 광고주는 광고 예산을 설정하지 않아도 된다.

10 다음 중 페이스북 페이지 인사이트의 구성 항목에 대한 설명으로 옳지 않은 것은?

① '페이지 방문'은 사용자가 페이지를 클릭하여 들어온 횟수를 나타낸다.
② '비디오 조회수'는 비디오 콘텐츠가 재생된 총 횟수를 의미한다.
③ '게시물 공유'는 사용자들이 게시물을 얼마나 자주 공유했는지를 보여준다.
④ '고객 지원'은 페이지에서 제공하는 제품의 재고 상태를 나타낸다.

11 다음 중 메타의 머신러닝 응용에 대한 설명으로 옳은 것은?

① 머신러닝은 사용자 경험을 개인화하는 데 사용될 수 있다.
② 머신러닝은 항상 정확한 결과를 보장한다.
③ 머신러닝은 데이터의 양과 관계없이 동일한 성능을 유지한다.
④ 머신러닝은 비즈니스 의사결정에 영향을 미치지 않는다.

12 다음 중 메타에서 광고를 집행한 결과로 볼 수 없는 것은?

① 광고 캠페인의 ROI(투자 대비 수익)를 측정할 수 있다.
② 특정 타깃 그룹에서의 광고 효과를 분석할 수 있다.
③ 광고 성과는 캠페인 종료 후 즉시 확인할 수 없다.
④ 광고 성과는 오직 클릭 수에만 의존한다.

13 다음 중 메타에서 광고 목표에 따라 이용 가능한 광고 최적화 방법으로 적합하지 않은 것은?

① 전환 최적화는 소비자의 구매 결정을 유도하는 데 중점을 둔다.
② 리타기팅 최적화는 기존 고객을 대상으로 재노출하는 방법이다.
③ 참여 최적화는 사용자의 게시물 반응을 극대화하는 데 초점을 맞춘다.
④ 모든 광고 캠페인은 동일한 최적화 전략을 적용해야 한다.

14 다음 중 메타의 광고 관리자에서 광고 수준에서 선택할 수 없는 항목은 무엇인가?

① 광고 설명
② 랜딩 페이지 URL
③ 캠페인 기간
④ 이미지 또는 비디오 파일

15 메타에서 광고를 집행할 때 가장 먼저 할 일은 무엇인가?

① 광고 예산을 설정한다.
② 타깃 오디언스를 정의한다.
③ 캠페인 목표를 설정한다.
④ 광고 형식을 선택한다.

16 다음 중 메타의 리타기팅에 대한 설명으로 옳지 않은 것은?

① 리타기팅은 특정 제품이나 서비스에 관심을 보인 사용자에게 광고를 노출한다.
② 리타기팅은 사용자 데이터를 활용하여 광고의 효과를 극대화한다.
③ 리타기팅은 광고 예산을 무조건 증가시켜야 한다.
④ 리타기팅은 구매 가능성이 높은 고객을 다시 유도하는 데 유용하다.

17 다음 중 머신러닝의 유동성이 최적의 상태로 설정되었을 때 기대할 수 있는 이점이 아닌 것은?

① 캠페인 목표에 맞춘 자동화된 조정이 가능하다.
② 예측 정확도가 향상된다.
③ 모든 광고의 클릭률이 동일하게 증가한다.
④ 오디언스 세분화가 효과적으로 이루어진다.

18 다음 중 메타 픽셀 사용 시 광고 캠페인에서 기대할 수 있는 효과가 아닌 것은?

① 사용자 맞춤형 광고 제공이 가능하다.
② 웹사이트의 성능을 자동으로 개선한다.
③ 광고 리포트의 정확성을 높일 수 있다.
④ 고객 행동 분석을 통해 전략을 조정할 수 있다.

19 다음 중 페이스북 비즈니스 광고의 머신러닝과 관련하여 잘못된 설명은?

① 머신러닝은 광고 성과를 실시간으로 분석할 수 있다.
② 머신러닝은 사용자 데이터를 기반으로 최적의 광고 배치를 결정한다.
③ 머신러닝은 광고의 클릭 수를 무조건 증가시킨다.
④ 머신러닝은 A/B 테스트를 통해 광고 효과를 비교할 수 있다.

20 다음 중 메타 광고의 오프라인 성과를 분석하기 위해 고려해야 할 기능은 무엇인가?

① 광고 리포트 생성
② 오프라인 매출 측정 도구
③ 캠페인 기간 설정
④ 광고 크리에이티브 최적화

21 다음 중 메타의 Shops 광고 솔루션의 주요 기능으로 잘못된 것은?

① 다채로운 제품 디스플레이 옵션
② 고객 리뷰 및 평점 기능
③ 실시간 재고 관리
④ 소셜미디어 광고 자동 생성

22 다음 중 메타 비즈니스 광고 캠페인 준비사항에 대한 설명으로 옳지 않은 것은?

① 캠페인 목표를 명확히 설정하는 것이 중요하다.
② 광고 예산을 사전에 계획하는 것이 필요하다.
③ 광고 크리에이티브는 반드시 동영상이어야 한다.
④ 타깃 오디언스를 정의하는 것이 필수적이다.

23 다음 중 Meta Business Suite의 기능 및 설명으로 옳지 않은 것은?

① 인사이트를 통해 고객 행동을 분석할 수 있다.
② 여러 계정을 통합하여 관리할 수 있다.
③ 광고 캠페인의 자동 최적화 기능이 포함되어 있다.
④ 고객 피드백을 수집하는 기능이 없다.

24 다음 중 메타에서 제공하는 노출 위치 자산 맞춤화에 대한 설명으로 옳지 않은 것은?

① 광고의 성과는 각 노출 위치에 따라 다를 수 있다.
② 광고주는 특정 고객 세그먼트에 맞춰 위치를 최적화할 수 있다.
③ 노출 위치에 대한 데이터 분석은 불가능하다.
④ 다양한 플랫폼에서 광고를 노출할 수 있다.

25 다음 중 메타 광고 시스템에서 캠페인 효과를 분석하기 위해 주로 사용하는 지표가 아닌 것은?

① 클릭당 비용(CPC)
② 광고 클릭 수
③ 고객 충성도
④ 전환율

26 다음 중 메타의 광고 시스템에서 맞춤 타깃을 설정하는 데 사용할 수 없는 소스 옵션은?

① 웹사이트의 특정 페이지 방문자
② 구매 이력 데이터
③ 특정 지역의 날씨 데이터
④ 앱 설치 사용자

27 다음 중 메타의 다이내믹 광고 카탈로그에서 일반적으로 제공되지 않는 업종은?

① 뷰티 제품
② 스포츠 용품
③ 금융 서비스
④ 소프트웨어

28 다음 중 페이스북 광고 형식의 유형 중 카탈로그가 필요한 광고 형식은?

① 동영상 광고
② 슬라이드쇼 광고
③ 다이내믹 광고
④ 이미지 광고

29 다음 중 메타에서 성과 측정을 위해 제공하는 데이터 소스 및 기능이 아닌 것은?

① 광고 성과 리포트
② 고객 행동 데이터
③ 경쟁사 분석 도구
④ 이벤트 트래킹 기능

30 다음 중 메타의 비즈니스 솔루션에서 성과 측정과 인사이트 파악을 가능하게 하는 기능이 아닌 것은?

① 광고 성과 리포트
② 전환 추적
③ 고객 피드백 수집
④ 경쟁사 성과 비교

31 다음 중 비디오 리마케팅과 관련하여 잘못 설명한 것은?

① 비디오 리마케팅은 이전에 비디오 광고를 본 사용자에게 다시 광고를 노출하는 방법이다.
② 특정 비디오 콘텐츠에 대한 사용자 반응을 기반으로 타기팅할 수 있다.
③ 비디오 리마케팅은 오프라인 매장 방문자를 대상으로 할 수 있다.
④ 사용자 행동 데이터를 활용하여 맞춤형 광고를 제공한다.

32 다음 중 구글 애즈 동영상 캠페인에서 광고 로테이션 설정 시 사용할 수 없는 옵션은 무엇인가?

① 최적화된 로테이션
② 고정 로테이션
③ 지속적 로테이션
④ 자산 로테이션

33 다음 중 메타의 앱 패밀리의 커뮤니티 규정의 목표와 가치가 아닌 것은?

① 사용자 안전 보장
② 개인 정보 보호 강화
③ 광고 수익 최대화
④ 긍정적인 커뮤니티 환경 조성

34 다음 중 페이스북 비즈니스 설정에서 데이터 소스에 포함되지 않는 항목은 무엇인가?

① 데이터베이스
② 픽셀
③ 앱
④ 카탈로그

35 다음 중 메타의 이미지 광고에서 효과적인 크리에이티브 전략으로 적합하지 않은 것은?

① 제품 사용 장면을 보여주는 이미지 사용하기
② 지나치게 복잡한 배경 사용하기
③ 고객 리뷰나 추천을 포함하기
④ 감성적인 스토리텔링 요소 추가하기

36 캠페인의 노출 위치별로 광고 소재를 개인화하는 데 유용한 도구는?

① 광고 분석 도구
② 다이내믹 리타기팅
③ 캠페인 목표 설정 도구
④ 전환 추적 도구

37 다음 중 메타에서 수익화할 수 없는 콘텐츠는 무엇인가?

① 원본 음악 비디오
② 저작권이 있는 영화 클립
③ 개인 브이로그
④ 교육용 튜토리얼 영상

38 다음 중 유튜브를 통해 광고 수익을 창출할 수 있는 조건이 아닌 것은?

① 구독자 수 1,000명 이상
② 최근 12개월 동안 4,000시간 이상의 시청 시간
③ 유튜브 파트너 프로그램 가입
④ 모든 콘텐츠가 18세 이상만을 대상으로 해야 함

39 다음 중 구글 애즈의 광고 캠페인 유형에 대한 설명으로 옳은 것은?

① 검색 광고는 사용자가 검색한 키워드에 따라 노출된다.
② 디스플레이 광고는 주로 유료 검색 결과에만 노출된다.
③ 비디오 광고는 오직 유튜브에서만 사용된다.
④ 앱 광고는 전 세계의 모든 앱에 자동으로 게재된다.

40 다음 중 유튜브 광고 캠페인을 통해 브랜드 인지도를 높이기 위한 방법으로 가장 적합한 것은?

① 짧은 광고를 반복적으로 노출하기
② 모든 타깃 오디언스에게 동일한 광고를 보여주기
③ 브랜드 스토리를 중심으로 한 긴 형식의 광고 제작하기
④ 특정 키워드에만 집중하여 광고하기

41 다음 중 CPM 마스트헤드 광고의 효과를 높이기 위한 방법으로 적합한 것은?

① 짧고 간결한 메시지 사용하기
② 특정 시간대에만 광고를 노출하기
③ 브랜드의 핵심 메시지와 비주얼을 강조하기
④ 모든 사용자에게 동일한 광고를 보여주기

42 다음 중 전환 가능성이 높은 시청자를 찾아다니며 유튜브 내 모든 페이지에서 노출되는 광고는 무엇인가?

① TrueView 광고
② 디스플레이 광고
③ 마스트헤드 광고
④ 범위 광고

43 다음 중 비디오 액션 캠페인에서 설정할 수 있는 입찰 방식에 대한 설명으로 옳은 것은?

① CPM 방식은 광고의 클릭 수에 따라 비용이 결정된다.
② CPC 방식은 광고의 노출 수에 따라 비용이 결정된다.
③ CPA 방식은 사용자가 원하는 행동을 취할 때 비용이 발생한다.
④ 비디오 액션 캠페인은 오직 CPC 방식만 지원한다.

44 다음 중 유튜브 광고의 노출 기기 설정에서 고려해야 할 사항으로 적절한 것은?

① 모든 광고는 자동으로 모든 기기에 최적화된다.
② 기기별로 타깃 오디언스를 다르게 설정할 수 있다.
③ 특정 기기에서만 광고를 노출할 수 없다.
④ 기기 설정은 광고 성과에 영향을 미치지 않는다.

45 다음 중 게재 위치 타기팅의 사용 예로 적절한 것은?

① 모든 웹사이트에 동일한 광고를 노출하기
② 특정 유튜브 채널에서만 광고를 게재하기
③ 랜덤으로 선택된 사용자에게 광고를 보여주기
④ 타깃 오디언스의 연령대에 따라 광고를 자동으로 조정하기

46 다음 중 유튜브 동영상 광고의 인구통계 타기팅에 대한 설명으로 옳은 것은?

① 광고주는 오직 성별만을 기준으로 타기팅할 수 있다.
② 인구통계 타기팅은 광고 성과를 보장한다.
③ 광고주는 연령대와 성별을 조합하여 타기팅할 수 있다.
④ 인구통계 타기팅은 모든 광고주에게 무료로 제공된다.

47 다음 중 구글 애즈 광고 보고서의 지표는 무엇인가?

① 클릭률(CTR)
② 페이지 로딩 속도
③ SEO 점수
④ 소셜미디어 팔로워 수

48 다음 중 유튜브 저작권 침해 해결 방법으로 적절하지 않은 것은?

① 저작권 소유자에게 직접 연락하여 문제를 해결하기
② 유튜브의 콘텐츠 ID 시스템을 통해 저작권 침해를 신고하기
③ 침해된 콘텐츠를 삭제하지 않고 그대로 두기
④ 저작권 침해에 대한 이의 제기를 하여 해결하기

49 다음 중 '개인정보 보호, 상표권 침해, 명예 훼손 등으로 유튜브 동영상을 신고할 때 선택하는 사유는 무엇인가?

① 저작권 침해
② 개인 정보 노출
③ 콘텐츠 품질 저하
④ 광고 수익 미지급

50 다음 중 Google Ads Creative Studio를 사용하여 동영상 광고를 제작할 때의 이점으로 가장 적절한 것은?

① 광고 성과를 수동으로 분석할 수 있다.
② 다양한 타깃 오디언스를 쉽게 설정할 수 있다.
③ 고비용의 제작비가 필요하다.
④ 제작 시간 단축과 효율성을 높일 수 있다.

51 다음 중 유튜브 인피드 동영상 광고의 기능으로 적절한 것은?

① 광고는 자동으로 재생된다.
② 광고는 사용자의 피드를 방해하지 않는다.
③ 광고는 검색 결과에만 나타난다.
④ 광고는 다른 광고와 결합할 수 없다.

52 다음 중 동영상 액션 캠페인의 주요 목적은 무엇인가?

① 브랜드 인지도 향상
② 웹사이트 트래픽 감소
③ 전환율 증가
④ 소셜미디어 팔로워 증가

53 다음 중 유튜브 비디오 리마케팅에 대한 설명으로 옳은 것은?

① 리마케팅은 광고를 처음 보는 사용자에게만 적용된다.
② 특정 동영상을 시청한 사용자에게만 광고를 노출할 수 있다.
③ 리마케팅은 소셜미디어 플랫폼에서만 사용할 수 있다.
④ 리마케팅 캠페인은 광고 예산을 자동으로 조정한다.

54 다음 중 유튜브 검색 결과에 나타나는 광고를 효과적으로 활용하기 위한 전략으로 적절한 것은?

① 키워드 최적화
② 고해상도 동영상 업로드
③ 긴 광고 길이 설정
④ 특정 시간대에만 광고 게재

55 다음 중 유튜브 파트너 프로그램(YPP)에 대한 설명으로 옳은 것은?

① YPP에 가입하면 모든 유튜브 사용자에게 광고가 자동으로 노출된다.
② YPP 가입자는 동영상에 광고를 삽입하고 수익을 얻을 수 있다.
③ YPP는 유튜브에서 제공하는 무료 동영상 편집 도구이다.
④ YPP 가입 후 즉시 수익을 창출할 수 있다.

56 다음 중 유튜브 커뮤니티 가이드를 준수하는 행동으로 가장 적절한 것은?

① 특정 집단에 대한 차별적인 발언을 하는 것
② 사용자의 개인 정보를 공개하는 것
③ 유용한 정보와 팁을 공유하는 것
④ 폭력적인 행동을 미화하는 동영상을 제작하는 것

57 다음 중 유튜브 동영상 공개범위 설정에 대한 설명으로 옳지 않은 것은?

① 공개로 설정된 동영상은 누구나 볼 수 있다.
② 비공개로 설정된 동영상은 링크를 알고 있는 사용자만 볼 수 있다.
③ 목록에 없는 동영상은 모든 사용자에게 자동으로 공개된다.
④ 제한 공개로 설정된 동영상은 검색 결과에 나타나지 않는다.

58 다음 중 유튜브에서 수익을 창출할 수 없는 콘텐츠 유형은 무엇인가?

① 교육적인 내용을 다룬 동영상
② 게임 플레이를 보여주는 스트리밍
③ 선정적이거나 폭력적인 내용이 포함된 동영상
④ 여행 브이로그

59 다음 중 유튜브 광고 수익 모델에 대한 설명으로 옳지 않은 것은?

① 광고 수익은 동영상의 조회수에 따라 달라진다.
② 유튜브 파트너 프로그램(YPP)에 가입해야 광고 수익을 얻을 수 있다.
③ 모든 광고는 동영상의 모든 조회수에 대해 수익을 발생시킨다.
④ 광고 수익은 광고주가 지불한 금액에 따라 결정된다.

60 다음 중 유튜브에 게재되는 컴패니언 배너에 대한 설명으로 옳지 않은 것은?

① 컴패니언 배너는 동영상의 오른쪽에 표시된다.
② 사용자는 컴패니언 배너를 클릭하여 추가 정보를 얻을 수 있다.
③ 컴패니언 배너는 비디오 광고와 함께 표시된다.
④ 모든 동영상에 컴패니언 배너가 자동으로 추가된다.

61 다음 중 유튜브 광고를 통해 웹사이트 트래픽을 증가시키기 위한 방법으로 옳지 않은 것은?

① 동영상에 링크를 추가하여 클릭을 유도한다.
② 광고 예산을 무제한으로 설정한다.
③ 관심 있는 주제에 옳은 콘텐츠를 제작한다.
④ 광고 성과를 분석하여 전략을 조정한다.

62 다음 중 유튜브의 마스트헤드 광고에 대한 설명으로 옳은 것은?

① 마스트헤드 광고는 페이지 상단에 고정되어 표시된다.
② 마스트헤드 광고는 사용자가 스킵할 수 있다.
③ 마스트헤드 광고는 특정 날짜와 시간에만 표시된다.
④ 마스트헤드 광고는 동영상 광고와 함께 표시되지 않는다.

63 다음 중 품질평가 점수에 영향을 미치는 요소로 옳지 않은 것은?

① 동영상의 시청 시간
② 댓글의 긍정적인 내용
③ 업로드된 동영상의 수
④ 사용자 참여율

64 유튜브 셀렉트 기반 타기팅은 다음 유튜브 광고 타기팅 유형은 무엇인가?

① 인구통계학적 타기팅
② 관심 기반 타기팅
③ 키워드 타기팅
④ 리마케팅 타기팅

65 다음 중 트루뷰 비디오 디스커버리 광고의 장점으로 옳지 않은 것은?

① 사용자가 관심 있는 콘텐츠를 직접 선택할 수 있다.
② 브랜드 인지도를 높이는 데 도움을 준다.
③ 광고가 스킵 불가능하여 모든 사용자에게 노출된다.
④ 타기팅 옵션을 활용해 특정 사용자에게 도달할 수 있다.

66 다음 중 목표 타깃 도달범위 및 예산별 적합한 광고 포맷과 상품 조합 등이 가능한 구글 애즈 내 플래닝 도구(Tool)는 무엇인가?

① 구글 애즈 에디터
② 구글 애즈 캠페인 플래너
③ 구글 애즈 키워드 플래너
④ 구글 애즈 분석기

67 다음 중 시퀀스 광고를 활용할 때 고려해야 할 요소로 옳지 않은 것은?

① 광고의 순서를 계획한다.
② 각 광고의 길이를 동일하게 설정한다.
③ 시청자의 반응을 분석한다.
④ 다양한 광고 소재를 준비한다.

68 다음 중 카카오톡 비즈보드의 특징이 아닌 것은?

① 다양한 광고 형식을 지원한다.
② 광고 성과를 실시간으로 분석할 수 있다.
③ 모든 사용자에게 동일한 광고를 무조건 노출한다.
④ 타깃 오디언스를 세분화하여 설정할 수 있다.

69 다음 중 카카오 비즈보드의 노출영역을 활용할 때 고려해야 할 요소로 옳지 않은 것은?

① 타깃 오디언스를 명확히 설정해야 한다.
② 광고 예산을 설정하지 않아도 된다.
③ 광고 성과를 지속적으로 모니터링해야 한다.
④ 적절한 광고 형식을 선택해야 한다.

70 다음 중 카카오 광고에서 동영상 광고를 효과적으로 활용하기 위한 전략으로 옳지 않은 것은?

① 짧고 강렬한 메시지를 전달한다.
② 특정 타깃 그룹을 설정하여 광고를 진행한다.
③ 동영상 길이를 무조건 1분 이상으로 설정한다.
④ 광고 성과를 분석하고 조정한다.

71 다음 중 광고가 게재되고 있지 않은 상황은 무엇인가?

① 광고 예산이 모두 소진되었을 때
② 광고 캠페인이 활성화된 상태일 때
③ 광고 노출 대상이 설정되지 않았을 때
④ 광고 승인 대기 중일 때

72 다음 중 카카오 비즈보드의 디바이스 및 게재지면 설정에 대한 설명으로 옳지 않은 것은?

① 광고주는 모바일 및 PC 디바이스를 선택할 수 있다.
② 특정 앱 내에서만 광고를 게재할 수 있다.
③ 광고는 카카오톡과 카카오스토리에서 노출될 수 있다.
④ 게재지면을 설정하지 않으면 모든 채널에 광고가 노출된다.

73 다음 중 카카오 광고의 행동 기반 타기팅의 특징으로 옳지 않은 것은?

① 사용자의 웹사이트 방문 기록을 기반으로 한다.
② 구매 이력을 분석하여 광고를 제공한다.
③ 광고가 무작위로 모든 사용자에게 노출된다.
④ 특정 행동을 기반으로 잠재 고객을 설정할 수 있다.

74 다음 중 비디오 리마케팅 목록에서 설정할 수 있는 초기 목록 기간은?

① 7일   ② 14일
③ 30일   ④ 90일

75 다음 중 밴드에 대한 설명으로 알맞지 않은 것은?

① 사용자들이 쉽게 그룹을 생성할 수 있다.
② 모든 사용자에게 공개된 그룹만 존재한다.
③ 사진, 동영상, 음성 메시지를 공유할 수 있다.
④ 채팅 기능을 통해 실시간 소통이 가능하다.

76 다음 중 네이버 밴드의 광고상품별 과금 방식으로 옳지 않은 것은?

① 클릭당 과금(CPC)
② 노출당 과금(CPM)
③ 가입당 과금(CPS)
④ 전환당 과금(CPT)

77 다음 중 네이버 밴드 알림광고 발송 시 고려해야 할 사항으로 옳지 않은 것은?

① 알림의 내용은 간결하고 명확해야 한다.
② 발송 시점을 사용자의 활동 시간에 맞춘다.
③ 모든 사용자에게 동일한 내용을 보내야 한다.
④ 발송 후 사용자 반응을 분석한다.

78 다음 중 네이버 밴드의 풀스크린 광고 특징이 아닌 것은?

① 사용자에게 전체 화면으로 노출된다.
② 광고 시청 후 사용자가 다른 콘텐츠로 쉽게 이동할 수 있다.
③ 시각적으로 강한 임팩트를 제공한다.
④ 광고 클릭 시 외부 링크로 이동할 수 있다.

79 다음 중 틱톡 광고를 효과적으로 활용하기 위한 전략으로 옳지 않은 것은?

① 짧고 임팩트 있는 메시지를 전달한다.
② 사용자 참여를 유도하는 콘텐츠를 만든다.
③ 광고 예산을 무조건 높게 설정한다.
④ 트렌드에 맞춘 콘텐츠를 제작한다.

80 다음 중 엑스(X)에서 광고 캠페인을 운영할 때 고려해야 할 요소로 옳지 않은 것은?

① 광고 목표를 명확히 설정한다.
② 사용자 맞춤형 콘텐츠를 제작한다.
③ 광고 예산을 무조건 최소화한다.
④ 캠페인 성과를 지속적으로 분석한다.

CHAPTER
06

2024년 제1회 기출복원문제 정답 및 해설

01	02	03	04	05	06	07	08	09	10
③	③	③	④	②	③	②	②	④	③
11	12	13	14	15	16	17	18	19	20
②	③	②	③	③	③	④	②	②	④
21	22	23	24	25	26	27	28	29	30
④	④	③	④	③	③	④	③	③	③
31	32	33	34	35	36	37	38	39	40
④	②	④	④	③	③	②	②	③	④
41	42	43	44	45	46	47	48	49	50
③	③	④	③	④	④	③	④	②	④
51	52	53	54	55	56	57	58	59	60
①	④	④	②	②	④	①	④	④	②
61	62	63	64	65	66	67	68	69	70
②	④	①	③	③	②	③	③	③	④
71	72	73	74	75	76	77	78	79	80
②	④	③	③	②	③	①	③	③	③

01
정답 ③

소셜미디어는 개인이 콘텐츠를 생성하고 공유할 수 있는 플랫폼으로 사용자 참여와 실시간 소통이 용이하다. 또한, 개인화된 콘텐츠를 제공하여 사용자 경험을 개선한다. 하지만 대중의 영향력이 감소한 것은 아니라 오히려 소셜미디어를 통해 대중의 의견과 영향력이 더 커진 경우가 많다.

02
정답 ③

Web 3.0은 분산형 네트워크와 블록체인 기술을 기반으로 하여 사용자 데이터의 중앙 집중화가 아닌 분산형 데이터 저장을 지향한다. 또한, 인공지능을 활용하여 사용자 맞춤형 서비스를 제공하고, 의미 기반의 검색 기술을 통해 더 정확한 정보를 찾을 수 있도록 한다.

03
정답 ③

틱톡은 짧은 형식의 동영상 콘텐츠를 중심으로 한 플랫폼으로, 숏폼 영상 트렌드를 주도했다. 사용자가 쉽게 짧은 영상을 제작하고 공유할 수 있도록 하여, 전 세계적으로 인기 있는 소셜미디어 플랫폼으로 자리 잡았다. 반면, 페이스북, X, 링크드인은 주로 텍스트 및 긴 형식의 콘텐츠 중심이다.

04
정답 ④

X, 틱톡, 레딧은 모두 사용자 간의 상호작용과 콘텐츠 공유가 이루어지는 소셜미디어 플랫폼이다. 반면, 넷플릭스는 영화 및 TV 프로그램을 스트리밍하는 서비스로, 사용자 간의 소통보다는 콘텐츠 소비에 중점을 두고 있어 소셜미디어의 정의에 해당하지 않는다.

05
정답 ②

페이스북은 사명 변경을 통해 메타버스에 대한 비전을 강조하였다. 메타버스는 가상 환경에서의 상호작용을 중시하는 플랫폼으로, 향후 기술 발전의 중심이 될 것으로 예상된다. 스마트폰, 클라우드 컴퓨팅, 전자상거래는 중요한 분야지만, 페이스북의 사명 변경과 직접적인 연관성은 없다.

06
정답 ③

다단계 구매 결정 모델, 소비자 참여 모델, 고객 충성도 모델은 모두 소비자 행동을 설명하는 데 관련된 모델이다. 반면, 포터의 5 Forces는 산업 분석 도구로, 시장의 경쟁력과 구조를 이해하는 데 사용되며 소비자 행동을 설명하는 모델은 아니다.

07
정답 ②

고객 참여를 유도하는 이벤트, 사용자 생성 콘텐츠 활용, 브랜드 가치와 스토리를 전달하는 콘텐츠는 모두 소비자와의 관계를 강화하고 브랜드 이미지에 긍정적인 영향을 미치는 전략이다. 반면, 단순히 제품의 장점을 나열하는 광고 게시 방식은 소비자와의 상호작용을 저해하고, 콘텐츠 마케팅의 핵심인 '소통'을 부족하게 만든다.

08

스레드(Thread)는 메타가 탈중앙화 소셜미디어를 목표로 출시한 플랫폼으로 사용자 간의 소통을 강화하고 정보 공유를 쉽게 할 수 있도록 설계되었다. 출시 이후 빠르게 많은 이용자를 확보하여 주목받았다. 나머지는 메타의 새로운 플랫폼이 아니다.

09 정답 ④

CPM(비용 대비 천회 노출)은 광고가 1,000회 노출되기 위해 소요되는 비용을 나타내는 지표로 매출과는 관련이 없다. 나머지는 각각의 지표에 대한 정확한 설명이다. ROI, CTR, CPC는 모두 캠페인 성과를 평가하는 데 유용한 지표다.

10 정답 ③

오큘러스, 왓츠앱, 페이스북 마켓플레이스는 모두 메타의 서비스다. 하지만 스냅챗은 별도의 회사인 스냅(Snap Inc.)에서 운영하는 소셜미디어 플랫폼으로 메타와는 관련이 없다.

11 정답 ②

페이스북 광고는 특정 타깃 오디언스를 설정하여 광고를 노출할 수 있는 강력한 기능을 제공한다. 이를 통해 광고주는 원하는 고객층에 직접 도달할 수 있다. 일반적인 페이지 게시물은 유기적 도달이 제한적이며, 타기팅이 어렵다.

12 정답 ③

캠페인을 제작하기 전에 타깃 오디언스를 분석하는 것은 매우 중요하다. 이를 통해 브랜드는 어떤 사람들에게 웹사이트를 홍보할지 그들이 어떤 콘텐츠에 관심이 있는지를 파악할 수 있다. 타깃 오디언스를 이해한 후에 소셜미디어 광고, SEO 최적화, 이메일 뉴스레터 발송 등의 전략을 수립할 수 있다.

13 정답 ②

유기적 도달은 사용자가 광고 없이 자연스럽게 콘텐츠를 발견하고 상호작용한 경우를 의미한다. 즉, 페이지 게시물이나 콘텐츠가 사용자들에 의해 공유되거나 친구의 피드를 통해 나타나면서 도달한 사용자 수를 나타낸다. 다른 보기는 광고나 유료 캠페인과 관련된 도달을 설명하고 있다.

14 정답 ③

Meta Business Suite의 인사이트는 자사의 게시물 도달률, 광고 캠페인의 클릭률, 고객 참여도와 같은 정보를 제공한다. 그러나 경쟁사의 실시간 판매 데이터는 Meta Business Suite에서 제공하는 정보가 아니며, 외부 데이터다.

15 정답 ③

메타의 카탈로그는 온라인 제품 정보를 관리하고, 동적 광고와 같은 여러 광고 형식에 활용될 수 있다. 또한, 재고 상태를 실시간으로 반영할 수 있는 기능이 있다. 그러나 카탈로그는 오프라인 매출만을 추적하는 기능을 제공하지 않으며, 주로 온라인 판매와 관련된 데이터 관리에 중점을 둔다.

16 정답 ③

메타에서는 전환 최적화, 브랜드 인지도 최적화, 리타기팅 최적화와 같은 광고 목표에 따라 다양한 최적화 방법을 제공하지만, 클릭률(CTR) 최적화는 특정 목표에 따른 최적화 방법으로 직접적으로 분류되지 않는다. CTR은 광고 성과의 지표일 뿐, 최적화 방법으로 명시되지는 않는다.

17 정답 ④

메타 광고의 결과 설명에서는 광고 도달 수 증가, 광고 소재의 효과, 브랜드 인지도 향상 등이 일반적인 설명이다. 그러나 '모든 잠재 고객에게 광고가 하루에 한 번만 노출되었다.'는 것은 메타의 광고 전략과 맞지 않으며, 광고는 타깃 설정 및 예산에 따라 여러 번 노출될 수 있다.

18 정답 ②

메타의 머신러닝 모델은 자동으로 학습하고 업데이트되는 기능을 가지고 있다. 즉, 데이터가 추가되면 모델이 자동으로 개선되며, 수동 업데이트가 필요하지 않다.

19 정답 ②

특정 지역의 인구 통계 정보를 무시하는 것은 효과적인 타기팅을 방해하며, 광고의 성과를 저하시킬 수 있다. 지역 비즈니스 홍보 시, 해당 지역의 특성과 인구 통계를 고려하는 것이 중요하다.

20 정답 ④

트래픽 광고 목표와 웹사이트 유입을 설정할 경우, 특정 페이지 방문, 뉴스레터 구독, 제품 상세 페이지 조회는 모두 웹사이트에서 발생하는 활동으로 전환 이벤트로 설정할 수 있다. 그러나 '사용자 리뷰 작성'은 일반적으로 전환 이벤트로 설정되지 않으며, 트래픽 목표와는 직접적인 관련이 없다.

21 정답 ④

메타에서 '어드밴티지+카탈로그 광고 캠페인'을 준비할 때 필수적인 이벤트값에는 페이지 조회, 장바구니 추가, 구매 완료 등이 포함된다. 하지만 '사용자 로그인'은 필수 이벤트값에는 포함되지 않으며, 일반적으로 광고 성과와 직접적으로 관련되지 않는다.

22 정답 ④

동영상 재생 수의 최대화를 목표로 하는 캠페인에서 웹사이트 방문 수는 직접적인 관련이 없으며, 동영상의 성과를 평가하는 데 적합하지 않는다. 동영상 재생 수, 평균 시청 시간, 브랜드 인지도 변화는 모두 캠페인의 성공 여부와 관련된 지표다.

23 정답 ③

메타의 광고 시스템에서 맞춤 타깃을 생성할 때 사용할 수 있는 소스 옵션에는 웹사이트 방문자, 이메일 리스트, 앱 사용자 등이 포함된다. 그러나 '친구 목록'은 광고 타깃 생성에 직접적으로 사용할 수 있는 소스 옵션이 아니다.

24 정답 ④

메타의 다이내믹 광고는 패션, 여행, 자동차 등 다양한 업종의 카탈로그를 제공한다. 그러나 '의료 서비스'는 일반적으로 다이내믹 광고 카탈로그의 업종으로 포함되지 않는다.

25 정답 ③

메타의 광고 경매에서 광고 순위 낙찰에 영향을 미치는 요소는 광고의 타기팅 정확도, 광고의 사용자 반응, 광고의 노출 빈도 등이 있다. 그러나 '광고의 제작 비용'은 경매에서 순위 결정과 직접적인 관련이 없기 때문에 영향력을 미치지 않는다.

26 정답 ③

메타의 픽셀은 전환 데이터를 수집하고, 사용자 행동을 분석하며, 리타기팅 광고를 실행하는 데 유용하다. 그러나 픽셀 사용이 광고 캠페인의 목표를 자동으로 설정해 주지는 않는다.

27 정답 ④

클릭률(CTR), 노출 수, 전환율은 모두 광고 캠페인 실적을 평가하는 데 사용되는 측정 방법 및 지표다. 반면 '광고 디자인'은 캠페인의 시각적 요소로, 실적을 직접적으로 측정하는 지표가 아니다.

28 정답 ③

메타의 샵은 브랜드와 기업이 제품을 전시하고 판매할 수 있는 공간으로, 고객과의 소통을 강화하고 사용자 맞춤형 쇼핑 경험을 제공하는 장점이 있다. 그러나 판매된 제품은 메타가 직접 관리하지 않으며, 각 브랜드나 기업이 관리한다.

29 정답 ③

메타 플랫폼에서 동영상 광고의 크리에이티브 전략은 짧고 간결한 메시지를 전달하고, 초반 몇 초 안에 주목할 만한 요소를 배치하며, 브랜드 아이덴티티를 명확하게 전달하는 것이다. 그러나 모든 정보를 한 번에 제공하는 것은 시청자의 관심을 잃게 만들 수 있으므로 옳지 않은 전략이다.

30 정답 ③

메타의 커뮤니티 규정은 사용자 개인정보 보호, 차별과 혐오 발언 금지, 사용자 간의 협력 촉진을 포함한다. 그러나 '모든 사용자가 동일한 콘텐츠 접근을 보장한다.'는 것은 실제로는 각 사용자에게 맞는 콘텐츠가 다르게 제공되기 때문에 규정의 목표와 가치에 부합하지 않는다.

31 정답 ④

웹사이트 전환 추적이 어려워짐에 따라 캠페인을 최적화하기 위해서는 서버사이드 트래킹을 구현하는 것이 효과적이다. 서버사이드 트래킹은 사용자의 행동 데이터를 서버에서 직접 수집하여 전환을 추적할 수 있게 해주므로, 브라우저의 제한이나 쿠키 문제로 인한 추적 오류를 줄일 수 있다.

32 정답 ②

페이스북 비즈니스 설정의 데이터 소스에는 데이터 세트, 이벤트, 오프라인 이벤트 등이 포함된다. '사람'은 비즈니스 계정의 사용자 관리와 관련된 항목으로, 데이터 소스와는 관련이 없다.

33 정답 ④

페이스북의 특별 광고 카테고리에는 주택, 고용, 금융 서비스가 포함된다. 그러나 '건강 및 웰빙'은 특별 광고 카테고리에 해당하지 않으며, 일반적인 광고 카테고리로 분류된다.

34 정답 ④

메타의 광고 캠페인 목표 중 '트래픽 증가', '앱 설치', '동영상 조회 수 증가'는 모두 관심 유도를 위한 목표에 해당한다. 그러나 '고객 유지'는 기존 고객을 지속적으로 유지하고 관리하는 목표로 관심을 유도하는 것과는 다르다.

35 정답 ③

메타의 광고 정책에 따르면, 특정 연령대에 대한 광고는 법적 규제와 메타의 정책에 따라 제한이 있다. 따라서 특정 연령대에 대한 광고를 제한 없이 진행할 수 없다.

36　정답 ③

YPP에서 인스트림 광고를 통한 수익을 내기 위해서는 구독자 수, 시청 시간, 커뮤니티 가이드라인 준수 등이 필요하지만, 저작권이 있는 콘텐츠도 적절한 권한을 가지고 사용하면 수익을 얻을 수 있다.

37　정답 ②

유튜브 파트너 프로그램(YPP)을 통해 수익을 창출할 수 있는 방법에는 인스트림 광고, 슈퍼챗, 유튜브 프리미엄 구독자 수익이 포함된다. 그러나 스폰서십은 YPP와는 별개의 수익 모델로 브랜드와의 협력으로 이루어지는 것이기 때문에 YPP를 통한 수익 창출 방법이 아니다.

38　정답 ②

YPP에 참여하기 위해서는 유효한 광고 계정 등록, 광고 정책 준수, 채널 활성화가 필요하지만, 모든 콘텐츠가 모든 연령대에 적합해야 한다는 조건은 없다. 특정 연령대에 맞춘 콘텐츠도 가능하다.

39　정답 ③

유튜브 커뮤니티 가이드는 타인의 저작권 침해, 인종차별적 발언, 성적 내용 등은 금지하고 있다. 그러나 유머러스하게 일상적인 사건을 다룬 동영상은 일반적으로 커뮤니티 가이드를 위반하지 않으며, 적절한 콘텐츠로 인정된다.

40　정답 ④

유튜브의 저작권 침해 처리를 위한 도구에는 저작권 관리 도구, 콘텐츠 ID, 신고 시스템 등이 포함된다. 그러나 '유튜브 뮤직'은 음악 스트리밍 서비스로 저작권 침해 처리와 직접적인 관련이 없다.

41　정답 ③

유튜브에서 목록에 없는 동영상은 반드시 삭제된 것으로 간주되지 않는다. 비공개 또는 제한 공개 설정이 되어 있을 수 있으며, 이러한 동영상은 일반 사용자에게 보이지 않는다.

42　정답 ③

유튜브 채널은 프로필 사진을 설정하는 것이 권장되지만, 반드시 필요한 것은 아니다. 프로필 사진이 없더라도 채널을 운영할 수 있다.

43　정답 ④

유튜브 쇼츠는 일반 동영상과는 다른 알고리즘을 통해 추천된다. 쇼츠는 짧은 형식의 콘텐츠로, 특별한 피드를 통해 사용자에게 노출된다.

44　정답 ④

유튜브 콘텐츠 ID는 저작권 관리 도구로, 영상 편집과는 관련이 없다. 반면, 유튜브 비디오 편집기, 유튜브 스튜디오, 유튜브 애널리틱스는 모두 크리에이터가 영상을 제작하고 관리하는 데 도움이 되는 도구다.

45　정답 ③

유튜브 비디오 편집기는 크리에이터가 모바일 기기로 영상을 제작할 때 필요한 다양한 편집 도구를 제공하여 영상의 퀄리티를 향상시킬 수 있도록 돕는다. 다른 옵션들은 직접적인 편집 도구와 관련이 없다.

46　정답 ④

범퍼광고는 짧은 시간 내에 메시지를 전달하는 것을 목적으로 하며, 주로 브랜드 인지도 향상을 위해 사용된다. 클릭 유도보다는 짧고 강렬한 메시지를 전달하는 데 중점을 둔다.

47　정답 ③

아웃스트림 광고는 사용자가 광고를 클릭하지 않더라도 광고가 자동으로 재생되며, 사용자가 광고를 스킵할 수 있는 기능이 없다. 클릭하지 않아도 광고가 계속 재생한다.

48　정답 ②

트루뷰 비디오 디스커버리 광고는 광고 클릭 시 또는 광고가 시청될 때에만 과금된다. 단순 노출 시에는 과금되지 않는다. 다른 보기는 트루뷰 광고의 과금방식에 부합한다.

49　정답 ②

트루뷰 포 리치는 광고 노출에 대한 과금 방식으로, 사용자가 광고를 클릭하지 않아도 광고가 노출되는 것만으로 과금된다.

50　정답 ④

브랜드 고려도를 높이기 위해서는 특정 관심사나 행동을 기반으로 한 타기팅이 필요하다. 랜덤 타기팅은 특정 타깃 오디언스를 설정하지 않기 때문에 브랜드 고려도를 높이는 데 적절하지 않다.

51　　정답 ①

유사 잠재고객 타기팅은 기존의 시청자 목록을 분석하여 비슷한 특성을 가진 새로운 잠재 고객을 찾아내는 방식이다. 이를 통해 잠재 고객을 확대할 수 있다. 다른 옵션들은 고도화된 방식과 관련이 없다.

52　　정답 ④

캠페인 예산은 하루에 사용할 수 있는 최대 금액을 설정하지만, 실제로는 하루 예산을 초과할 수 있는 경우도 있다. 또한, 유튜브 광고 캠페인을 실행하기 위해서는 예산을 설정한다. 그리고 캠페인 예산은 자동으로 조정되지 않으며, 광고주가 설정한 예산에 따라 고정된다.

53　　정답 ④

광고 소재에 브랜드 로고를 포함하는 것은 권장되지만, 반드시 포함해야 하는 것은 아니다.

54　　정답 ②

유튜브는 광고 소재가 광고 정책을 위반하는 경우 해당 광고를 승인하지 않고 거부한다.

55　　정답 ②

사용자 행동 기반 타기팅에서는 사용자가 구독한 채널이 광고 타기팅에 영향을 미칠 수 있다.

56　　정답 ④

40대 여성으로 여행을 좋아하는 잠재고객을 타기팅할 때 유사 잠재고객, 키워드, 행동 기반 타기팅은 모두 유용한 방법이다. 그러나 기기 유형 타기팅은 사용자의 기기 종류에 따라 광고를 노출하는 방식으로, 특정 인구 통계나 관심사에 기반하지 않기 때문에 이 경우에는 사용하지 않은 타기팅 방식이다.

57　　정답 ①

유튜브의 광고 정책은 담배 및 담배 관련 제품에 대한 타기팅을 제한한다. 이러한 광고는 법적 규제와 사회적 기준을 반영하여 엄격하게 관리된다.

58　　정답 ④

두 개의 연속 광고는 10분 이상의 콘텐츠에만 허용된다. 따라서 모든 콘텐츠에 대해 두 개의 광고가 허용된다는 설명은 옳지 않다.

59　　정답 ④

오버레이 광고는 사용자가 클릭할 수 있지만, 스킵할 수 있는 개념은 아니다. 이는 동영상 콘텐츠 위에 표시되며 사용자가 특정 행동을 취할 경우에만 상호작용이 가능하다.

60　　정답 ②

오버레이 광고는 영상 시청 중에 나타나지만, 영상 조회수에는 영향을 주지 않는다. 디스플레이 광고는 아예 조회수에 반영되지 않으며, 스킵 가능한 인스트림 광고와 스킵 불가능한 인스트림 광고는 조회수에 포함된다.

61　　정답 ②

범퍼 광고는 사용자가 스킵할 수 없는 광고다.

62　　정답 ④

구글 애드센스는 웹사이트에 광고를 게재하고 수익을 창출하는 도구로 웹사이트 분석과는 관련이 없다.

63　　정답 ①

유튜브 광고 성과는 브랜드 인지도 향상뿐 아니라 전환, 판매, 사용자 참여 등 다양한 목표에 영향을 미친다.

64　　정답 ③

최대 입찰가는 광고주가 설정할 수 있지만, 광고 성과나 경쟁 상황에 따라 조정될 수 있다.

65　　정답 ③

고객 유지율은 기존 고객이 브랜드를 얼마나 잘 유지하고 있는지를 나타내는 지표로 인지도를 높이는 광고 캠페인과는 직접적인 관련이 없다. 반면, 브랜드 검색량, 소셜미디어 언급 수, 광고 재생률은 인지도 향상과 관련된 중요한 지표다.

66　　정답 ②

유튜브 키즈는 어린이 시청자만을 위한 맞춤형 앱으로, 안전한 환경에서 광고가 노출된다. 이 플랫폼은 어린이에게 적합한 콘텐츠만을 제공하며, 광고 또한 어린이에게 적합하게 설계되어 있다.

67
정답 ③

모든 유튜브 광고에서 건너뛰기 버튼이 제공되는 것은 아니다. 스킵 불가능한 광고도 존재하기 때문이다.

68
정답 ③

범퍼광고는 클릭당 비용(CPC) 방식이 아니라 광고 노출당 비용(CPM) 방식으로 과금된다. 다른 보기는 범퍼광고의 특성과 목적에 대한 정확한 정보를 제공한다.

69
정답 ③

카카오 광고 플랫폼은 모바일 기기뿐만 아니라 PC에서도 사용할 수 있는 플랫폼이다. 다른 보기는 카카오 광고 플랫폼의 기능과 특징에 대한 정확한 정보를 제공한다.

70
정답 ④

카카오의 검색 광고는 클릭당 비용(CPC) 방식으로 과금되는 것이 맞다. 반면, 카카오톡 광고는 CPC뿐만 아니라 다른 과금 방식도 사용할 수 있으며, 디스플레이 광고는 일반적으로 노출당 비용(CPM) 방식으로 과금된다. 동영상 광고는 CPC 방식으로 과금될 수도 있지만, 일반적으로 CPM 방식으로 과금된다.

71
정답 ②

카카오 비즈보드는 모바일 기기뿐만 아니라 PC에서도 사용할 수 있는 플랫폼이다.

72
정답 ④

카카오 T는 주로 차량 호출 및 택시 서비스와 관련된 앱으로 오프라인 매장 관리와 직접적인 관련이 없다. 다른 선택지들은 각 비즈니스 목표에 맞는 적절한 서비스와 도구를 잘 설명하고 있다.

73
정답 ③

카카오의 디스플레이 광고는 클릭당 비용(CPC) 방식뿐만 아니라 노출당 비용(CPM) 방식으로도 과금될 수 있다.

74
정답 ③

카카오톡 비즈보드 광고에서 배경이 제거된 오브젝트 이미지를 사용한 소재 유형은 스티커. 스티커는 배경 없이 특정 오브젝트만을 강조하여 광고에 활용된다. 다른 선택지들은 배경이 제거된 오브젝트 이미지를 사용하지 않는다.

75
정답 ②

카카오톡 인증 랜딩은 사용자가 간편 가입을 통해 자동으로 로그인 상태가 유지되도록 설계된 랜딩 유형이다. 이를 통해 고객은 서비스에 이탈 없이 쉽게 접근할 수 있다.

76
정답 ③

카카오톡 비즈보드는 광고 성과 분석 도구를 제공하여 광고주가 광고 효과를 측정하고 최적화할 수 있도록 지원한다.

77
정답 ①

네이버 광고 플랫폼은 스마트채널, 네이버 메인 및 서브, 밴드 앱 등 네이버의 다양한 광고를 구매하고 관리할 수 있는 플랫폼이다. 다른 선택지들은 광고 구매 및 관리와 직접적인 관련이 없다.

78
정답 ③

스마트채널 광고는 네이버 블로그뿐만 아니라 네이버의 다양한 플랫폼에서 노출된다.

79
정답 ③

틱톡에는 '스토리 광고'라는 광고 상품 유형이 존재하지 않는다. 인-피드 광고, 브랜드 테이크오버, 브랜디드 해시태그 챌린지는 틱톡에서 제공하는 광고 상품 유형이다.

80
정답 ③

틱톡은 전 세계적으로 수억 명의 사용자를 보유하고 있으며, 2023년 기준으로는 약 10억 명 이상의 사용자 수치를 기록하고 있다.

2024년 제2회 기출복원문제 정답 및 해설

01	02	03	04	05	06	07	08	09	10
③	③	④	④	①	③	③	①	④	③
11	12	13	14	15	16	17	18	19	20
①	③	③	④	②	③	④	③	③	①
21	22	23	24	25	26	27	28	29	30
③	②	③	④	④	③	④	④	③	③
31	32	33	34	35	36	37	38	39	40
①	③	③	①	②	③	④	③	③	①
41	42	43	44	45	46	47	48	49	50
②	②	②	④	③	①	③	①	④
51	52	53	54	55	56	57	58	59	60
①	②	④	②	③	④	①	②	②	②
61	62	63	64	65	66	67	68	69	70
②	④	④	③	④	③	③	②	③	②
71	72	73	74	75	76	77	78	79	80
③	④	③	④	②	②	③	②	④	④

01   정답 ③

소셜미디어는 광고 비용이 저렴하고, 사용자로부터 즉각적인 피드백을 받을 수 있으며, 텍스트, 이미지, 동영상 등 다양한 형식의 콘텐츠를 제공할 수 있는 장점이 있다. 그러나 소셜미디어는 정보 전파에 대한 통제력이 떨어지며, 사용자가 자유롭게 정보를 공유하고 확대할 수 있는 특성이 있다.

02   정답 ③

Web 3.0은 탈중앙화와 사용자 주권 강화를 중요한 특징으로 가지고 있으며, 스마트 계약을 통해 자동화된 거래를 가능하게 한다. 그러나 '단일 플랫폼 의존성'은 Web 3.0의 특징이 아니며, 오히려 다양한 플랫폼과 서비스가 상호작용할 수 있는 구조를 지향한다.

03   정답 ④

인스타그램 Reels, 유튜브 쇼츠, 스냅챗은 모두 숏폼 영상 콘텐츠의 제작 및 공유를 촉진하는 플랫폼이다. 반면, 블로그는 주로 긴 형식의 글과 이미지 콘텐츠를 중심으로 하며, 숏폼 영상 콘텐츠와는 관련이 적다. 따라서 블로그는 숏폼 영상 콘텐츠의 인기 상승에 기여하지 않은 플랫폼이다.

04   정답 ④

페이스북과 인스타그램은 소셜미디어 플랫폼으로 사용자 간의 소통과 콘텐츠 공유를 중심으로 하고 있다. 위키피디아는 사용자들이 정보를 상호협력적으로 작성하고 수정하는 플랫폼으로, 일종의 소셜미디어의 특성을 가진다. 반면, 구글 드라이브는 파일 저장 및 공유 서비스로, 소셜미디어의 정의에 해당하지 않는다.

05   정답 ①

메타버스는 '초월'과 '세계'를 의미하는 합성어로, 가상의 공간에서 사용자들이 상호작용할 수 있는 환경을 말한다. 페이스북은 2021년에 메타(Meta)로 사명을 변경하며 메타버스 분야에 집중하겠다고 발표했다. 다른 옵션들은 메타버스의 구성 요소일 수 있지만, 명확히 메타버스를 지칭하는 것은 아니다.

06   정답 ③

AIDA 모델(주의, 관심, 욕구, 행동)은 소비자의 구매 과정을 설명하는 모델이다. 소비자 의사결정 과정 모델과 고객 여정 맵은 소비자의 행동을 이해하는 데 중요한 역할을 한다. 반면, SWOT 분석은 기업의 강점, 약점, 기회, 위협을 분석하는 도구로, 소비자 행동을 설명하는 모델이 아니다.

07   정답 ③

인플루언서와의 협업, 특정 트렌드에 맞춘 콘텐츠 제작, 고객 피드백을 반영한 콘텐츠 개선은 모두 효과적인 브랜드 콘텐츠 마케팅 전략이다. 그러나 모든 소셜미디어 플랫폼에 동일한 콘텐츠를 게시하는 것은 각 플랫폼의 특성과 사용자 선호를 고려하지 않은 접근으로, 효과적인 소비자의 참여를 저해할 수 있다.

08

정답 ①

메타는 스레드(Thread)라는 소셜미디어 플랫폼을 출시하면서 탈중앙화 소셜미디어를 표방했다. 이 플랫폼은 사용자가 쉽게 소통하고 정보를 공유할 수 있도록 설계되었으며, 출시 초기부터 상당한 이용자 수를 기록했다. 나머지 옵션들은 메타의 소셜미디어와 관련이 없다.

09

정답 ④

Reach(도달률)는 광고가 도달한 고유 사용자 수를 나타내는 지표로, 총 비용과는 관련이 없다. 나머지 보기는 각 지표에 대한 정확한 설명으로, Engagement Rate, Conversion Rate, Bounce Rate는 모두 캠페인 성과를 평가하는데 중요한 지표다.

10

정답 ③

페이스북, 인스타그램, 메신저는 모두 메타(구 페이스북)의 소속 서비스다. 반면, X는 별도의 소셜미디어 플랫폼으로 메타와는 관련이 없다.

11

정답 ①

페이스북 광고는 즉각적으로 결과를 얻을 수 있는 장점을 가지고 있다. 광고를 게재하면 빠르게 클릭 수나 전환 수를 증가시킬 수 있으며, 즉각적인 반응을 유도할 수 있다. 반면, 일반적인 페이지 게시물은 자연스럽게 성장하는 데 시간이 걸리며, 결과가 즉시 나타나지 않는다.

12

정답 ③

캠페인 목표를 설정하는 것은 캠페인 제작의 첫 단계다. 목표가 명확해야 이후의 모든 전략과 실행이 효과적으로 이루어질 수 있다. 목표 설정 후에 경쟁 분석, 웹사이트 디자인 개선, 콘텐츠 제작 등을 진행하여 캠페인을 성공적으로 이끌어갈 수 있다. 목표가 없으면 캠페인의 방향성과 효율성이 떨어질 수 있다.

13

정답 ③

Meta Business Suite는 온라인에서의 소셜미디어 활동을 관리하기 위한 도구로 게시물 예약, 고객 메시지 관리, 다양한 광고 형식을 지원하는 기능이 포함되어 있다. 그러나 오프라인 매출 추적 기능은 직접적으로 지원하지 않으며, 주로 온라인 활동에 중점을 두고 있다.

14

정답 ④

메타는 리타기팅 광고를 위한 방문자 행동 데이터, 자사 이메일 리스트, 특정 지역의 인구 통계 정보를 활용하여 맞춤 타깃을 설정할 수 있다. 그러나 개인 메시지 내용은 개인정보 보호 정책에 따라 제공되지 않으며, 맞춤 타깃 설정의 소스로 사용할 수 없다.

15

정답 ②

메타는 사용자 개인정보 보호를 중요시하며, 사용자의 개인 정보를 외부에 공유하지 않는다. 광고주는 특정 인구 통계, 관심사 및 행동 데이터를 기반으로 타기팅을 설정할 수 있지만, 개인 정보를 외부에 공유하는 것은 적합하지 않다.

16

정답 ③

메타의 광고 최적화 방법에는 클릭당 비용(CPC) 최적화, 노출 수 기반 최적화, 전환당 비용(CPA) 최적화 등이 포함된다. 그러나 '사용자 생성 콘텐츠 활용 최적화'는 광고 목표에 따른 최적화 방법이 아니며, 콘텐츠 활용에 관한 전략일 뿐이다.

17

정답 ④

메타 광고의 결과 설명에서는 광고 도달 수 증가, 광고 소재의 효과, 브랜드 인지도 향상 등이 일반적인 설명이다. 그러나 '모든 잠재 고객에게 광고가 하루에 한 번만 노출되었다.'는 것은 실질적으로 메타의 광고 전략과 맞지 않으며, 최적의 노출 빈도가 아닐 수 있다.

18

정답 ③

메타의 머신러닝 알고리즘은 사용자 행동 데이터를 분석하고 광고 성과를 예측하는 데 사용되지만, 결과가 항상 100% 정확성을 보장하지는 않는다. 머신러닝은 확률적 모델에 기반하므로, 예측의 정확성이 항상 보장되는 것은 아니다.

19

정답 ③

비즈니스를 홍보할 때 웹사이트 링크를 사용하는 것은 잠재 고객이 더 많은 정보에 접근할 수 있도록 하는 중요한 방법이다. 소셜미디어 프로필만 홍보하는 것은 효과적이지 않을 수 있으며, 특히 지역 비즈니스의 경우 웹사이트를 통한 방문 유도가 중요하다.

20

정답 ①

트래픽 광고 목표를 설정하고 웹사이트 유입을 전환 위치로 설정할 때, '웹사이트 방문'은 기본적인 전환 이벤트로 설정할 수 있다. 장바구니 추가나 구매 완료는 전환 목표로 사용되지만, 웹사이트 유입이라는 목표와는 직접적으로 연관되지 않는다. 페이지 스크롤은 사용자 행동을 나타내지만, 트래픽 목표와 관련된 전환 이벤트로는 적합하지 않다.

21 정답 ③

'어드밴티지+카탈로그 광고 캠페인'을 준비할 때 필수 이벤트값에는 제품 상세 페이지 조회, 결제 수단 추가, 웹사이트 방문 등이 포함된다. 그러나 '프로모션 코드 사용'은 필수 이벤트값이 아니며, 특정 상황에서만 발생하는 이벤트이기 때문에 일반적인 필수 이벤트값 목록에는 포함되지 않는다.

22 정답 ②

캠페인의 목표가 동영상 재생 수의 최대화인 경우, 동영상 재생 완료율이 가장 중요한 측정 지표이다. 이는 동영상이 얼마나 많이 끝까지 재생되었는지를 보여주며, 캠페인 성공 여부를 평가하는 데 적합하다. 클릭률(CTR)이나 전환율은 동영상 재생과 직접적인 관련이 적다.

23 정답 ③

메타의 다이내믹 광고는 가전제품, 식음료, 부동산 등 다양한 업종에 맞는 카탈로그를 제공한다. 그러나 '온라인 교육'은 일반적으로 다이내믹 광고 카탈로그의 업종으로 제공되지 않는다.

24 정답 ④

메타의 광고 시스템에서 맞춤 타깃을 만들기 위해 사용할 수 있는 소스 옵션에는 고객 데이터베이스, 소셜미디어 활동, 오프라인 구매 기록 등이 포함되지만, '광고 클릭 수'는 특정 소스가 아닌 성과 지표로, 맞춤 타깃 생성을 위한 소스로는 적합하지 않는다.

25 정답 ④

메타의 광고 경매에서 광고 순위 낙찰에 영향을 미치는 요소에는 광고의 입찰가, 광고의 품질 점수, 광고의 클릭률(CTR) 등이 포함된다. 그러나 '광고의 색상 조합'은 광고 성과에 영향을 줄 수 있지만, 경매 광고 순위 낙찰에 직접적인 영향을 미치는 요소는 아니다.

26 정답 ③

메타의 픽셀을 사용하면 웹사이트 방문자의 행동을 추적하고, 광고 성과를 분석하며, 맞춤 타깃을 생성하는 데 유용하다. 그러나 픽셀 사용이 광고 비용을 자동으로 절감해 주는 것은 아니다. 광고 비용은 광고 전략, 입찰 방식 등에 따라 달라진다.

27 정답 ④

ROI, 도달 수, 클릭 수는 광고 캠페인의 실적을 평가하는 데 사용되는 지표이다. 그러나 '광고 예산'은 캠페인에 할당된 자금을 나타내는 용어로, 직접적인 실적을 측정하는 지표가 아니다.

28 정답 ④

메타의 샵은 사용자가 제품을 직접 구매할 수 있는 플랫폼으로, 페이스북과 인스타그램에서 모두 사용할 수 있다. 또한, 샵에 등록된 제품은 광고 캠페인에 연동될 수 있지만, 샵을 운영하기 위해 별도의 판매 라이센스는 필요하지 않다.

29 정답 ③

메타 플랫폼의 동영상 광고에서는 스토리텔링 기법을 활용하고, 다양한 형식을 실험하며, 강렬한 비주얼을 사용하는 것이 효과적이다. 그러나 제품의 사용 방법을 자세히 설명하는 것은 광고의 길이가 길어지거나 시청자의 관심을 떨어뜨릴 수 있어 적절한 전략이 아니다.

30 정답 ③

메타의 커뮤니티 규정은 사용자 간의 안전한 소통을 보장하고, 허위 정보와 잘못된 정보를 차단하며, 다양한 의견과 토론을 존중하는 것을 목표로 한다. 그러나 광고 수익을 극대화하기 위해 모든 콘텐츠를 허용하는 것은 규정의 목표와 가치와 맞지 않으며, 오히려 안전하고 건전한 커뮤니티를 유지하기 위한 규정이다.

31 정답 ①

웹사이트 전환 추적이 어려워진 상황에서 캠페인을 최적화하기 위해서는 고급 분석 도구를 사용하는 것이 중요하다. 고급 분석 도구는 다양한 데이터를 수집하고 분석하여 전환 경로를 이해하고, 성과를 개선하는 데 필요한 인사이트를 제공한다. 클릭 수 분석, 소셜미디어 광고 확대, 이메일 마케팅 강화는 유용할 수 있지만, 직접적으로 전환 추적 문제를 해결하는 데에는 고급 분석 도구가 더 효과적이다.

32 정답 ③

페이스북 비즈니스 설정의 데이터 소스에는 픽셀, 카탈로그, 앱 등이 포함된다. 그러나 '광고 계정'은 데이터 소스가 아닌 관리 항목으로, 광고 캠페인을 운영하고 관리하기 위한 별도의 섹션이다.

33 정답 ③

페이스북의 특별 광고 카테고리에는 주택 임대, 신용카드, 대출 등이 포함된다. 그러나 '교육 프로그램'은 특별 광고 카테고리에 해당하지 않으며, 일반 광고로 분류된다.

34 정답 ①

메타의 광고 캠페인 목표 중 '브랜드 인지도'는 소비자에게 브랜드에 대한 관심을 유도하는 목표에 해당한다. 반면 전환, 판매 촉진, 리타기팅은 더 구체적인 행동을 유도하는 목표다.

35

정답 ②

메타의 광고 정책은 사용자 데이터를 수집할 때 사전 동의를 요구한다. 이는 개인정보 보호와 관련된 법규를 준수하기 위한 것이다.

36

정답 ③

YPP에서 인스트림 광고 수익을 얻기 위해 모든 동영상에 인스트림 광고를 설정할 필요는 없다. 광고를 설정하는 것은 선택 사항이며, 수익을 내기 위해서는 다른 조건들(활성 상태, 은행 계좌 등록, 광고 정책 준수 등)을 충족해야 한다.

37

정답 ④

유튜브 파트너 프로그램(YPP)에서는 채널 멤버십, 광고 수익, 그리고 유료 콘텐츠 제공을 통해 수익을 창출할 수 있다. 그러나 동영상 다운로드 판매는 YPP의 수익 모델에 포함되지 않으며, 유튜브 플랫폼의 정책에 맞지 않는다.

38

정답 ③

YPP에 참여하기 위해서는 구독자 수, 시청 시간, 커뮤니티 가이드라인 준수 등이 필요하지만, 저작권이 있는 콘텐츠도 적절한 권한을 가지고 사용하면 수익을 창출할 수 있다.

39

정답 ③

유튜브 커뮤니티 가이드는 폭력, 허위 정보, 괴롭힘 등은 금지하고 있다. 긍정적인 메시지를 전달하는 동영상은 커뮤니티 가이드에 부합하며, 사용자에게 긍정적인 영향을 미치는 콘텐츠로 인정받는다.

40

정답 ①

유튜브의 저작권 침해 처리를 위해 만든 도구는 '콘텐츠 ID'이다. 이 시스템은 저작권 소유자가 자신의 콘텐츠가 무단으로 사용되었는지를 자동으로 감지하고, 이를 통해 저작권 보호를 지원한다. 다른 옵션들은 저작권 침해 처리를 위한 도구가 아니다.

41

정답 ②

비공개 동영상은 일반 사용자에게 보이지 않지만, 업로더와 특정 사용자는 볼 수 있다. 따라서 비공개 동영상이 '아무도 볼 수 없다.'는 설명은 옳지 않다.

42

정답 ②

채널 아트는 채널의 시각적 요소이며, 동영상 수익 창출과는 직접적인 관계가 없다. 수익 창출은 주로 동영상의 조회수와 광고 수익에 의존한다.

43

정답 ②

유튜브 쇼츠는 최대 60초의 길이로 제한한다.

44

정답 ④

범퍼광고는 최대 6초로 제한되어 있으며, 30초 이상의 길이는 허용되지 않는다.

45

정답 ③

아웃스트림 광고는 사용자가 직접 재생 버튼을 눌러야 하는 것이 아니라, 자동으로 재생되며 사용자에게 노출된다.

46

정답 ③

구글 애즈는 웹사이트 검색 결과, 유튜브 동영상, 앱 내 광고 등을 지원하지만, 특정 개인의 이메일로 직접 발송되는 광고는 구글 애즈의 기능이 아니다. 이는 스팸 이메일과 관련된 행위로 간주될 수 있다.

47

정답 ①

트루뷰 광고를 집행할 때 광고 영상 소재는 구글 애즈의 캠페인 설정에서 등록해야 한다. 유튜브 스튜디오나 구글 애널리틱스는 광고 소재 등록과 관련이 없다.

48

정답 ③

트루뷰 비디오 디스커버리 광고는 사용자가 광고를 클릭하여 동영상을 시청할 때 과금되는 방식인 광고 시청당 비용(CPV)으로 운영된다. 다른 옵션들은 트루뷰 비디오 디스커버리 광고의 과금방식과는 관련이 없다.

49

정답 ①

트루뷰 포 리치는 사용자가 광고를 스킵할 수 있는 형식이다. 광고는 자동으로 재생되지만, 사용자가 원할 경우 스킵이 가능하다.

50

정답 ④

브랜드 고려도를 높이기 위한 효과적인 타기팅 방법은 특정 연령대, 지역, 동영상 시청 이력 등을 기반으로 하여 관심 있는 사용자에게 광고를 노출하는 것이다. 단순히 광고 빈도를 증가시키는 것은 효과적인 타기팅이 아니기 때문에 브랜드 고려도를 높이는 데 적절하지 않다.

51 정답 ①

리마케팅은 이전에 브랜드와 상호작용한 사용자, 특히 유튜브 채널 시청자 목록을 대상으로 하는 고도화된 광고 방식이다. 이를 통해 잠재 고객을 확대할 수 있다.

52 정답 ②

유튜브 광고 캠페인의 예산은 설정 후에도 언제든지 변경할 수 있다.

53 정답 ④

유튜브 광고 소재는 유튜브 외에도 다양한 플랫폼에서 사용할 수 있다.

54 정답 ②

광고 소재가 광고 정책을 위반할 경우, 해당 광고는 즉시 노출되지 않으며, 거부된다.

55 정답 ③

사용자 행동 기반 타기팅은 특정 연령대에 국한되지 않고, 다양한 사용자 행동 패턴을 기반으로 광고를 타기팅한다.

56 정답 ④

콘텐츠 기반 타기팅은 주로 콘텐츠의 주제나 키워드를 기반으로 광고를 타기팅하는 방식이다. 사용자 행동 기반 타기팅은 사용자의 행동 데이터를 분석하여 광고를 제공하는 방식이므로, 콘텐츠 기반 타기팅 유형이 아니다.

57 정답 ①

유튜브의 광고 정책에 따르면, 성인용 제품 및 서비스는 타기팅이 제한된다. 이 분야는 광고 노출에 대해 엄격한 규제를 받기 때문이다.

58 정답 ②

유튜브에서는 10분 이상의 동영상 콘텐츠에 대해 두 개의 연속 동영상 광고를 게재할 수 있다.

59 정답 ②

인스트림 광고 노출 시 동영상 플레이어 근처에 동반 노출되는 배너 형태의 광고는 오버레이 광고다. 이는 동영상 콘텐츠 위에 겹쳐서 나타나는 형태로, 사용자가 광고를 클릭할 수 있도록 디자인되어 있다.

60 정답 ②

디스플레이 광고는 동영상 콘텐츠와는 별도로 유튜브 페이지의 측면에 노출되는 광고로, 영상 조회수에 반영되지 않는다. 반면 스킵 가능한 인스트림 광고, 스킵 불가능한 인스트림 광고, 오버레이 광고는 영상 재생 중에 노출되므로 조회수에 영향을 미친다.

61 정답 ②

범퍼 광고는 6초에서 15초 이하로 재생되며, 사용자가 건너뛰기가 불가능한 광고다. 이는 다른 동영상 전후 또는 중간에 노출된다.

62 정답 ④

구글 드라이브는 파일 저장 및 공유를 위한 클라우드 스토리지 서비스로, 웹사이트 트래픽 분석과는 관련이 없다.

63 정답 ④

광고 비용은 캠페인의 성과에 따라 달라질 수 있으며, 클릭 수나 전환 수에 따라 조정될 수 있다.

64 정답 ③

최대 입찰가는 광고주가 광고 조회 1회에 지급할 의사가 있는 최대 금액을 의미한다. 이는 광고 캠페인에서 설정한 금액으로, 광고 노출이나 클릭 등에 대한 지불 한도를 설정하는 데 사용된다.

65 정답 ④

제품 인지도를 높이는 것이 목표인 광고 캠페인에서는 광고 노출 수, 클릭률(CTR), 브랜드 인지도 조사 등이 중요한 지표다. 전환율은 구매나 특정 행동을 취한 비율을 나타내므로, 인지도를 높이는 캠페인에서는 중점적으로 살펴보아야 할 지표가 아니다.

66 정답 ③

유튜브 키즈는 어린이에게 적합한 콘텐츠만을 제공하며, 성인 콘텐츠는 포함되지 않는다.

67 정답 ③

유튜브의 동영상 광고에서 건너뛰기 버튼은 광고가 시작된 후 5초가 경과했을 때 생성된다. 사용자는 이 버튼을 클릭하여 광고 시청을 중단할 수 있다.

68 정답 ②

범퍼광고는 6초에서 15초 이하의 짧은 동영상 광고로, 광고 노출당 비용(CPM) 방식으로 과금된다. 즉, 광고가 사용자에게 노출된 횟수에 따라 비용이 청구된다.

69 정답 ③

카카오 광고 플랫폼은 카카오 비즈보드, 디스플레이 동영상 광고 등을 집행할 수 있는 대표적인 광고 플랫폼이다. 다른 선택지는 광고 캠페인을 직접 실행할 수 있는 플랫폼이 아니다.

70 정답 ②

카카오의 동영상 광고는 일반적으로 노출당 비용(CPM) 방식으로 과금된다. 반면, 디스플레이 광고는 클릭당 비용(CPC) 방식으로 과금될 수 있으며, 카카오 비즈보드는 전환당 비용(CPA) 방식으로도 과금될 수 있지만, 일반적으로는 CPC로 과금된다.

71 정답 ③

카카오 비즈보드는 광고 성과 분석 도구를 제공하여 광고주가 광고 효과를 측정하고 최적화할 수 있도록 돕는다.

72 정답 ④

카카오 쇼핑은 주로 쇼핑과 관련된 서비스로, 금융 서비스와는 관련이 없다. 카카오의 금융 서비스는 카카오뱅크나 카카오페이와 같은 플랫폼에서 제공된다. 다른 선택지들은 각 비즈니스 목표에 맞는 서비스와 도구를 정확히 설명하고 있다.

73 정답 ③

카카오의 디스플레이 광고는 특정 연령대와 성별을 포함한 다양한 타기팅 옵션을 제공한다.

74 정답 ④

카카오톡 비즈보드 광고에서 동영상은 일반적으로 짧은 형식으로도 사용될 수 있으며, 30초 이상이어야 한다는 제한은 없다.

75 정답 ②

일반 랜딩 페이지는 외부 링크로 연결될 수도 있지만, 카카오톡 비즈보드의 랜딩 유형 중에서는 카카오톡 인증 랜딩이 주로 사용된다. 다른 보기는 카카오톡 비즈보드의 랜딩 유형에 대한 정확한 정보를 제공한다.

76 정답 ②

카카오톡 비즈보드는 광고 예산을 일일 단위로 설정할 수 있으며, 월 단위로만 설정해야 하는 것은 아니다.

77 정답 ③

네이버 광고 플랫폼은 모바일 기기뿐만 아니라 PC에서도 사용할 수 있는 플랫폼이다.

78 정답 ②

스마트채널 광고는 네이버 메인 페이지뿐만 아니라 다양한 네이버 서비스와 플랫폼에서 노출된다.

79 정답 ④

틱톡에는 "네이티브 광고"라는 특정 광고 상품 유형이 없다. 디스커버리 광고, 브랜디드 이펙트, 크리에이터 광고는 틱톡에서 제공하는 광고 상품 유형이다.

80 정답 ④

틱톡은 주로 젊은 세대, 특히 10대와 20대 사용자들 사이에서 인기가 높다. 다른 연령대의 사용자들도 있지만, "모든 연령대"에 고르게 인기가 있다고 하기는 어렵다.

2024년 제3회 기출복원문제 정답 및 해설

01	02	03	04	05	06	07	08	09	10
②	②	②	②	③	③	③	②	②	④
11	12	13	14	15	16	17	18	19	20
③	②	④	④	③	②	③	③	②	②
21	22	23	24	25	26	27	28	29	30
③	④	④	③	①	③	②	②	②	②
31	32	33	34	35	36	37	38	39	40
③	④	③	④	②	③	②	③	②	①
41	42	43	44	45	46	47	48	49	50
②	④	③	③	④	④	②	②	②	④
51	52	53	54	55	56	57	58	59	60
④	④	④	②	④	③	③	③	③	③
61	62	63	64	65	66	67	68	69	70
③	③	②	②	②	④	②	③	②	③
71	72	73	74	75	76	77	78	79	80
③	③	②	④	④	②	①	③	②	②

01 정답 ②

소셜미디어 마케팅은 다양한 소셜미디어 플랫폼을 활용하여 브랜드 인지도를 높이고, 고객과의 직접적인 소통을 통해 관계를 강화하는 전략이다. 이메일 마케팅은 별개의 전략이며, 오프라인 광고와 비교하여 소셜미디어 마케팅은 더 많은 상호작용과 실시간 피드백을 제공할 수 있다. 또한, 사용자 생성 콘텐츠는 소셜미디어의 중요한 요소 중 하나다.

02 정답 ②

소셜미디어 마케팅의 주요 목표는 브랜드 인지도를 높이고, 고객과의 상호작용을 통해 관계를 강화하는 것이다. 고객의 개인 정보를 수집하는 것은 마케팅의 목표가 아니라, 데이터 보호와 윤리에 따라 신중하게 다뤄야 할 문제다. 오프라인 매출 감소는 바람직하지 않으며, 콘텐츠의 반복 게시보다는 다양하고 창의적인 접근이 필요하다.

03 정답 ②

소셜미디어에서의 콘텐츠는 단순히 광고성 글로 구성될 필요가 없으며, 유용하고 흥미로운 정보, 교육적 콘텐츠, 고객의 이야기를 담은 콘텐츠 등 다양한 형식을 포함해야 효과적이다. 고객과의 소통을 통해 브랜드 충성도를 높이고, 다양한 형식의 콘텐츠 활용은 마케팅의 중요한 전략이다.

04 정답 ②

효과적인 SNS 캠페인을 위해서는 고객의 의견을 반영하여 콘텐츠를 개선하는 것이 중요하다. 이는 고객과의 관계를 강화하고, 그들의 관심을 끌 수 있는 콘텐츠를 만드는 데 도움이 된다.

05 정답 ③

소셜미디어는 전통적인 미디어에 비해 훨씬 더 많은 상호작용을 가능하게 한다. 사용자 간의 실시간 소통과 정보의 즉각적인 업데이트 및 공유가 주요 기능이며, 사용자 생성 콘텐츠가 중심이 되는 플랫폼이다.

06 정답 ③

리드 광고는 사용자가 직접 정보를 입력할 수 있는 양식을 제공하여, 잠재 고객의 정보를 쉽게 수집할 수 있는 형식이다. 스토리 광고는 최대 15초까지 사용할 수 있으며, 슬라이드쇼 광고는 이미지 또는 비디오를 사용하여 슬라이드쇼 형식으로 보여주고, 이미지 광고는 비디오와 함께 사용할 필요가 없다.

07 정답 ③

특정 퍼블리셔나 웹사이트에서 광고 노출을 원치 않는 경우, '플레이스먼트'에서 '수동' 옵션을 선택하고 원치 않는 퍼블리셔를 제외하는 것이 적절한 전략이다. '브랜드 인지도' 캠페인 목표는 노출과 관련이 있지만 특정 퍼블리셔를 제어하는 데 도움이 되지 않는다. '자동' 옵션은 모든 가능한 지면에 광고가 노출되도록 하므로 원치 않는 결과를 초래할 수 있다.

08
정답 ②

자동 게재위치는 광고주가 직접 지정한 게재위치보다 낮은 비용을 보장하지 않는다. 비용은 여러 요인에 따라 달라질 수 있으며, 자동 게재위치는 효율적인 지면 선택을 통해 광고 성과를 극대화하는 데 도움을 줄 수 있다.

09
정답 ②

페이스북 비즈니스 광고는 CPC(클릭당 비용)와 CPM(노출당 비용) 등 다양한 구매 방식을 지원한다. 광고주는 클릭 수에 따라 비용을 지불할 수 있으며, 고정된 비용이나 단일 구매 방식만을 지원하지 않는다. CPM 방식도 존재하지만, 광고주가 이 방식만 사용할 필요는 없다.

10
정답 ④

'팬 인구 통계'는 페이지의 팔로워의 성별, 연령대, 위치 등 다양한 인구 통계 정보를 분석한다. 사용 언어에 대한 분석은 별도의 항목으로 제공되지 않으며, '게시물 도달', '페이지 좋아요', '참여도'는 각각 해당하는 정의에 옳은 내용을 설명하고 있다.

11
정답 ③

머신러닝은 데이터를 분석하여 패턴을 인식하고, 이를 기반으로 예측을 수행함으로써 의사 결정을 지원한다. 데이터 수집이나 규칙 기반 시스템에만 의존하지 않으며, 데이터 유형에 따라 성능이 달라질 수 있다.

12
정답 ②

광고 캠페인의 성과는 다양한 요인에 영향을 받지만, 광고 노출 수는 일반적으로 브랜드 인지도에 긍정적인 영향을 미칠 수 있다. 클릭 수가 많더라도 판매가 증가하지 않을 수 있으며, 광고 성과는 예산뿐만 아니라 타기팅, 콘텐츠 품질 등 여러 요소에 따라 달라진다.

13
정답 ④

각 광고 캠페인은 목표에 따라 다른 최적화 전략을 적용해야 하며, 전환 최적화, 리타기팅 최적화, 참여 최적화는 각각 특정한 목표를 달성하기 위한 방법이다. 모든 광고 캠페인이 동일한 최적화 전략을 적용할 필요는 없다.

14
정답 ④

캠페인 목표는 캠페인 수준에서 설정되는 항목이며, 광고 수준에서는 선택할 수 없다. 광고 형식, 타깃 오디언스, 광고 예산은 광고 수준에서 설정할 수 있는 요소이다.

15
정답 ③

메타 광고 관리자에서 광고 캠페인을 설정할 때 가장 먼저 해야 할 일은 캠페인 목표를 선택하는 것이다. 이 목표에 따라 광고의 나머지 요소들이 결정되므로 가장 중요한 첫 단계이다.

16
정답 ②

리타기팅은 이전에 특정 웹사이트를 방문한 사용자에게 다시 광고를 노출하는 전략이다. 신규 고객을 발굴하기보다는 기존 고객의 재참여를 유도하는 데 초점을 맞추고 있으며, 다양한 플랫폼에서 사용될 수 있다. 광고비 절감 효과는 있지만, 리타기팅의 주된 목적은 고객의 재참여한다.

17
정답 ③

캠페인의 유동성이 최적의 상태로 설정되면 광고 성과를 실시간으로 조정하고, 예산을 최적화하여 비용 효율성을 높이며, 타깃 오디언스에 맞춘 맞춤형 광고를 제공할 수 있다.

18
정답 ③

메타 픽셀을 사용하면 웹사이트 방문자의 행동을 추적하고 광고 성과 분석이 용이해지며, 리타기팅 광고를 효과적으로 실행할 수 있다. 하지만 모든 방문자에게 동일한 광고가 노출되는 것은 아니다.

19
정답 ②

페이스북 비즈니스 광고의 머신러닝은 사용자 행동 데이터를 분석하여 광고 성과를 최적화하는 데 사용한다. 머신러닝은 고정된 규칙에 의존하지 않으며, 예산 결정이나 클릭 수 증가만을 목표로 하지 않는다.

20
정답 ②

오프라인에서 발생하는 매출에 미치는 영향을 측정하기 위해서는 메타의 오프라인 이벤트 추적 기능을 활용해야 한다. 이 기능을 통해 광고가 오프라인 매출에 미친 영향을 분석할 수 있다.

21
정답 ③

메타의 Shops 광고 솔루션은 제품 카탈로그 관리, 실시간 채팅 지원, 인스타그램 쇼핑 태그와 같은 기능을 제공하지만, 광고 예산 최적화는 Shops 솔루션의 주요 기능이 아니다.

22 　　　　　　　　　　　　　　　　　　　정답 ④

A/B 테스트는 캠페인 진행 중에도 실시할 수 있으며, 광고 성과를 극대화하기 위해 캠페인 시작 전이나 진행 중에 여러 광고 버전을 테스트하여 최적의 성과를 이끌어내는 것이 중요하다.

23 　　　　　　　　　　　　　　　　　　　정답 ④

Meta Business Suite는 여러 플랫폼에서 게시물을 관리하고, 광고 성과를 실시간으로 분석할 수 있으며, 고객과의 직접적인 소통을 위한 채팅 기능을 제공한다.

24 　　　　　　　　　　　　　　　　　　　정답 ③

메타에서는 광고를 사용자에게 가장 적합한 위치에 자동으로 배치하고, 광고주는 노출 위치를 수동으로 조정할 수 있다. 또한 노출 위치에 따라 광고의 성과가 달라질 수 있지만, 모든 광고 형식이 모든 노출 위치에서 지원되는 것은 아니다.

25 　　　　　　　　　　　　　　　　　　　정답 ①

메타의 광고 시스템에서 캠페인 실적을 파악하기 위해 사용할 수 있는 측정 방법 및 지표로는 클릭률(CTR), 전환율(CVR), 노출수(Impressions) 등이 있다. CPC(클릭당 비용), CPM(천 회 노출당 비용), CPA(획득당 비용)는 광고 비용 관련 지표이며, 브랜드 인지도나 고객 만족도는 광고 실적을 직접적으로 측정하는 지표가 아니다.

26 　　　　　　　　　　　　　　　　　　　정답 ③

메타의 광고 시스템에서 맞춤 타깃을 만들 때 사용할 수 있는 소스 옵션으로는 웹사이트 방문자, 이메일 리스트, 앱 사용자가 포함된다.

27 　　　　　　　　　　　　　　　　　　　정답 ②

메타의 다이내믹 광고는 패션, 자동차, 가전제품 등의 카탈로그를 제공하지만, 여행 업종은 일반적으로 다이내믹 광고의 카탈로그에 포함되지 않는다.

28 　　　　　　　　　　　　　　　　　　　정답 ②

리타기팅 광고는 사용자가 이전에 방문한 제품을 다시 노출하기 위해 카탈로그를 활용한다. 카탈로그에 있는 제품 정보를 바탕으로 사용자 맞춤형 광고를 제공한다.

29 　　　　　　　　　　　　　　　　　　　정답 ②

메타는 A/B 테스트 기능, 전환 추적 기능, 사용자 피드백 수집 도구를 제공하여 광고 성과를 측정하고 개선하는 데 유용하다.

30 　　　　　　　　　　　　　　　　　　　정답 ②

메타의 비즈니스 솔루션은 사용자 행동 분석을 통해 각 플랫폼과 기기에서 성과를 측정하고 인사이트를 파악할 수 있다. 캠페인 목표 설정과 광고 예산 조정은 운영 측면에서 중요하다.

31 　　　　　　　　　　　　　　　　　　　정답 ③

비디오 리마케팅은 특정 비디오 광고를 본 사용자에게 맞춤형 광고를 제공하는 방식이다. 따라서 모든 사용자에게 동일한 광고를 보여주는 것이 아니라, 사용자의 행동에 따라 다르게 광고를 노출한다.

32 　　　　　　　　　　　　　　　　　　　정답 ④

구글 애즈 동영상 캠페인에서는 최적화된 로테이션, 균등 로테이션, 무작위 로테이션 옵션이 제공한다.

33 　　　　　　　　　　　　　　　　　　　정답 ③

메타의 커뮤니티 규정은 상호 존중, 다양성 포용, 투명성 유지 등의 가치를 중시한다.

34 　　　　　　　　　　　　　　　　　　　정답 ④

페이스북 비즈니스 설정의 데이터 소스 메뉴에는 이벤트, 비즈니스 파트너, 앱과 같은 항목이 포함한다.

35 　　　　　　　　　　　　　　　　　　　정답 ②

메타의 이미지 광고에서는 강력한 비주얼, 브랜드 아이덴티티의 명확한 전달, 사용자 감정을 자극하는 이미지 활용이 중요하다.

36 　　　　　　　　　　　　　　　　　　　정답 ③

다이내믹 크리에이티브는 캠페인의 노출 위치에 맞춰 광고 소재를 자동으로 조정하여 개인화된 광고를 제공한다.

37 　　　　　　　　　　　　　　　　　　　정답 ②

메타에서는 직접 제작한 애니메이션, 원본 스토리 기반의 웹툰, 개인적인 라이프스타일 관련 게시물 등을 통해 수익을 창출할 수 있다.

38
정답 ③

유튜브에서 광고 수익을 창출하기 위해서는 모든 동영상이 광고 친화적이어야 하고, 최소 1,000명의 구독자와 최근 12개월 동안 4,000시간 이상의 시청 시간이 필요하다.

39
정답 ②

구글 애즈는 광고주가 특정 타깃 오디언스를 설정하여 광고를 노출할 수 있는 기능을 제공한다. 광고 비용은 클릭당 비용(CPC)이나 노출당 비용(CPM)으로 측정될 수 있으며, 다양한 온라인 광고 형식을 지원한다.

40
정답 ①

TrueView 인스트림 광고는 사용자가 스킵할 수 있는 비디오 광고로, 브랜드 메시지를 전달하는 데 효과적이다. 사용자가 광고를 스킵하지 않을 경우 광고를 끝까지 시청하게 되어 브랜드 인지도를 높이는 데 유리하다. 배너 광고, 검색 광고, 디스플레이 광고는 브랜드 인지도 향상보다 클릭 유도에 더 초점을 맞추는 경우가 많다.

41
정답 ②

CPM 마스트헤드 광고는 전체 화면으로 노출되어 사용자에게 강한 인상을 남길 수 있는 광고 형식이다. 비디오 형식만 제공되는 것은 아니며, 리타기팅 기능은 일반적으로 다른 광고 형식에서 사용한다.

42
정답 ④

마스트헤드 광고는 전환 가능성이 높은 시청자를 대상으로 유튜브 내 모든 페이지에서 노출되는 광고 형식이다.

43
정답 ③

비디오 액션 캠페인에서 사용할 수 있는 입찰 방식에는 클릭당 비용(CPC), 전환당 비용(CPA), 노출당 비용(CPM) 등이 포함한다.

44
정답 ③

기기 설정은 광고 성과에 상당한 영향을 미친다. 광고주가 특정 기기를 선택하고 그에 옳은 전략을 세우는 것이 중요하다.

45
정답 ④

게재 위치 타기팅은 광고주가 특정 웹사이트나 앱을 선택하여 광고를 노출할 수 있게 해주며, 이는 광고 성과를 높이는 데 도움이 될 수 있다.

46
정답 ④

인구통계 타기팅을 통해 광고주는 특정 연령대, 성별, 지역 및 소득 수준을 설정하여 타깃 오디언스를 세분화할 수 있다.

47
정답 ②

클릭률(CTR)은 광고의 노출 수에 대한 클릭 수의 비율을 의미하며, 광고 성과를 평가하는 중요한 지표다.

48
정답 ②

저작권 침해 문제를 해결하기 위해 저작권 주장에 대한 이의 제기를 통해 자신이 정당하다는 것을 주장하는 것이 가장 적절한 방법이다.

49
정답 ②

상표권 침해로 동영상을 신고할 때는 '상표 사용 승인 없음'을 선택할 수 있다. 불법적인 행동 조장, 개인 정보 유출, 폭력적인 내용 포함은 각각 다른 사유에 해당하며, 상표권과는 관련이 없다.

50
정답 ④

Google Ads Creative Studio는 타깃 맞춤형 메시지를 담아 많은 수의 동영상을 빠르게 제작할 수 있는 도구이다.

51
정답 ④

유튜브 인피드 동영상 광고는 일반적으로 짧은 형식으로 제공되며, 길이는 6초에서 15초로 제한한다.

52
정답 ④

동영상 액션 캠페인에서는 광고주가 캠페인 예산을 유연하게 설정하고 조정할 수 있다. 다른 선택지는 동영상 액션 캠페인의 특징이다.

53
정답 ④

유튜브 비디오 리마케팅 캠페인을 설정할 때는 타깃 오디언스의 행동 데이터, 광고 예산 및 입찰 전략, 광고 콘텐츠의 품질 등이 중요하다.

54 정답 ②

디스커버리 광고는 유튜브 검색 결과에 노출될 수 있는 광고 유형으로 사용자가 검색한 키워드와 관련된 동영상 옆에 표시된다. 인스트림 광고와 범퍼 광고는 동영상 재생 중에 나타나는 형식이며, 스킵 가능한 광고는 인스트림 광고의 한 종류로 검색 결과와 직접적인 관련이 없다.

55 정답 ④

유튜브 파트너 프로그램(YPP)에 가입한 후 수익을 창출할 수 있는 방법으로는 광고 수익, 채널 멤버십, 팬 지원 등이 있다.

56 정답 ③

개인적인 의견을 담은 비판적인 리뷰 영상은 유튜브 커뮤니티 가이드에 위반되지 않는다.

57 정답 ③

제한 공개로 설정된 동영상은 소유자가 삭제할 수 있으며, 이는 공개 범위와 관계없이 가능하다. 제한 공개 동영상은 검색 결과에 나타나지 않고, 링크를 알고 있는 누구나 볼 수 있으며, 소유자가 공유한 사용자와만 볼 수 있는 특성을 가진다.

58 정답 ③

선정적이거나 폭력적인 내용이 포함된 동영상은 유튜브의 커뮤니티 가이드를 위반하여 수익 창출이 불가능하다. 교육적인 내용, 게임 플레이, 여행 브이로그는 모두 수익을 창출할 수 있는 콘텐츠 유형이다.

59 정답 ③

인스트림 광고는 광고가 끝난 후 사용자가 선택한 동영상으로 전환되며, 자동으로 다른 추천 동영상으로 전환되지 않는다.

60 정답 ③

컴패니언 배너는 클릭 시 사용자가 광고주의 웹사이트로 이동할 수 있는 기능이 있다.

61 정답 ③

웹사이트 트래픽 증대를 목표로 할 때 동영상의 길이를 30초 이상으로 설정하는 것이 반드시 효과적인 전략은 아니다.

62 정답 ③

마스트헤드 광고는 대규모 브랜드 캠페인에 매우 적합하며, 높은 노출 효과를 기대할 수 있다.

63 정답 ②

유튜브의 품질평가 점수는 사용자의 피드백, 댓글, 좋아요 및 싫어요 수 등을 기반으로 산출된다.

64 정답 ②

셀렉트 기반 타기팅의 장점은 사용자의 관심사에 맞춘 광고를 제공함으로써 더 높은 참여율과 효과를 기대할 수 있다.

65 정답 ②

셀렉트 기반 타기팅의 장점은 사용자의 관심사에 맞춘 광고를 제공함으로써 더 높은 참여율과 효과를 기대할 수 있다는 것이다.

66 정답 ④

트루뷰 비디오 디스커버리 광고를 클릭하면 광고주가 지정한 동영상으로 연결한다. 이 광고 형식은 사용자가 광고를 클릭하여 해당 동영상을 직접 시청할 수 있도록 설계되어 있다.

67 정답 ②

구글 애즈 캠페인 플래너는 예산에 맞춰 광고 전략을 구체화할 수 있는 도구다.

68 정답 ③

시퀀스 광고는 개별 시청자에게 특정한 순서로 광고를 게재하여 제품이나 브랜드의 스토리를 효과적으로 전달하는 방식이다. 리마케팅은 이전 방문자를 대상으로 하는 광고, 스토리텔링 광고는 이야기를 중심으로 한 광고 형식이며, 인스트림 광고는 동영상 콘텐츠 중에 재생되는 형식이다.

69 정답 ②

카카오톡 비즈보드를 사용할 때 광고 성과를 분석하고 그에 따라 전략을 조정하는 것은 매우 중요하다. 광고 예산을 설정해야 하며, 광고 최적화는 자동으로 이루어지지 않으며 사용자는 카카오톡 계정을 가져야 비즈보드를 이용할 수 있다.

70 정답 ③

카카오톡의 친구 목록에는 광고가 표시되지 않는다. 광고는 채팅방 내 메시지 형태, 카카오스토리 피드, 그리고 카카오톡의 채널을 통해 노출된다.

71 정답 ③

동영상 광고의 길이를 무조건 1분 이상으로 설정할 필요는 없다. 오히려 짧고 강렬한 메시지가 더 효과적일 수 있다.

72 정답 ③

광고 예산이 남아 있는 경우는 광고가 여전히 게재될 수 있는 상황이다.

73 정답 ②

디바이스 설정을 통해 특정 디바이스 사용자에게 맞춤형 광고를 제공하고 광고 효율성을 높이며 예산을 최적화할 수 있다.

74 정답 ④

사용자의 취향에 따라 광고를 설정하는 것은 관심사 기반 타기팅에 해당하며, 인구통계학적 타기팅은 성별, 연령대, 지역 등을 기준으로 한다. 나머지 선택지는 모두 인구통계학적 타기팅의 예이다.

75 정답 ④

네이버 밴드에서는 배너 광고, 동영상 광고, 스폰서 콘텐츠 등의 광고 형식을 제공하지만, 팝업 광고는 일반적으로 제공되지 않는다.

76 정답 ②

틱톡에서는 네이티브 광고, 브랜드 해시태그 챌린지, 인피드 광고와 같은 형식을 제공하지만, 배너 광고는 일반적으로 제공되지 않는다.

77 정답 ①

풀스크린 광고는 사용자의 주목을 끌기 위해 적절한 길이를 유지하는 것이 중요하다. 너무 짧으면 메시지를 전달하기 어려울 수 있다.

78 정답 ③

틱톡에서는 인피드 광고, 브랜드 해시태그 챌린지, 톤 광고와 같은 다양한 광고 상품을 제공하지만 "스폰서 스토리"는 틱톡의 광고 상품이 아니다.

79 정답 ②

엑스(X)는 실시간으로 뉴스와 정보를 공유할 수 있는 플랫폼으로 사용자들은 텍스트, 이미지, 동영상 등 다양한 형식의 콘텐츠를 공유할 수 있다.

80 정답 ②

네이버 밴드의 알림광고 발송권은 개인 사용자에게 귀속되며, 다른 사용자에게 양도할 수 없다.

2024년 제4회 기출복원문제 정답 및 해설

01	02	03	04	05	06	07	08	09	10
②	②	②	①	④	①	③	②	②	④
11	12	13	14	15	16	17	18	19	20
②	②	④	②	③	②	④	②	②	②
21	22	23	24	25	26	27	28	29	30
④	③	④	③	③	③	③	②	④	④
31	32	33	34	35	36	37	38	39	40
③	④	③	③	②	②	②	②	①	②
41	42	43	44	45	46	47	48	49	50
②	②	②	③	③	③	③	①	②	④
51	52	53	54	55	56	57	58	59	60
②	③	③	③	①	③	④	②	④	④
61	62	63	64	65	66	67	68	69	70
②	②	①	④	②	②	②	③	④	②
71	72	73	74	75	76	77	78	79	80
③	④	③	④	④	③	②	②	③	②

01 정답 ②

소셜미디어 마케팅 전략의 중요한 요소는 각 플랫폼의 특성에 맞춘 맞춤형 콘텐츠 제작이다. 이는 고객의 관심을 끌고, 효과적인 소통을 이루기 위해 필수적이다. 고객의 요구를 무시하거나 광고 예산을 전혀 할당하지 않는 것은 비효율적이며, 고객과의 소통을 최소화하는 것은 브랜드 이미지에 부정적인 영향을 미칠 수 있다.

02 정답 ②

인스타그램은 비주얼 콘텐츠에 최적화된 플랫폼으로, 사진과 동영상으로 브랜드 메시지를 효과적으로 전달할 수 있다. 반면, 페이스북은 다양한 연령층을 아우르지만, 특히 젊은 층에서의 사용자 수가 감소하고 있다. X는 짧은 글 작성에 적합하며, 실시간 소통이 강점이지만 긴 글 전달에는 한계가 있다. 링크드인은 전문적인 네트워킹 플랫폼으로, 개인적인 소통보다는 직업적 관계 형성에 중점을 둔다.

03 정답 ②

소셜미디어는 일방적인 정보 전달이 아니라, 고객과의 상호작용과 피드백을 통해 소통하는 플랫폼이다. 콘텐츠 마케팅은 브랜드 가치를 전달하고, 고객의 피드백을 반영하여 더욱 효과적인 콘텐츠를 제작하는 데 중요한 역할을 한다. 사용자 생성 콘텐츠는 소비자의 참여를 유도하고 신뢰를 구축하는 데 기여한다.

04 정답 ①

SNS 마케팅 전략을 수립할 때는 브랜드의 목표와 일치하는 콘텐츠 유형을 선택하는 것이 필수적이다. 과거의 성공 사례에만 의존하거나 고객의 관심사를 무시하고 광고만 하는 것은 비효율적이며, 소셜미디어 활동의 성과를 측정하지 않으면 향후 전략 개선에 어려움이 생길 수 있다.

05 정답 ④

소셜미디어의 콘텐츠는 일반적으로 영구적으로 저장되지 않으며, 플랫폼에 따라 시간이 지나면 삭제되거나 숨겨질 수 있다. 소셜미디어는 비용 효율적인 마케팅 채널이며, 글로벌한 도달 범위와 사용자와의 관계 구축에 유리한 장점을 가지고 있다.

06 정답 ①

비디오 광고는 사용자의 피드백을 즉각적으로 반영하여 실시간으로 수정할 수 있는 형식이 아니다. 광고가 게시된 후에는 수정이 불가능하며, 다음 광고 캠페인에 반영할 수 있다. 인피드 광고는 자연스러운 흐름에 삽입되고, 컬렉션 광고는 쇼핑 경험을 제공하며, 다이내믹 광고는 맞춤형 제품을 자동으로 보여주는 형식이다.

07 정답 ③

특정 앱에서 광고 노출을 피하고 싶다면, '플레이스먼트'에서 '수동' 옵션을 선택하고 해당 앱을 제외하는 것이 가장 효과적인 방법이다. '예산' 설정이나 '자동' 옵션 선택은 노출을 줄이거나 특정 앱을 제어하는 데 도움이 되지 않으며, 광고 형식을 다양하게 선택하는 것은 오히려 더 많은 노출을 유도할 수 있다.

08 정답 ②

광고주가 수동으로 게재위치를 설정하는 것이 항상 더 나은 성과를 보장하지는 않는다. 자동 게재위치는 실시간 데이터를 활용하여 최적의 광고 노출을 제공하며, 예산을 효율적으로 사용할 수 있게 도와준다.

09 정답 ②

페이스북 비즈니스 광고는 광고 성과에 따라 지불하는 CPA(행동 당 비용) 방식을 선택할 수 있다. 광고주는 자동 입찰 방식과 수동 입찰 방식을 모두 사용할 수 있으며, CPM 방식을 반드시 선택할 필요는 없다. 광고는 예산뿐만 아니라 광고의 타기팅 및 품질 등 다양한 요소에 의해 결정된다.

10 정답 ④

'비즈니스 활동' 항목은 페이지의 수익이나 판매 실적을 직접적으로 나타내지 않는다. 대신, 페이지의 활동이나 상호작용을 보여준다. '게시물 성과', '페이지 통계', '경쟁 분석'은 각각 해당하는 내용을 설명하고 있는 정확한 설명이다.

11 정답 ②

머신러닝 모델은 주어진 훈련 데이터를 기반으로 학습하여 패턴을 인식하고 예측을 수행한다. 인간의 개입이 필요 없는 경우도 있으며, 복잡한 알고리즘을 사용하기도 하고, 데이터를 무작위로 선택하지 않는다.

12 정답 ②

A/B 테스트는 서로 다른 광고 버전을 비교하여 어떤 버전이 더 효과적인지를 판단할 수 있는 유용한 방법이다. 광고 성과는 광고주가 설정한 목표와 일치하지 않을 수 있으며, 광고 캠페인은 지속적인 관리가 필요하고, 클릭률(CTR)은 광고비용과 밀접한 관련이 있다.

13 정답 ④

광고 성과는 광고 예산뿐만 아니라 캠페인 내용, 타기팅, 경쟁 상황 등 다양한 요소에 의해 결정된다. 앱 설치 최적화, 브랜드 인지도 최적화, 리드 생성 최적화는 각각 특정 목표를 달성하기 위한 적절한 방법이다.

14 정답 ②

광고 형식은 광고 수준에서 설정되는 항목이며, 광고 세트 수준에서는 설정할 수 없다. 광고 일정, 타깃 오디언스, 입찰 전략은 광고 세트 수준에서 선택할 수 있는 요소이다.

15 정답 ③

광고 캠페인을 시작할 때 가장 먼저 고려해야 할 사항은 캠페인 목표 설정이다. 목표가 명확해야 그에 옳은 콘텐츠, 예산, 타기팅 전략을 수립할 수 있다.

16 정답 ②

리타기팅 광고는 방문자가 웹사이트에서 어떤 행동을 했는지에 따라 맞춤형으로 제공한다. 이는 사용자의 관심사와 이전 행동을 반영하여 더 높은 전환율을 유도한다. 리타기팅은 다양한 광고 채널에서 사용되며, 광고 성과를 높이는 데 효과적이다.

17 정답 ④

머신러닝의 유동성이 최적화되면 데이터 분석 속도가 증가하고, 광고 성과의 변동성이 줄어들며, 실시간 데이터 기반의 의사결정이 가능해진다. 그러나 유동성이 최적화되었다고 해서 광고 캠페인이 자동으로 종료되지는 않는다. 이는 광고주가 설정한 목표와 결과에 따라 결정한다.

18 정답 ②

메타 픽셀을 활용하면 전환 추적 및 분석이 가능하고, 사용자 행동 데이터를 기반으로 타기팅을 할 수 있으며, 광고 효율성을 높이는 데 도움을 줄 수 있다.

19 정답 ②

페이스북 비즈니스 광고에서 머신러닝은 사용자의 관심사와 행동 패턴을 분석하여 보다 효과적인 타기팅을 가능하게 한다. 모든 요소를 수동으로 조정하지 않으며, 광고 캠페인을 종료하는 기능을 제공하지도 않고, 데이터 없이 작동하지 않는다.

20 정답 ②

메타 광고의 오프라인 매출 효과를 측정하기 위해서는 오프라인 전환 추적 기능을 이용해야 한다. 이 기능을 통해 광고가 오프라인 매출에 미친 영향을 평가할 수 있다. 광고 예산 자동 조정이나 클릭률 분석은 온라인 성과와 관련된 기능이며, 고객 피드백 수집은 매출 분석과는 직접적인 관련이 없다.

21 정답 ④

메타의 Shops 광고 솔루션은 고객 데이터 분석, 오프라인 매장 위치 표시, 라이브 스트리밍 판매와 같은 기능을 제공하지만, 자동화된 이메일 마케팅은 Shops 솔루션의 기능이 아니다.

22   정답 ③

메타 비즈니스 광고 캠페인에서는 광고 예산을 캠페인 시작 전에 설정하고 계획하는 것이 중요하다.

23   정답 ④

Meta Business Suite는 광고 예산 및 입찰 전략 설정, 다양한 분석 도구를 통한 성과 측정, 게시물 예약 기능 등을 제공한다.

24   정답 ③

메타의 노출 위치 자산 맞춤화에서는 광고주가 특정 위치를 선택하여 광고를 게재할 수 있고, 자동 배치 기능을 통해 최적의 성과를 추구할 수 있다. 또한 위치에 따른 성과 분석이 가능하지만, 모든 광고 캠페인이 동일한 노출 위치에서만 진행되는 것은 아니다.

25   정답 ③

메타 광고 캠페인에서 전환율, 클릭률, 노출수는 모두 광고 성과를 측정하는 중요한 지표다. 그러나 고객 서비스 응답 시간은 광고 캠페인 성과를 직접적으로 측정하는 지표가 아니다. 이는 고객 서비스 관련 지표로, 광고 실적과는 관련이 없다.

26   정답 ③

메타의 광고 시스템에서는 고객 행동 데이터, 오프라인 매장 방문 기록, 사이트 내 검색 기록을 소스 옵션으로 사용할 수 있다.

27   정답 ③

메타의 다이내믹 광고는 홈 인테리어, 식음료, 전자기기 등과 같은 제품 중심의 카탈로그를 제공한다.

28   정답 ②

다이내믹 리타기팅 광고는 카탈로그에 저장된 제품 정보를 사용하여 사용자가 관심을 가졌던 제품을 다시 보여주는 광고 형식으로, 카탈로그가 필수적이다. 수집 광고, 링크 광고, 이미지 광고는 카탈로그 없이도 운영할 수 있다.

29   정답 ④

메타는 웹사이트 방문자 데이터, 소셜미디어 게시물 반응, 오프라인 매장 판매 데이터 등을 사용하여 성과를 측정한다.

30   정답 ④

메타의 비즈니스 솔루션은 광고 성과 리포트, 전환 추적, 고객 피드백 수집 기능을 통해 성과 측정 및 인사이트 파악이 가능하다.

31   정답 ③

비디오 리마케팅 캠페인은 주로 기존에 관심을 보였던 사용자에게 다시 광고를 노출하여 전환율을 높이는 데 초점을 둔다.

32   정답 ④

구글 애즈 동영상 캠페인에서는 최적화된 로테이션, 지속적 로테이션, 무작위 로테이션 옵션을 제공하지만, '전환 중심 로테이션'이라는 옵션은 존재하지 않는다. 최적화된 로테이션은 성과를 기준으로 광고를 자동으로 조정하고, 지속적 로테이션은 모든 광고를 균등하게 노출하는 방식이다.

33   정답 ③

메타의 앱 패밀리 커뮤니티 규정은 사용자 간의 건전한 소통 촉진, 혐오 발언 금지, 플랫폼의 안전성 강화 등을 목표로 한다.

34   정답 ③

페이스북 비즈니스 설정 탭의 데이터 소스에는 픽셀, 카탈로그, 커스터머 오디언스와 같은 항목이 포함한다.

35   정답 ②

메타의 이미지 광고에서는 단순하고 간결한 메시지, 타깃 오디언스에 맞춘 맞춤형 콘텐츠, 강렬한 CTA가 효과적이다.

36   정답 ②

다이내믹 리타기팅은 사용자 행동에 따라 광고 소재를 개인화하고, 노출 위치에 따라 적절한 광고를 제공하는 데 유용한 도구이다.

37   정답 ②

메타에서는 게임 스트리밍 영상, 요리 레시피 영상, 여행 브이로그와 같은 오리지널 콘텐츠를 통해 수익을 창출할 수 있다.

38   정답 ②

유튜브에서 광고 수익을 창출하기 위해서는 채널의 콘텐츠가 커뮤니티 가이드라인을 준수해야 하며, 광고 수익 창출 설정을 완료하고 유튜브 파트너 프로그램에 참여해야 한다.

39 정답 ①

검색 광고는 사용자가 검색한 키워드에 따라 관련 광고가 노출된다. 디스플레이 광고는 다양한 웹사이트에 게재되며, 비디오 광고는 유튜브뿐만 아니라 다른 플랫폼에서도 사용될 수 있다.

40 정답 ②

브랜드 인지도를 높이기 위해 인플루언서와 협업하여 브랜드 이야기를 전달하는 것은 효과적인 전략이다. 인플루언서의 팔로워들에게 브랜드를 자연스럽게 노출할 수 있기 때문이다.

41 정답 ②

CPM 마스트헤드 광고는 유튜브의 홈페이지 상단에 자동으로 노출되는 광고 형식으로 사용자가 페이지를 로드하는 즉시 광고가 나타난다. 클릭해야만 노출되거나 특정 키워드 검색 시에만 표시되지 않으며, 광고 노출 횟수는 일일 한정이 아니다.

42 정답 ③

마스트헤드 광고는 유튜브의 모든 페이지에서 전환 가능성이 높은 시청자를 대상으로 노출되는 광고다. TrueView 광고는 사용자가 선택적으로 클릭해야 하며, 스폰서 콘텐츠는 특정 콘텐츠에 통합되어 제공한다.

43 정답 ③

CPA(전환당 비용) 방식은 사용자가 광고를 클릭한 후 특정 행동(에 구매, 회원가입 등)을 취할 때 비용이 발생한다.

44 정답 ②

유튜브 광고의 노출 기기 설정에서는 광고주가 모바일 기기와 데스크탑 기기에서 각각 다른 광고를 설정할 수 있다.

45 정답 ③

게재 위치 타기팅의 장점 중 하나는 광고주가 브랜드 이미지에 옳은 플랫폼을 선택하고, 특정 관심사를 가진 사용자에게 광고를 노출할 수 있다. 또한 광고 성과를 분석하고 최적화할 수 있는 기회를 제공한다.

46 정답 ③

인구통계 타기팅은 연령대, 성별, 가족 상태와 같은 인구통계적 특성을 기반으로 설정할 수 있다.

47 정답 ③

구글 애즈 광고 보고서에서 사용할 수 있는 지표에는 전환수, 노출수, 클릭당 비용(CPC) 등이 포함된다.

48 정답 ①

저작권 침해가 발생했을 경우, 저작권자의 허가 없이 콘텐츠를 사용하는 것은 잘못된 행동이다. 저작권자의 요청에 따라 콘텐츠를 삭제하거나, 경고를 받고 콘텐츠를 수정하는 것이 옳은 조치이다.

49 정답 ②

명예 훼손으로 동영상을 신고할 때는 '사실과 다른 정보 제공'을 선택할 수 있다. 선정적 내용이나 저작권 침해는 다른 신고 사유에 해당하며, 사용자 불만 사항은 명예 훼손과 관련이 없다.

50 정답 ④

Google Ads Creative Studio는 동영상 광고의 템플릿 제공, 자동화된 광고 배포, 실시간 데이터 분석 등의 기능을 제공한다.

51 정답 ②

유튜브 인피드 동영상 광고는 사용자가 자발적으로 클릭하여 시청하는 형식이기 때문에 사용자의 관심을 끌기 쉽다.

52 정답 ③

동영상 액션 캠페인은 전환을 극대화하기 위한 다양한 전략을 활용할 수 있는 광고 형식이다.

53 정답 ③

유튜브 비디오 리마케팅은 이전에 광고를 시청한 사용자에게 다시 노출할 수 있는 장점이 있으며, 광고 예산을 늘리지 않고도 효과적인 타기팅이 가능하다.

54 정답 ③

유튜브 검색 결과에 노출되는 광고는 사용자의 검색 쿼리에 따라 관련성이 높은 광고가 표시된다.

55 정답 ①

유튜브 파트너 프로그램(YPP)에 가입하기 위해서는 최소 1,000명의 구독자와 4,000시간의 시청 시간이 필요하다.

56

직접 제작한 음악을 사용하는 것은 유튜브 커뮤니티 가이드를 위반하지 않으며, 오히려 저작권을 준수하는 행동이다.

57

비공개 설정된 동영상은 링크를 알고 있는 사용자만 볼 수 있으며, 검색 결과에도 나타나지 않는다.

58

팬 지원 기능을 통해 구독자들은 직접 후원을 할 수 있으며, 이는 수익 창출의 방법 중 하나이다.

59

모든 동영상에 광고를 자동으로 삽입할 수 있는 것은 아니다. 광고는 동영상 소유자가 설정한 조건에 따라 다르며, 특정 기준을 충족해야 광고 수익을 창출할 수 있다.

60

컴패니언 배너는 광고주가 설정한 타기팅에 따라 사용자에게 맞춤형 메시지를 전달할 수 있다. 따라서 모든 사용자에게 동일한 메시지를 전달하지 않는다.

61

동영상 액션 캠페인은 웹사이트 트래픽 증대를 목표로 하여 사용자에게 특정 행동(예 웹사이트 방문)을 유도하는 데 최적화된 광고 형식이다. 브랜드 인지도 캠페인은 인지도 향상에 중점을 두고, 쇼핑 캠페인은 제품 판매에 집중하며, 리마케팅 캠페인은 이전 방문자를 대상으로 광고를 노출하는 방식이다.

62

마스트헤드 광고는 일반적으로 전체 사용자에게 노출되는 광고 형식이므로, 특정 타깃 오디언스를 설정하여 진행하는 것이 적합하지 않다.

63

유튜브의 품질평가 점수가 높으면 동영상이 검색 결과에서 더 높은 순위에 노출될 가능성이 높아진다.

64

유튜브에서는 지역 기반, 기기 유형, 콘텐츠 주제 등을 기준으로 타기팅할 수 있지만, '광고 예산 타기팅'이라는 개념은 존재하지 않는다.

65

유튜브 광고는 연령과 성별 외에도 관심사, 지역, 기기 유형 등 다양한 타기팅 옵션을 제공하고, 유튜브 광고는 특정 지역에서만 노출될 수 있도록 설정할 수 있으며, 지역 타기팅 기능이 제공한다. 또한 유튜브의 타기팅 옵션은 광고주가 설정한 예산에 따라 자동으로 조정되지 않으며, 광고주가 직접 설정해야 한다.

66

트루뷰 광고는 사용자가 광고를 클릭했을 때만 비용을 지불하는 구조이다. 사용자는 광고를 스킵할 수 있으며, 광고는 동영상 시작 전, 중간, 또는 끝에 재생될 수 있으며, 최대 길이는 30초가 아니라 그보다 짧을 수 있다.

67

구글 애즈 캠페인 플래너는 광고 예산 추정, 타깃 오디언스 설정, 다양한 광고 포맷 비교 등의 기능을 제공하지만, 경쟁업체 분석 도구는 포함되어 있지 않다.

68

시퀀스 광고는 각 시청자의 행동 및 관심에 따라 맞춤형 메시지를 전달할 수 있으며, 모든 사용자에게 동일한 메시지를 전달하지 않는다.

69

카카오톡 비즈보드는 이미지 광고, 동영상 광고, 텍스트 광고 등의 다양한 형식을 제공하지만, 전통적인 배너 광고는 지원하지 않는다.

70

카카오 비즈보드는 카카오톡 플러스친구, 카카오페이지, 카카오톡 채널을 통해 광고를 노출할 수 있지만, 카카오게임은 광고 노출 영역에 포함되지 않는다.

71

동영상 광고는 일반적으로 다른 형식의 광고와 함께 노출되지 않으며, 독립적으로 표시되는 경우가 많다.

72
정답 ④

광고 예산이 충분히 설정된 경우는 광고가 게재될 수 있는 상황이다.

73
정답 ③

광고 소재의 길이는 채널에 따라 달라질 수 있으며, 모든 채널에서 동일하게 설정할 필요는 없다.

74
정답 ④

카카오는 인구통계학적, 관심사 기반, 행동 기반 타기팅 등의 여러 방식으로 광고를 타기팅할 수 있지만, 랜덤 타기팅은 기본적인 타기팅 방식이 아니다.

75
정답 ④

네이버 밴드에서는 광고 예산을 유동적으로 변경할 수 있으며, 광고 성과에 따라 조정할 수 있다.

76
정답 ③

틱톡의 광고는 사용자가 스킵할 수 있는 형식과 스킵할 수 없는 형식이 모두 존재한다.

77
정답 ②

밴드에서는 그룹의 설정에 따라 비공개 그룹도 생성할 수 있으며, 비공개 그룹의 게시글은 해당 그룹의 멤버만 볼 수 있다.

78
정답 ②

엑스(X)는 실시간으로 뉴스와 정보를 공유할 수 있는 플랫폼으로, 사용자들은 텍스트, 이미지, 동영상 등 다양한 형식의 콘텐츠를 공유할 수 있다.

79
정답 ③

네이버 밴드의 알림광고는 자동으로 최적화되지 않으며, 광고 성과는 사용자가 직접 모니터링하고 분석해야 한다.

80
정답 ②

틱톡의 광고는 사용자가 스킵할 수 있는 형식과 스킵할 수 없는 형식이 모두 존재한다.

01	02	03	04	05	06	07	08	09	10
①	②	②	②	②	④	③	②	②	④
11	12	13	14	15	16	17	18	19	20
①	④	④	③	③	③	③	②	③	②
21	22	23	24	25	26	27	28	29	30
④	③	④	③	③	③	③	③	③	④
31	32	33	34	35	36	37	38	39	40
③	②	③	①	②	②	②	④	①	③
41	42	43	44	45	46	47	48	49	50
③	③	③	②	②	③	①	③	②	④
51	52	53	54	55	56	57	58	59	60
②	③	②	①	②	③	③	③	③	④
61	62	63	64	65	66	67	68	69	70
②	①	③	②	③	②	②	③	②	③
71	72	73	74	75	76	77	78	79	80
①	④	③	①	②	③	③	②	③	③

01　정답 ①

페이스북은 다양한 연령층의 사용자를 보유하고 있으며, 그룹 및 페이지를 통해 커뮤니티 형성에 강점을 가지고 있다. 틱톡은 짧은 동영상에 특화되어 있고, 유튜브는 긴 동영상 소비에 적합하다. 핀터레스트는 주로 비주얼 콘텐츠를 통한 정보 공유에 중점을 두고 있다.

02　정답 ②

소셜미디어 마케팅은 고객과의 상호작용을 통해 브랜드 충성도를 높이고, 소비자와의 관계를 강화하는 데 중요한 역할을 한다. 제품 판매에만 집중하는 것이 아니라, 고객의 피드백을 적극적으로 수용하고 소통하는 것이 중요하다. 전통적인 광고 방식이 항상 더 효과적이지 않으며, 일방적인 정보 전달은 고객의 반감을 살 수 있다.

03　정답 ②

소셜미디어에서의 콘텐츠는 비즈니스 관련 정보뿐만 아니라, 고객의 관심을 끌 수 있는 다양한 주제와 형식을 포함해야 한다. 콘텐츠 마케팅은 특정 고객층을 타깃으로 하며, 브랜드 스토리를 효과적으로 전달하고, 데이터 분석을 통해 전략을 개선하는 것이 중요하다.

04　정답 ②

SNS 마케팅에서 중요한 요소 중 하나는 트렌드를 반영한 콘텐츠를 제작하는 것이다. 이는 고객의 관심을 끌고 브랜드의 현대적인 이미지를 유지하는 데 도움이 된다.

05　정답 ②

소셜미디어는 사용자 의견이 브랜드에 미치는 영향을 무시할 수 없으며, 오히려 사용자 의견이 브랜드 이미지와 신뢰도에 큰 영향을 미친다. 소셜미디어는 브랜드 인지도를 높이고, 소비자 행동에 영향을 미치며, 고객 피드백을 즉각적으로 수집할 수 있는 유용한 경로를 제공한다.

06　정답 ④

캐러셀 광고는 사용자가 여러 이미지를 수평으로 스와이프하여 볼 수 있는 형식으로 각 이미지에 링크를 추가할 수 있어 브랜드 메시지를 효과적으로 전달할 수 있다. 이미지 광고는 단일 이미지를 사용하고, 슬라이드쇼 광고는 여러 이미지를 슬라이드쇼 형식으로 보여주지만 비디오가 아닌 이미지로 구성된다. 스토리 광고는 동적 콘텐츠를 포함할 수 있다.

07　정답 ③

Audience Network에서 특정 웹사이트에서 광고 노출을 피하고 싶다면, '플레이스먼트'에서 '수동' 옵션을 선택하고 제외할 웹사이트를 명시하는 것이 적합하다. 캠페인 목표를 '전환'으로 설정하는 것은 목표 달성에 초점을 맞추지만 사이트 노출을 조정하는 것과는 관련이 없다. '자동'을 선택하거나 광고 예산을 늘리는 것은 원치 않는 결과를 초래할 수 있다.

08 정답 ②

광고주는 자동 게재위치를 사용하면서도 특정 플랫폼을 제외할 수 있는 옵션이 있다. 자동 게재위치는 광고 성과에 따라 최적의 위치를 자동으로 선택하고, 사용자의 행동 데이터를 기반으로 광고를 노출하며, 광고비를 절감하는 데 도움을 줄 수 있다.

09 정답 ②

페이스북 비즈니스 광고에서는 광고주가 광고 성과를 기반으로 입찰 가격을 조정할 수 있다. 클릭 수에 관계없이 고정된 요금을 지불할 필요는 없으며, 광고는 모바일 기기뿐만 아니라 데스크탑에서도 노출된다. 광고 예산을 설정하는 것은 필수적이다.

10 정답 ④

'고객 지원'은 페이지가 고객과의 상호작용 및 질문에 대한 응답을 얼마나 잘 처리하는지를 나타내는 항목이지, 제품의 재고 상태와는 관련이 없다. '페이지 방문', '비디오 조회수', '게시물 공유'는 각각 해당하는 정의에 옳은 내용을 설명하고 있다.

11 정답 ①

머신러닝은 사용자 데이터를 분석하여 개인화된 경험을 제공하는 데 널리 사용된다. 그러나 정확한 결과를 보장하지 않으며, 데이터의 양에 따라 성능이 달라질 수 있고, 비즈니스 의사결정에 중요한 영향을 미칠 수 있다.

12 정답 ④

광고 성과는 클릭 수뿐만 아니라 노출 수, 참여도, 전환율 등 다양한 요소에 의해 결정된다. 광고 캠페인의 ROI를 측정하거나 특정 타깃 그룹에서의 효과를 분석할 수 있으며, 광고 성과는 캠페인 종료 후 시간이 지나야 확인할 수 있다.

13 정답 ④

각 광고 캠페인은 목표에 따라 다른 최적화 전략을 적용해야 하며, 전환 최적화, 리타기팅 최적화, 참여 최적화는 각각 특정한 목표를 달성하기 위한 방법이다. 모든 광고 캠페인이 동일한 최적화 전략을 적용할 필요는 없다.

14 정답 ③

캠페인 기간은 캠페인 수준에서 설정되는 항목이며, 광고 수준에서는 선택할 수 없다. 광고 설명, 랜딩 페이지 URL, 이미지 또는 비디오 파일은 광고 수준에서 설정할 수 있는 요소이다.

15 정답 ③

메타에서 광고를 집행할 때 가장 먼저 해야 할 일은 캠페인 목표를 설정하는 것이다. 캠페인 목표에 따라 이후의 타깃 오디언스, 광고 형식, 예산 등이 결정되기 때문이다.

16 정답 ③

리타기팅은 광고 예산을 반드시 증가시켜야 하는 것은 아니다. 광고 예산을 효율적으로 사용할 수 있도록 도와주지만, 반드시 늘려야 하는 것은 아니다.

17 정답 ③

유동성이 최적의 상태로 설정되면 캠페인 목표에 맞춘 자동화된 조정, 예측 정확도 향상, 효과적인 오디언스 세분화가 가능해진다. 그러나 모든 광고의 클릭률이 동일하게 증가하는 것은 아니다. 클릭률은 광고의 내용, 타기팅, 경쟁 상황 등 다양한 요인에 따라 달라질 수 있다.

18 정답 ②

메타 픽셀을 사용하면 사용자 맞춤형 광고 제공, 광고 리포트의 정확성 향상, 고객 행동 분석을 통한 전략 조정이 가능해진다. 그러나 픽셀은 웹사이트의 성능을 자동으로 개선하지는 않는다.

19 정답 ③

머신러닝은 광고 성과를 분석하고 최적의 광고 배치를 결정하는 데 도움을 주지만, 클릭 수를 무조건 증가시키는 것은 아니다. 클릭 수는 여러 요인에 따라 달라질 수 있으며, 머신러닝은 A/B 테스트를 통해 광고 효과를 비교하는 데 유용하다.

20 정답 ②

메타 광고의 오프라인 성과를 분석하기 위해서는 오프라인 매출 측정 도구를 고려해야 한다. 이 도구를 통해 광고가 오프라인 매출에 미친 영향을 정확히 파악할 수 있다. 광고 리포트 생성이나 캠페인 기간 설정, 광고 크리에이티브 최적화는 광고 성과를 분석하는 데 유용하지만, 오프라인 매출에 대한 직접적인 분석 도구는 아니다.

21 정답 ④

메타의 Shops 광고 솔루션은 다채로운 제품 디스플레이 옵션, 고객 리뷰 및 평점 기능, 실시간 재고 관리와 같은 주요 기능을 제공한다.

22 정답 ③

메타 비즈니스 광고 캠페인에서는 캠페인 목표 설정, 광고 예산 계획, 타깃 오디언스 정의가 중요하다. 그러나 광고 크리에이티브는 동영상뿐만 아니라 이미지, 슬라이드쇼 등 다양한 형식으로 제공될 수 있으므로 반드시 동영상이어야 할 필요는 없다.

23 정답 ④

Meta Business Suite는 인사이트를 통해 고객 행동을 분석하고, 여러 계정을 통합하여 관리할 수 있으며, 광고 캠페인의 자동 최적화 기능도 제공한다.

24 정답 ③

메타에서는 광고의 성과가 각 노출 위치에 따라 다를 수 있으며, 광고주는 특정 고객 세그먼트에 맞춰 위치를 최적화할 수 있다.

25 정답 ③

메타 광고 시스템에서 캠페인 효과를 분석하기 위해 주로 사용하는 지표로는 클릭당 비용(CPC), 광고 클릭 수, 전환율 등이 있다. 고객 충성도는 광고 효과와는 관련이 있지만, 직접적인 광고 성과 지표로는 사용되지 않는다. 이는 브랜드와 고객 간의 관계를 나타내는 지표다.

26 정답 ③

메타의 광고 시스템에서 맞춤 타깃을 설정할 때 웹사이트의 특정 페이지 방문자, 구매 이력 데이터, 앱 설치 사용자 등의 소스 옵션을 사용할 수 있다.

27 정답 ③

메타의 다이내믹 광고 카탈로그는 뷰티 제품, 스포츠 용품 등 물리적인 제품 중심의 업종을 포함한다.

28 정답 ③

다이내믹 광고는 사용자의 행동에 기반하여 맞춤형 제품 광고를 자동으로 생성하는 광고 형식이다. 이 광고 형식은 카탈로그에 저장된 제품 정보를 사용하여 광고를 보여주기 때문에 카탈로그가 필요하다.

29 정답 ③

메타는 광고 성과 리포트, 고객 행동 데이터, 이벤트 트래킹 기능을 제공하여 광고 성과를 측정하는 데 도움을 준다.

30 정답 ④

메타의 비즈니스 솔루션은 광고 성과 리포트, 전환 추적, 고객 피드백 수집 기능을 통해 성과 측정 및 인사이트 파악이 가능하다.

31 정답 ③

비디오 리마케팅은 주로 온라인에서 비디오 광고를 본 사용자에게 다시 광고를 노출하는 방법이다. 오프라인 매장 방문자를 대상으로 하는 것은 일반적인 리마케팅 전략과는 다르다.

32 정답 ②

구글 애즈 동영상 캠페인에서 제공하는 광고 로테이션 옵션에는 최적화된 로테이션, 지속적 로테이션, 자산 로테이션이 포함되지만, '고정 로테이션'이라는 옵션은 없다.

33 정답 ③

메타의 앱 패밀리의 커뮤니티 규정은 사용자 안전 보장, 개인 정보 보호 강화, 긍정적인 커뮤니티 환경 조성 등을 목표로 한다.

34 정답 ①

페이스북 비즈니스 설정에서 데이터 소스에는 픽셀, 앱, 카탈로그가 포함한다. 그러나 '데이터베이스'라는 항목은 데이터 소스 메뉴에 포함되지 않으며, 페이스북의 데이터 소스로 직접적으로 관리하지 않는다.

35 정답 ②

메타의 이미지 광고에서는 제품 사용 장면, 고객 리뷰, 감성적인 스토리텔링 요소가 효과적이다.

36 정답 ②

다이내믹 리타기팅은 사용자 행동에 따라 광고 소재를 개인화하고, 노출 위치에 따라 적절한 광고를 제공하는 데 유용한 도구다.

37 정답 ②

메타에서는 원본 음악 비디오, 개인 브이로그, 교육용 튜토리얼 영상과 같은 콘텐츠를 통해 수익을 창출할 수 있지만, 저작권이 있는 영화 클립은 저작권 문제로 인해 수익화할 수 없다. 저작권이 있는 콘텐츠는 해당 권리를 가진 사람이나 회사의 허가 없이 사용이 불가능하다.

38 정답 ④

유튜브에서 광고 수익을 창출하기 위해서는 구독자 수 1,000명 이상, 최근 12개월 동안 4,000시간 이상의 시청 시간이 필요하며, 유튜브 파트너 프로그램에 가입해야 한다.

39 정답 ①

검색 광고는 사용자가 검색한 키워드에 따라 관련 광고가 노출된다. 디스플레이 광고는 다양한 웹사이트에 게재되며, 비디오 광고는 유튜브뿐만 아니라 다른 플랫폼에서도 사용될 수 있다.

40 정답 ③

브랜드 스토리를 중심으로 한 긴 형식의 광고는 감정적 연결을 강화하고 브랜드 메시지를 효과적으로 전달하여 인지도를 높이는 데 도움이 된다. 짧은 광고를 반복적으로 노출하는 것은 효과적일 수 있지만, 브랜드 스토리가 없는 경우 인지도를 높이기 어렵다.

41 정답 ③

CPM 마스트헤드 광고의 효과를 높이기 위해서는 브랜드의 핵심 메시지와 비주얼을 강조하는 것이 중요하다. 이는 사용자의 관심을 끌고 브랜드 인지도를 높이는 데 도움을 준다.

42 정답 ③

마스트헤드 광고는 유튜브의 홈페이지 상단에 노출되며, 전환 가능성이 높은 시청자를 대상으로 모든 페이지에서 광고가 지속적으로 나타난다. TrueView 광고는 사용자가 광고를 선택적으로 클릭해야 노출되며, 디스플레이 광고는 주로 다른 웹사이트에 표시한다.

43 정답 ③

CPA(전환당 비용) 방식은 사용자가 광고를 클릭한 후 특정 행동(예 구매, 회원가입 등)을 취할 때 비용이 발생한다.

44 정답 ②

유튜브 광고의 노출 기기 설정에서는 광고주가 기기별로 타깃 오디언스를 다르게 설정할 수 있다.

45 정답 ②

게재 위치 타기팅을 사용하면 광고주는 특정 유튜브 채널이나 웹사이트에서만 광고를 게재할 수 있다. 모든 웹사이트에 동일한 광고를 노출하는 것은 타기팅의 목적에 맞지 않으며, 랜덤으로 선택된 사용자에게 광고를 보여주는 것도 게재 위치 타기팅의 개념과 맞지 않는다.

46 정답 ③

광고주는 인구통계 타기팅을 통해 연령대와 성별을 조합하여 보다 세분화된 타깃 오디언스를 설정할 수 있다.

47 정답 ①

구글 애즈 광고 보고서의 주요 지표 중 하나는 클릭률(CTR)이다. 클릭률은 광고가 노출된 횟수 대비 클릭된 횟수의 비율로, 광고의 효과성을 평가하는 중요한 지표다. 페이지 로딩 속도, SEO 점수, 소셜미디어 팔로워 수는 구글 애즈와 관련이 없는 지표다.

48 정답 ③

저작권 침해가 발생했을 경우, 콘텐츠를 삭제하지 않고 그대로 두는 것은 적절한 해결 방법이 아니다.

49 정답 ②

유튜브에서 동영상을 신고할 때 개인정보 보호와 관련된 사유로는 '개인 정보 노출'을 선택할 수 있다. 저작권 침해는 다른 사유에 해당하며, 콘텐츠 품질 저하나 광고 수익 미지급은 신고 사유로 적절하지 않다.

50 정답 ④

Google Ads Creative Studio를 사용하면 타깃 맞춤형 동영상 광고를 빠르게 제작할 수 있어 제작 시간 단축과 효율성을 높이는 데 도움이 된다.

51 정답 ②

유튜브 인피드 동영상 광고는 사용자의 피드 내에서 자연스럽게 노출되기 때문에 사용자의 경험을 방해하지 않는다.

52 정답 ③

동영상 액션 캠페인의 주요 목적은 전환율을 증가시킨다. 광고주가 목표로 하는 특정 행동(예 구매, 가입 등)을 유도하는 데 중점을 둔다.

53 정답 ②

유튜브 비디오 리마케팅은 특정 동영상을 시청한 사용자에게 다시 광고를 노출할 수 있는 기능이다. 이는 사용자의 관심을 재유도하는 데 효과적이다.

54　정답 ①

유튜브 검색 결과에 광고를 효과적으로 노출시키기 위해서는 키워드 최적화가 중요하다. 사용자가 검색하는 키워드와 관련된 광고를 설정함으로써 더 많은 클릭을 유도할 수 있다.

55　정답 ②

유튜브 파트너 프로그램(YPP)에 가입하면 사용자는 자신의 동영상에 광고를 삽입하고, 이를 통해 수익을 창출할 수 있다.

56　정답 ③

유용한 정보와 팁을 공유하는 것은 유튜브 커뮤니티 가이드를 준수하는 행동이다.

57　정답 ③

목록에 없는 동영상은 자동으로 공개되지 않으며, 비공개로 설정된 경우에는 일반 사용자에게 노출되지 않는다.

58　정답 ③

선정적이거나 폭력적인 내용이 포함된 동영상은 유튜브의 커뮤니티 가이드를 위반하여 수익 창출이 불가능하다.

59　정답 ③

모든 광고가 동영상의 모든 조회수에 대해 수익을 발생시키는 것은 아니다. 광고가 실제로 클릭되거나 시청되는 경우에만 수익이 발생한다.

60　정답 ④

컴패니언 배너는 모든 동영상에 자동으로 추가되는 것이 아니라, 광고주가 설정한 경우에만 표시한다.

61　정답 ②

광고 예산을 무제한으로 설정하는 것은 현실적이지 않으며, 효과적인 광고 전략이 아니다. 예산을 적절히 설정하고 관리하는 것이 중요하다.

62　정답 ①

마스트헤드 광고는 유튜브 홈페이지의 상단에 고정되어 표시되며, 사용자가 페이지를 스크롤해도 계속 보인다.

63　정답 ③

품질평가 점수는 개별 동영상의 시청 시간, 댓글의 긍정적인 내용, 사용자 참여율에 영향을 받지만, 업로드된 동영상의 수는 품질평가 점수에 직접적인 영향을 미치지 않는다.

64　정답 ②

유튜브 셀렉트 기반 타기팅은 사용자의 관심사에 따라 광고를 노출하는 방식이다. 사용자가 어떤 콘텐츠를 소비하는지에 따라 그들의 관심사를 분석하여 관련 광고를 보여준다.

65　정답 ③

트루뷰 비디오 디스커버리 광고는 사용자가 클릭하여 선택하는 방식이며, 사용자가 광고를 스킵할 수 있다. 따라서 모든 사용자에게 스킵 불가능하게 노출되지는 않는다.

66　정답 ②

구글 애즈 캠페인 플래너는 목표 타깃 도달범위 및 예산에 맞춰 적합한 광고 포맷과 상품 조합을 제안하는 도구다.

67　정답 ②

시퀀스 광고에서 각 광고의 길이를 동일하게 설정할 필요는 없다. 광고의 길이는 메시지의 내용과 시청자의 반응에 따라 달라질 수 있다.

68　정답 ③

카카오톡 비즈보드는 타깃 오디언스를 세분화하여 특정 사용자 그룹에게 맞춤형 광고를 노출하는 기능을 제공하므로, 모든 사용자에게 동일한 광고를 무조건 노출하지 않는다.

69　정답 ②

카카오 비즈보드를 사용할 때 광고 예산은 반드시 설정해야 한다. 타깃 오디언스를 명확히 설정하고, 광고 성과를 모니터링하며, 적절한 광고 형식을 선택하는 것은 중요한 요소다.

70　정답 ③

동영상 광고의 길이를 무조건 1분 이상으로 설정할 필요는 없다. 오히려 짧고 강렬한 메시지가 더 효과적일 수 있다.

71　정답 ①

광고 예산이 모두 소진되면 더 이상 광고가 게재되지 않는다.

72
정답 ④

게재지면을 설정하지 않는다고 해서 광고가 모든 채널에 자동으로 노출되지 않는다. 광고주는 원하는 채널과 디바이스를 선택해야 하며, 기본적으로 설정된 채널에 따라서만 광고가 노출된다.

73
정답 ③

행동 기반 타기팅은 특정 사용자의 행동을 분석하여 맞춤형 광고를 제공하는 방식이다. 따라서 광고가 무작위로 모든 사용자에게 노출되지 않는다.

74
정답 ①

비디오 리마케팅 목록에서 설정할 수 있는 초기 목록 기간은 최소 7일이다. 이 목록 기간은 사용자가 특정 비디오를 시청한 후 다시 광고를 노출할 수 있는 기간을 의미한다.

75
정답 ②

밴드에서는 공개 그룹뿐만 아니라 비공개 그룹도 생성할 수 있다. 따라서 모든 사용자에게 공개된 그룹만 존재한다는 설명은 옳지 않다.

76
정답 ③

네이버 밴드의 광고상품에서 일반적으로 사용되는 과금 방식은 클릭당 과금(CPC), 노출당 과금(CPM), 전환당 과금(CPT) 등이다.

77
정답 ③

알림광고는 사용자 그룹의 특성에 따라 맞춤형 메시지를 보내는 것이 효과적이다.

78
정답 ②

풀스크린 광고는 전체 화면으로 노출되기 때문에 사용자가 광고 시청 후 다른 콘텐츠로 쉽게 이동하기 어렵다.

79
정답 ③

틱톡 광고를 효과적으로 활용하기 위해서는 광고 예산을 상황에 맞게 설정하고, 필요에 따라 조정하는 것이 중요하다.

80
정답 ③

엑스에서 광고 캠페인을 운영할 때는 광고 예산을 상황에 맞게 설정하고 필요에 따라 조정해야 한다. 무조건 최소화하는 것이 항상 효과적이지 않을 수 있다.

SOCIAL NETWORK #

시험 직전까지 확인하는
핵심 키워드

CHAPTER 01

SNS의 이해

▶▶▶▶▶

1. 소셜미디어의 이해

핵심 키워드 | 매스미디어, 소셜미디어, Web 2.0, 공유, 참여, 개방, 시맨틱 웹, 도달률, 접근성, 유용성, 신속성, 영속성

(1) 매스미디어(Mass Media)

① 개념 : 대량의 정보를 불특정 다수에게 전달하는 매개체

② 특징 : 일방향 정보 전달(One-way communication), 기업/정부 중심 운영, 정보 수정 어려움

③ 범위 확장 : 기존 신문, 잡지, 라디오, TV → 디지털 매체(유튜브, 넷플릭스, 포털 사이트, 팟캐스트 등)

④ AI 도입 : 콘텐츠 추천 시스템, 개인화된 미디어 경험

(2) 소셜미디어(Social Media)

① 정의 및 개념 발전

ㄱ 소셜미디어(SNS 포함) → 온라인 플랫폼에서 사용자 간 정보 생성 · 공유 · 소통 · 협력 가능

ㄴ 1997년 티나 샤키(Tina Sharkey) → 소셜미디어 개념 도입

ㄷ 2004년 크리스 쉬플리(Chris Shipley) → '소셜미디어 비즈니스' 발표

② 주요 정의

ㄱ 위키피디아 : 웹과 모바일 기반의 개방형 온라인 커뮤니티

ㄴ 샤프코 & 브레이크 : 대화형 미디어(문서, 이미지, 동영상 공유 가능)

ㄷ 존 블로섬 : 측정 가능하고 접근 가능한 커뮤니케이션 기술

③ 기술적 발전

ㄱ Web 3.0+AI+블록체인 → 개인화 서비스 강화, 실시간 정보 공유, 콘텐츠 추천 최적화

ㄴ 주요 유형 : 블로그, 위키, 팟캐스트, 유튜브, 틱톡, 가상 커뮤니티, 북마크 서비스

(3) 소셜미디어의 특징

① 참여(Participation) : 사용자 직접 콘텐츠 생성(UGC) & 공유

② 공개(Openness) : 개방적이지만 일부 제한적 접근 가능

③ 대화(Conversation) : 실시간 양방향 소통(댓글, DM, 라이브 방송)

④ 커뮤니티(Community) : 해시태그 · 그룹 · 페이지를 통한 네트워크 형성

⑤ 연결(Connectivity) : 콘텐츠 간 연결(유튜브 → X 공유 등), 태그 · 링크 활용

(4) 웹 기술과 소셜미디어

① Web 1.0(정적 웹)
  ㉠ HTML 기반, 일방향 정보 제공, 사용자 참여 제한적
  ㉡ 초기 포털 사이트(다음, 네이버, 구글 등)

② Web 2.0(참여형 웹)
  ㉠ 2004년 팀 오라일리(Tim O'Reilly) → 개념 제시
  ㉡ 사용자 참여 · 정보 공유 강조(블로그, SNS, 위키)
  ㉢ 대표 서비스 : 페이스북, X, 유튜브, 블로그

③ Web 3.0(지능형 웹)
  ㉠ AI+시맨틱 웹 → 맞춤형 정보 제공, 블록체인 활용, NFT · 메타버스와 연계
  ㉡ 개인화된 콘텐츠 제공 강화(틱톡, 넷플릭스 추천 시스템 등)

(5) 매스미디어vs소셜미디어 차이점

구분	매스미디어(Mass Media)	소셜미디어(Social Media)
도달률 (Reach)	전통적인 대중매체(TV, 신문, 라디오)로 광범위한 대중에게 도달 가능하지만, 물리적 · 지역적 한계 존재	인터넷 기반으로 글로벌 도달 가능, 특정 타깃층을 정밀하게 설정할 수 있음(SNS 광고, 검색 최적화)
접근성 (Accessibility)	신문 · TV · 라디오 등의 구독 · 시청료가 필요하며, 일부 정보는 제한됨	누구나 무료로 접근 가능, 인터넷과 스마트폰만 있으면 언제 어디서나 사용 가능
유용성 (Utility)	신뢰성 있는 정보 제공, 공식적이고 검증된 콘텐츠 중심	실시간 정보 공유, 개인 맞춤형 콘텐츠 제공(AI 추천 시스템, 알고리즘 활용)
신속성 (Speed)	정보 생산 · 편집 · 배포까지 시간이 걸림(방송 · 출판 과정 필요)	실시간 뉴스, 댓글 · 공유를 통한 빠른 확산, 즉각적인 사용자 반응 가능
영속성 (Permanence)	출판된 신문 · 방송 등은 기록으로 보관되나, 일반인이 콘텐츠 수정 · 삭제 불가	게시물 수정 · 삭제가 용이하며, 필요에 따라 콘텐츠 보존 또는 삭제 가능

2. 소셜미디어의 발전 과정과 역사

핵심 키워드 소셜네트워킹(Social Networking), 소셜협업(Collaboration), 소셜퍼블리싱(Publishing), 소셜공유(Sharing), 소셜토론(Discussion), 소셜대화(Messaging), SNS(Social Network Service)

(1) 소셜미디어의 시작과 초기 형태

① 소셜미디어 등장 배경 : 디지털 기술 발전+네트워크 확장 → 상호작용 중심 커뮤니케이션
② 기술적 기반 : 컴퓨터, 스마트폰, 콘텐츠 제작 소프트웨어, 5G(고속 인터넷)
③ 소셜미디어 정의 : 사용자가 정보 · 경험 · 의견을 공유하는 온라인 플랫폼
④ 초기 주요 플랫폼 유형
  ㉠ 블로그(Blogs) : 개인 정보 제공(예 워드프레스)
  ㉡ SNS(Social Networks) : 관계 형성(예 페이스북, 마이스페이스)

ⓒ 메시지 보드(Message Boards) : 주제별 토론 공간(ⓔ 레딧)

ⓔ 팟캐스트(Podcasts) : 오디오 기반 콘텐츠 전달

ⓜ 위키(Wikis) : 집단 지성 정보 구축(ⓔ 위키피디아)

ⓗ 비디오 블로그(Vlog) : 비디오 중심 플랫폼(ⓔ 유튜브)

⑤ **현재 발전 방향** : 스트리밍 서비스, 숏폼 콘텐츠(틱톡), 메타버스, AI 생성 콘텐츠

(2) 소셜미디어의 유형 구분

① 소셜미디어 생태계(Ecosystem)

ⓐ 다양한 플랫폼 구성 : 블로그, 위키, 팟캐스트, 비디오캐스트, 모바일 블로그, 인터넷 통화 서비스

② 일반적 소셜미디어 유형

ⓐ 블로그(Blogs) : 개인/그룹 의견 및 정보 공유

ⓑ SNS(Social Networks) : 사용자 간 네트워크 형성(페이스북, 링크드인)

ⓒ 위키(Wikis) : 집단 협업 정보 구축(위키피디아)

ⓓ UCC(User-Created Content) : 사용자가 직접 제작(유튜브)

ⓔ 마이크로블로그(Microblogs) : 짧은 글 콘텐츠(X)

③ Web 2.0 기반 플랫폼 유형

ⓐ 소셜 네트워킹(Social Networking) : 사용자 프로필 기반(인스타그램)

ⓑ 소셜 협업(Collaboration) : 협업 도구(슬랙, 트렐로)

ⓒ 소셜 퍼블리싱(Publishing) : 콘텐츠 발행(미디엄)

ⓓ 소셜 공유(Sharing) : 콘텐츠 공유 중심(핀터레스트)

ⓔ 소셜 토론(Discussion) : 토론 및 정보 교환(레딧)

ⓗ 소셜 대화(Messaging) : 실시간 커뮤니케이션(왓츠앱, 디스코드)

(3) SNS(Social Network Service)의 발전

① SNS의 정의와 중요성

ⓐ SNS : 소셜미디어 중 가장 큰 영역 → 개인 · 브랜드 간 소통, 정보 확산, 사회적 연결망 형성

ⓑ 보이드 & 엘리슨(2007) : 개인 프로필+관계 형성+친구 리스트 확인

ⓒ 트로티에 & 훅스(2014) : 미디어 · 정보 · 커뮤니케이션 기술 통합, 관계 형성 가능

ⓓ 공통 특징 : 개인 프로필 기반 소셜미디어 플랫폼

② SNS 발전 과정

ⓐ 1995년 : Classmates.com(SNS 시초) → 국내 '아이러브스쿨' 벤치마킹

ⓑ 2003년 : 마이스페이스(MySpace) 등장 → SNS 확산 본격화

ⓒ 2004년 : 페이스북(Facebook) 출시 → 글로벌 네트워크 형성

ⓓ 2006년 : 트위터(Twitter, 현재 X) 출시 → 실시간 소셜미디어 트렌드 형성

3. 소셜미디어 마케팅과 소셜미디어 최적화

(1) 소셜미디어 마케팅(SMM ; Social Media Marketing)의 정의
① 소셜미디어 플랫폼과 웹사이트를 사용해 제품이나 서비스를 제고하는 것으로 소셜미디어를 활용한 마케팅 기법
② SNS 마케팅은 소셜미디어 중 사용자 간의 관계를 형성할 수 있는 소셜네트워크서비스(Social Network Service)를 활용해 고객과 소통하는 마케팅 전략

(2) 소셜미디어 마케팅(SMM) 영역
① SMM(Social Media Management) 마케팅 : 유기적 도달(광고를 통해서가 아니라 플랫폼에 드나들며 활동하는 사람들의 행동과 결과에 의해 게시물을 본 사람의 수)
② 광고 마케팅(Paid Ads) : 광고 도달(광고 집행을 통해 게시물을 본 사람의 수)

(3) 소셜미디어 중심의 구매 행동
① 일본 광고회사 덴츠(Dentsu)가 2005년 제창한 AISAS 모델을 비롯하여 ASRAUV, AISCEAS 모델 등이 제안됨
② AISAS : Attention – Interest – Search – Action – Share
③ ASRAUV : Attention – Search – Reference – Action – Use – Viral
④ AISCEAS : Attention – Interest – Search – Comparison – Examination – Action – Share

(4) 소셜미디어 마케팅 대표 유형
① 콘텐츠 마케팅(Content Marketing) : 다양한 콘텐츠를 활용해 브랜드, 상품, 서비스 등에 대한 고객의 관심과 행동 변화를 유도하는 활동
② 해시태그 마케팅(Hashtag Marketing) : 엑스(X), 페이스북, 인스타그램, 틱톡 등에서 사용
③ 챌린지 마케팅(Challenge Marketing) : 틱톡이 대표적임. 숏폼 형태의 콘텐츠 소비, 밈(Meme) 부각
④ 인플루언서 마케팅(Influencer Marketing) : 소셜미디어에서 영향력을 행사하는 인플루언서의 입을 빌려 브랜드나 상품을 소비자에게 소개하고 공유하는 마케팅 방식

(5) 소셜미디어 최적화(SMO ; Social Media Optimization)
① 소셜미디어 플랫폼에서 콘텐츠의 유기적 트래픽 유입을 최적화하는 마케팅 기법
② 소셜미디어가 가지고 있는 공유와 사교 기능을 잘 사용해 커뮤니티로의 공헌을 통해 채널의 힘과 영향력을 높이고, 사용자 간 정보 공유 기능을 통해 자신이 제공할 정보를 더 많은 사람에게 전달하려고 하는 시도

(6) 랜딩페이지 최적화(LPO ; Landing Page Optimization)

① 랜딩페이지는 방문자가 원하는 정보를 빠르게 제공하고, 이탈률을 줄이며 전환율(Conversion Rate)을 높이는 것이 목표

② 랜딩페이지를 최적화하는 9가지 핵심 방법
- ㉠ 명확한 목표 설정(Clear Objective)
- ㉡ 강력한 헤드라인과 서브헤드라인(Compelling Headline & Subheadline)
- ㉢ 간결한 콘텐츠와 핵심 정보 제공(Concise & Relevant Content)
- ㉣ 눈길을 끄는 CTA(Call-To-Action) 버튼 최적화
- ㉤ 빠른 로딩 속도 최적화(Fast Loading Speed)
- ㉥ 모바일 최적화(Mobile Optimization)
- ㉦ 신뢰 요소 강화(Trust Signals & Social Proof)
- ㉧ A/B 테스트 실행(A/B Testing & Performance Optimization)
- ㉨ 분석 및 지속적인 최적화(Analytics & Continuous Optimization)

(7) 소셜미디어 마케팅 성과 관련 용어 정리

용어(Korean)	용어(English)	설명(Definition)
도달률	Reach	콘텐츠가 유저들에게 노출된 총 수치
노출수	Impressions	콘텐츠가 화면에 표시된 총 횟수(중복 포함)
참여율	Engagement Rate	좋아요, 댓글, 공유, 클릭 등의 총합을 도달한 사용자 수로 나눈 비율
클릭률	Click-Through Rate(CTR)	링크 클릭 수를 노출 수로 나눈 비율(%)
전환율	Conversion Rate	클릭한 사용자 중 실제로 목표 행동(구매, 가입 등)을 한 비율
이탈률	Bounce Rate	특정 페이지 방문 후 바로 이탈한 사용자의 비율
유지율	Retention Rate	특정 기간 후에도 브랜드와 상호작용하는 사용자 비율
공유수	Shares	콘텐츠가 공유된 횟수
댓글수	Comments	콘텐츠에 달린 댓글 수
좋아요수	Likes	콘텐츠에 대한 좋아요 수
브랜드 언급량	Brand Mentions	특정 브랜드가 태그되거나 언급된 횟수
사용자 생성 콘텐츠	User-Generated Content(UGC)	유저가 직접 제작하여 올린 콘텐츠(리뷰, 해시태그 포함)
해시태그 성과	Hashtag Performance	특정 해시태그를 포함한 콘텐츠의 도달률과 참여도
고객 획득 비용	Customer Acquisition Cost(CAC)	한 명의 고객을 획득하는 데 드는 평균 비용
고객 생애 가치	Customer Lifetime Value(CLV)	한 명의 고객이 브랜드에서 소비하는 총 예상 가치
광고 비용 대비 성과	Return on Ad Spend(ROAS)	광고비 대비 매출액(광고 성과 측정)
바이럴 효과	Virality	콘텐츠가 빠르게 확산되는 정도(공유, 조회수 상승 등)
인플루언서 마케팅 효과	Influencer Marketing Effectiveness	인플루언서를 활용한 마케팅 캠페인의 성과 분석

4. 소셜미디어 사용 현황과 유형

(1) 소셜미디어 현황

① 전 세계 소셜미디어 이용자 : 약 44억 명(전 세계 인구 55%)

② 소셜미디어 사용자 증가 : 아시아, 아프리카 지역에서 급성장

③ 주요 플랫폼(MAU 10억 명 이상) : 페이스북, 유튜브, 왓츠앱, 인스타그램, 위챗

④ 메타(Meta) 보유 플랫폼 : 페이스북, 인스타그램, 왓츠앱, 페이스북 메신저

(2) 소셜미디어 활용

① 기업 활용 : 브랜드 홍보, 고객 커뮤니케이션

② 조직 활용 : 기업, 정부, 개인 → 공공서비스, 시민 소통

③ 플랫폼별 마케팅 특성

④ 부정적 영향 : 가짜 뉴스, 부정적 피드백 확산 → 신속 대응 필요

(3) 소셜미디어 대응 프로세스

① 감정(Assessment) : 긍정/부정 언급 판단

② 평가 (Evaluation) : 정보 오류, 고객 불만 등 유형 구분

③ 대응(Response) : 신속한 사실 공개, 대응 전략

(4) 글로벌 주요 소셜미디어 플랫폼

플랫폼	설립 연도	창립자	주요 특징	월간 활성 사용자 (MAU)	주요 인수 및 변화
페이스북 (Facebook)	2004년	마크 저커버그 (Mark Zuckerberg)	세계 최대 SNS, 텍스트 · 이미지 · 영상 공유, 친구 맺기	30억 명 이상	2012년 인스타그램 인수, 2014년 왓츠앱 인수, 2021년 '메타(Meta)'로 브랜드 변경
인스타그램 (Instagram)	2010년	케빈 시스트롬(Kevin Systrom), 마이크 크리거 (Mike Krieger)	사진 · 비디오 중심, 스토리 · 릴스 기능 제공	20억 명 이상	2012년 페이스북(현 메타)이 인수
유튜브 (YouTube)	2005년	채드 헐리(Chad Hurley), 스티브 천(Steve Chen), 자베드 카림(Jawed Karim)	동영상 스트리밍 · 공유, 유튜브 쇼츠(숏폼) 지원	25억 명 이상	2006년 구글(Google)이 인수
왓츠앱 (WhatsApp)	2009년	브라이언 액튼(Brian Acton), 얀 쿰(Jan Koum)	무료 인스턴트 메시징 서비스, 종단간 암호화 제공	20억 명 이상	2014년 페이스북(현 메타)이 인수
엑스(X) [구 트위터]	2006년	잭 도시(Jack Dorsey), 노아 글래스(Noah Glass) 등	140자 제한(일부 280자), 실시간 뉴스 · 토론 중심	5억 명 이상	2022년 일론 머스크(Elon Musk) 인수 → 2023년 '엑스 (X)'로 브랜드 변경

플랫폼	설립 연도	창립자	주요 특징	월간 활성 사용자 (MAU)	주요 인수 및 변화
틱톡 (TikTok)	2016년	바이트댄스(Byte Dance)	숏폼 영상 공유, AI 추천 시스템 적용	15억 명 이상	중국 내 '더우인(抖音)' 서비스 운영
위챗 (WeChat)	2011년	텐센트(Tencent)	중국 최대 메시징 · 결제 서비스, SNS 기능 포함	13억 명 이상	중국 내 필수 앱, QR코드 결제 지원
페이스북 메신저 (Facebook Messenger)	2011년	페이스북(현 메타)	페이스북 채팅 독립 앱, 메시지 · 음성 · 영상 통화 기능	10억 명 이상	2015년 타이젠(Tizen) 버전 출시
스레드 (Threads)	2023년	메타(Meta)	X 유사 마이크로블로그, 인스타그램 연동 필수	1억 명 이상	출시 하루 만에 1억 명 돌파

(5) 국내 주요 소셜미디어 플랫폼

플랫폼	설립 연도	운영사	주요 특징	월간 활성 사용자 (MAU)	주요 서비스와 변화
카카오톡 (KakaoTalk)	2010년	카카오 (Kakao)	대한민국 대표 메신저, 무료 문자 · 음성 · 영상 통화 지원	5,000만 명 이상	카카오페이, 카카오T(모빌리티), 선물하기, 카카오톡 쇼핑 등 확장
네이버 밴드 (Naver Band)	2012년	네이버 (Naver)	폐쇄형 그룹 기반 SNS, 모임 · 커뮤니티 중심	3,500만 다운로드 이상	2015년 공개형 밴드 도입, 2021년 소모임 밴드 출시

SNS 광고 마케팅

▶▶▶▶▶

1. 메타(Meta)

> **핵심 키워드**
>
> 메타, 메타버스, Meta Business Suite, Shop, 카탈로그, 페이스북 페이지, 인스타그램 비즈니스 계정, 광고 관리자, 광고 목표, 핵심타기팅, 맞춤타기팅, 유사타기팅, CBO, 자산 최적화, 노출 위치, 광고 형식, 스토리, 슬라이드, 컬렉션, 인스턴트 경험, 브랜디드 콘텐츠, 다이내믹 광고, 크리에이티브 전략, 성과 측정

(1) 메타

① 메타는 가상현실(VR)과 증강현실(AR)을 포함한 메타버스 개발에 대한 비전을 강조하기 위해 사명을 2021년에 메타로 변경함

② 메타버스(Metaverse) : 메타버스(Metaverse)는 현실 세계와 가상 세계가 융합된 공간을 의미. 사용자들이 가상 환경에서 상호작용하고, 소통하며, 다양한 활동을 할 수 있는 디지털 세계를 뜻함

③ 메타 비즈니스 스위트(Meta Business Suite) : 페이스북(현재 메타)의 다양한 비즈니스 도구를 통합한 플랫폼이며, 이 도구는 기업과 브랜드가 소셜미디어를 효과적으로 관리하고 마케팅 전략을 수립하는 데 도움을 줌

④ 주요 특징

ㄱ 통합 관리 : 페이스북과 인스타그램 계정을 한 곳에서 관리할 수 있어 효율적임

ㄴ 게시물 일정 관리 : 게시물을 미리 작성하고 예약할 수 있는 기능을 제공함

ㄷ 분석 도구 : 성과 분석 및 통계 기능을 통해 캠페인의 효과를 측정하고 개선함

ㄹ 메시지 관리 : 고객과의 소통을 위한 메시지를 통합하여 관리할 수 있음

ㅁ 광고 관리 : 광고 캠페인을 설정하고 모니터링하는 기능이 포함되어 있음

⑤ 페이스북, 인스타그램, 왓츠앱 등에서의 비즈니스와 관련된 활동을 관리할 수 있는 도구

⑥ 메타 비즈니스 스위트를 사용하기 위해서 가장 먼저 해야 할 일은 비즈니스용 페이스북 페이지를 만들기

⑦ 주요 기능

ㄱ 오버뷰(Overview)

ㄴ 여러 플랫폼에 걸쳐 게시하기

ㄷ 받은 메시지함 관리하기

ㄹ 광고 만들기

ㅁ 인사이트 및 트렌드 추적하기

ㅂ 광고 관리자, 상거래 관리자, 비즈니스 설정 등과 같은 메타의 도구 이용

⑧ 메타 비즈니스 스위트를 선택해야 하는 이유

ㄱ 두 개 이상의 광고 계정이 필요한 경우 : 별도의 광고 계정을 만들고 다른 결제 수단으로 광고에 대한 비용을 지불하며 목표별로 보고서를 관리

ㄴ 페이지나 광고 계정에 대한 액세스 권한을 요청해야 하는 경우 : 페이지와 광고 계정에 분석자나 광고주 역할로 액세스할 수 있는 권한 요청

ㄷ 협업하는 많은 사람에게 권한을 할당해야 하는 경우 : 비즈니스가 관리하는 광고 계정, 페이지 및 기타 자산에 대해 역할별로 특정한 액세스 권한을 허용할 수 있으며, 각 작업 진행 상황을 간편하게 확인

ㄹ 비즈니스 수준의 인사이트 및 보고서가 필요한 경우 : 다양한 광고 계정 전반에 걸쳐 광고 성과를 확인하고, 비즈니스가 관리하는 자산과 사람들에 대한 보고서 작성

(2) 메타 제공 도구

① 메타 비즈니스 스위트 : 페이스북과 인스타그램 계정을 통합하여 관리하고 게시물 예약, 분석, 메시지 관리 등의 기능을 제공

② 메타 애널리틱스 : 사용자 행동 및 캠페인 성과를 분석할 수 있는 도구로, 비즈니스에 대한 인사이트를 제공

③ 광고 관리 도구 : 광고 캠페인을 생성, 관리, 분석할 수 있는 플랫폼으로, 타기팅 및 성과 추적 기능을 포함

④ 크리에이터 스튜디오 : 콘텐츠 제작자와 브랜드가 비디오 및 게시물을 관리하고 수익을 추적할 수 있는 도구

⑤ 메타 픽셀 : 웹사이트에 설치하여 사용자 행동을 추적하고, 광고 효과를 분석하는 데 도움을 주는 도구

⑥ Whats App 비즈니스 : 기업이 고객과 소통할 수 있도록 지원하는 도구로, 자동 응답 및 메시지 관리 기능을 제공

(3) 상거래 관리자

① Shop : 페이스북 비즈니스 페이지와 인스타그램 비즈니스 계정에서 직접 상품을 찾아보고 구매 가능. 단 결제 기능은 일부 국가에서만 허용. 상품들의 카탈로그 업데이트 및 다른 쇼핑몰 및 파트너 플랫폼에서 이미 판매 중인 제품을 가져와 Shop을 만들 수도 있음

② 카탈로그 : 페이스북과 인스타그램에서 광고하거나 판매하려는 모든 상품에 대한 정보가 담긴 공간으로, 제품 (이커머스), 호텔, 항공편, 목적지, 주택 매물 리스트, 차량 등 다양한 유형의 인벤토리에 대해 카탈로그를 만들고 관리 가능

(4) 페이스북

① 비즈니스 마케팅을 준비하기 위해서는 페이스북 페이지를 먼저 준비하는 것이 필요

② 페이스북 페이지를 설정하는 데 필요한 사항 : 페이스북 개인 프로필, 카테고리, 비즈니스 관련 상세 정보, 달성하려는 목표, 인사이트, 활성 상태 유지

③ 페이스북 페이지 관리자 역할별 액세스 권한

이전 관리자 역할 구분	새로운 페이지 환경의 페이지 액세스 권한
관리자	전체 관리 권한의 페이스북 액세스 권한
편집자	부분적인 관리 권한의 페이스북 액세스 권한
댓글 관리자	메시지 답장, 커뮤니티 활동, 광고, 인사이트에 대한 작업 액세스 권한
광고주	광고, 인사이트에 대한 작업 액세스 권한
분석자	인사이트에 대한 작업 액세스 권한

④ 비즈니스 성장을 위한 팬 및 참여 늘리기 위한 전략
  ㉠ 고품질 콘텐츠 제공 : 유용하고 흥미로운 콘텐츠를 정기적으로 게시하여 팔로워의 관심을 끌고 참여를 유도. 이미지, 비디오, 블로그 포스트 등을 활용할 수 있음
  ㉡ 소통 강화 : 댓글 및 메시지에 빠르게 응답하고, 사용자와의 대화를 통해 신뢰를 쌓음. 질문을 던지거나 설문조사를 통해 참여를 유도할 수 있음
  ㉢ 이벤트 및 프로모션 : 특별 할인, 경품 행사, 이벤트 등을 통해 팬들의 참여를 유도하고, 새로운 팔로워를 확보
  ㉣ 협업 및 파트너십 : 다른 브랜드나 인플루언서와 협력하여 상호 홍보를 하고 새로운 잠재 고객에게 도달함
  ㉤ 타깃 광고 활용 : 메타의 광고 도구를 사용하여 특정 타깃 그룹에게 맞춤형 광고를 제공하고, 더 많은 사람에게 브랜드를 알림
  ㉥ 커뮤니티 구축 : 팬들이 의견을 나누고 소통할 수 있는 커뮤니티를 형성하여 충성도를 높임
⑤ 페이지 인사이트 활용
  ㉠ 팬 수가 100명 이상일 때 페이지 인사이트를 활용 추천
  ㉡ 페이지 인사이트는 페이지의 요약(페이지 좋아요, 게시물 도달, 스토리 도달, 추천, 게시물 참여, 응답률, 동영상, 페이지 팔로워, 주문 건수 등의 지표로 제시), 최근 페이지에서 홍보된 게시물(광고)의 성과, 최근 페이지에 게시된 일반 게시물 5개의 성과, 경쟁 페이지의 성과 비교 등의 지표 제시
⑥ 페이지 공개 및 팔로워 참여 늘리기
  ㉠ 비즈니스를 가장 잘 설명하는 카테고리를 선택. 페이지 설정에서 카테고리를 최대 3개까지 선택 가능
  ㉡ 실제 비즈니스를 하는 곳의 주소 추가하기
  ㉢ 페이지에 프로필 사진 및 커버 사진 추가하기
  ㉣ 웹사이트가 있다면 페이스북 페이지에 추가하기
  ㉤ 검색 결과에 해당 위치의 영업 시작 시간이 표시되도록 영업시간을 업데이트하기
  ㉥ 추천 기능 설정하기
  ㉦ 사람들에게 페이지 팔로우 유도하기
⑦ 페이스북 비즈니스 페이지 게시를 위한 아이디어
  ㉠ 행동 유도 버튼 활용하기
  ㉡ 대회나 경품 행사 주최하기
  ㉢ 추천 후기 공유하기
  ㉣ 새 소식 공지하기
  ㉤ 고객의 피드백 유도하기
  ㉥ 사람들에게 선택권 주기
  ㉦ 질문하기
  ㉧ 업계 소식 공유하기
  ㉨ 휴일 기념하기
  ㉩ 이벤트 만들기 또는 홍보하기
  ㉪ 구인 중인 경우 채용 게시물 올리기

ⓔ 비즈니스와 관련된 커뮤니티 그룹 생성 및 홍보하기

ⓟ 스토리 활용하기

ⓗ 개인적인 이야기 공유하기

⑧ 페이스북 페이지 품질 관리

　ⓐ 정기적인 콘텐츠 업데이트 : 일관성 있게 고품질의 콘텐츠를 게시하여 팔로워의 관심을 유지. 일정한 주기로 게시물을 올리는 것이 중요함

　ⓑ 사용자 피드백 수집 : 팔로워의 의견을 적극적으로 수렴하고, 댓글 및 메시지에 신속하게 응답하여 고객의 목소리를 반영

　ⓒ 분석 도구 활용 : 메타 애널리틱스와 같은 도구를 사용하여 페이지 성과를 분석하고, 어떤 콘텐츠가 효과적인지 파악하여 전략을 조정

　ⓓ 부정적인 댓글 관리 : 부정적인 피드백이나 댓글에 대해 신속하고 전문적인 대응을 하여 브랜드 이미지를 보호

　ⓔ 브랜드 일관성 유지 : 모든 게시물에서 브랜드의 톤과 스타일을 일관되게 유지하여 신뢰감을 형성

　ⓕ 커뮤니티 참여 유도 : 팔로워들이 의견을 나누고 서로 소통할 수 있는 환경을 조성하여 커뮤니티의 활성화를 도모

　ⓖ 콘텐츠 다양화 : 다양한 형식(비디오, 이미지, 글 등)의 콘텐츠를 활용하여 팔로워의 흥미를 유도하고 참여를 증가

　ⓗ 정기적인 품질 점검 : 페이지의 전반적인 품질을 정기적으로 점검하고, 필요시 개선 사항을 반영하여 페이지를 지속적으로 발전

⑨ 페이스북에서 허용되지 않는 콘텐츠 유형

　ⓐ 나체 이미지 또는 성적으로 선정적인 콘텐츠

　ⓑ 개인이나 그룹에 대한 혐오 발언, 폭력 행사 위협 또는 직접적인 공격

　ⓒ 자해 또는 과도한 폭력성이 포함된 콘텐츠

　ⓓ 허위 또는 사칭 프로필

　ⓔ 스팸

⑩ 페이스북 콘텐츠 수익화하기

구분	내용
인스트림 광고	• 동영상 전후 또는 중간에 짧은 광고를 포함하여 수익화 가능 • 인스트림 광고를 위한 기본 요건 　– 페이스북의 파트너 수익화 정책을 지속적으로 준수 　– 만 19세 이상 　– 인스트림 광고를 사용할 수 있는 국가 거주(우리나라 가능) • 주문형 동영상을 통한 수익 창출 자격 조건 　– 팔로워 1만 명 이상 　– 최근 60일간 달성한 시청 시간이 총 60만 분 이상 　– 페이지에서 5개 이상의 동영상 게시
팬 구독	• 충성도가 높은 팬이 특별 혜택을 받기 위해 매달 일정 금액을 결제 • 팬 구독 자격 요건 : 현재 팬 구독은 초대를 받은 사람만 이용

구분	내용
브랜디드 콘텐츠	• 크리에이터 또는 퍼블리셔가 비즈니스 파트너와 가치를 교환하기 위해 만든 콘텐츠 • 페이지 또는 프로필에 게시된 게시물의 브랜디드 콘텐츠는 페이스북의 브랜디드 콘텐츠 정책을 준수해야 하며, 롤 광고나 배너 광고와 같은 형식의 브랜디드 콘텐츠는 허용되지 않음

그룹에 유료 멤버십 추가	• 프리미엄 그룹의 구독 기능
	• 구독자 그룹의 기능
	  – 특별 액세스 권한 : 구독자들은 소규모 그룹에서 크리에이터와 교류하며 더 친밀한 소셜 경험 제공
	  – 피드백과 커뮤니티 구축 : 크리에이터는 정기적으로 열성적인 구독자들의 의견을 직접 듣고 교류 가능
	  – 커뮤니케이션과 정보 제공 : 구독자 그룹에게 새로운 콘텐츠와 출시 상품, 다가오는 이벤트 등의 정보 전달 가능

(5) 인스타그램

① 인스타그램 비즈니스 계정 만들기

  ㉠ 개인 프로필을 비즈니스 계정으로 전환하여 비즈니스에 필요한 기능 활용

  ㉡ 인스타그램 프로필 설정에서 프로페셔널 계정으로 전환 선택하고, 비즈니스 카테고리를 선택하면 됨. 여러 개의 계정을 관리하는 경우 다중 계정 로그인 설정을 통해 최대 5개까지만 보유, 관리

② 인스타그램 비즈니스 계정 전환 시

  ㉠ 계정을 비즈니스 계정으로 전환했다면 추후 계정을 비공개로 전환 불가

  ㉡ 인스타그램 계정과 연결된 페이스북 페이지에 인스타그램 게시물만 공유

  ㉢ 언제든지 비즈니스 계정을 개인 계정으로 되돌릴 수 있음

③ 인스타그램 비즈니스 계정의 이점

  ㉠ 비즈니스 계정이 있으면 인스타그램에서 비즈니스에 참여하고 있는 사람들을 파악하는 데 도움이 되는 인사이트 액세스

  ㉡ 성과를 추적하고, 프로페셔널 도구에 액세스하여 탐색하고, 인스타그램이 선별한 안내 정보를 살펴볼 수 있는 프로페셔널 대시보드 이용

  ㉢ 대화에 플래그를 지정하여 메시지를 쉽게 관리 가능

  ㉣ 비즈니스가 제품과 서비스를 홍보하고 판매할 수 있는 인스타그램 쇼핑과 광고 게재 가능

④ 인스타그램의 구성

  ㉠ 피드(Feed) : 사용자가 팔로우하는 계정의 게시물이 표시되는 공간으로 사진과 비디오가 순차적으로 나타남

  ㉡ 스토리(Story) : 24시간 동안만 표시되는 임시 콘텐츠로 사진이나 비디오를 슬라이드 형식으로 공유할 수 있음

  ㉢ 릴스(Reels) : 짧은 비디오 형식의 콘텐츠로 음악과 효과를 추가하여 창의적으로 편집할 수 있음. 인스타그램의 인기 있는 기능 중 하나임

  ㉣ IGTV : 긴 형식의 비디오 콘텐츠를 공유할 수 있는 공간으로 최대 60분까지의 비디오를 업로드할 수 있음

  ㉤ 탐색(Explore) : 사용자 맞춤형 콘텐츠를 발견할 수 있는 섹션으로 관심사에 맞는 게시물과 계정을 추천함

  ㉥ 메시지(DM) : 사용자 간의 개인 메시지를 주고받을 수 있는 기능으로 사진과 비디오도 공유할 수 있음

ⓐ 프로필(Profile) : 사용자의 계정 정보, 게시물, 스토리 하이라이트, 팔로워 및 팔로잉 목록이 표시되는 공간

ⓞ 쇼핑(Shopping) : 브랜드가 제품을 판매할 수 있는 기능으로, 게시물에 쇼핑 태그를 추가하여 사용자가 직접 구매할 수 있도록 함

⑤ 인스타그램에 게시할 콘텐츠에 관한 아이디어

　㉠ 다른 사람들과 비즈니스를 팔로우하여 아이디어 얻기

　㉡ 해시태그로 관련 콘텐츠를 찾고 사람들이 내 콘텐츠를 찾도록 유도하기

　㉢ 콘텐츠를 쉽게 사용할 수 있도록 저장하고 정리하기

⑥ 인스타그램 게시물을 만들기 위한 팁

　㉠ 고품질 이미지 사용 : 선명하고 매력적인 사진이나 비디오를 사용하여 시각적으로 시선을 끔

　㉡ 일관된 스타일 유지 : 브랜드의 색상, 폰트, 필터 등을 일관되게 사용하여 통일된 느낌을 줌

　㉢ 강렬한 캡션 작성 : 간단하고 명확한 메시지를 담은 캡션을 작성하고, 필요한 경우 해시태그를 추가하여 가시성을 높임

　㉣ 스토리텔링 활용 : 게시물에 스토리를 담아 감정적인 연결을 유도하고, 팔로워의 관심을 끌 수 있음

　㉤ 적절한 해시태그 사용 : 관련성 높은 해시태그를 사용하여 더 많은 사용자에게 도달할 수 있도록 함

　㉥ 게시 시간 고려 : 팔로워가 가장 활발하게 활동하는 시간을 파악하여 그 시간에 게시물을 올림

　ⓐ CTA(행동 유도 문구) 포함 : 팔로워가 댓글을 남기거나 공유하도록 유도하는 행동 유도 문구를 포함

　ⓞ 스토리 및 릴스 활용 : 다양한 형식의 콘텐츠(스토리, 릴스)로 팔로워와 소통하여 흥미를 유도

　ⓩ 상호작용 유도 : 질문을 던지거나 퀴즈를 통해 팔로워의 참여를 유도

　㋐ 정기적인 게시 : 일관되게 게시물을 올려 팔로워와의 관계를 유지하고, 브랜드 인지도를 높임

⑦ 인스타그램을 위한 크리에이티브 계획 만들기

　㉠ 시작하기 전에 계획 세우기

　㉡ 마케팅 목표를 사용하여 게시할 내용 파악하기

　㉢ 디자인, 보이스, 게시 일정을 일관성 있게 유지하기

⑧ 인스타그램에서 콘텐츠를 공유하는 3가지 방법

　㉠ 피드에 게시하여 비즈니스 소개하기

　㉡ 스토리를 사용하여 비즈니스의 친근한 모습을 보여주고 실시간으로 소통하기

　㉢ 라이브 방송을 통해 실시간으로 커뮤니티 구성원들과 소통하기

　※ 피드 게시물은 인스타그램 피드에 표시되고 삭제하거나 보관하지 않는 한 프로필 그리드에 유지되지만, 인스타그램 스토리와 라이브 방송은 인스타그램 피드 상단에 표시되고 24시간이 지나면 사라짐

⑨ 인스타그램 Shop 시작하기

　㉠ 상거래 관리자에서 Shop 설정

　㉡ 카탈로그에 상품 추가하기

⑩ 상거래 관리자에서 카탈로그에 상품을 추가하는 방법

　㉠ 수동 : 인벤토리가 작고 자주 변경되지 않을 때, 수동 양식을 사용하여 상품을 추가

　㉡ 데이터 피드 : 인벤토리가 클 때, 정기적으로 업로드가 필요할 때, 스프레드 시트 파일을 업로드해 일괄적으로 추가

© 픽셀 : 인벤토리가 크거나 자주 변경될 때, 인벤토리 유형은 제품에 한정, 웹사이트에서 자동으로 상품을 가져오고 업데이트

② 카탈로그 일괄 API를 사용하여 상품 추가하기 : 개발자가 카탈로그에 상품을 업로드할 수 있는 고급 방법

⑩ 파트너 플랫폼에서 상품 가져오기

⑭ Instagram에서 직접 상품 추가하기

(6) 카탈로그의 이점

① 상품 관리 정보의 추가 및 관리

② 카탈로그의 하위 그룹인 광고세트(광고용) 또는 컬렉션(shop용) 제작 가능

③ 권한을 할당해 다른 사람이나 파트너 비즈니스가 카탈로그에서 작업 가능

④ 언어 및 국가 정보 업로드를 통해 광고나 Shop에서 각 고객의 언어 또는 국가에 해당하는 상품 정보 및 가격 자동 표시

※ 카탈로그를 여러 개 만드는 것보다 모든 상품을 포함하는 하나의 카탈로그를 사용하는 것이 바람직

(7) 메타 메신저(Messenger)

① 메타 메신저 활용의 이점

㉠ 고객 확보

㉡ 거래 활성화

㉢ 브랜드 인지도 증대

㉣ 고객 관리

② 메타 메신저(Messenger) 시작하기

㉠ 계획하기 : 마케팅 전략에 메신저를 더하기 전에 먼저 비즈니스 목표와 타깃 정의

㉡ 만들기 : 메신저 사용에 대한 가장 좋은 접근 방식을 파악 후 설정

㉢ 도달하기 : 대화에 사람들을 참여 유도

㉣ 최적화하기 : 메신저의 성과를 평가하여 어떤 전략이 효과적인지 알아보고 고객과 대화를 통해 소통할 새로운 방법을 계속 모색(테스트–학습–반복)

(8) 왓츠앱(WhatsApp) 비즈니스 프로필 설정

① 왓츠앱 비즈니스 앱은 비즈니스를 운영하는 데 유용한 자동 인사말, 부재중 메시지, 빠른 답장 등과 같은 메시지 도구 활용 가능

② 왓츠앱 비즈니스 앱, 왓츠앱 비즈니스 API를 통해 프로필 설정

(9) 메타 오디언스 네트워크(Meta Audience Network)

① 페이스북 플랫폼뿐만 아니라 다른 앱과 모바일 웹사이트까지 확장할 수 있는 광고 네트워크

② 오디언스 네트워크 광고에는 페이스북 광고와 동일한 타기팅, 경매, 게재 및 성과 측정 시스템이 적용. 광고 집행 시 광고와 연결된 랜딩페이지가 페이스북 커뮤니티 규정을 준수해야 하듯이 오디언스 네트워크 퍼블리셔도 동일 기준 준수 책임

(10) 광고 관리자 기능

① 광고 만들기

② 타깃 설정하기

③ 광고 예산 설정 및 관리

④ 광고 노출 매체 결정

⑤ 캠페인 조정

⑥ 다이내믹 크리에이티브로 성과 개선

⑦ 성과 테스트 및 반영

⑧ 인사이트 파악

(11) 광고 만들기

① 광고 생성 수준 : 캠페인 – 광고세트 – 광고

수준	개요
캠페인	광고 목표 선택
광고세트	타깃 정의, 광고 노출 위치 선택, 예산 및 일정 설정
광고	광고 형식 선택 및 소재 게재

② 광고 캠페인 목표 설정

㉠ 비즈니스 목표 고려해 광고 목표 설정

㉡ 마케팅 목표 카테고리는 인지도, 관심 유도, 전환의 3가지

카테고리	광고 목표
인지도	브랜드 인지도(Brand Awareness), 도달(Reach)
관심유도	트래픽, 참여, 앱 설치, 동영상 조회, 잠재고객 확보, 메시지
전환	전환, 카탈로그 판매, 매장 유입

③ 광고 타기팅

구분	타기팅 내용
핵심타기팅	연령, 관심사, 지역(위치) 등의 기준에 따라
맞춤타기팅	• 단골 고객이나 앱 또는 웹사이트를 이용한 적이 있는 사람 등 이전에 비즈니스나 제품에 이미 관심을 보인 적이 있는 사람들에게 도달 • 고객리스트, 사이트 방문자, 앱 활동(Meta SDK 설치를 통해 재방문, 상품조회, 구매 등 앱 내 행동을 유도), 오프라인 활동
유사타기팅	• 이미 알고 있는 사람(우수 고객)을 기반으로 소스타깃을 만들어 유사한 관심사 및 특성을 가진 사람들에게 광고 노출 • 소스 선택 : 맞춤타깃, 모바일 앱 데이터, 페이지 팬 중에 선택. 맞춤타깃은 픽셀 데이터를 사용하여 만들지 않은 경우에만 소스로 사용 가능 • 유사타깃의 규모는 1~10까지의 척도로 설정. 1에 가까울수록 소스 타깃과 유사. 소스 크기는 1,000~50,000명이 적당

④ 맞춤타깃 설정 방법 및 유형

　　㉠ 광고 반응 타깃 : 이전까지 집행한 캠페인 중 클릭 및 전환을 실시한 사용자들을 대상으로 실시

　　㉡ 픽셀 & SDK : 웹의 경우 픽셀, 앱의 경우 SDK 설치를 통해 방문자 모수 확보 가능

　　㉢ 고객파일 : CSV 파일을 업로드하여 별도로 보유하고 있는 고객에게 광고 가능(ADID)

　　㉣ MAT(Mobile App Tracker) 타깃 : 광고주의 App에 방문 이력이 있는 사용자. 모바일 APP를 보유한 광고
　　　　주는 MAT을 통해 직접 수집한 고객을 기준으로 리타기팅을 진행

　　㉤ 유사타깃 : 사용자 및 고객파일을 기반으로 하는 비슷한 타깃

⑤ 맞춤타깃 및 분석

　　㉠ 앱 이벤트(앱과 상호작용하는 방식, 장바구니 추가, 구매, 저장하기 등) 정보를 통해 맞춤타깃을 만들어 특정
　　　　사람들에게 타기팅 가능

　　㉡ Facebook SDK를 통해 이벤트를 받아볼 수 있도록 앱 설정

　　㉢ 웹사이트 맞춤타깃은 페이스북 픽셀

⑥ 광고 구매 유형

　　㉠ 경매 구매 : 기본 구매 옵션. RTB(Real Time Bidding)로 진행

　　㉡ 도달 및 빈도 : 타깃 기반으로 고정 CPM으로 지불하는 것으로 금액 예측이 가능

　　㉢ TRP(타깃 시청률) 구매 : TV 캠페인 기획에 익숙한 광고주가 페이스북과 인스타그램에서 닐슨(Nielsen)
　　　　인증 TRP(Target Rating Points, 타깃 시청률)를 사용하여 동영상 캠페인을 계획하고 구매하는 것

⑦ 경매에 영향을 미치는 요인

　　㉠ 입찰가 : 광고주가 원하는 결과를 달성하기 위해 지불할 의향이 있는 금액

　　㉡ 추산 행동률 : 특정 사람이 특정 광고에 반응을 보이거나 특정 광고로부터 전환하는 행동의 추정치(타깃에
　　　　게 광고를 노출해 광고주가 원하는 결과를 유도할 수 있는 가능성)

　　㉢ 광고 품질 : 광고를 보거나 숨기는 사람들의 피드백이나 품질을 떨어뜨리는 속성(예 의도적인 정보 숨김,
　　　　자극적인 표현, 참여 유도를 위한 낚시성 콘텐츠) 등 다양한 요소를 평가하여 측정

⑧ 도달 및 빈도 구매 용어

　　㉠ 도달 : 전체 캠페인 동안 광고를 최소 한 번 이상 본 사람들의 수

　　㉡ 빈도 : 노출 수÷도달 수. 한 사람이 광고를 본 평균 횟수

　　㉢ 빈도 한도 : 일정 기간 한 사람에게 광고가 표시되는 최대 횟수

　　㉣ CPM : 1,000회 노출당 평균 비용. 광고 캠페인의 비용 효율을 측정하기 위해 사용하는 일반적인 지표

⑨ 광고 품질 개선 방법

　　㉠ 광고 품질을 개선하기 위해서는 광고와 랜딩페이지가 관련성 있고 타깃 대상에 유용한지를 확인

　　㉡ 랜딩페이지를 비롯한 클릭 후 경험 및 광고의 저품질 특성을 사용하지 않는 것이 좋음

⑩ 도달 및 빈도 구매의 광고 게재 방식

　　㉠ 리타기팅 : 광고에 반응한 타깃에게 다시 광고를 게재하는 것 예 광고 1을 보거나 특정한 방식으로 해당 광
　　　　고에 참여한 사람들에게만 광고 2가 게재

　　㉡ 광고 순서(Ad Sequencing) 지정 : 특정한 순서에 맞춰 표시되는 광고를 통해 사람들에게 메시지 전달 예 광
　　　　고 1을 게재한 후 광고 2가 게재되도록 설정

　　㉢ 광고예약 : 하루 중에 특정 시간에 광고가 게재되도록 예약할 수 있음

⑪ 캠페인 예산 최적화(CBO ; Campaign Budget Optimization)
  ㉠ 캠페인 예산 최적화(CBO)는 메타(페이스북) 광고에서 제공하는 기능으로 광고 캠페인의 전체 예산을 자동으로 분배하여 최적의 성과를 추구하는 방법
  ㉡ 광고 세트 전반의 캠페인 예산을 자동으로 관리해 캠페인 성과 극대화
  ㉢ 통합 캠페인 예산을 설정하고 캠페인 동안 가장 효과적인 광고 세트에 실시간으로 계속 예산 분배

⑫ 광고 게재 위치
  ㉠ 페이스북, 인스타그램, 메신저, 오디언스 네트워크 중에서 선택하거나 모두 선택 가능
  ㉡ 메타 : 피드, 스토리, 인스트림, 검색, 메시지
  ㉢ 외부 앱 : 오디언스 네트워크 네이티브, 배너 및 전면 광고, Audience Network 보상형 동영상

⑬ 광고 형식
  ㉠ 단일 이미지(사진)
  ㉡ 슬라이드 : 하나의 광고에 최대 10개의 이미지 또는 동영상을 나타내고 슬라이드마다 링크를 포함
  ㉢ 컬렉션 : 커버 이미지 또는 동영상과 그 뒤에 표시되는 3개 제품 이미지로 구성(제품이 4개 이상 포함된 카탈로그가 있는 경우에 사용)
  ㉣ 인스턴트 경험 : 캔버스 광고의 새로운 이름. 광고를 누르면 열리는 기능을 포함
  ㉤ 동영상
  ㉥ 스토리 광고 : 전체 화면 이미지, 동영상 또는 슬라이드 광고, 일반 스토리와 달리 24시간 후에도 사라지지 않음
  ㉦ 브랜디드 콘텐츠 : 크리에이터/퍼블리셔가 후원을 받고 비즈니스 파트너를 소재로 하거나 비즈니스 파트너로부터 영향을 받은 내용을 담아 제작한 콘텐츠

⑭ 메타에서의 이미지 광고
  ㉠ 가장 광범위하게 활용할 수 있는 형식 중 하나로 고품질의 시각적 요소 활용
  ㉡ 다양한 노출위치에 권장되는 화면 비율을 사용
  ㉢ 제품이나 서비스, 브랜드를 이미지 내에 노출해 메시지를 효율적으로 전달하는 것이 좋음
  ㉣ 최소 픽셀 크기의 요구사항을 확인해서 광고가 흐려지지 않도록 광고 이미지에 포함되는 텍스트의 비율은 20% 미만을 권장

⑮ 동영상 광고 제작 팁
  ㉠ 동영상 짧게 만들기 : 15초 이하로 제작하면 끝까지 시청할 가능성이 커짐
  ㉡ 제품 또는 브랜드 메시지를 동영상 초반에 드러내야 함
  ㉢ 빠르게 시선 사로잡기 : 처음 3초 이내에 제품 또는 비즈니스 메시지를 드러내 사람들이 보고 기억할 수 있도록 하는 것이 좋음
  ㉣ 소리 없이도 이해할 수 있는 광고 만들기 : 사람들은 소리를 끈 상태로 동영상을 시청하는 경우가 많아서 소리 없이도 이해할 수 있는 광고를 만드는 것이 좋음
  ㉤ 동영상 광고 품질 최적화 사항 확인하기

⑯ 자산 최적화 : 광고 노출 위치마다 광고 형식의 요구사항이 다르므로 각 노출 위치에 맞게 자산을 최적화하는 것이 바람직함. 각 노출위치별로 맞춤 자산을 만들 수 없는 경우 광고 관리자에서 맞춤화 가능

⑰ 광고 소재 사용 전략

　　㉠ 피드 노출 : 이미지의 경우 정사각형 1:1 비율, 동영상의 경우 세로 방향 4:5 비율 사용

　　㉡ 스토리 노출 : 9:16 비율(세로형)을 사용해 전체화면 활용

　　㉢ 동영상 슬라이드 : 정사각형 1:1 비율을 권장, 슬라이드의 모든 동영상에 일관성 있는 비율을 사용하는 것이
　　　　좋음

　　㉣ 인스트림 동영상 : 광고가 포함된 동영상이 모두 표시되도록 가로 방향 16:9 비율 사용

　　㉤ 오디언스 네트워크 노출 위치 : 세로 방향 9:16 비율의 이미지 및 동영상 사용

　　㉥ 인스타그램 Shop : 정사각형 1:1 비율 사용

　　㉦ 페이스북 칼럼 및 메신저, 아티클 : 1.91:1 비율의 이미지 및 동영상

⑱ 다이내믹 광고

　　㉠ 웹사이트나 앱 또는 인터넷에서 관심을 보인 사람들에게 자동으로 적절한 제품을 표시

　　㉡ 다이내믹 광고 게재에 필요한 사항 : 페이스북 픽셀 또는 SDK, 비즈니스 관리자 계정, 제품 카탈로그

　　㉢ 다이내믹 광고에서 제공하는 카탈로그 업종 : 여행, 자동차, 부동산

⑲ 다이내믹 광고 게재를 위한 이벤트 설정

　　㉠ 이벤트는 웹사이트에서 발생하는 행동

　　㉡ 제품용 다이내믹 광고를 게재하려면 픽셀이 ViewContent(누군가가 카탈로그의 제품을 조회한 경우), Add
　　　　To Cart(누군가가 카탈로그의 제품을 웹사이트의 장바구니에 추가한 경우), Purchase(누군가가 카탈로그
　　　　의 제품을 웹사이트에서 구매한 경우)의 표준 이벤트를 포함해야 함

⑳ 메타 최적화 도구

　　㉠ DCO(Dynamic Creative Optimization) : 여러 타깃을 대상으로 어떤 크리에이티브가 가장 효과적인지를
　　　　테스트하여 최적화를 가능케 하는 메타 비즈니스 솔루션 기능 중 하나

　　㉡ DLO(Dynamic Language Optimization) : 모든 노출 위치에 자동번역 솔루션

㉑ 메타의 광고 성과 측정 도구

　　㉠ 페이스북 픽셀 : 웹사이트에 설치하여 광고 성과를 측정하고 최적화하기 위한 코드

　　㉡ 페이스북 SDK : 사람들이 앱에서 취하는 행동을 파악하고 측정할 수 있는 분석도구

　　㉢ 오프라인 전환 : CRM과 같은 오프라인 이벤트 정보를 페이스북에 연결하는 분석도구

　　㉣ 전환 API : 전환 API는 마케팅 데이터와 페이스북 시스템 간을 직접 연결하여 광고 타기팅을 최적화하고,
　　　　행동당 비용을 낮추며 결과 측정 가능

2. 유튜브(YouTube)

(1) 구글 계정과 유튜브 채널 개설

① 구글 계정 만들기

    ㉠ 구글 계정 페이지 방문 : 구글 계정 만들기 페이지로 이동

    ㉡ 정보 입력 : 이름, 성, 사용자 이름(이메일 주소), 비밀번호 등을 입력

    ㉢ 전화번호 확인 : 전화번호를 입력하고, 인증 코드를 받아 확인

    ㉣ 추가 정보 입력 : 생일, 성별 등의 추가 정보를 입력

    ㉤ 약관 동의 : 구글의 서비스 약관과 개인정보 보호정책에 동의

    ㉥ 계정 생성 완료 : 모든 정보를 입력한 후, "계정 만들기" 버튼을 클릭하여 계정을 생성

② 유튜브 채널 개설하기

    ㉠ 유튜브 접속 : 유튜브 웹사이트에 접속

    ㉡ 로그인 : 오른쪽 상단의 "로그인" 버튼을 클릭하고, 방금 만든 구글 계정으로 로그인

    ㉢ 채널 만들기 : 로그인 후 오른쪽 상단 프로필 아이콘을 클릭하고, "내 채널"을 선택

    ㉣ 채널 이름 설정 : 채널 이름을 입력하고 "채널 만들기" 버튼을 클릭

    ㉤ 채널 설정 : 채널 설명, 프로필 사진, 배너 이미지 등을 추가하여 채널을 꾸밈

    ㉥ 채널 사용자 지정 : "채널 사용자 지정" 옵션을 통해 추가적인 설정(링크, 채널 아트 등)

③ 유튜브 채널을 만들기 위한 계정 인증

    ㉠ 전화번호를 입력하면 해당 전화번호로 SMS 또는 음성 통화를 통해 인증 코드 전송

    ㉡ 계정 인증 후 길이가 15분을 초과하는 동영상 업로드, 맞춤 미리보기 이미지 추가, 실시간 스트림, Content ID 소유권 주장에 대한 항소 가능

④ 유튜브 인기 급상승 동영상

    ㉠ 신규 동영상 중 일부 동영상 목록 제시

    ㉡ 유형 : 다양한 시청자의 관심을 끄는 동영상, 현혹적이거나 클릭을 유도하거나 선정적이지 않은 동영상, 유튜브와 전 세계에서 일어나고 있는 일들을 다루는 동영상, 크리에이터의 다양성을 보여주는 동영상, 흥미와 새로움을 느낄 만한 동영상

    ㉢ 구독자 1,000명 이상의 채널을 기준으로 동영상 조회수 증가 속도, 조회수 증가율, 구독자 증가율, 동영상 업로드 기간, 해당 동영상을 같은 채널에 최근 업로드한 다른 동영상과 비교한 결과 등을 고려

⑤ 유튜브 추천영상

    ㉠ 현재 시청자가 보고 있는 유사한 주제의 영상 목록이나 각 시청자의 과거 시청 이력을 바탕으로 한 유사한 주제의 영상 목록

ⓛ 구독 중인 채널의 영상, 과거 시청 기록이 있는 영상, 시청 중인 영상과 관련 또는 유사 영상 등 복합적인 요소가 반영

⑥ 유튜브 크리에이터를 활용한 콘텐츠 유형

ⓐ 제품 언박싱 콘텐츠

ⓛ PPL(Product in PLacement)

ⓒ 유용한 활용법이나 팁 소개(how to) 콘텐츠

ⓡ 브이로그(Vlog) 콘텐츠

ⓜ 실험 콘텐츠

(2) 유튜브 파트너 프로그램(YPP)

① 유튜브 파트너 프로그램(YPP) 참여 요건

ⓐ 모든 유튜브 채널 수익 창출 정책 준수

ⓛ 유튜브 파트너 프로그램이 제공되는 국가/지역에 거주

ⓒ 채널에 활성 상태의 커뮤니티 가이드 위반 경고가 없어야 함

ⓡ 최근 12개월간 공개 동영상의 유효 시청 시간 4,000시간 이상

ⓜ 구독자 수 1,000명 이상

ⓗ 연결된 애드센스 계정 보유

② 유튜브 파트너 프로그램(YPP)에서 수익을 창출하는 방법

ⓐ 광고 수익 : 디스플레이, 오버레이, 동영상 광고를 통해 광고 수익

ⓛ 채널 멤버십 : 채널 회원이 크리에이터가 제공하는 특별한 혜택을 이용하는 대가로 매월 이용료를 지불

ⓒ 상품 섹션 : 팬들이 보기 페이지에 진열된 공식 브랜드 상품을 둘러보고 구입

ⓡ 슈퍼챗(Super Chat) 및 슈퍼스티커(Super Sticker) : 팬들이 채팅 스트림에서 자신의 메시지를 강조표시하기 위해 구입

ⓜ 유튜브 프리미엄(YouTube Premium) 수익 : 유튜브 프리미엄 구독자가 크리에이터의 콘텐츠를 시청하면 구독료 일부가 지급

③ 유튜브 외부 링크 가이드 : 유튜브에 콘텐츠를 게시할 때 사용자를 커뮤니티 가이드 위반 콘텐츠로 연결하는 링크는 콘텐츠에 게시할 수 없음

④ 유튜브 커뮤니티 가이드

ⓐ 스팸 및 기만행위

ⓛ 민감한 콘텐츠

ⓒ 폭력적이거나 위험한 콘텐츠

ⓡ 규제 상품

ⓜ 잘못된 정보

⑤ 유튜브에서 허용되지 않는 콘텐츠 사례

ⓐ 승인되지 않은 온라인 도박 또는 스포츠 베팅 사이트로 연결되는 콘텐츠

ⓛ 위조 여권을 판매하거나 공공 문서를 위조하는 방법을 알려주는 내용

ⓒ 에스코트, 성매매, 성인용 마사지 업소 홍보

② 다크 웹에서 마약을 구매하는 방법을 알려주는 콘텐츠

　　⑩ 사용자가 가짜 신용카드 번호를 생성하는 소프트웨어로 상품을 구매하는 내용의 동영상

　　⑪ 처방전이 필요 없는 온라인 약국 링크 포함

⑥ 유튜브 광고 시작하기

　　㉠ 유튜브 광고를 하기 위해서는 먼저 구글 애즈(Google Ads) 계정 필요

　　㉡ 애널리틱스를 통해 성과 측정 가능

(3) 유튜브 광고 유형

구분	특징	과금방식
건너뛸 수 있는 인스트림 광고 (트루뷰 인스트림 광고)	• 5초간 강제로 노출된 이후 '건너뛰기'(skip) 버튼이 노출되는 광고 • 광고영상이 30초 이상일 경우 30초 이상을, 30초 미만일 경우에는 시청을 완료해야 광고 비용 발생 • 클릭에 따라 비용이 발생할 경우 영상 내 다른 클릭 영역, 즉 제목, CTA, 컴패니언 배너를 클릭해도 과금 • 영상 조회수에 반영	CPV, CPC, CPA
건너뛸 수 없는 인스트림 광고	• TV-CF와 유사하게 15초 이내의 영상을 건너뛰기가 불가능한 상태로 노출시키는 광고 • 영상 조회수에 미반영 • 인스트림 광고 노출 시 컴패니언 광고(이미지, 300×60px)가 동반 노출	CPM
인피드 동영상 광고	• 유튜브 첫 화면, 검색결과 상단, 추천영상 상단 등에 노출되는 광고 유형 • 광고 클릭 시 영상 시청페이지로 넘어가게 되므로 클릭 후 영상 시청시간은 과금에 영향을 미치지 않음 • 광고영상의 길이 제한이 없는 것이 특징이며, 3분 이상의 영상을 사용해도 입찰 및 과금 방식에 제한을 받지 않음	CPV
범퍼애드	• 6초 미만의 건너뛰기가 없는 광고 • 짧고 인상적인 메시지 전달을 통해 효과적 • 영상 조회수에 미반영	CPM
아웃스트림	• 유튜브 이외에 구글 디스플레이 네트워크의 동영상 파트너 지면에 노출되는 광고 상품 • 영상 조회수에 미반영	vCPM
CPM 마스트헤드	• 유튜브 이외에 구글 디스플레이 네트워크의 동영상 파트너 지면에 노출되는 광고 상품 • 비딩형이 아닌 예약형 상품	CPM
트루뷰포리치	• 건너뛰기가 가능한 인스트림 광고를 결합한 광고상품 • 영상 길이는 제한이 없지만 15~20초 영상 사용 권장	CPM, CPV

① 유튜브 예약형 광고 구매

　　㉠ 예약형 광고 유형으로는 CPM 마스트헤드 광고, 프라임 팩(커스텀 팩) 광고가 대표적임

　　㉡ 유튜브 사용자에게 인벤토리(inventory)를 선점하여 안정적 노출을 통해 도달 확보 가능

② 유튜브 광고 캠페인 설정

　　㉠ 예산 설정

　　㉡ 광고 소재 사용 : '공개', '일부 공개'로 업로드된 영상만 가능. 비공개, 예약 상태로 업로드한 것은 광고소재로 사용할 수 없음

　　㉢ 광고 타기팅

③ 유튜브 광고 품질 점수
  ㉠ 품질평가점수는 다른 광고주와 비교해 내 광고 품질을 파악할 수 있는 진단 도구
  ㉡ 품질평가점수는 1~10의 값으로 측정
  ㉢ 품질평가의 구성요소 : 예상 클릭률(CTR), 광고 관련성, 방문 페이지 만족도

④ 유튜브 광고 타기팅

구분	타기팅
사용자 행동 기반	위치, 언어, 기기를 기반
콘텐츠 기반	광고가 게재되는 지면의 내용과 성격 기반, 주제 타기팅, 키워드, 관련 키워드 타기팅
사용자 기반	• 인구통계 타기팅 • 잠재고객 세그먼트(확장 인구통계, 관심분야 및 습관 정보) • 합성 잠재고객 세그먼트(맞춤 관심사 타기팅)

⑤ 유튜브 광고 주요 성과 측정
  ㉠ 핵심 성과 : 조회수, 조회율, 평균 CPV, 최대 CPV, 시청시간, 평균 시청시간/노출 수
  ㉡ 클릭 실적 : 클릭수, 클릭률(CTR)
  ㉢ 참여 실적 : 참여수, 참여율
  ㉣ 도달범위 및 게재빈도 : 순 사용자 수, 사용자당 평균 노출 수 등
  ㉤ 동영상 조회율 : 동영상 재생 진행률 25%, 50%, 75%, 100%

⑥ 유튜브 스튜디오(Youtube Studio)의 애널리틱스(Analytics)를 통한 데이터 분석
  ㉠ 조회수(Views) : 광고가 얼마나 많은 사람에게 보여졌는지를 나타내며, 광고의 도달 범위를 측정
  ㉡ 클릭률(CTR ; Click-Through Rate) : 광고를 본 사람 중 클릭한 사람의 비율로 광고의 매력도를 평가할 수 있음
  ㉢ 비용 대비 전환율(CPA ; Cost Per Acquisition) : 광고 비용 대비 발생한 전환(구매, 가입 등)의 비율로 광고의 효율성을 평가
  ㉣ 노출 수(Impressions) : 광고가 사용자에게 보여진 총 횟수로 광고의 도달 범위를 나타냄
  ㉤ 전환 수(Conversions) : 광고를 클릭한 후 실제로 원하는 행동(구매, 가입 등)을 한 사용자 수로 캠페인의 성공을 측정
  ㉥ 시청 지속 시간(Watch Time) : 사용자가 광고를 시청한 총 시간으로, 광고의 흥미를 평가하는 데 도움이 됨
  ㉦ 비디오 완료율(Completion Rate) : 광고를 처음부터 끝까지 시청한 비율로, 콘텐츠의 매력을 나타냄
  ㉧ 브랜드 인지도(Brand Awareness) : 광고 캠페인 후 브랜드에 대한 인지도가 어떻게 변화했는지를 측정하는 지표. 설문조사 등을 통해 평가할 수 있음

(4) 구글의 성과측정 도구

① 브랜드 리프트 서베이(BLS ; Brand Lift Survey) : 구글 애즈에서 광고를 집행하면 무료로 진행할 수 있는 설문조사로 광고 상기도, 브랜드 인지도, 구매 고려도, 브랜드 선호도, 브랜드 구매의도 총 5가지를 측정

② 도달 범위 플래너(Reach Planner)
  ㉠ 구글 도달 범위 플래너는 광고 캠페인의 도달 범위를 계획하고 최적화하는 도구

ⓒ 비디오 광고 캠페인에 유용하며, 목표로 하는 잠재 고객에게 도달하기 위한 전략을 수립하는 데 도움을 줌

ⓒ 도달 범위 플래너는 구글 애즈에서 제공하는 유튜브 캠페인의 성과 예측을 도와주는 플래닝

(5) 구글의 제작 지원 도구

① 비디오 빌더(Video Builder) : 짧은 유튜브 동영상(6초 또는 15초) 제작 도구

② 디렉터 믹스(Director Mix) : 많은 수량의 동영상을 빠르게 제작할 수 있는 도구

③ 비디오 애드 시퀀싱(Video Ads Sequencing) : 원하는 광고 순서로 스토리텔링 광고 진행

3. 카카오톡

> **핵심 키워드** 카카오톡, 카카오 비즈니스 서비스, 카카오채널, 카카오 비즈보드, 랜딩페이지, 애드뷰(풀뷰), 디스플레이 광고, 동영상 광고, 스폰서드 보드

(1) 카카오 비즈니스 서비스

① 비즈니스 알리기 : 카카오톡 채널, 카카오 디스플레이 광고, 카카오 검색광고

② 고객 만들기 및 소통 : 카카오싱크, 톡채널 메시지, 알림톡

③ 카카오에서 판매하기 : 카카오페이 구매, 카카오톡 주문하기, 카카오맵 매장관리

(2) 카카오채널 주요 기능

① 채널 개설 및 운영 : 기업이나 브랜드가 카카오채널을 통해 공식 계정을 개설하고, 고객과 소통

② 정보 제공 : 공지사항, 이벤트, 프로모션 등의 정보 전달을 통해 고객에게 최신 소식을 쉽게 알릴 수 있음

③ 1:1 상담 : 고객과의 직접적인 소통이 가능하며, 질문이나 문의에 대해 실시간으로 답변할 수 있음

④ 콘텐츠 발행 : 이미지, 동영상, 텍스트 등 다양한 형식의 콘텐츠를 게시하여 고객의 관심을 끌 수 있음

⑤ 고객 관리 : 고객의 채널 구독 및 비구독 현황, 상담 내역 등을 관리하여 맞춤형 서비스를 제공할 수 있음

⑥ 통계 분석 : 채널의 방문자 수, 메시지 조회 수, 고객 반응 등을 분석하여 마케팅 전략을 개선할 수 있음

⑦ 자동 응답 기능 : 자주 묻는 질문에 대해 자동으로 응답하는 기능을 설정하여 고객 응대를 효율적으로 할 수 있음

⑧ 이벤트 및 프로모션 관리 : 다양한 이벤트와 프로모션을 기획하고, 이를 통해 고객 참여를 유도할 수 있음

⑨ 카카오톡과 연계 : 카카오톡과 연계하여 채널을 통해 메시지를 보내거나 고객과의 소통을 강화할 수 있음

(3) 카카오 비즈보드 광고의 장점

① 카카오톡 채팅 리스트 최상단에 위치하여 노출 수 매우 높음

② 카카오톡 채팅 탭에 노출되어 톡 내에서 비즈니스 액션을 완결시킴

③ 다양한 카카오비즈 솔루션을 활용한 최종적인 마케팅 액션 가능

④ 빅데이터 기반의 다양한 최적화된 맞춤형 광고 노출

(4) 카카오 비즈보드 배너 유형

배너 유형	설명	크기	사용 용도
스탠다드 배너	기본 배너 형태로, 다양한 광고에 사용됨	640×100px	브랜드 홍보, 이벤트 안내
풀 배너	화면 전체에 걸쳐 표시되는 배너	640×300px	프로모션, 상품 출시 안내
비디오 배너	동영상 콘텐츠를 활용한 배너	640×360px	제품 시연, 브랜드 스토리
슬라이드 배너	여러 이미지를 슬라이드 형식으로 보여주는 배너	640×300px	다양한 제품 소개
인터스티셜 배너	앱 화면 전환 시 전체 화면으로 나타나는 배너	640×480px	앱 설치 유도, 특별 이벤트

(5) 카카오 비즈보드 랜딩페이지 연결 종류

랜딩 페이지 연결 종류	설명	사용 예시
웹사이트 링크	특정 웹사이트로 연결되는 링크	브랜드 공식 사이트, 쇼핑몰
앱 다운로드 링크	앱 스토어 또는 플레이 스토어로 연결되는 링크	모바일 앱 다운로드 유도
이벤트 페이지	특정 이벤트 또는 프로모션 페이지로 연결	할인 행사, 특별 이벤트 안내
문의하기 페이지	고객 문의를 위한 페이지로 연결	고객 상담, 문의 양식
소셜미디어 링크	브랜드의 소셜미디어 계정으로 연결	인스타그램, 페이스북 등
영상 콘텐츠	유튜브 또는 다른 플랫폼의 영상으로 연결	제품 소개 영상, 광고 영상

(6) 카카오 디스플레이 광고

① 카카오톡, 다음, 카카오스토리 : 카카오스토리 소식 피드, 카카오페이지와 같은 프리미엄 네트워크 서비스에서 노출
② 소재 유형 : 이미지 네이티브형, 이미지 카탈로그형(최대 10개의 상품 정보 노출)
③ 광고 목표 : 방문, 전환
④ 입찰방식 : CPC와 CPM 지원

(7) 카카오 동영상 광고

① 카카오의 프리미엄 콘텐츠 영역에 노출되는 동영상 광고 유형
② 인스트림과 아웃스트림 2가지 형태로 노출
③ 동영상 조회 당 비용이 과금되는 방식(CPV)

(8) 카카오 스폰서드 보드

① 카카오톡 세번째 탭의 카카오 뷰 발견 탭에 노출되는 '보드' 소재의 광고 상품
② 썸네일, 2컬럼, 빅썸네일, 텍스트 4가지 유형
③ 카카오 스폰서드 보드의 목표는 방문으로, 노출당 비용(CPM)으로 과금
④ 스폰서드 보드를 집행하기 위해서는 반드시 보드를 발행할 카카오톡 채널이 필요하며, 카카오 뷰 창작센터에서 보드 발행
⑤ 소재 유형 및 게재 위치에 따라 AD(Sponsored) 마크가 표기되어 노출

(9) 카카오 광고 진행 절차

① 캠페인 만들기 – 광고 그룹 만들기 – 소재 만들기

② 광고 캠페인 만들기

  ㉠ 카카오비즈니스에 접속 후 광고계정 만들기

  ㉡ 광고유형 설정 : 카카오 비즈보드, 디스플레이, 카카오톡 채널, 다음쇼핑, 동영상, 스폰서드 보드 중에 선택

  ㉢ 광고목표 설정 : 방문, 도달, 조회 중에서 설정

  ㉣ 전환추적 : 광고계정에 연동된 픽셀 또는 SDK를 통하여 설정 가능

  ㉤ 예산 설정 : 캠페인 일예산은 5만 원 이상 10억 원 이하 10원 단위로 설정할 수 있음

(10) 광고그룹 만들기

① 오디언스 타깃 설정 : 성별, 나이, 디바이스(안드로이드와 iOS 2가지 중 택일), 게재지면

  ※ 20세 이상 성인에게만 노출되어야 하는 콘텐츠가 있는 광고는 반드시 나이 제한 업종 설정(성인 타기팅)을 설정

② 광고그룹 기준의 1일 집행예산을 10,000원 이상 10억 원 이하의 1원 단위로 설정 가능

③ 집행기간 : 요일과 시간(1시간 단위)로 상세 설정 가능

④ 게재방식 : 일 예산에 맞게 빠른 소진을 하는 빠른 게재방식과 일예산을 바탕으로 시간대별로 고려된 예산을 초과하지 않도록 예산을 분할하여 광고 노출을 제어하는 방식인 일반게재 방식

⑤ 소재 만들기 : 캠페인 유형 및 목표, 광고그룹 내 디바이스, 게재지면이 동일하면 기존의 광고 소재를 불러와 사용 가능

4. 네이버 밴드

핵심 키워드	네이버 밴드, 풀스크린 광고, 스마트채널 광고, 소셜광고(새소식, 밴드홈광고, 알림광고), 네이티브 광고, 맞춤타깃

(1) 네이버 밴드의 광고 유형

① 디스플레이 광고(풀스크린 광고, 스마트채널 광고), 소셜광고(새소식, 밴드홈광고, 알림광고), 네이티브 광고

② 네이버 밴드의 디스플레이 광고

상품명	풀스크린 광고	스마트채널 광고
집행목표	한 번에 많은 트래픽이 필요할 때	• 다양한 지면에 많은 노출을 원할 때 • 사용자 타기팅 · 광고 예산을 조정하고 싶을 때
광고상품유형	보장형(광고 집행보장)	성과형(실시간 입찰을 통해 광고노출)
과금기준	고정가	CPM, CPC
노출지면	안드로이드에서 밴드 앱 종료 시	밴드홈/채팅/새소식탭 및 네이버지면 등
사용자 타기팅	성별 타기팅(안드로이드만 노출)	시간/요일, 연령/성별, 지역, 디바이스, 관심사 타기팅 및 맞춤타깃 설정 가능
광고집행방법	미디어렙사 · 대행사를 통해 집행	네이버 성과형 디스플레이 광고 플랫폼에서 집행/대행사 위탁 운영 및 직접 운영 가능

③ 네이버 밴드의 소셜광고

구분	특성
새소식 광고, 밴드홈 광고	• 밴드 페이지를 이용자에게 알릴 수 있는 기간제 노출형 상품으로 최저 30만 원부터 광고 집행 가능 • 반드시 밴드 계정이 있어야 하며, 타 광고와 달리 밴드의 리더 및 운영자가 직접 광고를 등록할 수 있음
알림 광고	• 밴드 멤버 중 최근 밴드 서비스를 사용한 멤버에게만 발송 • 알림 내용에 맞춰 특정 성/연령을 타깃하여 발송

④ 네이버 밴드의 네이티브 광고(피드광고)

    ㉠ 피드광고는 밴드 새글 탭 영역에서 텍스트와 콘텐츠 결합 형태로 노출되는 광고 형태

    ㉡ 시간/요일, 연령/성별, 지역, 디바이스, 관심사 타기팅 및 맞춤 타깃 설정 가능

    ㉢ 고객 파일, MAT, 유사 타깃 등을 추가해 맞춤 설정 가능

    ㉣ RTB(Real Time Bidding) 상품이며, 최소 입찰가는 CPM 100원/CPC 10원/CPV 10원(VAT별도)

    ㉤ 소재 : 단일 이미지, 슬라이드, 동영상이 모두 가능

(2) 네이버 밴드의 광고 유형별 타기팅

광고 유형	타기팅 방법	설명
배너 광고	지역, 연령, 성별	특정 지역 또는 특정 연령대, 성별의 사용자에게 노출
동영상 광고	관심사 기반 타기팅	사용자의 관심사에 맞는 동영상 콘텐츠 제공
포스트 광고	키워드 타기팅	특정 키워드를 검색한 사용자에게 광고 노출
이벤트 광고	사용자 행동 기반	특정 행동(예 이벤트 참여)에 따라 타기팅
추천 광고	유사 사용자 타기팅	기존 고객과 유사한 특성을 가진 사용자에게 노출
커뮤니티 광고	그룹 및 커뮤니티 기반 타기팅	특정 커뮤니티에 속한 사용자에게 광고 제공

5. 기타 매체

> **핵심 키워드**   X, 프로모션 광고, 팔로워 광고, 트위터 앰플리파이, 트위터 테이크오버, 틱톡, 탑뷰, 브랜드 테이크오버, 인피드 광고, 해시태그 챌린지, 브랜드 스티커

(1) 엑스(X)의 광고 유형

광고 유형	설명	사용 목적
프로모트 트윗	일반 트윗을 광고로 변환하여 더 많은 사용자에게 노출	브랜드 인지도 향상, 제품 홍보
프로모트 트렌드	특정 해시태그를 광고하여 트렌드 목록 상단에 노출	캠페인, 이벤트 홍보
프로모트 계정	계정을 홍보하여 더 많은 팔로워를 유도	계정 성장, 커뮤니티 구축
비디오 광고	비디오 콘텐츠를 포함한 광고	제품 시연, 브랜드 스토리 전달
카드 광고	이미지, 비디오, 링크를 포함한 광고 형식	클릭 유도, 웹사이트 방문 증가
앱 설치 광고	앱 설치를 유도하는 광고	모바일 앱 다운로드 촉진
다이렉트 메시지 광고	사용자에게 직접 메시지를 보내는 광고	개인화된 프로모션, 고객 참여 유도

(2) 틱톡 광고 유형

구분	특성
탑뷰 (Top View)	• 앱을 열었을 때 가장 먼저 보이는 전면 영상광고 • 5초에서 최대 60초까지의 영상광고 가능
브랜드 테이크오버 (Brand Takeover)	• 앱을 열었을 때 가장 먼저 보이는 전면 영상광고로 최대 5초까지만 지원하기에 짧은 버전의 탑뷰라고도 불림 • 탑뷰와 달리 60초까지의 영상 지원 대신 3~5초의 짧은 영상이나 JPG 이미지 노출 가능
인피드 광고 (Infeed AD)	• 추천 피드에 노출되는 비디오 형식의 광고로 사용자들이 비즈니스 계정에 참여하도록 유도 • 웹사이트, 앱스토어, 브랜드 계정 등으로 랜딩 가능
브랜디드 콘텐츠	• 해시태그 챌린지 : 틱톡 이용자가 브랜드 테마로 콘텐츠를 창출하도록 초대하여 해당 광고주의 브랜드를 최대한 많이 노출하고 이슈화할 수 있는 상품 • 브랜드 스티커 : 영상 위에 다양한 편집이 가능한 브랜드 스티커 삽입

내가 뽑은 원픽!

내가 뽑은 원픽!

내가 뽑은 원픽!

내가 뽑은 원픽!